Teaching for Student Learning

Becoming a Master Teacher, 2e

成为有效教师

从了解学生如何学习开始

（第2版）

凯文·瑞安（Kevin Ryan）
[美] 詹姆斯·M. 库珀（James M. Cooper） 著
苏珊·陶埃尔（Susan Tauer）
郭敬维 译

中国人民大学出版社
·北京·

前言

美国需要教师，现在也不例外。在中心城市和城市周围的乡村地区，数学、科学及特殊教育领域教师的需求（尤其是在初中和高中阶段）尤为迫切。由于教师资源严重短缺，一种全新的选择性教师教育项目[①]和选择性教师资格证项目[②]在全国范围内陆续出现并不断完善。各大学、学区及州教育机构（有时单独或经常以合作的形式）开发了种类繁多的创新项目，为美国的课堂培训新教师。

据国家教育信息中心的消息，每年约有 60 000 名新教师通过 600 个选择性教师资格证项目的培训加入教师队伍。该中心还报道，现在国内每个州都面临如下挑战，即开辟新途径来取代通过大学教育取得教师资格证的传统做法。各州、各市，甚至是私人团体都争先恐后地开设以学校为基础的集中工作坊和短期课程，目的是培训新教师，以使其胜任教学工作。此外，传统的高校教师教育项目也正在进行精简，希望尽可能以最高效的方式让后备教师走进课堂。

《成为有效教师：从了解学生如何学习开始（第 2 版）》这本书源自一个出版商和本书两位作者（他们此前一直在讨论另一本书的修订）的一场对话。《能者从教》（*Those Who Can，Teach*）是面向刚刚开始传统教师教育项目的学生。我们意识到，除了传统的课本，参与全新的选择性教师资格证项目的群体需要更多选择。目前已有的出版物，包括《能者从教》、大多数入门级教育文本以及通用教学法文本，都没有关注参与选择性教师资格证项目的学生迫切需要解决的问题，这些学生经过为期更短的培训就能走进课堂的可能性更大。我们的出发点就是满足这些学生的需求。

目标与受众

这本具有创新性的著作面向已经从事教学工作或即将从事教学工作的人，而非面向只是想象某一天可能会成为教师的人。它也适合即将结束传统培训项目的实习

① 选择性教师教育项目是一种无学位的教师资格项目。项目参与者大多是想要成为教师的、来自不同专业的学生。项目参与者申请教育学院，被录取后需要修满一定数量的课程。该项目通常为期一年，项目参与者同时还须进行为期一年的公立学校实习，通过考核后可以毕业，获得教师资格证。项目参与者也可以继续学习一年获得教育硕士学位。——译者注

② 选择性教师资格证项目也是一种无学位的教师资格项目。项目参与者需要修满一定数量的课程，通过考核后可以获得教师资格证。——译者注

教师以及参与选择性教师资格证项目的在职新教师。这些学生可能比传统的“被引入教育行业”的学生（我们始终认为《能者从教》这本书是这些学生最理想的选择）经验更丰富。这些“快车道”上的学生急需能够帮助他们胜任课堂教学的资料。

我们编写《成为有效教师：从了解学生如何学习开始（第 2 版）》的目的是帮助读者通过本书以下的特征实现自己的目标：

- **聚焦教学基本任务。**教学、评估以及课堂管理等话题与新教师所需的解决任务型问题的技巧密切相关。我们的目的是让即将成为教师或处在职业生涯早期的教师浸润在偶有挑战性的教学现实之中。我们为他们提出一些有针对性的建议，帮助他们避免常见的陷阱并直接引导他们掌握课堂教学的能力。我们期望这个“基于课堂”的话题和以问题为导向的思路能够更清晰地把理论-实践的关联性展现给学生和教师。

- **内容覆盖面和内容展示的灵活性。**我们已经提炼了所有教师面对学校目前更高、更严格的要求所必备的基本信息和职业洞察。我们通过 25 个简短、易读、易参照的单元系列来展示这些内容，这种展示方式有别于教育调查文本中常见的更为传统的 15 或 16 个较长的章节。这些单元系列可以让教师整合适合他们的课程和学生需求的学习内容。利用活页装订样式展现这些单元可以让教师选择并按照顺序排列所选资料，再将其放入一个易于查找的活页夹里，以满足不同需要。这个灵活的样式也可以让教师把学校或州规定的具体资料添加到自己的参考资料合集中①。

- **“交互式”文本。**我们已经巧妙地将本书的印刷材料和一些链接整合起来。通过这些链接可以在专为此书开发的配套网站上获得详细信息或教学和学习的支撑资料。《成为有效教师：从了解学生如何学习开始（第 2 版）》线上内容的首要特征是与 Cengage 学习教育媒体图书馆提供的内容极其丰富的教学视频案例融合。这些资料能让新教师看到真实课堂上真实教师如何将核心理念付诸实践。学生可以在配套的 CengageBrain. com 上获取这些资料。如果想学习本书内容以外的知识，可以在 CengageBrain. com 上付费使用教育媒体图书馆。

- **与标准的明确关系。**始于 2001 年的《不让一个孩子掉队法案》(NCLB)、《核心教学示范标准》以及《州际新教师评估与支持联盟标准》（于 2011 年 5 月改版并再发行）在厘清新教师应该具备的知识和能力这方面取得了不斐的成绩。上述法案与标准对很多州的新教师资格证的获取程序也具有指导意义。我们在编写这本书的各个单元时也牢记这些标准和要求。

内容

将“成为有效教师：从了解学生如何学习开始”定为本书的书名是为了强调教学应该是“以结果为导向的”。

有效教师会实现其预定的学习目标。他们管理学生的课堂行为，组织教学，评估学生学习效果，根据学生的需求和能力调整学习活动。这些活动的目的是确保所有学生都能掌握他们应该掌握的内容。

有效教师的核心目标——帮助学生学习——是与几个层次的关系分不开的，比如，与学生的关系、与学生家庭的关系、与同事和行政人员的关系，甚至是与法律

① 原书是用活页装订的形式，此处直接按照原书翻议。——译者注

的关系。一个成功的教师必须有效处理所有这些关系。

这本书中的各单元旨在帮助新教师在任职的最初几年能够获得良好的发展，并帮助他们成为擅长以下所有任务的教学大师：

- 第一单元“针对学生学习的反思性教学”介绍了这本书、教师当前所处的环境以及成为有效教师的必备技能。
- 第二至第五单元帮助新教师逐步理解他们的学生，这是有效教学其他所有特点的基石。第二单元“理解学生差异”为教师了解学生多样性的程度及重要性打下基础。多样性的具体原因是以下几个单元的主要内容：第三单元“教授文化背景多元的学习者”，第四单元“教授特殊学生”，第五单元“教授学业背景多元的学习者”。
- 第七单元“学校文化”，第八单元“培育课堂环境”，第九单元“维护课堂环境”以及第十三单元“课堂交流”旨在帮助读者掌握课堂管理的必要知识。
- 第六单元“学习的重要原理”，第十单元“教学内容设计”，第十一单元“课程设计”，第十二单元“教学方法”以及第十四单元“教学与技术”旨在提供基本立足点和切实有效的实践性建议，以此帮助本书的读者理解自身职业的核心工作：为了学生学习而从事教学工作。
- 第十五单元“学习评估”和第十六单元“评估工具”为评定学生的学习效果这一重要任务提供背景知识。
- 第十七单元“与学生家庭合作”，第十八单元“与同事合作”，第十九单元“学校管理与经费来源”以及 第二十单元“专业绩效评估”能够使新教师尽快熟悉他们需要维持的重要关系的信息。
- 第二十一单元“教学伦理”，第二十二单元“教育法规”，第二十三单元“聘用、解聘及教育法规”以及第二十五单元“教师专业素养”能够帮助读者理解教学作为一种专业所处的更大的环境，教师的社会作用，社会——尤其是我们社会的法律——如何影响教师。
- 第二十四单元“教学第一年”提出了切合实际的展望及合理的建议，其目的不仅是帮助新教师度过教学第一年，而且是帮助他们充分利用教学生涯的最初几年。

设计特点

使这本书具有互动性是为了给读者提供诸多机会来检验他们的知识、回答问题并与本书进行互动。为了实现这一互动性，所有单元都具有一些特性。

- **《州际新教师评估与支持联盟标准》**是每个独立单元的核心内容，出现在每个单元的开头和结尾。结尾处的“行动标准”练习针对一个特定的标准，读者可以看到一个真实的涉及该标准的教学问题。
- **单元开篇的情景**展示了各单元讨论的一些问题，这些情景在整个单元中都会被提及。
- **预览**提供了各单元的要点概述，并在结尾处以列举的形式呈现单元的重要话题。
- **重要术语**是黑体字，这些术语的定义出现在每个单元的结尾处，便于参考。配套网站上的抽认卡提供了更多有关这些术语的强化练习。
- **行动起来**这一板块旨在激励读者并为读者提供机会巩固所学的知识，以及对重要话题进行深入反思。每个板块都要求读者对问题或建议做出回答。

- **在你的课堂上**提供了实用的理念以及理念在课堂上的应用提示。
- **教学视频案例**板块使读者可以参考教学视频案例，同时为读者提供了问题，以帮助他们将各单元的重要话题与视频内容以及他们作为教师的实践联系起来。
- **总结**给出了各单元的概述以及单元结束前鼓舞人心的建议。
- **行动标准**（正如前言开头提到的）是新补充的单元结尾练习。这些练习可以使读者积极将《州际新教师评估与支持联盟标准》运用到他们现实世界的教育问题中。
- **更多资源**提供了一整套补充读物和网站，目的是使读者进一步探索各单元的主要思想。

配套教学与学习资料

与《成为有效教师：从了解学生如何学习开始（第2版）》这本书配套的是一个由教师与学生的可用资源构成的拓展包，这些资源与本书构成一个完整的体系。

- **附带题库的在线教师手册。**在线教师手册包含能够辅助教师进行课程设计的内容，包括一个大纲样本、学生学习目标、单元概述、讲座和讨论补充话题、课堂活动、学生学习指导、评估问题、精选参考书目以及网络资源。为了辅助评估工作，题库包含了针对每个单元设计的多项选择题、判断题和简答题。
- **在线PPT幻灯片。**预装的微软PPT演讲幻灯片覆盖了本书每个单元的内容。
- **教师网站。**我们开发了一个教师网站，以帮助教师自主学习，也为了使学生充分利用《成为有效教师：从了解学生如何学习开始（第2版）》这本书。教师可以通过login. cengage. com进入该网站，使用教师手册、课堂教学PPT幻灯片以及本书与《州际新教师评估与支持联盟标准》相关的内容。
- **学生配套网站。**除了《成为有效教师：从了解学生如何学习开始（第2版）》这本书以外，还有一个专为该书单独设计的配套网站。学生通过Cengage-Brain. com可以进入该网站，并可以看到补充资源、网络链接及各种资料，以便更深入、更有效地掌握本书所呈现的话题。
- **Cengage学习教育媒体图书馆。**在Cengage学习教育媒体图书馆提供的资源中，尤其引人入胜的是一系列的**教学视频案例**。内容具体的视频案例阐释重要思想和问题，这些案例贯穿全书，可以在教育媒体图书馆里观看。这些案例展示了有关各种问题、方法和教学风格的课堂实例，构成这本书内容丰富性的另一个层面。提供这些案例的目的是帮助准教师或新教师更深入地理解学校、课堂和学生的真实状态。每一个视频剪辑或“案例”时长为四至六分钟，配有各种问题来帮助观看者获得最佳学习效果。这些案例也包括额外视频、课堂实用工具、教师访谈和重要术语，用以优化观看体验。这些案例让学生经历并反思教师日常遇到的问题与机会。此外，Cengage学习教育媒体图书馆还有很多视频剪辑，其内容是针对各类出现在美国广播公司的各种电视报道、英国广播公司的新闻视频、听课视频以及其他实用的媒体资源中的前沿教育问题。

致谢

编写一本书是一个与他人合作的过程。我们要感谢Wadsworth/Cengage团队在本书的编写过程中给予的帮助，团队成员如下：执行编辑马克·克尔（Mark Kerr），营销经理卡拉·金德斯特罗姆（Kara Kindstrom），媒体编辑阿什利·克罗宁（Ashley Cronin），助理编辑吉纳维芙·艾伦（Genevieve Allen），以及编辑助理格雷特·林德奎斯特（Great Lindquist）。我们还要特别感谢优秀的策划编辑凯特·沙因曼（Kate Scheinman），她提出的中肯建议以及对本书的所有付出使她成为作者团队中不可或缺的成员。

当我们进行本书的第二版编撰时，以下审稿人为我们提出了十分宝贵的意见：

陶森大学的埃伦·巴洛克（Ellen Ballock）

莱德大学的肯尼思·博德曼（Kenneth Boardman）

鲍伊州立大学的康斯坦丝·布鲁克斯（Constance Brooks）

考德威尔大学的埃琳娜·切尔诺比斯基（Ellina Chernobislky）

韦斯特菲尔德州立大学的玛丽莲·埃特曼（Marilyn Ettman）

杜肯大学的金·海厄特（Kim Hyatt）

拉斯维加斯内华达大学的洛伊丝·帕雷蒂（Lois Paretti）

新罕布什尔州技术学院——康科德社区大学的詹姆斯·A. 皮特罗维托（James A. Pietrovito）

北亚利桑那大学的黛安娜·尤德（Diana Uyder）

国立路易斯大学的杰弗里·温特（Jeffery Winter）

修订本书也是一个耗时的过程，除了相关研究、写作和修改过程中的智力投入，还需要大量的精力与情感投入。在此，感谢我们的朋友和家人在我们为本书投入时间和精力时给予的大力支持。

最后，我们要向这本书的学生读者致谢。在你们成为教师的过程中，你们全新的学习经历对我们作者的工作是至关重要的。

凯文·瑞安（Kevin Ryan）

詹姆斯·M. 库珀（James M. Cooper）

苏珊·陶埃尔（Susan Tauer）

目　录

第一单元

针对学生学习的反思性教学

州际新教师评估与支持联盟　标准 9 和 10

情景

此刻已是深夜时分，理查德·伊自结婚那天以来从未如此紧张过。明天是新学期的第一天，也是他当教师的第一天。做了 10 年的计算机工程师之后，理查德逐渐意识到这个职业并非自己心之所向。经过很长一段时间的自我反思，他最终确定自己真正想做的是一名高中数学教师。下定决心之后，理查德花了一整年时间参与了选择性教师资格证项目。该项目是针对（像他一样）在从事另一个职业一段时间之后进入教师行业的群体。现在，他即将成为一所城市高中的一名教师。

理查德天生擅长数学，因此他并不担心他对所教数学内容的理解。他真正担心的是他是否有能力组织管理一个全是十六七岁孩子的课堂，其中很多孩子的背景与他的背景截然不同。学生们会喜欢他吗？会听他的话吗？还有他的同事们——该怎样跟他们融洽相处呢？如果他有困难，向谁寻求帮助？他的工资能否养活自己及家人？然而，最令他担心的是他无法让学生掌握达到州立学习成绩标准所需的知识。他会成为一名合格的教师吗？理查德辗转反侧，新问题和烦恼不断在他脑海中涌现。此刻时钟的指针提示理查德很快就会知道答案了，因为已经是凌晨时分了。

预览

跟理查德一样，大多数教师选择这一职业是因为想和年轻人打交道，而且他们相信自己会影响学生的人生。他们也把教学看作有益于社会的重要工作。这些内在的回报及其他（例如仅仅是享受教学过程）比起外在的回报（例如工资和暑期休假）更能吸引人们进入教师行业。

事实上，进入教师行业后，很多教师确实获得了他们所追求的内在满足感。例如，几乎所有的新教师都认同教学是他们喜爱的工作，约有 60%的新教师说他们从教学中获得了极大的满足感[1]。但是即便如此，将近 30%～50%的新教师在进入这一职业后的前 5 年内选择放弃。这是为什么？

放弃教学工作的原因通常与选择教学工作的原因相关。尽管收入是留住教师的重要因素，但选择离开的人大多表示离开的原因与工作本身更相关。最普遍的不满包括缺乏行政部门和家长的支持、学生的动机和纪律存在问题、教师在实施学校政策方面资源有限，以及教师对学校政策的影响力有限[2]。似乎还有一些教师发现他们并不像曾经想象的那样喜欢和年轻人打交道，抑或是发现教学工作与以往的想象并不一样。

我们希望本书能够帮助你开始理解困扰众多新教师的问题，并且掌握解决这些问题的技能。毫无疑问，相比正在努力掌握有效教师必备知识和技能的教师而言，已经掌握了这些内容的教师更享受教学工作。而且，随着能力逐步提升、技艺不断娴熟，他们从教学中获得的满足感会逐渐增加。

单元要点 ▶▶▶

本单元强调：

◇ 尽管教学是个理想的职业，但教师也面临很多挑战，包括确保所有学生学到知识的压力。

◇ 教师需要很多技能才能有效确保学生学到知识。

◇ 为了成为有效教师，教师必须不断成长，不断学习新知识和新技能并进行反思。这样，教师才能不断取得进步。

◇ 联邦政府通过实施《不让一个孩子掉队法案》使各州承担确保学生学习效果的责任。学习效果根据是否通过州授权的测试来测量。这个责任落实到具体的学校及其教师身上。

成为有效教师你必须具备的知识、技能及态度

与理查德一样，很多教师在为新学年做准备时都会有类似的担忧。无论是走上教学岗位第一年还是已步入教师生涯多年，教师们通常会在新学年之初疑惑自己是否能够进行有效教学。

现在我们仔细探讨一下“有效教师”的定义。有效教师能够实现其既定的教学目标。他或她管理学生的课堂行为，组织教学，评估学生学习的效果，并根据学生的需求、兴趣和能力调整学习活动。这些活动的目的是确保所有学生都能学会他们应该掌握的内容。有效教师帮助学生学习的核心工作，与以下几个层次的关系密不可分：与学生的关系、与学生家庭的关系、与同事和行政人员的关系，甚至是与法律的关系。如果你想成为一名有效教师，必须妥善处理所有这些关系。这样，你才不会经历一些新教师普遍经历的失落情绪，也就更有可能体验核心工作给你带来的满足感。因为如果教学工作无法让个人获得满足感，那么为什么不继续做一名软件工程师呢？

这本书各单元的设计理念是帮助你在教学的最初几年能够取得长足的进步，并且帮助你成为一名能够胜任以下所有工作的有效教师：

- 第二至第五单元帮助你理解学生，这是有效教学其他所有特点的基础。
- 第六单元概述了学习的重要原理，可以让你对教学策略和评估策略有一个整体的认识。第七单元帮助你理解学校的办学目的以及学校文化。
- 第八、第九以及第十三单元的设计理念是帮助你掌握管理课堂行为的必要知识。
- 第十、第十一、第十二以及第十四单元旨在帮助你为核心工作（为学生的学习而教学）做好准备。
- 第十五和第十六单元为评估学生的学习效果这一重要任务提供背景知识。

- 第十七到第二十五单元能够让你尽快熟悉你需要维护的重要关系。

行动起来

你可以一边考量自己目前准备的程度和能力，一边花点时间浏览本书。你最感兴趣的单元——你预计最能填补你现有知识和技能空白的单元——应该成为你的学习目标。如果你的学习任务里包括这些单元，你应该特别关注它们；反之，你应该规划好自主学习。

反思性教学

职业教师的一个特点就是教师具备在执教期间不断成长和持续发展的能力。持续发展的一个关键因素是对实践及其问题的反思。新教师就像会学习的海绵，能吸收信息、技能及经验。一切都是新的，你会渴望学习新知识以便成为一名有效教师。然而，几年之后会出现一种危险的情况——你可能会陷入“舒适区”陷阱。你可能不再学习新的方法，取而代之的是依赖过去似乎很奏效的教学模式。不知不觉中你也许会发现自己已经变成了一个单调乏味的教师，就像好莱坞电影里刻画的那种教师。

如何避免这种自满情绪和停滞不前的状态？一个重要的方法是培养探究习惯和反思习惯。你必须成为终生学习教学的学生，要实现这一点，你要持续不断地检验自己的假设、态度、实践和成就。这个检验和评估的过程通常被称作**反思性教学**，这是成为有效教师的关键。

如同很多其他行业的从业人员一样，教师会有一些强化其行为的假设。通过反思自己的行为，教师会意识到一些假设的存在，否则这些假设可能被忽略。配套的**“在你的课堂上”**板块提供了几种你可以用来快速启动反思过程的方法。一旦意识到自己的假设，反思型教师就能够评价和检验这些隐性的想法。而且，他们还能随着对课程、学生和学校环境的日渐熟悉而不断地调整这些想法。这样持续的反思实践和不断的进步会让你养成一种对教学进行深入思考、自我强化的习惯。

在你的课堂上

反思型教师的工具

对教学实践的反思有多种形式。

1. 教学日记。一些教师使用写日记的形式来记录他们当天的想法及对当天各种事件的处理情况。记录下课堂发生的情况，会使你有机会在心情比较平静、注意力比较集中的情况下（如放学后）重新审视这些情况，并且能够对当时可能出现的问题提出解决方案。日记也能记录你作为一个新教师在思考和解决问题能力方面的进步，这是一个具有潜在回报的记录。

2. 视频录像。视频为课堂情况提供了视觉和听觉的提示材料，也可触发对过去的感受、事件和意图的回忆。这些视频好像也可以使教学“客观化”，让教师感觉不那么戒备而且更乐于考虑其他办法。观看自己的教学视频总能帮助你发现自己的许多行为模式，而之前你对这些模式的存在毫无察觉。有些模式是你喜欢的，有些则是你想要改变的。

3. 教学档案袋。教学档案袋包括各种资料（视频、测试、教学计划、学生作业及其他教师自编材料）。这些资料记录了教师的职业成长和发展。你可以选择把哪些类目纳入自己的档案袋，同时要明确选择这些特定内容的原因以及这些内容对你和你的教学的意义。翻阅自己的资料可以让教师反思自己的教学实践，了解需要改进的方面，认可自己做得好的方面。教学档案袋可以是电子稿，也可以是纸质稿。

4. 同事。与同事合作可以让你获得另一个视角的观点并收获新的想法，这种做法使反思变得更容易。把你的教学过程展现给另一个教师，你会明确自己的想法并让这些想法接受检验。如果有可能的话，你也可以听同事的课。观察他人可以激发你反思自己的实践，同时也可以给你带来新思路。

《不让一个孩子掉队法案》

将《成为有效教师：从了解学生如何学习开始（第2版）》定为本书的书名是为了强调教学应该是“以结果为导向的”。几十年前，人们很少关注教与学的关系。教师完成了教学任务，有些学生学到了知识，而有些学生则不然。尽管反思型教师一直以来都关注自己的教学效果，但教师对于学生学习的关键作用很少得到教育界的正式认可。教师的教学效果没有得到足够的重视，原因是以往人们认为学习的主要责任在于学生，而不在于教师。

如今，这种想法已经变了。1983年，一个极具影响力的报告——《国家在危机中》（*A Nation at Risk*）——突出报道了美国教育的“平庸现象”，号召对学校提出更高的要求并且提高学习标准。自那时起，国家一直致力于尝试多种途径进行教育改革。各州都提高了高中毕业要求，延长了学生在校的时间，并对教师提出了更多的要求。1994年，一部名为《2000年目标：美国教育法案》（Goals 2000：Educate America Act）的联邦教育改革法案签署生效，该法案提供经费资助各州制定综合计划，以提升学生的教育水平。

最近也是最瞩目、最重大的一次改革尝试是联邦政府出台的**《不让一个孩子掉队法案》**。2001年国会通过、2002年签署生效的《不让一个孩子掉队法案》是对《初等与中等教育法案》（ESEA）的修正。后者是联邦政府对基础教育（K-12）的最大投资项目。《不让一个孩子掉队法案》通过对全国每所公立学校施加要求，大幅地提升了联邦政府在教育领域的影响力。为了取得联邦政府对州内学校的资助，各州必须满足该法案的如下要求：

- 每年对3至8年级的所有学生进行阅读和数学能力测试；
- 高中学生必须通过高中毕业考试取得毕业证；
- 每个班级配备一名**高素质教师**。

该法案通过施加压力来扭转那些表现不佳的学校的现状。具体做法是，对于在帮助学生达到州立教育目标过程中始终无法表现出**年度适度进步**的学校，法案细化了这些学校将面临的一系列后果。表1-1总结了以上内容及《不让一个孩子掉队法案》中与教师相关的其他重要内容。

表 1-1　　　　《不让一个孩子掉队法案》的重要条款

州级评估	各州必须对 3 至 8 年级学生的阅读和数学学习进行年度州级评估，对 10 至 12 年级学生的阅读和数学学习至少进行一次评估，并且对另外三个年级段——3 至 5 年级、6 至 9 年级及 10 至 12 年级——的每一阶段的学生的理科学习至少进行一次州级评估。评估内容及标准必须与具有挑战性的州教学内容和学业成果标准保持一致。各州必须为所有学生提供评估机会，包括特殊学生和英语能力欠佳（LEP）学生。各州必须为所有英语能力欠佳的学生提供语言能力评估。
年度适度进步	各州必须制定年度目标，以实现 2013—2014 年所有学生的阅读和数学达到熟练水平的目标。对于衡量学校表现的每一项标准而言，各州必须包括主要的学生亚族群（主要种族群体、低收入家庭学生、特殊学生及英语能力欠佳学生）必须达到的绝对目标。为了实现年度适度进步，学校和学区必须实现为每个在校学生亚族群设定的年度目标，并且必须对每个亚族群 95%的学生进行测试。除了满足州级评估中的精通标准外，各州还必须确定学校必须达到的“其他学术指标”。
被评定为需要改进的学校	（Title I 学校是指《初等与中等教育法案》第一款中接受联邦政府对贫困家庭儿童资助的学校。） 连续两年没有达到年度适度进步的 Title I 学校和学区将被定位为需要改进的学校和学区，并将获得技术援助以帮助它们改进。那些连续几年没有达到年度适度进步的学校和学区将被定位为需要接受连续的阶段性干预，包括整改行动和重组（见下文）。为了摆脱“需要改进”的身份，学校和学区必须连续两年达到年度适度进步。
公立学校选择	各学区必须向已认定为 Title I 学校的所有学生提供转入非此类学校的选择权。学校所在学区提供交通工具。
补充教育服务	在第三年没有达到年度适度进步的 Title I 学校所在学区必须向低收入家庭学生提供由国家授权人员提供补充教育服务的选择。
整改措施	在第四年没有达到年度适度进步的 Title I 学校所在学区必须执行至少一项以下整改措施：替换涉及未能完成年度适度进步工作的学校工作人员，实施新的课程，减少学校层面的管理权责，指派一名校外专家为学校提供建议，延长学校日学时或学年，重组学校的内部组织。
重组	在第五年没有达到年度适度进步的 Title I 学校所在学区必须开始计划实施至少一项以下重组干预措施：作为特许学校重新开放校园，更换全部或大部分学校工作人员，与私人实体签约管理学校，将学校的运作交给学校所在州，对学校的管理采取其他重大重组措施。学校所在学区必须花费一年的时间制定重组计划，并在次年实施这些重组计划（如果学校第六年没能达到年度适度进步的话）。
高素质教师	教授核心学术科目的所有教师都必须是《不让一个孩子掉队法案》和州界定的高素质教师。要获得该资格，教师必须具有学士学位、全面的州级认证并已经证明他们能胜任其所教授的每门核心学科的教学。可以通过以下方式证明其学科能力：通过严格的州立测试，完成大学专业或同等课程的学习，或者（针对老教师）符合所在州根据“严格的、客观的、统一的州级评估标准”的原则（HOUSSE）制定的标准。
利用基于研究的实践	学校必须使用基于科学研究的有效的方法和教学策略。

资料来源：National Assessment of Title I—Final Report (Washington, DC: U. S. Department of Education, Institute for Education Sciences, 2008). Available at http://ies.ed.gov/ncee/pubs/titleI_final/exhibits/exhibit_01.asp.

《不让一个孩子掉队法案》的相关问题

《不让一个孩子掉队法案》已经证明存在很多争议，原因如下：

● 资金。许多州抱怨这项法案的各项要求演变为联邦政府颁布的一项没有经费的授权令（一部法律，其要求各组织或各州执行政策或措施，但对于执行这些政策没有提供或提供很少的资金）；为了遵从该法案，各州必须支付的费用远超出联邦政府的资助。虽然该法案承诺向各州支付款项，但其中大部分款项从未出现在联邦预算中。2007—2009年的经济衰退使该问题变得愈加严重，进而致使大多数州面临税收收入不足的窘境。

● 学校评定。如果一所学校差不多30个亚族群中的任何一组连续两年在州立测试中没有达到及格分，那么整个学校就被定位为没有取得年度适度进步的学校。在一些学校，没有取得年度适度进步的学生亚族群可能在该学校学生中比例很小，因此，他们可能无法如实反映该校大多数学生取得的进步。很多教育工作者认为该规定惩罚性有余，使教育工作者和学校为特定学生群体的州立测试成绩负责，然而测试成绩可能会受到社会、文化和经济等多种因素的影响。

● 非预期后果。根据《不让一个孩子掉队法案》，就读一所不合格学校的学生可以选择离开该学校转到其他公立学校就读，同时可以带走联邦政府和州政府提供的教育经费。具有讽刺意味的是，在法案实施的最初几年里，更大比例的优等生而不是后进生利用了这个转学的特权，但这显然不是该法律的初衷。

● 降低州立标准的压力。尽管该法案是联邦法律，但必须注意的是每个州制定了各自的教学内容标准，设计了各自的评估体系，设定了各自的及格分。因此，标准高、评估及格分数线高的州的不及格的学生比例高于标准低、评估及格分数线低的州的不及格的学生比例。这样的现实使得各州纷纷降低标准，拉低及格分数线。此外，因为每个州的测试内容各有不同，因此，无法对学生的成绩进行跨州对比。然而，近期的一项新倡议有可能结束各州在测试上的差异。

教学视频案例

在该视频案例“教师责任：一个学生教师的视角”，你会看到学生教师凯特琳·霍利斯特（Caitlin Hollister）从她的校长和其他教师那里深刻理解了教师的责任。在CengageBrain.com上访问教育媒体图书馆，可以观看该视频片段并学习该案例的资料。然后思考以下问题。

问题

1. 图表中学生的数学成绩似乎让新教师有些不知所措。观看这个视频案例是否已经改变了你对使用大数据追踪学生进步的想法？改变的原因是什么或没有改变的原因是什么？

2. 校长玛丽·拉索（Mary Russo）说：“每一个数据都有一个名字和一张面孔。”对她的话你有什么感受？

3. 在你看来，给霍利斯特女士的建议中哪一条是最好的？

《共同核心州立标准倡议》

《共同核心州立标准倡议》(Common Core State Standards Initiative) 是一个州主导的倡议，其目标是制定一套通用标准，各州将自愿采纳全部标准，并可选择补充一些附加标准。这些标准于 2010 年 6 月发布。超过 40 个州已经正式采用了这些标准。

第二项倡议，即“力争上游评估项目”(the Race to the Top Assessment)，是联邦政府资助的一项倡议，旨在开发基于《共同核心州立标准》的下一代评估体系。有两个州联盟获得联邦资金，这两个联盟分别是升学及就业准备导向评价同盟 (PARCC) 和智能平衡评估联盟 (SBAC)。有了这两个评估联盟 (在 2014—2015 学年开始运作)，各州能够与 20 个以上的其他州对比学生的成绩。

无论这些时下的努力可能会带来何种变化，《不让一个孩子掉队法案》、现行的《共同核心州立标准》和许多通用评估标准都以多种方式定义你作为教师的工作，这已是既定事实。现在期待教师能够引导学生学习，而学习效果主要由有一定挑战性的州立测试来测量。如果没有通过重要考试的学生达到一定数量，那么教育工作者和学校将负责提高他们的分数。因此，学生的成绩可以清晰地衡量你作为教师的工作效果。我们希望学习这本书及其附带的资料将帮助你做好准备，以完成所有能够帮助你实现上述目标的关键任务。

《不让一个孩子掉队法案》最初定于 2007 年 9 月失效；截至 2011 年 6 月，尚未重新修订。奥巴马政府提出修改现行法律，希望能更加重视毕业率和“升学与就业准备”。在 2010 年发布的《改革蓝图》(Blueprint for Reform) 中，该届政府要求在测量学生成绩及评估学校教育效果的工作中有更大的灵活性。

不同于仅把重点放在学生每年的数学和阅读成绩上，奥巴马呼吁在更长的时间跨度上以及在更多的学科范围内评估学生的学习成绩。此外，也可以在更长的时间跨度上跟踪一所学校的表现，以便考察学生在实现升学与就业准备目标的过程中总体学习成绩的进步情况。《初等与中等教育法案》的拟定更新内容也旨在为学校的进步提供激励措施，并为取得显著成果的学校提供奖励。

总结

越来越多的政策制定者坚信，教育改革中最重要的因素就是教师个人。他们已经认识到如果课堂教师对学生的学习不认真负责，所有的政策创新都无法实现其目标。基于这种见解，政策制定者已经对教师提出了越来越高的要求。为帮助你达到这些更高的要求，我们编写了这本包含新教师必备知识的书。我们希望这本书能在你教学的第一年里对你有所帮助。但是，作为职业教师，你后续的成功取决于你反思工作的质量、你的成长以及你努力成为想象中的最好的教师的意愿。这项工作实属不易，但收获颇丰。

行动标准

州际新教师评估与支持联盟　标准 10：领导力与合作

教师寻求适当的领导角色和机会为学生学习承担责任，并与学习者、学习者的家庭、同事、学校其他专业人员及社区成员合作，目的是确保学习者的不断成长并促进教师的职业发展。

采访五位课堂教师并询问他们《不让一个孩子掉队法案》对他们自身及课堂教学实践有哪些影响。确定他们是否认为该法案是一个有建设性的法案。如果法案可以修订，他们建议做出哪些改变？

更多资源

● Charlotte Danielson，*Enhancing Professional Practice：A Framework for Teaching*，2nd ed.（Alexandria，VA：ASCD，2007）. 这是一本非常实用的书，该书以专业实践为框架，并以普瑞克斯测试标准三（PRAXIS III）为基础。内容包括规划和准备、课堂环境、教学、职业责任。

● Thomas L. Good and Jere E. Brophy，*Looking in Classrooms*，10th ed.（Boston：Allyn & Bacon，2008）. 这本书为教师提供了能够观察和解读教师与学生课堂行为的技巧，非常实用。

● Clare R. Kilbane and Natalie B. Milman，*What Every Teacher Should Know About：Creating Digital Teaching Portfolios*（Boston：Merrill，2009）. 这是一本创建数字化教学档案的绝佳指南。

●《成为有效教师：从了解学生如何学习开始（第 2 版）》一书的配套网站。请务必把访问该配套网站作为你每个单元学习的组成部分。你可以找到本书未列出的“更多资源”的链接，并访问许多其他有助于你成为一名有效教师的资源。

● Kenneth M. Zeichner and Daniel P. Liston，*Reflective Teaching：An Introduction*（Mahwah，NJ：Lawrence Erlbaum Associates，1996）. 这是一个非常好的有关教师反思概念和实践的介绍读本。

重要术语及定义

年度适度进步（adequate yearly progress） 为达到州立标准每年有显示度的进步。联邦政府的《不让一个孩子掉队法案》规定，如果学校每年有达不到年度适度进步的学生，学校就必须采取各种整改措施。

高素质教师（highly qualified teacher） 已获得教师资格证（通过传统途径或选择性途径），并在其教授的科目中表现出较高水平的教师。

《不让一个孩子掉队法案》（No Child Left Behind Act） 2001 年对《初等与中等教育法案》的修正名称。该法案对各州和各学区新增了很多要求。

反思性教学（reflective teaching） 教师定期检查和评估自身教学工作的习惯。

教学档案袋（teaching portfolios） 反映教师教学质量的档案袋（例如，研究论文、学生评估材料、教学单元和教学视频）。教学档案袋可以用来向校方展示教师的能力或用作申请国家委员会资格认证的材料。

本书的配套网站提供了很多有用的资源。访问 CengageBrain. com 获取本书各单元词汇表、抽认卡、网页链接和其他学习辅助工具。

注释

[1] MetLife，*The MetLife Survey of the American Teacher : Collaborating for Student Success*，*April 2010*. Available at http：//eric. ed. gov/PDFS/ED509650. pdf.

[2] Richard M. Ingersoll and Thomas M. Smith，"Keeping Good Teachers：The Wrong Solution to the Teacher Shortage，" *Educational Leadership* 60，no. 8 (May 2003)：30－33.

第二单元

理解学生差异

州际新教师评估与支持联盟　标准 1，2，3，5，7，8 和 10

情景一

这一天终于来了！今天是开学第一天。穿上崭新的校服，背上干净利落几乎空空的书包，你下了校车，自信满满地走向新教室。你知道新教室在哪里，因为你在去年学年结束时参观了那座建筑。背后传来好朋友喊你的声音，他想在上课铃响之前跟你玩一会儿。你微笑着，整理好背包，跟好友踏步前行，一起迎接新学年的开始。

这情景也许跟你的经历很相似。又或者，你新学期的第一天更像是这样：

情景二

当你走下校车，黑压压的人群瞬间让你不知所措。你停下脚步，盯着眼前的景象，不确定该去哪里或该求助谁。你很焦虑，僵立在原地，直到感觉背后有人推了你一下。你转过头，只见一群年轻人从你身边跑过，口中还大声喊着什么。你感觉他们在冲你大喊，但你却听不清他们在喊什么。你顺着人群涌动的方向挪动，但仍然不知道应该往哪里走。你听到嘈杂的说话声、笑声和兴奋的呼喊——所有这一切都让你感到更孤单、更孤立。你环顾四周，过了一会儿，意识到一个成年人似乎在和你说话。他走向你，一直在跟你说着什么，尽管你什么也没听懂。那人拉着你的胳膊走向大楼，你感到更加恐惧了。

预览

正如你以教师的身份第一天走进教室可能会经历紧张的期待、担忧甚至恐惧等各种感受，你的很多学生也会经历同样的考验。重要的是你要记住你的学生正在经历的各种感受。这些不同的感受体现出不同的个性与能力，后者是你今后每天在课堂上所要面对的。你的学生都是独特的、难以捉摸的、变化无常的且（有时）是有问题的个体。在本单元中，我们将介绍一些形成每个学生独特个性的变量。这些变量包括他们的文化、种族和民族背景、社会经济地位、语言、性别和性取向、身体素质或残疾情况，以及智力优势和学习风格。

单元要点

本单元强调：

◇ 美国历史包含着数百万新移民的故事，新移民的到来受到不同方式的欢迎。

◇ 很多群体的学生一直遭遇不公平对待，这种状况一直持续到 20 世纪 60 年代，那时新兴的很多社会和法律变革开始考虑他们的需求。

◇ 美国和美国学校的种族日益多元化。教师必须理解学生的种族与文化差异才能做到有效教学。

◇ 学校采用了很多不同的方式来教授母语不是英语的学生。现在的趋势是将这些学生置于常规课堂中，这种做法要求教师们必须帮助英语语言学习者做好准备。

◇ 学生的经济背景会影响他们的在校表现，因此，教师必须了解家庭收入的作用。

◇ 教师需要在课堂上平等对待男女学生。教师还必须为有各种性取向的学生（及其家庭成员）营造一个安全的环境。

◇ 不断努力将特殊学生纳入常规教学，这意味着教师必须随时准备与特殊学生合作，并与他们的家庭和特殊教育工作者合作来满足这些学生的需求。

◇ 你的学生有各种各样的学术优势和弱点，帮助每一个人发挥她或他的最大潜力是你将面临的挑战。

我们如何走到今天：美国多元文化简史

纵观美国的历史，很多不同国家的人出于各种各样的原因来到美国。有些人是自愿来美国的，其中包括很多欧洲的移民，他们来美国寻求冒险，谋求经济财富，或者是逃离饥荒。另一些人，就像很多的非裔美国人，则是被迫来到这里的。还有一些人是为了逃脱政府压迫或者种族大屠杀来到这里的。无论出于何种原因，来自数十个国家的数以千万的人移民到了美国。

在过去的200多年间，美国对移民的开放程度不尽相同。两个特别集中的移民时期展示了新移民接待方式上的改变。第一个主要的移民潮出现在1880年至1930年，在此期间有超过2 700万的移民来到美国，其中大多数来自西欧国家。第二个阶段是1970年至2009年，移民率的增长非常迅猛：到2009年为止，全美约有3 850万移民，占了美国总人口的12.5%。这些移民大多来自亚洲和中南美洲[1]。在这两个主要的移民阶段，不仅移民的文化和种族构成有了改变，而且美国的教育体系对这些移民的态度也有了根本的改变。

熔炉理念

在早期的移民浪潮中，接纳和教育移民的方法基于这样一种理念，即移民如果能够融入美国主流文化，就会非常成功。当时主流文化主要是指盎格鲁-撒克逊裔的白人新教徒（WASP）文化。描述这种移民同化方法最常用的比喻是**熔炉**，熔炉这一概念取自1909年由以色列·赞格威尔撰写的剧作《熔炉》。在熔炉中，无论不同的成分有多么独特和容易识别——例如，不同的金属——最终都融化在一起形成新的化合物。同样，人们期待来自不同文化和背景的人能够融合在一起，成为新文化——美国文化——的组成部分。按照这种思维方式，社会鼓励移民接纳新东道国的习俗和传统，很多移民有意识地或逐渐地放弃了他们家乡的很多传统，转而接纳了美国传统。

同样，移民（尤其是年轻的移民）被要求使用新国家的语言。很多年轻移民的父母强烈鼓励自己的孩子学习说流利的英语，因为父母们有一种想法（通常也是正确的想法）：在美国会说流利的英语更容易在经济上取得成功。美国的学校也做出了相应的回应：只教授英文。当时有很多故事描述不会说英文的年轻移民被故意安置在只说英语的课堂中。这样，他们可以在没有任何辅助的情况下学会英语，同时还学会所有其他的学科。他们入学第一天的经历也许就像本单元情景二中描述的一样。

致力于积极传播美国的信仰和价值观的课程也是整个教学大纲的重要组成部分。一个系列读本——**《麦加菲读本》**（*McGuffey Readers*）最早于1836年编写成书，到19世纪末被全国的37个州采用。这个系列读本充满了各种各样的故事，这些故事的宗旨是教会孩子们特定的社会行为以及积极的性格特征。这些早期的课本教授美国民间传说，并普及美国的风俗和节日。这些信仰和价值观被灌输给所有的学生，无论他们是在美国本土出生的还是新来的移民。并且，这些课本中没有对其他任何文化的认可。

尽管熔炉或同化主义的方法占据优势，但大多数主要城市都有种族社区，在这些社区中移民们自己的语言、习俗和传统还是非常盛行的。很多这样的社区还开设双语学校，经常由一个宗教团体或教堂管理，这为那些不会说英语的移民儿童提供了一个更轻松的过渡期。

远离熔炉

最近的移民潮开始于20世纪60年代和70年代的动荡时期，当时美国文化的各个方面都受到质疑，个人的自我实现逐渐成为美国社会的崇尚。很多学校通过放宽毕业要求和扩充课程表来反映这一变化。在诸如艺术和文学类型等领域，较少的毕业要求与较多的课程选择相结合让高中学生能够规划一个满足自己独特兴趣爱好的学习路径。

这一时期对包容性有更高的要求，即包容所有美国人，尤其是文化传统在主流WASP传统之外的人或者是社会经济地位远不及美国中产阶级的人。一直以来，学校是将这种包容性扩展到几个主要群体的关键场所，这几个群体包括低收入家庭学生、种族和少数族裔学生、英语语言学习者和特殊学生。

低收入家庭学生　1964年，林登·约翰逊（Lyndon Johnson）总统发起了一项名为“向贫困宣战”（The War On Poverty）的影响深远的运动。其基石之一是1965年的《初等与中等教育法案》，该法案已成为联邦政府资助学校的主要工具，现在被称为《不让一个孩子掉队法案》（此法案的具体内容详见第一单元“针对学生学习的反思性教学”）。《初等与中等教育法案》为“教育贫困”儿童——主要是来自低收入家庭的儿童——提供额外的**补偿教育**服务。另一个补偿性教育计划，即“开端计划”（Head Start），于1965年推出了第一个暑假课程，以提高低收入家庭儿童的入学准备率。从那之后，这个计划逐渐扩展为学龄前儿童的全年课程计划。

种族和少数族裔学生　《初等与中等教育法案》连同里程碑式的“布朗诉托皮卡教育局案”（Brown v. Board of Education of Topeak）的最高法院裁决都旨在解决种族不平等问题，以及保护和促进所有美国人（特别是非裔美国人）的宪法权利。

这些方案最突出的内容是强制整合白人学校并强制使用校车将非裔美国学生送到白人学校上学。在20世纪70年代和80年代集中力量整合学校之后，这种做法在20世纪90年代和21世纪初期失去了势头。今天，在普通非裔美国学生所在的学校里70%都是少数族裔[2]。

英语语言学习者　1968年，《初等与中等教育法案》的再修订增加了《双语教育法案》。该法案向学区提供联邦资金资助使用本国语言教授**英语能力欠佳的学生**。在1974年的“刘诉尼科尔斯案”（Lau v. Nichols）中，最高法院的裁决更加激进，当庭裁决因为语言障碍而剥夺任何学生平等接受教育的权利的做法都是违反宪法的。该裁决要求学校为**英语语言学习者**提供平等的机会，或帮助学生提高使用教学语言（英语）的熟练程度，或使用学生原本的主导语言来教学。我们在本单元后面也可以看到对于这一权威指令各个学校做出的不同回应。

特殊学生　1975年的一部联邦法律——**P. L. 94-142公法，即《全体残障儿童教育法案》（Education for All Handicapped Children Act）**开始了针对残疾儿童待遇的革命。在此之前，特殊学生通常被迫与学校其他人口隔离开来。这项法律及其后续的几项法规使很多学校都对特殊学生采取全部接纳的方式。这种变革既昂贵又具颠覆性，但它也是美国教育史上真正高尚的时刻之一。而且，正如我们将在本单元以及第四单元“教授特殊学生”中看到的，这场革命仍在继续，因为管理员、教师和学生都在努力制定最有效、公正的程序来满足特殊学生的教育需求。

过去的这些年，对学校为所有学生提供平等教育机会的需求和具体要求都在不断地改变和扩充，但是学校提供平等教育机会的前景却没有太大的改变。你作为教师有职责实现真正的“教育机会平等”。因此，教师的特殊职责首先是要对学生具有的条件和特殊情况保持敏感，然后是对其做出回应。本单元接下来的部分总结了其中一些情况。

行动起来

你本人有没有从这些扩大教育机会的举措中受益？你有朋友或家人曾经从中受益吗？如果有的话，收获体现在哪些方面？还存在哪些问题和困难？

当今课堂中的多样性

如今你可以在自己的课堂中看到文化多样性日益增加的直观体现：班级里的学生存在广泛的差异。每个学生都是个体，有自己的个性和特点，我们鼓励你去了解班级里的所有学生。

文化差异（有时与种族或民族背景有关）、社会经济差异、性别差异以及生理和心理能力的差异都会影响学生的学习，并且你必须做好准备应对这些学习差异。

种族和族裔多样性

随着新近一轮移民潮的持续，美国人口变得愈加多样化。约有34%的美国人口是少数族裔群体。学龄儿童中这一比例更高，估计约为44%[3]。因此，你的教室很可能有不同种族和民族的学生。

种族是对具有共同祖先和身体特征的人的生理描述。**民族**，与之形成对比，是指一个共享语言、习俗、政治和经济利益以及（在通常情况下）宗教信仰等特性的群体——换句话说，是拥有共同**文化**的人。与民族身份密切相关的是人们理解世界以及与世界互动的方式。这些对世界的不同理解体现在不同的语言表达和不同的思维过程当中，而且对个体学习方式会有很大的影响。

师生差异　女性教师在所有公立学校教师中约占76%。此外，近84%的公立学校教师是白人，大多数来自中产阶级家庭[4]。大约44%的公立学校学生来自少数族裔和民族，其中很多人生活贫困。因此，典型的教师——一位白人女性，其背景与所教的很多学生的背景迥然不同。在美国，白人学生与非裔学生和西班牙裔学生在成绩上存在差距，至少有一部分差距可归因于学校与家庭文化之间的差距。（关于学校文化的更多信息，请参见第七单元“学校文化”。）

大多数教师与背景相似的学生更容易相处。学生和教师的社会和文化特征越相似，他们对行为和学业表现的默认和不必言说的期望就越多，这大大简化和加强了师生沟通。但是，当教师和学生的社会和文化特征不同时，教师和学生对各自在学校的期望可能不尽相同。在这种情况下，教师需要接受培训才能了解她的学生——并帮助他们理解她的期望——以帮助学生取得成功。

教师在课堂上认可和适应文化多样性的一种方式是**文化回应式教学**。学校的中产阶级文化经常使来自其他文化的学生在理解学校规范和沟通方式方面处于劣势。通过使用融合学生家庭和社区重要方面的教学材料和教学实践，教师可以在课堂中回应并反映学生的文化。例如，如果一个班级由很多拉丁裔移民子女构成，教师可以在教室里挂放学生原籍国的以及美国的地图，提供西班牙语和英语双版本的杂志和游戏，或播放萨尔萨音乐作为某些活动的背景。下面“在你的课堂上”板块针对如何弥合你和学生之间的文化差距提供了更多的建议。了解并理解学生的文化背景可以帮助你把课堂变得更具吸引力并提高学生的成绩。

在你的课堂上

应对文化差异

未来的教师

寻求扩大自己的文化背景将有助于你更加了解学生。

- 寻求更多不同的体验来加深你对社会和文化共性及差异的理解（例如，出国旅游）。
- 在与你成长环境不同的社区组织和俱乐部中做志愿者。
- 在与你的母校不同的学校中做志愿者。

实习教师

以下建议可帮助你在拥有自己的班级后应对多元化问题：

- 了解并体会学生的价值观和背景。
- 将学生的文化元素融入学习活动，尝试文化回应式教学。
- 更加注重学生的优势而非弱点，根据学生的长处进行教学，而不是让学生感到无能或能力不足。找到一些方法，让每个学生因自己的一技之长而被教师和同学们认可。

● 让你的教学富有变化，这样可以使习惯了各种学习方式的学生都找到适合自己的学习方式。（如果想了解更多关于差异化教学的资料，请参见第五单元“教授学业背景多元的学习者”。）

● 明确学校的中产阶级价值观，比如，个人学习和竞争，可能与一些学生文化中的价值观相冲突。教师需要帮助学生学会缩小两个世界之间的差距。

语言多样性

虽然文化差异可能是令人费解的、难以捉摸的，但语言差异通常非常明显。在美国公立中小学就读的5 000万学生中有530万是英语语言学习者[5]。这意味着中小学学生群体中每十个学生里面就有一个会在开学第一天面临本单元开头情景二中描述的情景。在全美国，英语语言学习者说400多种不同的语言，约3/4的英语语言学习者把西班牙语作为他们的主要语言。美国其他学校中使用较多的语言包括越南语、苗族语、韩语、阿拉伯语、海地克里奥尔语、粤语、他加禄语（菲律宾国语。——译者注）、俄语、纳瓦霍语和高棉语（柬埔寨语）。

你可能会以为这些不说英语的学生刚刚来到美国，他们其中的一部分的确如此，然而80%的移民的子女出生在美国，且将近3/4的英语语言学习者出生在美国，是美国公民。跟他们说英语的同龄人一样，这些孩子从幼儿园和一年级就开始在美国读书[6]。剩下的1/4的英语语言学习者是出生在美国以外的其他国家的移民儿童和青少年。这些数据表明，现在对于英语语言教学的最主要的需求，就是让众多本土出生但又不精通英语的孩子学会英语。这些学生在理解文化以及学习英语方面需要帮助。但是，所有的英语语言学习者都有双重任务，即他们不仅要学习一门新语言，还要学习一些匹配美国主流文化社会和语言规范的思维、行动和行为的新方法。

各学校以各种不同的方式满足了这些需求。英语语言学习者的语言课程分为两类，即侧重于发展两种语言的读写能力的语言课程（双语教育）和仅侧重于发展英语读写能力的课程（英语沉浸式课程）。在侧重于发展两种语言的读写能力的双语模式中，有过渡模式、维护模式或发展模式。

过渡模式提供强化型的英语语言教学，但是学生可以获得一些使用其母语进行的学业指导。这种方式的目的是让学生为常规的、使用英语的课堂做好准备，不在学科学习上落后。从理论上讲，学生应该能在几年之内完成这个过渡过程。维护或发展双语教育的目的是保持和巩固学生的母语技能，同时他们也继续将英语作为第二语言学习。

在英语沉浸式学习模式中，学生用英语学习所有内容。使用沉浸式教学模式的教师通常会使用简单易懂的语言来教授课程，这样让学生能够在学习学科内容的同时内化英语。这些课程更容易出现在小学教学中，因为年幼的学习者通常比年长的学习者更容易习得新语言。

沉浸式学习的极端情形被称为淹没式学习，在这种模式当中，学生必须“下沉或游泳”，直到他们学会英语。有些学生被拉出去参加英语作为第二语言（ESL）的课程，这些课程为他们提供专门针对语言习得的英语教学。

然而，近年来双语教育项目饱受争议，很多父母、学生和法律制定者对于双语教育表示不满，原因是其过渡作用太过缓慢或根本没起作用。因此，有几个州（包括加利福尼亚州、亚利桑那州和马萨诸塞州）的选民已投票同意取消双语教育项目，用英语沉浸式学习模式取而代之。

为了帮助英语语言学习者能够更加流利地使用英语，你所在的学校可能有某种类型的双语教育项目，也可能没有。无论是哪种情况，至少在一天中的某些时间你的课堂会有部分学生，他们的第一语言并非英语。“在你的课堂上”这一板块给你提供了一些指导，以便你能够更好地帮助这些学生。

在你的课堂上

跟母语非英语的学生合作

1. 学生可能懂得很多知识，但能表达出来的知识却有限。相对于输出技能——说和写的技能，学生往往会更精通于接受技能——听和读的技能。英语语言学习者可能处于语言学习的输出前阶段，他们能够听懂所听到的，但还没准备好如何回应。因此，如果学生没有对指令做出反应或不能回答所提出的问题，不能想当然地以为学生没有听懂。相反，你可以参考其他指标来判断学生是否真正理解，比如他们的作业样本。

2. 与其他学生一样，英语语言学习者在课堂上发言跟写作业是不一样的。理解学术语言和指令性材料通常是比理解日常对话更难。第二语言学习者通常是先发展基本的人际沟通技能，再发展认知能力，或者是学术语言能力[7]。记住，即使学生精于日常沟通，他们在培养学术语言能力的时候仍需要帮助。

3. 演示，而非只是下指令。与其他学习者一样（如果不是更多），英语语言学习者需要视觉或非语言的素材来帮助他们理解词汇和概念，所以提供信息时尽量多使用视觉辅助工具。

4. 更多地关注阅读理解，而非只是发音。大声朗读一篇课文并不一定表明学生理解他或她所读的内容。解码——把一个声音和一个特定的符号（字母）相关联——是英语语言学习者很容易掌握的一种机械技能。然而，阅读理解是不同的阅读技能，需要英语语言学习者通过日积月累的培养和训练来掌握。

教学视频案例

该视频案例“双语教育：初级双向沉浸课程”介绍了两位教师和他们的学生参与这个课程的情况。也就是说，所有学生在所有学科的学习过程中都要学习使用英语和西班牙语进行读写和交流。在 CengageBrain. com 上访问教育媒体图书馆，可以观看该视频片段并学习该案例的资料。然后思考以下问题。

问题

1. 这个课堂的授课模式与这里描述的哪个模式最相似？为什么？

2. 这些教师如何展示这里列出的教学方法？

3. 你是否赞同这位教师对她课程的优缺点的评价？原因分别是什么？你会补充怎样的评价？

社会经济多样性

社会经济地位（SES）是美国人口统计局用来描述一个人的职业现状、收入以及教育程度的一个术语。社会经济地位高的人往往拥有高收入的工作和高层次的教育；而社会经济地位低的人通常有低收入的工作，也没有受过太好的教育。这对你来说可能并不意外。

很多社会学家坚信，社会经济阶层跟民族群体一样是个文化群体。他们认为，就像其他一些文化群体，不同社会经济地位的人会有截然不同的习俗、信仰与价值观。比如，社会经济地位高的人通常会认为接受高层次的教育是一个值得奋斗的目标；然而，社会经济地位低的人不会如此重视受教育程度。其他差异可能包括职场道德、家庭结构以及年轻人与成年人互动规范上的一些差异。

一个名为雪莉·布赖斯·希思（Shirley Brice Heath）的研究者记录了不同社会经济地位的家庭存在的一些差异，体现在成人与孩子说话方式以及对于培养学龄前孩子读写技能的重视程度上[8]。希思发现，在成年人与孩子的言语交流方面，社会经济地位低的家庭总体来说比中等社会经济地位的家庭要少。这些交流在本质上也存在差异。比如，在社会经济地位低的家庭中，父母与子女之间的会话目的往往是获取信息（一个父亲或母亲可能会问一个孩子“你的兄弟在哪里?”或者“谁打破了窗户?”），而在中等社会经济地位的家庭中，父母与子女的言语交流通常是一种知识构建，近似于学校话语结构的沟通。在此类家庭中，父母可能会让孩子去辨认一个物体、一个字母或者一个单词，目的是帮助孩子积累知识。学生如果在家里就有了这样的训练，他就能更好地适应日后学校的会话方式，也会掌握更多学习学科内容的基本技能，比如阅读的技能。这些学生可能在上学的第一天就能毫不费力地适应学校的情况，就像我们在本单元开头描述的情景一样。

鲁比·佩恩（Ruby Payne）曾经描写过有贫困背景的孩子与学校之间存在的差异。佩恩认为，尽管学校强调的是学业成就、延迟享受以及其他的一些中产阶级价值观，但是有贫穷背景的孩子却可能非常重视生存、娱乐和人际关系。除非教育者们能够明白那些往往主导贫困孩子行为的“隐形的规则”，否则他们就无法实施有效的教育[9]。

当教师发现在自己工作的学区里学生来自社会经济地位不同的群体，那么他们一定要记住这些学生可能有不同的日常行为和价值观。比如，希思的研究就表明，相对于中等社会经济地位的家庭的年轻学生，社会经济地位低的家庭的年轻学生需要更明晰的有关学校环境运作的说明。

性别与性别取向

学生间的另一个重要差异与他们的性别相关。尽管目前对于性别是社会建构还是生物建构仍旧有非常激烈的争论，但人们一致认为，近几十年来性别角色不断演变，社会对于男性和女性有不同的期望。根据我们的目的，我们承认学习、动机和态度方面的差异通常与性别有关。此外，很多的社会语言学家也认为两性之间的话语模式有很明显的差异。

20 世纪 80 年代的一些研究表明，教师倾向于区别对待男孩和女孩[10]。尽管 20 世纪 80 年代至 90 年代早期，人们普遍担心学校会偏爱男孩，近些年来让人们更担忧的却是男孩学业上正在落后于女孩。虽然在计算机科学和物理方面男孩的能力一直超越女孩，但在读写能力上女孩超越了男孩，并且能够在学科学习中拿到更多的学分，上大学的比例也更高。接受特殊教育服务的学生中，男孩也占了2/3。

教师需要确保他们平等对待男孩和女孩——不能对性别抱有刻板印象，在课堂讨论中给男孩和女孩提供平等的机会，避免布置有性别偏见的任务，并且示范两性平等的行为。

一位哈佛大学临床心理学研究员认为，学校并不能适应男孩的学习模式和课堂需求。在休息次数多且可以在教室中自由走动的时候，男孩才会有最佳表现。男孩更喜欢辩论和激烈的课堂讨论，而这种行为在现代课堂中往往是不被提倡的[11]。

如果你在一所初中或者高中教学，你可能会碰到一些学生，他们仍旧在非常费力地辨识自己的性别身份。你所在的中学有很多学生开始探索他们对班里异性同学的吸引力，而另一些同学却在疑惑为什么自己对异性没有吸引力，或为什么他们对同性同学更有吸引力。进入高中以后，很多人开始意识到他们的思想、感受和行为模式与同性别的同学并不一样。

有关性别取向的问题在社会中是极具争议的。有充分的证据表明，同性恋、双性恋和变性（LGBT）学生无论是在大的社会环境还是在小的学校环境中都面临敌对态度。然而，作为教育者，为了促进所有学生的情感健康，我们有责任避免推动任何一种特定的社会议题。这也就意味着你所有的学生，无论他们有怎样的性取向，都有权利获得一个安全且能够获得支持的学习环境。

教学视频案例

在视频案例“课堂中的性别平等：女孩和理科学习”中，你可以看到中学教师罗伯特·乔如何促进所有学生（不分性别）的理科学习。在CengageBrain. com上访问教育媒体图书馆，可以观看该视频片段并学习该案例的资料。然后思考以下问题。

问题

1. 在此视频案例的主视频中，我们可以看到，中学教师乔谈到女孩们因怀有“理科学习不适合女生”的固定成见而不敢去涉猎这个领域。这个单元也讨论了性别偏见对学业成绩的影响。除了这里提到的这一偏见——针对理科学习的——还有什么其他关于科目学习的性别偏见？

2. 这个视频案例中，教师们认为，“在不同的学科领域和事业领域，学生有性别取向榜样和少数族裔榜样，这一点很重要”。你是否认同这一观点？为什么？

多种多样的能力

随着对学生的进一步了解，你肯定会注意到他们在成绩与课堂参与方面的差异。这些差异与很多变量有关：他们先天的能力、先天能力与课堂要求的匹配度以及追求优秀表现的动力。一些学生可能会在生理上或学习上有障碍，这些障碍会影响他们的课堂参与度。正如我们在这一单元开头所提到的，教育特殊学生是20世纪70年代以来联邦立法明确规定的内容。近年来的趋势是把特殊学生纳入常规的课堂中。因此，你会发现你的学生有各种障碍。本书的第四单元“教授特殊学生”讨论的就是你如何满足这些学生的需求。你可以确信的是，即使是在一个同质性的课堂中，你的学生们也会表现出不同的能力、学习风格和学习动机。试图让所有学生都保持参与并迎接挑战需要大量的计划与准备，而这些内容我们将在第五单元“教授学业背景多元的学习者”中详细讨论。

总结

大多数的新教师会表达一种担忧，就是他们不知道该如何应对我们在这个单元中所涉及的各种各样的多样性。“我是一个新教师。当我正在学习如何教学的时候，如何能满足各种性格特征的学生?”这个担忧非常合乎情理，但是这不应该让你打退堂鼓。学会教学是一个渐进的过程，你需要投入很多时间并进行大量的反思，这样你才能够成为一名对大多数学生而言的有效教师。在最开始的时候，你就要意识到这些差异是存在的，并且这些差异会影响孩子们学习的方式。尝试把这些差异融入你的课程计划、你设计的活动以及对学生的评估中。给学生多种选择，让他们能够尽量发挥优势来学习，而非揭示他们的不足。有很多资源能够帮助你把这些学生差异纳入教学，一些资源被列入“更多资源”板块。此外还要切记，孩子们有多少差异，他们也就有多少共性。从根本上说，我们都有最基本的生理和心理需求，这些需求并无种族、文化和性别的界限。了解这些发展阶段以及其相同之处有助于你理解学生的行为并逐渐积累适当的课堂经验。

行动标准

州际新教师评估与支持联盟　标准2：学习差异

教师利用自身对个人差异、多元文化以及社区的理解，确保为学生提供包容性的学习环境，使每个学习者达到较高的标准。

花时间了解一些在民族、文化或语言上与你的社区不一样的社区。到与你母校不同的学校做志愿者。那里的教师教授学生的方式与你曾接受的教学方式有什么不同？你从这些经历中可以学到什么？

更多资源

● Stephen Cary, *Working with English Language Learners: Answers to Teachers' Top Ten Questions*, 2nd ed. (Portsmouth, NH: Heinemann, 2007). 围绕教授英语语言学习者，针对教师提出的十个最常见和最难回答的问题提供了必要的信息、非常实用的想法以及有帮助的职业发展辅助。

● Lisa Delpit, *Other People's Children: Cultural Conflict in the Classroom* (New York: The New Press, 1995). 该书作者明确指出，大多数课堂以白人视角为主，并且很少有教师认识到有色人种儿童拥有自己的视角。

● Geneva Gay, *Culturally Responsive Teaching: Theory, Research, and*

Practice，2nd ed.（New York：Teachers College Press，2010）. 这本书描述了教师如何使用文化回应式教学来提高成绩一般的有色人种儿童的学业成绩。

- *National Clearinghouse for English Language Acquisition*. 可在 http://www.ncela.gwu.edu.网站上查阅。该网站由美国教育部资助，包含了数百篇关于英语语言习得领域的文章、链接、数据库和在线帮助。

- Carol Ann Tomlinson and Marcia B. Imbeau，*Leading and Managing a Differentiated Classroom*（Alexandria，VA：Association for Supervision and Curriculum Development，2010）. 这本书讨论如何解决学生差异的问题。这本书的前半部分着重阐述如何领导一个差异化的课堂，后半部分着重阐述管理差异化课堂的机制。

- University of Virginia，*Office of Special Education：A Web Resource for Special Education*. 可访问 http://special.edschool.virginia.edu/。弗吉尼亚大学库里教育学院的网站包含很多有关特殊教育的信息，包括这个研究领域的历史以及各种残疾类型。网站还提供讨论组、特殊教育工作者的电子地址等其他信息。

重要术语及定义

同化（assimilation） 个人或群体被其他人口或群体的文化传统吸收。

双语教育（bilingual education） 英语能力欠佳的学生参加的以英语和母语授课的课程。

布朗诉托皮卡教育局案（Brown v. Board of Education of Topeka） 最高法院1954年的裁决认为，隔离学校本质上是不平等的。

补偿教育（compensatory education） 这是一种教育辅助，通过补课和早期学习等活动，为处于劣势的学生提供更平等的教育机会。

文化回应式教学（culturally responsive teaching） 通过调整课堂条件或活动，使其包含与学生文化相关的元素，从而接纳学生的文化背景。

文化（culture） 一个群体的共享特征，如语言、习俗、政治和经济利益以及宗教信仰等，这些特征会影响他们看待世界及与世界互动的方式。

《初等与中等教育法案》（ESEA） 这是联邦政府对中小学教育的最大一笔投资，包括 Title I。最初于1965年通过，并定期由国会重新授权，在2001年被重新修正为《不让一个孩子掉队法案》。

英语作为第二语言（ESL） 这是一个英语教育项目：英语语言学习者被分配到常规课堂，之后接受专门英语辅导。辅导通常在一个资料室里进行，由一位经过专业培训的教师负责。

英语沉浸式课程（English immersion） 在这种课程中，学生被安置在语言丰富的主流课堂中，与很多英语流利的同学一起学习。通过最大限度地接触英语，让他们来掌握这门语言。

英语语言学习者（ELL） 第一语言不是英语且必须在学校学习英语的学生。

民族性（ethnicity） （人们）共同拥有的历史、特征与习俗。

包容（inclusion） 承诺在常规学校和课堂上最大限度地教育每个儿童，而不是把特殊儿童安置在独立的班级或机构中。

英语能力欠佳的学生（LEP） 一个术语，用于描述母语不是英语并且难以理解和使用英语的学生。

《麦加菲读本》（*McGuffey Readers*） 由威廉·霍姆斯·麦加菲（William Holmes McGuffey）编写的六卷系列读本，在1836年至1906年间销售超过1亿本。这些书籍为很多学生开创了一个共同的课程。

熔炉（melting pot） 接纳和教育移民的一种方法，此方法基于“移民如果能够融入美国主流文化，他们就能很成功”的信念。

P. L. 94－142公法，《全体残障儿童教育法案》（P. L. 94－142，Education for All Handicapped Children Act） 一项联邦法律，其保障所有特殊学生接受“免费的和适当的公共教育”。1990年，该法案更名为《残疾人教育法案》。

种族（race） 一个生理学术语，用于描述具有共同祖先和身体特征的人。

社会经济地位（SES） 这是美国人口统计局使用的一个术语，用于描述一个人的职业状况、收入和（经常）教育程度。

本书的配套网站提供了很多有用的资源。访问CengageBrain. com获取本书各单元词汇表、抽认卡、网页链接和其他学习辅助工具。

注释

［1］Raymond L. Cohn，“Immigration to the United States，” *EH. Net Encylopedia*，Table 1：Immigration Volume and Rates. Available at http：//www. eh. net/encyclopedia/article/cohn. immigration. us；and Jeanne Batalova and Aaron Terrazas，“Frequently Requested Statistics on Immigrants and Immigration in the United States，” Migration Policy Institute，2010. Available at http://www. migrationinformation. org/USfocus/display. cfm? id＝818＃1.

［2］Gary Orfield，*Reviving the Goal of an Integrated Society：A 21st Century Challenge*，a report of the Civil Rights Project（January 2009），13. Available at http://civilrightsproject. ucla. edu/research/k-12-education/integration-and-diversity/reviving-the-goal-of-an-integrated-society-a-21st-century-challenge.

［3］Susan Aud，Mary Ann Fox，and Angelina Kewal Ramani，*Status and Trends in the Education of Racial and Ethnic Groups*（Washington，DC：U. S. Department of Education，National Center for Education Statistics，2010），iii. Available at http://nces. ed. gov/pubsearch/pubsinfo. asp? pubid＝2010015.

［4］C. Emily Feistritzer，*The Context of Teaching in the U. S.*，Table 13. Available at www. teach-now. org.

［5］National Clearinghouse for English Language Acquisition，“The Growing Number of Limited English Proficient Students，1997/98—2007/08.” Available at http://www. ncela. gwu. edu/.

［6］Urban Institute，*Children of Immigrants：Facts and Figures*（Washington，DC：Urban Institute，2006）. Available at http：//www. urban. org/publications/900955. html；and Jeanne Batalova，*Spotlight on Limited English Proficient Students in the United States*（Washington，DC：Migration Policy Institute，2006）.

［7］Jim Cummins，“Cognitive/Academic Language Proficiency，Linguistic Interdependence，the Optimum Age Question and Some Other Matters，” *Working Papers on Bilingualism* 19（1979）：121－129.

［8］Shirley B. Heath，*Ways with Words*：*Language*，*Life*，*and Work in Communities and Classrooms*（Cambridge：Cambridge University Press，1983）.

［9］Ruby Payne，“Understanding and Working with Students and Adults from Poverty，” *Instructional Leader* IX，no. 2（March 1996）. Available at http://www.infoplease.com/ipa/A0193727.html.

［10］Myra Sadker and David Sadker，“The Issue of Gender in Elementary and Secondary Education，” in *Review of Research in Education* 17，ed. Gerald Grant（Washington，DC：American Educational Research Association，1991），269－334.

［11］Michelle Galley，“Boys to Men，” *Education Week*（January 23，2002），pp. 26－29.

第三单元

教授文化背景多元的学习者

州际新教师评估与支持联盟 标准 1，2，3，5，7 和 8

情景

玛丽·简·吉布森是加利福尼亚州丘拉维斯塔市先锋小学的教师，刚刚入职一年，现在教三年级学生。她与学校校长爱德华兹先生约定见面讨论她在班级里发现的作弊行为。

“爱德华兹先生，”她说，“我感觉班里的几个孩子交上来的作业并不是他们自己做的。事实上，我认为有些孩子替班上其他孩子完成作业，并且家中年长的兄弟姐妹也帮助了。在采取任何行动之前，我想跟您讨论一下。”

“吉布森女士，很高兴你来见我。这些孩子叫什么名字？”

“这四个学生是姚邵、帕杭、迈洛尔和汪舒瓦。我觉得他们都是苗族学生。”

“我明白了，”爱德华兹先生说，“你知道吗，吉布森女士，在苗族社会里人们非常期望学生们能相互帮助并且帮助年纪小的兄弟姐妹。他们并不认为互相帮助是不恰当的，当然也不认为这是作弊行为。”“真的吗？”吉布森女士说，“我对此没有概念。也许我需要跟学生更明确地说明什么时候他们可以互相帮助，以及什么时候我希望他们独立完成自己的功课。”

预览

这个虚构的情景表明不同的文化对恰当的行为有不同的期望。作为一名教师，你有必要了解一些可能影响学生行为和学习的文化差异。

正如我们在第二单元“理解学生差异”中提到的，世界上美国人口（特别是学校人口）最具种族和民族多样性。你的班里可能有来自其他国家的学生，其中一些学生的英语很流利，有些学生则不然。这些学生就需要你帮助他们学习学校和课堂文化。当然，你也会有一些一直都生活在美国的学生，这些学生也不同程度地需要你帮助他们了解学校和课堂文化。有些学生可能会把英语作为第二语言使用，因为在家里他们的家人会说另一种语言。然而，即使英语流利的学生也可能对课堂环境有不同的期望，对语言和非语言交流有不同的理解，因为他们很可能来自各种社会经济和种族背景。不管学生的文化背景是否与你的文化背景一致，你必须掌握与所有学生交流的艺术。

在本单元中，我们将描述如何避免跨文化交际中的几个潜在的陷阱，并介绍多元文化教育和文化回应式教学。

单元要点 ▶▶▶

本单元强调：

◇ 掌握跨文化交际要求教师了解——并避免——一些潜在的误解。这些误解来自语言交际、非语言交际、时间导向、社会价值观、教学形式以及学习过程等方面的文化差异。

◇ 多元文化教育这个术语包括一系列项目、实践及理论。

◇ 研究人员和教育工作者对广义上的多元文化教育的有效性和适当性以及对具体的多元文化教育项目持不同意见。

◇ 文化回应式教学要求教师了解学生的文化，理解他们对不同文化群体的态度并且能够将学生的文化元素融入课堂教学中。

跨文化交际

正如我们所指出的，学生的文化差异有可能包括语言多样性。尽管语言多样性在学生讲非英语的语言时或当他们使用了非当地最常用的口音时是显而易见的，但因为文化差异的存在，英语流利的人也可能彼此难以交谈。如果你谙熟跨文化交际（不同文化背景的人试图交流信息的过程）的重要原则，你的教学效果会更好。

研究人员克里斯蒂娜·贝内特（Christine Bennett）指出，文化的五个方面都有可能产生误解。这五个方面分别是：1）语言交际；2）非语言交际；3）时间导向；4）社会价值观；5）教学模式和学习过程[1]。为了最大限度地提升所有学生课堂上的教育体验，你应该明确常规手势和表达方式、常用词汇和命令的含义，以及对行为和社会互动的期望。花时间建构师生对这些元素的一致性理解，将会使集体的交流和学习更加有效。

语言交际

即使是讲英语的学生，尤其是来自不同民族背景的学生，对语言交际可能会有不同的期望。语言误解的第一个层次与我们赋予词语的**内涵**相关（内涵是我们赋予词语的、超出其简单的词典定义的含义）。对一个人来说可能是中性意义的词对另一个人来说可能带有贬义。教师的一个简单的评论“做得不错”可能被一位学生解读为一种表扬而被另一位学生解读为失望。一个非裔美国学生对另一个非裔美国学生的贬损言论可能被看作一个玩笑，而来自白人学生的同样的言论可能被看作一种侮辱。

语言误解的第二个层次与话语模式或说话方式有关。对于母语是英语的不同族裔或文化群体来说，基于话语模式的误解也是很常见的。你可以想一下发出请求的不同方式。假设你想让某人清空废纸篓，你可以明确地告诉某人：“[请] 清空废纸篓。”你可以提出要求，问：“你介意清空废纸篓吗？”或者你可以更间接地说“废纸篓已满”并假定对方会根据此话行事。

在一些文化中，典型的话语模式是直接的，甚至是生硬的，而其他文化则倾向于更为间接的话语模式。在一个间接的话语模式中，会话持续 15 分钟或 20 分钟后会话人才可能明确会话的目的。而且即使在会话目的或主题被明确之后，其阐述过程可能还需要很长一段时间。通常，其中一位说话者会发出暗示来提示会话的目的或主题，另一位发言者会通过寻求提示性问题的答案来获取信息。然而，在大多数课堂上，教师的沟通方式往往是直接而非迂回的。请注意，直接的沟通风格可能会让一些不习惯这种直接方式的孩子感到不舒服。

语言误解的第三个层次结合了话语的不同内涵和话语模式的特征。在一种文化中可以接受的某些话题在另一种文化中可能被认为是非常不敬或不恰当。西非的一位作者的经历是一个很好的例子。有一次，一个部落国王死了，但他的死亡讣告却说国王断了一条腿。明确说明国王已经死亡，违反了文化规范，而且如果在对话初期就透露这一信息将是对文化规范的再次违反。

非语言交际

我们通过手势、面部表情、身体姿势、沉默和停顿等途径传递的信息与我们使用语言传递的信息是等量的。事实上，很多社会语言学家认为我们交流的非语言信息多于语言信息。例如，如果你向别人问路，指路人告诉你向右转但却指向左侧，当你到了那个路口时，你更倾向于右转还是左转？更多的人会转向非语言方式表达的方向，因为非语言方式被视为更可靠的信息来源。

如同语言交际，非语言交际是有文化界限的。欧洲人，尤其是意大利人和法国人，因在交际中广泛使用手势而闻名。非语言交际的四个方面在跨文化交际中最容易引起误解或不适。这些方面包括个人空间和物理空间、身体接触、目光接触以及手势的使用。

● 个人空间和物理空间。美国人喜欢空间！一些文化人类学家把这种对空间的喜爱归因于我们祖先初次来到这块大陆时就发现并一直持续探索的广阔的国家和富饶的土地。这种对开阔远景的热爱似乎转化为对开阔的个人空间（个人喜欢与其他人保持的距离）的期望。当美国人进行会话时，他们通常与谈话伙伴保持 60 厘米到 90 厘米的距离。欧洲人、亚洲人和非洲人对个人空间没有类似的偏好或需求。因此，在会话时很多非美国人更接近他们的谈话伙伴。这种较近的身体距离常常使很多美国人感到不适或紧张。如果你的非美国学生或少数族裔学生离你很近从而让你感觉不舒适，不要感到惊讶。

对个人物理空间的态度也存在文化差异。在教室里，物理空间可以是一个人的课桌区域、一个人的储物柜或储物空间，甚至可以是一个人的背包和午餐盒。有些人非常注意保护自己的物理空间，不希望他人侵入；而来自一些习惯了拥挤环境的文化的孩子没有空间所有权的概念，也更愿意分享空间。

● 身体接触。与物理空间相提并论的是身体接触。主流美国人倾向于避免身体接触，就像他们避开物理空间接近一样。对于身体接触，欧洲人和南美人往往思想开放得多，在很多南美和中东城市，异性恋男子手牵手并不罕见。非美国学生可能会觉得与教师的身体接触是恰当的。如果你感到不舒服，请务必向你的学生解释。不要指望他们已经了解美国主流的文化规范。

● 目光接触。“当我跟你说话时，你要看着我！”多少次我们听过或说过这句话？在美国主流文化中，目光接触是诚实和开放交流的重要组成部分。人们普遍认为目光接触可以让人们评估传递中的语言信息的真实性。因此，美国人常常对没有目光接触的谈话伙伴持怀疑态度。“他一定在说谎。他甚至不看我的眼睛。”

然而，在很多非西方文化中，目光接触是不尊重他人的表现，尤其是在等级关系中。换言之，一个孩子如果与成人进行目光接触，就表明他对这个成人的地位表现出不敬。告诉来自这些文化的学生直接“看”教师会迫使他们对你表示不敬。

● 手势的使用。对于行为和手势的文化含义，我们并不试图提供详尽的指导，但我们想举几个例子来说明手势或行为从一种文化到另一种文化所展现的意义范围。

● 过来。尽管在美国主流文化中，掌心向上移动食指示意一个人“过来”是很常见的，但这种手势对很多亚洲人和中东人可能是侮辱性的动作。在这些文化中，招手手势是使用整个手掌、掌心向下并移动五个手指。

● 再见。美国人挥手告别时掌心朝告别的一方挥手。对于一些欧洲人和亚洲人来说，这个手势表示“不”，或者“停止。”

● 好的。美国人常用的另一种手势是用拇指和食指组成的“好的”标志。教师有时会用这个手势来表示一个学生做的工作可以接受甚至是很好。然而，在有些文化中，教师的这种赞美被理解为一种猥亵，而在另一些文化中，它表示毫无价值（拇指和食指做出一个零的图案）。

● 数数。即使像用手数数一样简单的事情也有文化差异。美国人通常攥紧拳头面朝外，并一次竖起一个手指，从食指开始，以拇指结束；欧洲人攥紧拳头面朝内，先竖起拇指，最后竖起小手指结束。亚洲人手掌打开，掌心向上，手指向内折回，从拇指开始，以小手指结束。（数6到10的时候，他们抬起折回的手指，从小手指开始，到拇指结束。）

这些只是国际上公认的差异！请记住，不同族裔群体或学生群体也可能已经形成了各自有意义的手势。由于非言语交流的模糊性，你永远都不要假设学生能理解相似手势和常见的非语言交际模式的意义。在学年初，花一些时间向学生介绍你将在课堂上使用的手势。首先，示范一个手势并观察学生的反应。如果有学生好像对这个手势感到困扰或惊讶，你可能需要考虑使用其他手势。无论如何，一定要花一些时间示范一个手势并解释其含义。“当我做这个手势（举起手）时，这意味着我希望你们都停止说话，听我说。当你们做同样的手势（举起手）时，我就会知道你们有话要说。”

行动起来

当你与一名来自不同文化且未来也有可能成为教师的同行一起工作时，将一些手势、表情及沟通中经常使用的短语列一个清单。问问这位同行清单上哪些内容会冒犯部分学生。有没有意思表达不清的？也就是说，它们是否会被理解为某个并非你想表达的意义？

时间导向

非美国人经常觉得美国人对时间的执着很有意思。“对于美国人来说，‘时间就是金钱’，对吗?”这是我们的欧洲、非洲和拉丁裔邻居经常发表的言论。美国人很小的时候就被灌输了这种对时间的执着。这种执着在学校里表现得尤其明显：学生经常会因为迟到而受到惩罚，并会被鼓励做事情速度要快（并且要保持安静，但那是另一个问题）。

在课堂上，要能预期对于与美国主流文化不同的学生来说，他们不会理解你对他们课堂上开始学习时的拖沓或迟缓的负面反应。为了帮助他们取得更大的成功，请解释你对他们在遵守时间和管理时间方面的期望，以便学生能够认识到这些课堂特点的重要性。确保他们理解美国主流文化的这些特征的重要性，这样也可能帮助他们在未来的学校生活中取得更大的成功。

社会价值观

除了“时间就是金钱”的态度外，经常被认为对美国主流文化具有特殊价值的两个特征是：个人主义和竞争意识。实现自我的个人是美国历史和文化的标志，而“穷人变富人”的故事是美国民间传说中最受欢迎的一类。助力开发现在美国中西部和西部地区的、衣衫褴褛的先驱者，同样因为他们的独立精神和干劲而具有传奇色彩。这种“每个人都为自己”的观点不仅在美国的商业领域而且在学校里也很常见，学生们经常彼此竞争，学校根据个人而非集体的表现进行评分。

美国文化也在竞争中快速发展，这是美国强大经济体系的支柱。大多数美国学校鼓励这种对竞争的热爱，因此在学校里，学生会定期争夺最佳成绩、最高奖项、最强团队。

然而，来自其他文化背景的学生可能不会受类似价值观的驱使。来自美国土著部落、亚洲和非洲文化的学生接受的教育理念是对他人的忠诚比个人收获更重要。这些学生可能会有强烈的责任感去帮助同一族裔的同学在学校学习中取得成功。此外，一些文化不鼓励学生之间的竞争，而是鼓励与他人协作及合作。例如，在很多亚洲文化中，学生经常需要通过团队合作来解决问题，正如本单元开场情景中描述的苗族学生。这些文化更加注重培养学生对工作小组的忠诚感以及对所有组员取得成功的责任感。在美国的课堂上，上述类似学生可能会发现自己因为遵守家乡或本土学校的文化期望而受到惩罚，这可能会给这些学生带来困惑甚至使他们脱离群体，从而导致他们学习成绩不佳。

教学模式和学习过程

尽管存在很多变化，但大多数美国课堂通常采用的教学方法是教师主导的、大组学习的模式。教师展示学习材料，然后通过提问或测试或书面作业（如工作表）或口头提问的方式来检查每个学生对学习材料的理解程度。然而，这种方法可能与其他文化群体偏好的教与学的方法相冲突。例如：

- 对于一些来自美国非主流文化的学生而言，以语音形式呈现信息是易于理解和易于接受的模式。但是对于来自口头文化传统的非洲和南美国家的学生而言，美国教师和教材所使用的线性与直接的信息表述方式可能会让他们感到不适。正如我们前面提到的，他们可能比较习惯更为间接的话语模式。
- 正如我们所讨论的那样，高度重视合作文化的学生可能很难完成美国很多学校鼓励的独立性工作。在课堂上，这些不同的社会价值观可能会转化为这样的做法，例如，在考试中一名学生帮助另一名学生或者向邻座同学寻求帮助。这些做法会被很多教师解读为作弊，正如本单元开头情景里吉布森女士认为的那样。从学生所在的文化视角来看，这些做法是合情合理的、可以接受的，这些文化要求学生们帮助同学或鼓励合作。作为一名教师，你可以事先明确区分允许合作的活动与禁止合作的活动，这样可以帮助学生。

- 不熟悉美国学校的学生可能也不熟悉美国学校的主要特色，如合作学习小组、数学教学的各种教具和教学视频。（得知学校鼓励他们在校期间可以看电视，他们可能会很惊讶!）不熟悉小组学习方法的学生可能会认为它与小组学习课程类似，因此他们通常会帮助同学，这种帮助可能会让教师感到不安。

教授文化背景不同的学生，你必须在工作中执行一种平衡举措。一方面，你应该清楚且详细地解释你对行为和表现的期待，以帮助这些学生了解你的班规。同时，你有必要知道你的很多学生对什么是“恰当行为”有不同的理解和期望。如果这些差异不影响学生的学习成绩或课堂稳定性，你可以，也应该容许这些差异。例如，如果一个学生在你与他谈话时一直低着头而不看你的眼睛，你就会意识到该学生仍然对你表现出尊重，并且没有必要让其改变这种特殊的行为。

行动起来

在你的学科领域选择一个特定主题。规划一个既有竞争又有合作的学习活动。你觉得设计竞争性活动和合作性活动哪个对你更容易？这个问题的答案让你学会了什么？

文化多元主义

正如第二单元“理解学生差异”所讨论的，美国曾一度被认为是由不同民族和文化构成的“大熔炉”。来到美国的移民要放弃其家乡的语言和习俗，并采用新国家的语言和习俗。学校要实现移民儿童的社会化并使他们接受美国的生活方式。其目标是创造一种主流文化——盎格鲁-撒克逊裔的白人新教徒文化。这种将移民团体融入主流文化的过程称为同化。很多欧洲移民团体很容易被同化，但有色人种却往往被禁止同化。

熔炉的概念现在通常已被**文化多元主义**取代。文化多元主义提倡理解和欣赏本国公民的文化差异及语言。其目标是利用国家每个组成部分的独特优势来创造一种社会整体感。文化多元主义者理解美国为很多不同的群体提供了家园，并且尊重每个群体对共同的美国文化所做出的贡献。文化多元主义拒绝同化论和**分离主义**——每个团体都应该保持自己的身份，而不要试图融入美国的整体文化。文化多元主义者寻求更加丰富和共有的文化，而文化分离主义者认为共有的文化既非可能也非可取。

尽管很多人提倡文化多元主义，将其看作一个理想的目标，但文化多元主义仍然是一个捉摸不定的目标。虽然种族、民族和文化的多样性广泛存在，但各个群体之间并不平等。一般来说，少数族群与主流文化群体并没有享有平等的政治、经济或教育机会。学校是负责促进和支持文化多元主义的主要机构，但少数族群往往未能获得全面的利益。

致力于实现文化多元主义的学校试图促进文化多样性，并防止单一文化占据主导地位。这些学校将课程与不同群体的贡献和历史相结合。学校实施各种教学活动来整合学生的文化模式。学样可能会使用以下介绍的多元文化教育方法。这些学校的学生要能在自己的文化和其他文化中都感到舒适。来自不同群体的学生都要参加学校组织的各种学术、社会、政府和体育活动。不同种族、民族和文化群体在学业表现上的差异都会得到关注，而且彻底消除这些差异的尝试也在进行中。总之，崇尚文化多元主义的学校的目标是没有一个群体能够主导学校的活动，也没有任何一个群体被排除在学校活动之外。

多元文化教育

多元文化教育已成为众多计划、实践和理论的总称。20 世纪 60 年代，在民权运动的推动下多元文化教育是对美国文化中的经济不平等、种族主义和性别歧视的一种回应。该术语最初是为了改善有色人种（特别是非裔美国人）状况，现在已扩大到包括性别、残疾和其他形式的多样性。其目标包括减少偏见，培养宽容，提高少数族裔学生的学业成绩，践行多元主义和民主的理想，并将少数族裔的观点纳入学校的课程体系中。多元文化教育要求学校和学校的教职员工积极参与创建一个更公正、偏见更少以及更公平的美国社会。多元文化主义者坚定地认为，学校是实现大规模社会变革以纠正社会不公的最合适、最有效的场所，因为学校本身就是多元文化主义者期望改革社会的一种机构建构。

诸多多元文化教育的支持者认为，美国学校的主导教育模式偏爱来自白人中产阶级的学生。他们引用如下证据来支持他们的论点，即我们学校需要改革。

- 尽管近年来非裔美国学生和西班牙裔学生取得了一些成绩，但白人学生和有色人种学生在学业成绩上的差距依旧很大。
- 只有大约 50%的非裔美国学生、美国土著部落学生和西班牙裔学生能够高中毕业，而白人和亚裔美国学生的高中毕业比例为 75%～80%。
- 非裔美国学生、西班牙裔学生、低收入家庭学生和特殊学生在展示天分和才能的项目中占学校总人口的比例很低。
- 非裔美国学生被停课或被开除的概率几乎是白人学生的 3 倍。
- 非裔美国学生在特殊教育班中的比例很高。

多元文化教育的支持者呼吁重新设计历史上和现在有偏见的课程材料、教学活动和学校政策，以消除任何偏向某一个种族或社会群体学生从而破坏社会平等的内容和举措。因此，多元文化教育也成为教育改革的一个方面。

多元文化教育方法

一些多元文化主义者坚信，学生们需要更多地认识并理解自己文化以外的文化。其他人则认为，如果教学活动旨在关注少数族裔学生特定的学习偏好，他们就能在学习上取得更大的成绩。基于以上两个视角出现了一系列多元文化教育的方法。

詹姆斯·A. 班克斯（James A. Banks）是多元文化教育领域的领军人物之一，

他提出了四种常见的多元文化教育的方法，从“增加”多元文化内容到将多元文化教育更深入地融入课程体系和课堂活动中。

● 贡献法。在这个“增加”内容的方法中，学生在学年适当的时候庆祝不同文化背景的群体和个人曾经做出的贡献（例如，在“黑人历史月”期间），而大多数教学活动和课程材料保持不变。

● 添加法。教师把有关非主导群体材料添加到基础课程中（例如，在各种世界战争期间非裔美国士兵的角色）。虽然添加法增加了主流文化以外的知识内容，但这种方法也只是一个补充。

● 转型法。这种方法需要改变课程体系和教学活动，以嵌入能反映所教学生的文化背景的新内容和新观点。例如，在学习1846—1848年的墨西哥战争的时候，教师可以尝试将来自墨西哥视角的观点和墨西哥人的怨恨（这种怨恨来自墨西哥的大面积领土被割让给美国）结合起来。

● 社会行动和社会意识法。采取社会-行动法的教育工作者寻求学校环境最终乃至更大的社会层面的重大且长远的变化。通过课程设置直接关注诸如种族主义、性别歧视和阶级主义等社会问题[2]。

在前两种方法中，教师提倡将有关不同文化群体的内容纳入课程体系中，以增加所有学生有关这些群体的知识，并加深他们对这些知识的理解。一些学校或地区将以下内容纳入标准课程体系中：学习文化英雄，或者学习“黑人历史月”和“妇女历史月”期间重大事件纪念性节日，或者学习一年一度的多元文化节日。这些节日期间会有来自不同国家的各种食物、游戏或歌曲。在上述的附加方法中，教师可以将一系列多元文化材料和主题整合到课程中。例如，把一个单元的拉丁文学作为世界文学课程的一部分，或把一个单元的非洲历史作为世界历史课程的一部分。然而，以上的贡献法和添加法在改变或改革教育方面力量甚微。转型法与社会行动和社会意识法的支持者认为，这些方法在改变人们的思想、态度和行为方面更具潜力。

转型法使学生能够从几个种族或文化的视角或观点看待议题、主题和问题，从而改变了课程的基本假设。社会行动和社会意识法包括了转型法的所有要素，但给学生提供了一个机会：他们可以对一直在研究的议题或问题做出决定并采取行动。例如，如果学生正在研究美国历史上的歧视和偏见，他们可能会在所在的学校内对这些概念展开研究。研究方法有收集数据、分析收集的数据并讨论数据的意义。他们接下来可能会采取一些行动来解释数据所体现的任何偏见或不公平现象，并最终减少这些偏见或不公平现象。

评估多元文化教育

虽然目前评估多元文化教育结果的研究还不是很多，但初步的研究结果表明，一些多元文化课程确实让学生受益。一些研究人员报告，接受多元文化教育的学生的自我形象得到改善，种族态度变得积极了，学习成绩也提高了[3]。尤其是其中一个项目——卡米哈米哈早期教育项目（Kamehameha Early Education Program，KEEP）——已被证实对本土夏威夷儿童的阅读能力有非常积极的作用。该项目的教师改变他们的沟通方式和教学风格以适应夏威夷本土年轻人的学习风格。因此，学生的社交和学习技能显著提高，他们的阅读平均分也大幅提高[4]。

如同几乎所有的教育实践和教育政策，多元文化教育有批评者也有支持者。对多元文化教育的批评有以下几个方面：

- 多元文化教育可能破坏国民对共同的传统、价值观、宗旨和义务的感受。
- 多元文化教育可能会转移学校对实现公民、经济和个人效率这些基本教育目标的关注。
- 多元文化教育关注少数族裔学生成绩欠佳的状况，但其方法是提升他们的自尊而不是鼓励他们刻苦用功。
- 多元文化教育以所学学科的“相关性”取代了核心学科的教学。
- 专注于单一文化群体的分离主义多元文化项目（例如非裔学校）会产生反向歧视，并可能在不同社会群体之间造成更多的误解。

一些多元文化教育的批评人士认为，有必要保留和重视我们国家不同群体的成就，但他们摒弃世间万物具有同等价值的观念。这些批评者认为，多元化是有界限的，还认为学校领导者需要阐明核心课程包括及不包括的内容。其他多元文化主义的批评者完全否定这一概念，更倾向于同化主义者的观点，即学校负责创建一种美国主流文化，在该文化中英语是唯一可接受的语言。

当移民、双语教育和“英语是唯一语言”等问题被人们讨论和辩论时，我们在报纸上、广播脱口秀节目中甚至是教师办公室里都可以看到、听到多元文化教育的支持者和批评者之间的唇枪舌剑。然而，在所有这些辩论中，学校需要消除障碍来容纳更多的少数族裔人口，同时保持学校教育的基本目标不变，这一点是很明确的。

教学视频案例

该视频案例“多样性：教授一个多民族课堂”展示了一个二年级教师和一个日语教师正在给一个二年级的班级（其中日本学生比例很高）授课。在 Cengage-Brain. com 上访问教育媒体图书馆，可以观看该视频片段并学习该案例的资料。然后思考以下问题。

问题

1. 该教师提及他希望更多地了解如何与不太讲英语的学生交流。基于本单元前面的讨论，你会给他什么建议？

2. 这位教师也表明，多元文化教育增加而不是去除我们常视为核心课程的话题，如阅读教学。你是否同意该教师对多元文化教育价值的评价？你同意的原因是什么？你不同意的原因是什么？如果他谈论的是另一个年级，你的意见会不同吗？如果不同，会有怎样的不同？

文化回应式教学

正如第二单元所讨论的那样，实施多元文化教育的转型法的一种形式是**文化回应式教学**。这个教学方法植根于一种理念，即文化不仅影响价值观和信仰，还影响思维方式和信息处理过程。支持者认为，如果在教/学中能够考虑学生的思维方式和看待世界的方式，学生就会学得更好[5]。

他们还建议，文化回应式教学教师将有关学生文化观点的信息融入课程体系和课堂活动中。例如，在一个有关投票权的单元学习中，学生可以追溯在美国历史上他们自己的性别或种/民族群体获得投票权的历史。他们可以学习在历史的各时间点上“普选制”的障碍是什么，也可以确定哪些力量最终使他们的特定群体获得投票权。这种方法的支持者说，教师可以将教学植入学生的文化背景中，从而为学生创造更有效的学习环境。除了让学生知道他们自己的文化被重视以外，这种方法还可以帮助学生理解主流文化，了解主流文化与他们文化间的异同。你可以在配套的视频案例中看到文化回应式教学的另一个例子。

为了能够认识到学生因文化而不同的学习方式，也为了能够成功地将学生的文化融入课程内容，文化回应式教学教师必须了解学生的文化。花点时间向学生或者他们的家庭了解他们的背景，或使用互联网和图书馆更多地了解学生的文化传统。

如果你想成为一名文化回应式教学教师，你必须要考虑对不同文化和学生的态度。这种方式运用得很成功的教师对文化多样性怀有一种赞赏和尊重的态度。他们对文化和学习有清晰的态度和信念，他们可以客观地看待不同的文化传统。在他们看来，来自不同文化的学生并不是具有要克服的不足的群体，而是表现出不同的学习风格和知识的群体，他们对整个班级都有促进作用。文化回应式教学教师也表达出对所有学生的期望。这些教师能够创造充满爱心、尊重和包容的课堂气氛。他们在课堂上寻求、倾听并使用学生的思想和生活经历，而不仅仅期待学生能够鹦鹉学舌般地说出教师想要听到的答案。

这些教师也会走出课堂，努力培养与学生家长和家庭的和谐关系，同时积极地设法让他们参与学校的教育过程。此外，很多此类教师认为，通过在课堂上培养社会环境意识，他们可以帮助在整个社会范围内触发有建设性的社会变革。

总结

你所在的学校可能没有特定的多元文化教育项目，但可能会有一个文化多元的学生群体。作为教师，多元文化教育课程可能是也可能不是你教师准备项目的一部分，但是我们希望这个单元能够让你认识到来自不同文化群体的学生所代表的行为、言谈举止、价值观以及信仰的多样性。尽管你可能不确定你经常用来引起学生注意的一个手势对来自某个国家的学生是一种侮辱，你现在可以也应该知道你的手势可能对来自其他文化的学生有另一种意义。你也应该意识到，每次你问一个是非题，荣伊经常说“是”，荣伊的这个令人反感的习惯并不意味着荣伊不能区分事实与虚构的情况，也不意味着他是一个病态的说谎者，或者他不明白这两个词的意思。这可能仅仅意味着他想要对你表现出礼貌的态度。

教师还应该识别一个文化群体内部的多样性。拉美人一般会讲一些西班牙语的变体，通常可以互相理解，就像美国人可以理解英国人或澳大利亚人一样。但是请记住，多米尼加人和委内瑞拉人跟越南人和老挝人一样是不同的文化群体。而且，由于中国的国土面积和多样性，来自中国的学生可能在文化规范上有很大差异。

那么，从实用主义角度来讲，教师如何应对班里的不同文化？当教师知道班里可能有多达十个不同的种族、语言和文化传统时，教师应该如何有效教学？我们为你的课堂提供以下建议作为指导原则。

（1）尽可能多地了解你所有的学生。学生的行为和对各种情况的反应及问题会受到很多变量的影响，其中一个变量是他们的文化。你越了解班里每个人的情况，你就会更加理解每个人的行为以及如何能最有效地帮助他们学习。

（2）在你的学生中培养这样的观念模式，即你的教室里有自己的做事方式。例如，当你纠正学生的行为时，请将教室作为背景："在这个教室里，我们……"或者"在这个教室里，我们不……"这个策略可以帮助来自其他文化的学生理解在你的教室里哪些行为是正确的，并且能够欣赏这些行为背后的文化差异，而不会认为他们从各自主流文化中带来的行为和信仰在任何方面都不尽如人意。

（3）在各文化群体中求同存异。避免凸显来自某个特定文化传统的孩子的与众不同之处，相反，更多地关注学生的相似性。

教学视频案例

在该视频案例"文化回应式教学：小学生的一堂多元文化课"中，一个读写专家正在批阅一个写作任务，其内容是学生描述他们的文化根源。在 CengageBrain.com 上访问教育媒体图书馆，可以观看该视频片段并学习该案例的资料。然后思考以下问题。

问题

1. 这个写作任务是如何反映这里所描述的文化回应式教学原则的？

2. 赫尔利博士（上述读写专家）建议新教师了解更多他们不了解的世界。你怎样才能获取更多有关这个世界和人的知识？

行动标准

州际新教师评估与支持联盟　标准 2：学习差异

教师利用自身对个人差异、多元文化以及社区的理解，确保为学生提供包容性的学习环境，使每个学习者达到较高的标准。

你有过哪些多元文化教育经验？你所在的高中有哪些有关非西方文化的课程？你的大学生教育是否要求你选修非西方的历史、文学、艺术或音乐等课程？你有哪些观点来支持将非西方的文化和文明融入基础教育中？你会提出什么论点来反对这些课程的包容性？

更多资源

● James A. Banks, *Cultural Diversity and Education: Foundations, Curriculum, and Teaching*, 5th ed. (Boston: Pearson Education, 2006). 该书由多元文化教育领域的一个主要学者编写，是一本很实用的书，概述了有关各种形式的多元文化教育。

● The Hall of Multiculturalism. 在 http://www.tenet.edu/halls/multiculturalism.html 获取该资源。该网站为属于基础教育阶段的教师和学生提供了一个多

元文化资源清单。

● Jason G. Irizarry，"Culturally Responsive Teaching，" in James M. Cooper (ed.)，*Classroom Teaching Skills*，9th ed. (Belmont，CA：Wadsworth，Cengage Learning，2011). 一个实用的章节，为文化回应式教学的重要性提供概念基础，以及使教学更具文化回应式的概括性策略。

● Jean Moule，*Cultural Competence：A Primer for Educators*，2nd ed. (Belmont，CA：Wadsworth，Cengage Learning，2012). 该书涵盖了多元文化教育的基础知识，特别关注教育文化多样化群体的心理-社会层面的问题。

● Multicultural Pavilion. 在 http://www.edchange.org/multicultural/index.html 获取该资源。该网站还为教师、有关多元文化教育的研究和文章提供了很实用的资源。

● Christine E. Sleeter and Carl A. Grant，*Turning on Learning：Five Approaches for Multicultural Teaching Plans for Race，Class，Gender，and Disability*，4th ed. (John Wiley & Sons，2007). 这本书是由相同作者基于课程编写的《多元文化教育的选择》(*Making Choices for Multicultural Education*) 的配套材料，非常实用，包含很多涵盖基础教育各个学科领域的即用型课程计划。

重要术语及定义

同化（assimilation） 个人或群体接受另一群体的文化传统的过程。

文化多元主义（cultural pluralism） 应对个体多样性的一种方法，要求理解和欣赏文化差异。

文化回应式教学（culturally responsive teaching） 一种涵盖学生文化背景的教学方法，这种方法实现的途径是改进课堂条件或课堂活动来容纳有关学生文化的元素。

多元文化教育（multicultural education） 有关教学和学习的一个理念，旨在确保所有学生（不论种族、性别或族裔出身）都能获得平等的教育机会以充分发挥其潜力。

分离主义（separatism） 一个哲学思想，其内容是每个文化群体都应该保持自己的身份，而不要试图融入整个美国文化。

本书的配套网站提供了很多有用的资源。访问 CengageBrain.com 获取本书各单元词汇表、抽认卡、网页链接和其他学习辅助工具。

注释

[1] Christine I. Bennett，*Comprehensive Multicultural Education：Theory and Practice* (Boston：Allyn & Bacon，1999).

[2] James A. Banks，"Approaches to Multicultural Curriculum Reform，" in *Multicultural Education：Issues and Perspectives*，6th ed.，eds. James A. Banks and Cherry A. McGee Banks，251－261 (Hoboken，NJ：John Wiley & Sons，2007).

[3] James A. Banks and John Ambrosio，"Multicultural Education，" in *En-*

cyclopedia of Education, 2nd ed., ed. James W. Guthrie, 1703—1709 (New York: Macmillan Reference USA, 2003).

[4] Geneva Gay, *Culturally Responsive Teaching: Theory, Research, and Practice*, 2nd ed. (New York: Teachers College Press, 2010), 184.

[5] Geneva Gay, *Culturally Responsive Teaching: Theory, Research, and Practice*, 2nd ed. (New York: Teachers College Press, 2010); Gloria Ladson-Billings, *The Dreamkeepers: Successful Teachers for African-American Children* (San Francisco: Jossey-Bass, 1994).

第四单元

教授特殊学生

州际新教师评估与支持联盟　标准 1，2，3，5，6，7，8 和 10 ▶▶▶

情景

“想想我以前还很期待这个学年，”切尔西叹了口气自言自语道，“不知道以前为什么觉得今年会容易得多。我一直听说玛丽莲去年教这个小组时遇到各种挑战。”

这是切尔西在布朗学校任教的第五年，该校是中上阶层社区的一所 K-8 学校。一直以来她总有几个学生有个别化教育计划，但今年她的班里几乎一半的学生是这种情况！出于各种原因，19 名五年级学生中有 9 人持有该计划，4 人有特殊学习障碍，2 人有非常严重的多动症，所以他们都有个别化教育计划并接受服务及心理咨询。有个叫阿什利的孩子患有亚斯伯格综合征，有个叫香农的孩子患有重度焦虑症，有个叫约拿的孩子被诊断为对立违抗性障碍（ODD）患者。

“至少阿什利有一个专职帮手，”切尔西自言自语道，“但我仍然需要帮助来应对这些学生的需求，更不用说那些没有参加个别化教育计划的学生了。需要有人负责管理 4 个有学习障碍的学生。接下来，我得和学校的咨询师谈谈香农和约拿的问题。我最好开始向学习资源室和校长发出‘温和的提醒’，以确保我能得到所需的帮助。而且我最好确认一下这些学生都拿到了最新的个别化教育计划。”

预览

切尔西的处境可能有点极端，但随着任课教师被要求接受新挑战并分担教育特殊学生的任务，这种情况正逐渐成为一种常态。

仅仅几十年前，美国有数百万达不到正常学习者标准的学生在学校里被视为二等公民。对于那些极端的案例，例如失明或失聪的学生，会专门为他们开设学校。就读于常规学校又有不同残疾症状（从精神发育迟缓到情绪失调）的学生都被放在“特殊班级”中接受简单的教学，并且与校内其他学生隔离。为了避开这种待遇，其他有学习困难的学生特意表现得像“正常”学生一样。然而，因为在常规班级里得不到特殊的帮助或支持，这些学生在学习上举步维艰。

情况已经发生改变，并且改变还在持续。特殊教育的变革始于 1975 年联邦政府通过的 P. L. 94－142 公法，即《全体残障儿童教育法案》。自那时以来，该法案经过多次修订，最近一次修订是在 2004 年。1990 年，该法案更名为**《残疾人教育法案》**。

最初的法律规定，公立学校必须在**“最小限制环境”（LRE）**中为所有特殊学生提供“免费的、合适的公立教育”(FAPE)。自该法案出台以来，学校不断完善这些术语的定义。为特殊学生提供“免费的、合适的公立教育”被理解为向学生提供特殊教育服务，这种特殊教育服务帮助他们弥补已确诊的残疾情况。最小限制环境通常被理解为常规课堂。

这意味着像切尔西和你这样的教师——可以预期每天大部分时间要在各个教室里与有不同残疾问题的学生一起度过。正如你将看到的，教师会得到残疾教育专家的帮助和支持，但是毫无疑问你需要理解并且能够应对学生给你的课堂带来的各种生理的、心理的及情感上的挑战。

单元要点 ▶▶▶

本单元强调：

实际上，每位任课教师都会遇到有某种残疾的学生。

联邦和州法律要求识别特殊学生并为他们安排个别化教育计划，旨在为其提供所需的支持。

现在，有残疾的学生被安置在常规课堂，在那里既有常规教师提供一系列适应性教学，又有专业人员走进教室提供帮助。这种全纳性教学实践既有大力支持者，也有大力批评者。

学校必须依法为特殊学生提供服务，学校在支付这些服务费用方面困难重重。提供特殊教育的成本显著上升，但联邦政府尚未支付其承诺的费用。

作为任课教师的你有首要责任为你的学生提供其所需的服务和支持。

特殊学习者

依据《残疾人教育法案》，6到21岁的学生中有600多万正在接受特殊教育服务，这些学生约占该年龄段总人数的9.2%。依据该法案，近70万3至5岁的另一个儿童群体也因为残疾正在接受特殊教育服务[1]。在2010财年，联邦政府为各州的特殊学生教育发放了超过115亿美元，但大部分特殊教育经费出自各州和地方[2]。

《残疾人教育法案》详细说明了一些判断学生是否需要接受特殊教育服务的残疾状况。表4-1总结了符合不同残疾标准、接受服务的学生的大概数量，我们在此描述了几种最常见的残疾情况。如需更完整的关于这些残疾情况的介绍，请访问特殊儿童委员会的网站 http://www.cec.sped.org，尤其是教学和学习中心板块。

表4-1　6岁儿童至21岁人群的特定残疾情况：50个州及哥伦比亚特区各类别的百分比

残疾状况	数量	百分比
特殊学习障碍（或在一个或多个基本的心理过程中有紊乱情况的精神健全的学生）	2 727 802	45.3%
言语或语言障碍（交际困难，包括无法使用或理解语言）	1 143 195	18.9%

续前表

残疾状况	数量	百分比
精神发育迟滞（大脑功能受限，致使此类儿童学习和发育比正常儿童迟缓得多）	533 426	9.2%
情绪障碍（包括不当行为、不可控的伤心或抑郁）	471 306	7.8%
其他健康障碍（包括脑瘫、脊柱裂和癫痫等）	557 121	9.3%
多重障碍（包括严重的精神发育迟滞，伴随行动困难或感官受损）	132 595	2.2%
自闭症（精神病学障碍，影响玩耍、交流及理解的能力）	192 643	3.2%
肢体残疾（运动困难，影响孩子的学业表现）	62 618	1.0%
听觉障碍（听觉缺陷，影响孩子的学业表现）	71 484	1.2%
发育障碍（与同龄人相比，任何影响孩子正常发育的状况或缺陷）	78 915	1.3%
视觉障碍（部分可见、弱视、法定失明及全盲）	25 369	0.4%
外伤性脑损伤（因头部遭受撞击或震动引起的脑损伤）	23 449	0.4%
聋-盲（患有听力或视力损失的孩子）	1 539	0.03%
所有障碍	6 021 462	100%

注：由于四舍五入，百分比的和未必是100%。

资料来源：*29th Annual Report to Congress on the Implementation of the Individuals with Disabilities Education Act*，*2007*，Vol. 2，Table 1-3 (Washington，DC：U. S. Department of Education，2010).

特殊学习障碍

正如切尔西班里的情况，近一半接受特殊教育服务的学生有**特殊学习障碍（SLD）**，这种学习障碍被定义为神经学障碍，影响学生理解和生成语言（口语或书面语或二者兼具）的能力。这些障碍一般不会治愈且会伴随终生。最常见的学习障碍有：

- **阅读障碍**是一种基于语言的障碍，致使学生难以解码和理解单词与句子。2%至8%的小学生被诊断为有某种形式的阅读障碍。
- **数学障碍**是一种数学能力缺陷，损害了个人解决算术问题的能力。
- **书写障碍**是一种书写困难，使个人难以在指定的空间内书写字母。

特殊学习障碍往往与感知加工缺陷相关，例如下文描述的听觉或视觉加工缺陷。作为一名教师，你要记住学习障碍不会影响学生的整体智力或思维能力，也不是个人认知或智力能力的指标，这一点很重要。

视觉或听觉加工缺陷

患有**感知加工缺陷**的学习者难以通过关键的视觉或听觉正确接收或传输信息。这些不是身体上的缺陷，它们并不表明一个人视觉或听觉的好坏。这些缺陷是心理障碍，会影响大脑如何处理接收的信息以及大脑产生语言（口语或书面语或二者兼具）的能力。

视觉加工缺陷是指在处理眼睛接收的信息时出现的困难，有很多表现方式。你可能会注意到学生存在以下问题：

- 难以准确“看到”符号或准确地重现符号。例如，这些学生会将字母颠倒并把b看作d，或者将数字3写成大写字母E。

● 方向问题。学生可能会颠倒整个单词的字母顺序，或者会本能地从右向左读，而不是从左向右读。

● 难以区分相似的字母（如 n 和 m）或相似的物体（如正方形和长方形）之间的差异。

● 视觉辨认度差或视觉记忆力差。对于这些学生来说，第一天学习的字母或数字第二天或下周可能就无法识别。

● 运动协调问题。有些人的远近感或深度感会受到损害，导致他们误判自身与物体之间的距离，他们可能在精细运动技能方面存在困难。

听觉加工缺陷会干扰耳朵接收信息的能力。听觉加工缺陷可以直接影响一个人的言语和语言，以及她或他的阅读、写作和拼写能力。有些患有听觉加工缺陷的学习者可能难以识别不同音素（放在一起形成单词的各种声音）的差别。例如，他们可能无法将一个单词中的语音分离出来，比如单词“hat”中的短元音“a”。其他学习者可能在听觉记忆方面存在问题，仅仅几分钟之后就无法回想起他们听到的内容（例如朗读的指令或一个故事）。

由于大多数在校学习都依赖于所见和所闻的信息，视觉和听觉加工缺陷会严重制约学习者的成长。特殊教育服务通常帮助学习者制定补偿策略，以便他们（尽管有障碍）能有效学习。

言语或语言障碍

言语或语言障碍影响学生进行有效的沟通，可能是由神经、认知或身体方面的原因造成的。**言语障碍**是影响口头语言的一种能力缺陷。常见的言语障碍包括口吃和某些声音或音节经常性发音错误。由一些声带异常引起的声音障碍也被看作言语障碍。**语言障碍**会影响交流过程——从接收消息到生成语言——的任何阶段。一些幼童的接收能力和表达能力都受到影响，导致儿童语言发展滞后。

你的班里有言语或语言障碍的学生可能会接受言语或语言病理学家的专业服务。他们可能会定期离开班级进行私人的、一对一的学习，目的是帮助学生克服特定的言语或语言障碍。

发育障碍

约 2%的 18 岁以下儿童有发育障碍。这些儿童患有（有时是严重的）精神或身体方面的障碍，这限制了他们充分参与主要生活活动的能力，如交流、行动、学习和像成年人一样独立生活。可能由基因缺陷导致的发育障碍在出生时就表现出来，由事故或疾病导致的发育障碍在个人的一生中随时会发生。发育障碍包括精神发育迟滞、自闭症谱系障碍（ASD）、肢体残疾、听觉障碍或视觉障碍。

精神发育迟滞是最常见的发育障碍。精神发育迟滞的一个普遍原因是唐氏综合征，这是一种受孕时发生的、源于基因问题的疾病。精神发育迟滞者的智商或综合智商评分明显低于平均水平。低智商导致学习速度延缓以及认知能力发展受限。因此，精神发育迟滞者的重要生活能力往往显著受损。个人的沟通能力、推理能力和记忆力、独立生活的能力，甚至在社区内生活的能力都可能受到制约。

为精神发育迟滞的学生提供的服务在很大程度上取决于智力低下的程度和学生的年龄。精神发育迟滞的学生在主流课堂上可能需要专职教育支持。为精神发育迟滞的高中生提供的服务往往侧重于帮助学生顺利度过独立生活前的过渡期，其中包括旨在帮助学生最终实现自立的职业培训。

自闭症谱系障碍是由大脑非正常发育引起的，通常严重影响个人的社交技能和沟通技能，包括语言交流和非语言交流。自闭症谱系障碍的体系包括自闭症、亚斯伯格综合征、雷特氏症和广泛性发育障碍（PDD）。自闭症谱系障碍的症状存在很大差异，两个自闭症谱系障碍患者很少表现出相同的症状。然而，大多数人会在以下常规领域存在一些问题：

- 言语和语言。大约40%的自闭症谱系障碍患者根本不说话。其他患者可能会模仿言语——他们习惯性地重复别人对他们说的话。有些人说话时声音没有语调，或者他们说话的声音过大。
- 社交技能。自闭症谱系障碍患者的社交技能经常低下或受损，因此可能无法与他人正常交流。亚斯伯格综合征（自闭症的一种）患者无法看懂社交暗示或非语言交流内容。
- 对惯例或重复行为的需求。一些有严重困难的孩子可能会重复实际上会伤害他们的行为，例如用头去撞物体。另外，任何改变惯例的行为都令他们深感不安，可能会导致焦虑症甚至暴力事件的发生。例如达斯廷·霍夫曼（Dustin Hoffman）在电影《雨人》中饰演的角色——雷蒙德——在被迫离开他的正常生活轨迹时的样子。

治疗患有自闭症谱系障碍的学生的方法与该疾病的症状一样形式多样。你的学生可能会接受各种饮食或生物医学治疗。通常，治疗的重点是纠正问题行为并改善沟通技能。根据学生自闭症的严重程度，他或她可能需要一个专职教育助理，后者可以不断地实施和强化已经建立起来的行为疗法。本单元开头介绍的患有亚斯伯格综合征的学生——阿什利——就有一个这样的助理。一些自闭症学生对涉及艺术或与动物（如狗或马）互动的补充疗法反应积极。

肢体残疾包括肢体或身体其他部位的畸形或功能障碍。这些问题可能自出生以来就已经存在，或者可能是由事故或疾病造成的。

也许最常见的肢体残疾是**脑瘫（CP）**，这是一种影响身体和肌肉协调的障碍，美国约有50万脑瘫患者。脑瘫的症状通常包括运动技能障碍。这种状况可能会影响整体运动技能，如保持平衡的技能、走路技能或跑步技能，或精细运动技能（如书写或使用细小工具）。其他并发症可能包括特殊学习障碍、言语和语言障碍甚至精神发育迟滞，这些并发症取决于脑损伤的程度和部位。

有肢体残疾的学习者需要不同程度的帮助，具体取决于他们的损害程度及其严重程度。有些人可能仅仅需要一定形式的调整来解决他们受限的行动能力，其他人可能需要一个专职教育助理。脑瘫的治疗通常包括物理疗法（以改善肌肉虚弱的状况和提高运动协调能力）、专业疗法（以帮助学生实现特定的日常功能），以及言语和语言病理学（如果言语能力受到影响）疗法。

情绪障碍

情绪障碍（ED）是经常在家、学校或工作以及同伴关系中造成困难的精神健康状态。这些状况包括情绪障碍、焦虑症和对立违抗性障碍。对立违抗性障碍是一种针对权威人物持续不断的不合作、挑衅和敌对的行为模式，这种行为严重干扰了年轻人的日常功能。像有特殊学习障碍的学生一样，有情绪障碍的学生可能会非常聪明且具有良好的认知能力。然而，他们的情绪失调会妨碍他们的学习并限制他们的学业成就。有情绪障碍的学生可能容易出现极度愤怒、焦虑或抑郁的情况。这些情绪的发作使他们无法专注于学习，或者无法与同伴和成人有效互动。另外，这些学生对挫折的耐受能力很低。如果他们感觉很受挫，一些人可能会在教室里干脆"关闭"自我；其他人可能会把自己的挫折感公开表达出来，从而导致这段时间内负面的教学环境。

情绪障碍的治疗通常包括使用药物来稳定情绪波动或减轻焦虑感。此外，你班里有情绪障碍的学生可能会接受心理或咨询服务，或特殊教育服务，如通过行为矫正培训来帮助他们制定应对焦虑或挫折的策略。考虑到这类障碍的性质，非常有必要开设一些需要家校协同合作的综合性课程。因此，针对如何与学生合作，你务必了解该学生父母、辅助人员和家庭给予你的建议。

其他健康障碍

超过9%接受特殊教育服务的学生患有联邦法律所界定的"其他健康障碍"。这些障碍会导致如下问题，即个体的"有限的力量、活力或警觉性（包括对环境刺激的高度警觉性）会导致对教育环境的警觉性受限，并对孩子的教育表现产生不利影响"*。这类障碍中最常见的状况包括**注意力缺失症（ADD）**和注意缺陷多动障碍（ADHD），这些都是由大脑特定神经递质缺陷造成的神经系统紊乱。这种缺陷会影响个体控制语言冲动和行为冲动的能力或在正常时间内保持注意力的能力。这些受注意力障碍困扰的学生可能很难在上学期间坐着不动，或者在课堂上保持安静或不违规。

治疗注意力缺失症最常见的方法是使用调整神经递质水平的药物。此外，很多患有这些障碍的学生都参与了行为调整计划，这可以帮助他们认识和调整问题行为。与情绪障碍一样，你可能需要为患有注意力缺失症的学生量身定制课堂教学治疗方案，以适应由学校和家庭共同参与的综合课程。

行动起来

想象一个有上述某种残疾情况的人（你的同学、亲戚或朋友），这个人是否表现出上述特点或症状或其他特点？如果你的班上有这样的学生，你会如何尝试去适应这个学生的残疾情况？你将面临怎样的挑战？

教育特殊学生：学校的责任

自20世纪70年代中期以来，特殊学生的教育一直由联邦立法授权和监管。另外，很多州都有教育这些学生的指导方案**。目前，公立学校负责识别特殊学

---

* 34联邦法规代码§300.7（c）（9）（简称C.F.R.）。

** 我们无法在此讨论所有州的法律，但你应通过你所在州教育部门或当地学区了解哪些法律会影响你所在州的教师。

生并为他们提供满足其个别化需求的特殊教育服务，同时最大限度地将他们纳入常规课堂。正如你将看到的，学校也必须想办法为这些服务支付费用。

识别特殊学生

早在1975年，《全体残障儿童教育法案》要求学区负责识别可能有残疾情况并可能需要特殊教育服务的三岁以上的学生。如果任课教师或专业教师、社会工作者、学校顾问，或家长注意到学生在学校有学习困难，他们都有权要求对该学生进行评估，通过评估来判断他或她是否达到可能需要特殊教育服务的残疾程度。

学区必须对这些学生进行相关的、适当的测试。一个包括疑似残疾诊断领域的专家在内的评估小组将对学生进行测试并检查其档案，然后建议该学生进行哪类特殊服务。学校还必须每年评估正在接受特殊服务的学生所取得的学业进步、体育进步或社会进步，并根据需要调整这些服务。

提供特殊教育服务

如果测试表明某个学生患有《残疾人教育法案》中明确规定的一种（或多种）残疾，一组参与该学生教育的人员起草一份**个别化教育计划**。该计划明确规定学校及其委托代理人将提供的教育服务，设置学生预计可达到的、可测量的基准，并且解释如何评估该学生的进步。个别化教育计划是具有法律效力的文件。计划书一经学生家长或监护人以及学校的代理人签字，学校就对提供个别化教育计划所描述的服务承担法律责任。

由于常规教育教师可能负责实施个别化教育计划中规定的某些服务，因此他们参与计划书的制定是必不可少的。制定计划书的团队还必须包括若干其他人：

- 学生的家长或监护人
- 学生本人（如果适当）
- 该学生的至少一名特殊教育教师
- 其他服务提供者（视情况而定）
- 学校或学区的一名代表
- 任何其他可能了解学生残疾情况的人或可能是该学生残疾情况领域的专家

访问 http://www.p12.nysed.gov/specialed/formsnotices/IEP/home.html 获取由纽约州教育部制定的个别化教育计划样本。个别化教育计划的内容由《残疾人教育法案》规定，因此当你参与准备个别化教育计划时，你的学校或学区可能会使用类似的模板。准备个别化教育计划时，你可以获得特殊教育工作者或学校心理学家的帮助。一个个别化教育计划必须包含以下信息：

- 当前表现。个别化教育计划必须描述其正在制定或修改期间学生的学业表现。它还应该关注学生的残疾如何影响他或她学习通识课程。

- 年度目标。个别化教育计划必须明确在一年内学生预期达到的合理目标。这些目标（可能是学业的、社会的或行为的）可以进一步分解为短期可测量的具体目标。

- 教育服务。个别化教育计划必须列出学生要接受的所有教育服务。对服务的描述必须明确提供服务的地点、频率以及每次互动的时长。

● 不能与无残障学生一起参与的活动。个别化教育计划必须解释任何特殊学生不能与其无残障同班同学一起参与的学校相关的（或学校发起的）活动。

● 全州测试。联邦法律要求各州每年对学生进行标准化测试，以确保他们实现年度适度进步。针对具体学生，个别化教育计划必须指出州授权的测试需要进行哪些（如果有的话）修改。如果州授权的测试不能准确评估具体学生的学业成绩，个别化教育计划必须证明这一事实并说明可以达到此目的的其他测试。

● 过渡服务。如果特殊学生是一名高中生，个别化教育计划必须制定一个方案，旨在帮助该学生从高中过渡到下一阶段的教育或工作中。

● 进步。个别化教育计划将说明如何监控和测量学生的进步情况，以及如何告知家长学生所取得的进步。

除《残疾人教育法案》之外，在特殊学生教育中发挥作用的另一项法律是1973年颁布的《康复法案》(Rehabilitation Act) 的第504条。《残疾人教育法案》规定，学校为特定特殊学生提供补救服务，而第504条的重点是确保特殊学生享有与正常同班同学同等的教育机会。

学校必须消除任何障碍以保障特殊学生与正常同班同学同等受益于其提供的教育项目。作为一名教师，你必须通过实施**适应性教学**（或学校常规活动的调整方案）为你班里的特殊学生提供平等的教育机会。适应性教学的例子包括：

● 在体育教育设施中提供适应性设备，以使行动不便的学生能够参加体育活动。

● 在教室里为有视力障碍的学生安排特殊座位，因为视力缺陷要求学生的座位靠近（如黑板、视频屏幕、计算机显示器等）物体；或者为视力受损的学生采购专门计算机或获取其他**适应性技术**。

● 聘请失聪学生的手语助理或与其合作。

● 创建一个免干扰工作区或在一天结束的时候提供特别提醒，以消除阻碍有注意力缺失症学生学业进步的因素。

干预反应（RTI）

2004年，《残疾人教育法案》在修订中引入了一个新的术语和概念，即**“干预反应”**。“干预反应”的目的是尽早发现有问题的孩子，提供适当的指导，使孩子不必接受特殊教育。美国教育部允许学区将其《残疾人教育法案》资金的15%用于常规教育中的早期干预服务。

“干预反应”是基于学生对干预的反应而进行的分层级教学过程，强度逐层递增。通过早期干预，学生获得成功的机会会增加，而且对特殊教育服务的需求会减少。虽然有几种干预模式，但通常孩子会从一级通识教育（全班干预）转移到二级通识教育（更有针对性的小组干预），如有必要，还会进入三级通识教育（学生接受额外的支持和个别化的关注）。“干预反应”旨在提高儿童通过《不让一个孩子掉队法案》规定的州阅读测试和州数学测试的比例。

“在你的课堂上”板块提供了一些更具普遍性的指南，可以帮助你制定适当的适应性教学方案，这些方案可以作为你常规课程计划的一部分。

接纳特殊学生

1997年之前，有轻微至重度残疾的学生被安置在一个特殊教育教室里，在那里他们接受大部分的教育服务，这种情况很常见。根据残疾的严重程度，每天在学校的特定时段，这些学生**被安置**在常规教育教室里。他们可以与无残障同班同学一起上选修课、吃午餐和休息，或接受一些学科的教学指导。是否参与常规活动一般取决于特殊学生的学习和社交能力与需求。然而，很多家长和教育工作者认为，特殊学生通常感觉分化安置是一种侮辱，进而会导致其学业进步更慢和社交技能水平更低。

1997年美国国会修订的《残疾人教育法案》根除了上述担忧。修改后的法案指出："只有当常规课堂的支持和服务不足以帮助孩子学习时，学校才可将残疾儿童安置在单独的教室或学校里。"* 该法案不鼓励把特殊学生从常规课堂"拉出去"，再将他们送到另一个教室或学校接受专门的服务。这个具有全纳性的全新做法成为教育特殊学生的标准。

在你的课堂上

适应特殊学生

你的课堂里非常有可能有特殊学生。你怎样处理这些学生的不同需求？以下是一些指导原则和行动。

- 不要刻板形象化这些学生。例如，想象一下两名被确定为有学习障碍的学生。一个可能智商低于平均水平，数学成绩不好；另一个可能智商高，有阅读障碍。虽然每个人都有学习障碍，但你需要为他们提供不同的教学内容。
- 了解他们。尽可能地了解每个学生的局限性和潜力，理解哪种教学方法和技术可能更为有效。
- 咨询你学校的特殊教育教师。你与特殊教育教师一起为特殊学生协调教学和服务的机会越多，学生的教育经历就会越好。
- 在任何可行的情况下，尝试与一名特殊教育教师合作教学。
- 坚持提供任何所需的服务。毕竟，这是法律规定的。
- 将特殊学生与能帮助他们的无残障学生配对。两类学生都应该从他们的互动中受益。
- 运用多种教学策略，包括实践活动策略、同伴辅导策略和合作学习策略。

全纳教育将所有特殊学生放在常规教育课堂中。有些全纳课堂仍然与拉出式服务（也就是特殊学生离开教室接受特殊服务）相结合。其他学校实行完全全纳策略，即学生在固定教室里接受所有的教育服务，必要的时候专家会走进课堂来帮助他们。有些学校派出两名教师（一名常规教育教师和一名特殊教育教师）在同一个完全融合的教室里授课。这些**合作教学**的情景将常规教育教师的学科专业知识与特殊教育教师的优势结合起来，其优势体现在调整教学内容和教学法以满

* Section 614 (d) (1) (A) (3).

足特殊学生的教育需求。

作为一种实践，全纳教育一直饱受争议。其倡导者指出这种方法给特殊学生和同班的正常同学带来的益处。根据这一观点，尽管被安置在常规教室的特殊学生在教育过程中的参与程度较低或者在学校社区不是合格的成员，他们也不会因此感到被边缘化或受到羞辱。他们还通过与其他同班同学交流培养社交技能。而且，正常学生能够更好地理解特殊学生，进而更加接纳他们，更加把他们作为人来欣赏。

全纳教育的反对者认为，在全纳课堂上特殊学生的学业需求和教育需求有可能得不到满足，并且社会技能改善甚微，无法弥补上述不足。这些批评者认为，来自常规课堂的干扰使得那里的特殊教育服务的效率低于在单独的课堂里进行的特殊教育。此外，他们指出，当专家走进常规课堂时，需要特殊服务这一事实给特殊学生带来的耻辱可能仍然存在。

尽管存在争议，除特殊情况外，将特殊学生融入常规课堂是美国的法律。管理人员、教师、学生和家长必须接受这一要求，并确保所有学生能够有效学习。这是我们作为教育工作者的责任。

支付特殊教育服务费用

自从 30 年前 P. L. 94－142 公法颁布以来，如何支付特殊学生的教育费用成为长期困扰学校的问题。该法承诺联邦政府资助学校为特殊学生提供特殊服务，承担其中 40％的费用。然而，《残疾人教育法案》从一开始就面临资金不足的问题。联邦政府投入的资金从未超过特殊教育服务费用的 18％，后果就是各学区和州支付超过 80％的费用。同样影响特殊教育服务的 1973 年实施的《康复法案》完全没有资助。学校没有任何资金支付（在某些情况下）非常高昂的费用，例如购买适应性技术。

同时，提供特殊服务的经济负担不断上升。近年来，需要特殊服务的学生人数迅速增加，而且为这些学生提供的服务越来越专业化且费用越来越昂贵。例如，如果有情绪障碍的学生需要在专业学校就读，学区将负责为该学生支付学费（每年最高可达 10 万美元）。同样，学区通常负责学生往返学校的特殊交通费用。联邦法律还规定，学区应为居住在该区但就读于私立学校的学生支付服务费。

另外，学区往往面临艰难决策，即如何满足特殊学生的需求以及如何为所有在本学区读书的学生提供优质的教育体验。挑战是巨大的，在某些情况下，决策和行动很难令所有人满意。有些学校和地区可能不愿意遵守联邦法律，因为遵从就意味着要支付额外的费用。它们可能会寻找其他方法来压低强制性服务的水平。例如，一些地区在法庭上反对某些适应性教学的必要性。

其他地区无法负担所需的特殊教育教师队伍，因此学校可能会面临（超额工作的）专业人员配备不足的情况。在这种情况下，常规课堂的教师可能会发现为了获得特殊教育部门的支持他们必须互相竞争，而专家教师则感觉自己被多方拉扯。一些经济上不稳定的学区可能会降低服务质量，采取的手段是招聘助教而不是特许特殊教育教师与学生合作。他们也可能依靠常规课堂教师（也许在特殊教育教师的指导下）提供一些服务。

教学视频案例

全纳课堂是怎样的课堂？一个精通教学的教师如何与一个专业人士合作，如职业治疗师和物理治疗师，从而优化每个学生的学习过程？在本视频案例“全纳教育：对通识教育者和特殊教育者的课堂教学的意义”中，你将看到资深的三年级教师克里斯·科尔巴思-赫斯如何与她的同事合作来帮助每个孩子成为成功的读者和作者。在 CengageBrain. com 上访问教育媒体图书馆，可以观看该视频片段并学习该案例的资料。然后思考以下问题。

问题

1. 如何比较专家和常规教师描述的修改方案与上文中列出的修改方案？你有没有在课堂上看到过其他修改方案？

2. 科尔巴思-赫斯女士强调了常规任课教师与专业人士密切合作来帮助容纳特殊学生的重要性。你现在应该如何准备与你未来的专业人士密切合作？

教育特殊学生：任课教师的责任

最终，任课教师有责任确保学生个别化教育计划所明确的所有适应性教学实施到位。采纳这种适应性教学通常需要任课教师调整学习活动，使特殊学生能够参与这些活动。例如，在切尔西的班级里（本单元开始的情景中描述的），一个学生的特殊学习障碍导致其很难识别单词，那么他或她可能在阅读作业指令时需要帮助，而一个有书写困难的学生可能需要一个抄写员为同一个活动写回复。有情绪障碍的学生香农和约拿可能需要（教师）把作业任务分解成更小的任务，以帮助他们避免因任务过难而感到不知所措和沮丧。

未能提供学生个别化教育计划中指定的服务可能成为法律诉讼的理由。家长只能起诉学区，不能起诉个别教师，但被学生父母起诉并不是你想要在你的人事档案中出现的内容。

除了避免被起诉，我们假设你的职业目标包括尽自己所能满足你所有学生的需求。为了做到这一点，我们强烈要求任课教师积极主动，在学年开始时，尽可能地了解班里的学生，随着学年的推进不断地了解他们。配套的“在你的课堂上”板块提供了具体的建议。

我们也敦促你在必要时寻求帮助！有时，学校可能会不知不觉地期望常规教育教师为特殊学生提供更多的服务，而这些服务超过了教师能有效地与课堂上 25 个或更多的其他学生合作的工作量。常规教育教师也可能需要提供他们没有经过适当培训的服务。如果你发现自己面临上述情况之一时，你可以寻找一些灵活变通的方式向学校管理部门和特殊教育部门表明你的顾虑。如果特殊教育团队承诺给予支持，请务必跟进特殊教育教师以获得已承诺的课堂支持。

教学视频案例

在该视频案例“全纳教育：全纳课堂的分组策略”中，你将看到教师谢里尔·塞布拉如何与全纳教育专家及其他支持人员一起合作，以确保她的四年级和五年级全纳课堂中的每个孩子都能熟练掌握有关加勒比地区的单元内容。在CengageBrain.com上访问教育媒体图书馆，可以观看该视频片段并学习该案例的资料。然后思考以下问题。

问题

1. 塞布拉的课程计划如何体现本单元介绍的全纳教育指南？

2. 有哪些方法可以将这些指南应用于学科领域（教学）以及你将教授的年龄段的学生？

在你的课堂上

遵守特殊教育法

● 参加有关班里学生的个别化教育计划会议。在这些会议上，你可以了解学生将接受哪些服务、谁将提供这些服务以及需要为学生制定哪些适应性教学方案。你也可以表达你对提供服务的可行性的任何想法。会议可能会帮助你了解将与你合作的专业人士。他们为学生提供服务时会与你合作，尤其是你教授的内容在学年结束时需要参加强制性州评估测试。

● 获取班级里学生当前持有的个别化教育计划的副本。确保你知道这些学生要接受来自你和专业人士的服务内容。像切尔西一样，你可能需要向特殊教育部门发送“温和的提醒”，以确保专业人士的服务能落实到位。

● 与有个别化教育计划的学生的父母或法定监护人保持频繁和开放的联系。让他们及时了解孩子的进步情况，并提醒他们孩子身上发生的任何变化。你要与这些家长合作，并让他们成为教育特殊学生的盟友。

● 保留与父母会面的书面记录。你的记录不需要任何意义上的“正式”，记录的主要作用是提醒你曾有过的这些会面。记下与学生父母和家庭成员谈话的实质内容，日后当你计划活动和适应性教学时可以帮助你回忆重要信息。

在你的课堂上

与特殊学生一起工作的策略

你会发现，你了解的与特殊学生合作的很多策略（包括以下内容）对教育你所有的学生也同样有效。

1. 演示并说明。呈现信息时尽量做到多种形式。尽量让你的教学和课程内容通过至少两种不同的感官展示给学生。例如，先告诉学生他们要做什么，然后在黑板上写下书面说明。介绍一个新概念时，先口头解释概念，使用教具或实物来演示该概念，然后在投影屏幕或黑板上写出其关键解释。使用的不同形式可以帮助所有学生，尤其是那些有信息加工障碍的特殊学生，因为他们无法利用自己的某种感官学习。多次演示信息对于患有注意缺陷多动障碍的学生（这些学生一天中保持注意力的能力时好时坏）来说也是有益的。

2. 多次告知。你不仅要以多种形式提供说明和指导，还应多次反复提供以上信息。口头重复信息，演示概念，让学生多次阅读说明。对于一些学生来说，重复有助于他们更好地内化信息。

3. 坚持既定惯例。为你经常做的活动设定惯例并坚持既定惯例，例如交考试卷或组成小组。惯例对所有学生都有帮助，对一些特殊学生尤其有用。惯例的可预测性让学生感到安全和舒适，因为他们知道要学习什么材料、要进行什么样的活动和将有什么期望，最重要的是，要做好什么样的心理准备。另外，惯例可以帮助一些学生学习基本的组织技能。

4. 控制氛围。创建并维护一个平和、安全、高效的课堂环境。特殊学生，尤其是那些情绪严重紊乱的学生，需要一个安静的、可预测的课堂环境。当学生确信他们的努力得到的是鼓励而非批评、是支持而非指责时，他们会更愿意冒险和发挥自己的能力。我们决不提倡没有规则的教室或者违反规则却没有后果的教室。我们认为规则和后果是可预测的，并且可以以平缓、清晰的方式传递给学生。

5. 保持灵活性。你可能需要调整课堂实践和策略以满足特殊学生的需求。例如，对于有严重的计算错误的学生，你可能得对不许使用计算机进行数学计算这条政策予以例外，或者对于有阅读障碍或书写障碍的学生，对不许使用计算机进行某些写作任务这条政策予以例外。为适应特殊学生调整学习活动也需要你保持灵活性。你设计的独立任务活动可能得更改为某些学生的“两人工作”，或者不适合小组合作的学生可能需要小组任务的个人版本。当计划适应性教学时，请考虑学习活动的目的，确定课堂实践的改变是否会影响活动的主要目的，并思考如何调整活动并仍然达到最初的目的。

6. 什么是公平？你可能需要重新思考“公平”这个概念。当你为适应特殊学生而允许政策被打破或改变活动时，一些无残障学生可能会质疑甚至会抗议你的做法。做好准备解释甚至捍卫你实施的适应性教学计划。

总结

近年来，将特殊学生更多地纳入常规教育课堂的教学实践给教师带来了巨大的挑战，**很少教师会否定**这一事实。作为一名任课教师，你需要仔细规划学习活动，同时考虑到班级里特殊学生的优势和局限性。你必须与专业人士协调以确保为这些学生提供的特殊服务实施到位，同时必须支持制定补偿性和应对性策略，以便帮助学生最大限度地发挥水平。你甚至需要寻求额外的培训或信息，目的是更好地理解特殊学生面临的挑战并更有效地支持这些孩子为成功而付出的努力。

尽管容纳有特殊需求的学生需要你做计划、协调工作以及参加培训，但是很多教师坚信全纳课堂不仅让特殊学生受益，同样也让他们的无残障同班同学受益。

行动标准

州际新教师评估与支持联盟　标准2：学习差异

教师利用自身对个人差异、多元文化以及社区的理解确保为学生提供包容性的学习环境，使每个学习者达到较高的标准。

访问 http://trainland.tripod.com/sample.htm 获取自闭症孩子的个别化教育

计划样本。基于该样本，完成一个假想学生的个别化教育计划。选择年级和残疾类型。在此过程中，想一下现实中和你合作的其他人，一定要记下你可能缺乏的知识。为了了解学生，你会去哪里获得这方面的知识？

更多资源

- Council for Exceptional Children. 其网站是 http://www. cec. sped. org。这个国家特殊教育专业组织的网站有很多有用的资源。
- Daniel P. Hallahan，James M. Kauffman，and Paige C. Pullen，*Exceptional Learners: Introduction to Special Education*，11th ed.（Boston：Allyn & Bacon，2009）. 这本书全面介绍了特殊教育领域，包括对各种残疾的描述。
- Samuel A. Kirk，James J. Gallagher，Mary Ruth Coleman，and Nicholas J. Anastasiow，*Educating Exceptional Children*，13th ed.（Belmont，CA：Wadsworth，Cengage Learning，2012）. 这本引领性的教材为如何调整教学方法、课程体系和教学环境以满足特殊学生需求提供了实际应用。
- Judy W. Kugelmass，*The Inclusive School*（New York：Teachers College Press，2005）. 作者考察了一所公立小学，该小学提供了一个具有创造性和全纳性的教育环境，并且仍然达到了州内容标准的要求。
- University of Virginia，*Office of Special Education: A Web Resource for Special Education*. 可访问 http://special. edschool. virginia. edu/。弗吉尼亚大学库里教育学院的网站有很多有关特殊教育的信息，包括讨论组。

重要术语及定义

适应性教学（accommodations） 调整常规学校活动，使特殊学生和无残障学生同等受益。

适应性技术（adaptive technologies）（也称为辅助技术）一系列能够使残疾人的日常生活更自如的设备和服务。这些设备包括电动座椅、遥控装置、电脑和语音合成器。

注意力缺失症（attention deficit disorder，ADD） 使大脑化学失衡，影响个人控制冲动的能力或在正常时间段内保持专注的能力。包括注意力缺失症和注意缺陷多动障碍。

听觉加工缺陷（auditory processing disorders） 妨碍个人耳朵接收信息的能力。

自闭症谱系障碍（autism spectrum disorder，ASD） 由大脑发育异常引起的障碍，最常影响个人的社交和沟通技巧，包括言语和非言语交流。自闭症谱系障碍的体系包括自闭症、亚斯伯格综合征、雷特氏症和广泛性发育障碍。

脑瘫（cerebral palsy，CP） 一种影响身体和肌肉协调的肢体残疾。

合作教学（co-teaching） 两名教师（通常一名常规教育教师和一名特殊教育教师）在同一课堂授课。

发育障碍（developmental disability） 一种严重的精神或肢体残疾，限制个人充分参与日常活动。

数学障碍（dyscalculia） 一种数学能力缺陷，损害了个人解决算术问题的能力。

书写障碍（dysgraphia） 一种书写困难，使个人很难在指定的空间内书写字母。

阅读障碍（dyslexia） 一种源于语言的障碍，致使学生难以解码和理解单词和句子。

情绪障碍（emotional disturbances，ED） 一种精神健康状况，常常在家、学校或工作以及同伴关系中造成困难。

完全全纳教育（full inclusion） 一种教育实践——在常规教室里为特殊学生提供所有教育服务，在需要的时候专业人士会进入教室提供帮助，而不是把学生拉出去接受特殊服务。

全纳教育（inclusion） 一种教育实践——将所有特殊学生放置在常规教育课堂。

个别化教育计划（individualized education program，IEP） 一项具有法律约束力的文件，用于确定学生具体的残疾状况，并明确学校或学区为学生提供的教育服务。

《残疾人教育法案》（Individuals with Disabilities Education Act，IDEA） 《全体残障儿童教育法案》的继承版。

语言障碍（language impairment） 一种残疾情况，可能会影响交际过程（从接收信息到生成语言）的任何阶段。

"最小限制环境"（least restrictive environment，LRE） 《全体残障儿童教育法案》的一项要求，即特殊学生应最大限度地参与常规教育计划。

将（残障儿童等）纳入常规班级（mainstreaming） 至少上学日的部分时间内将特殊学生安排在常规教育课堂中，同时还根据需要提供额外的服务、教育计划或班级。

精神发育迟滞（mental retardation） 最常见的发育障碍，其特点是智商低、学习速度缓慢及认知能力有限。

肢体残疾（orthopedic impairments） 肢体或其他身体部位的畸形或功能障碍。

感知加工缺陷（perceptual processing disorders） 妨碍大脑接收或传输看到的、听到的或听看到的信息。

干预反应（response to intervention，RTI） 2004年对《残疾人教育法案》再授权的一部分，干预反应是一个分层次的教学过程，允许学校尽早发现学习困难的学生并提供适当的教学干预措施。

特殊学习障碍（specific learning disability） 神经学障碍，影响学生理解和生成语言（口语或书面语或二者兼具）的能力。

言语障碍（speech impairments） 影响口头语言的障碍。

视觉加工缺陷（visual processing disorders） 处理眼睛接收信息的困难。

本书的配套网站提供了很多有用的资源。访问 CengageBrain. com 获取本书各单元词汇表、抽认卡、网页链接和其他学习辅助工具。

注释

[1] *29th Annual Report to Congress on the Implementation of the Individuals with Disabilities Education Act 2007*, Vol. 2, Table I－1 (Washington, DC: U. S. Department of Education, 2010). Available at http://www2.ed.gov/about/reports/annual/osep/2007/parts-b-c/index.html#download.

[2] U. S. Department of Education, *Fiscal Year 2011 Budget Summary*. Available at http://www2.ed.gov/about/overview/budget/budget11/summary/edlite-section3b.html#spedstate.

第五单元

教授学业背景多元的学习者

州际新教师评估与支持联盟　标准 1，2，3，4，5，6，7 和 8

情景

今天是教师大会的第二天，明天新学期就开始了。对于刚入职一年的教师玛丽亚·穆尼奥斯来说，她所教的六年级的学生都在这个名单上。但是，对于她认识的“新朋友们”来说情况并非如此，他们中有些人教过名单上的大部分学生。当他们瞥见她的名单时，玛丽亚对“她的班”的抽象概念立即变得生动形象起来！“哦，拉蒙在你班里。他是个很安静的孩子，但他什么都会画……故事中的场景、其他学生的画像。他太棒了！”

“安妮玛丽是一个社交高手。她甚至可以跟石头交朋友。你必须想办法让她一直有事情做。”

“希瑟·库克也在你班里。去年她在我的班里。很好的孩子，很有运动天赋，身体非常灵活，但她数学很吃力。”

“还有，看看！埃尔罗伊·尼科尔斯也在你班里，学校的最强大脑！他很棒，但为了他有事干，你自己得忙得团团转。”

“玛丽亚，你的班级太有意思了！有学校里表现最好的，也有表现垫底的。有我们‘想教的’，也有我们‘不想教的’。你接下来的一年会非常有趣。”

当他们回到教师大会的最后一个会议时，玛丽亚心里对“她的班级”的想象发生了根本性变化，当她思考今年她将教什么以及如何教时，她意识到未来将要做更多思考。

预览

大多数新教师曾有过玛丽亚的经历。然而，近年来，有关学生变化多样的能力的讨论日趋清晰。关于智力和多元智力以及学习风格的对话现在已经成为教育心理学的一个组成部分。这些理论包括罗伯特·斯腾伯格的三元智力理论（1977年）、霍华德·加德纳的多元智力理论（MI）（1983 年）及戴维·库伯的经验学习理论（ELT）和学习风格量表（LSI）。我们将概述这些理论，并考察它们对课堂教与学的影响。

单元要点

本单元强调：

◇ 尽管测量一般智力的测试已经使用了一个多世纪，但研究人员和理论学者仍在探索智力的本质。

◇ 一些理论学者认为，我们应该参照多种智力能力，而不是将智力看作一种单一的能力。

◇ 一些学生，无论接受哪种测试，能力都强于其他人。这些天才学生在教学上需要特别的关注。

◇ 学生的学习风格千差万别。一些理论学者试图对这些学习风格进行分类，并推荐适合不同学习风格的教学方法。

◇ 教师可以要求所有学生掌握相同的内容，但通过差异化教学为学生提供掌握这些内容的多种方法供其选择。

什么是智力？

当我们谈论一个孩子是“非常聪明”或是“普通学生”时，准确地说我们想表达什么意思？我们如何定义智力？

智力的各种定义通常包括心智能力，如推理能力、解决问题的能力和抽象思维能力。一些定义更侧重于获取知识、记忆知识的能力，一些定义则着眼于在实际或不熟悉的情况下运用新知识的能力。最近，一些认知心理学家谈论智力这个概念时，使用的是它的复数形式（而非单数形式）。

一般智力：智商

很多有关智力的观点都把智力看作人们具有的不等量的、单一的能力，与具体情境无关。也就是说，一直以来在学校或者在其他任何情境中，总有些人更聪明，而其他人则不太聪明。这些观点通常也认为智力是有生物学基础的，是与生俱来的。如果智力是一个有不同层次的单一物质，这表明我们可以测量智力。阿尔弗雷德·比奈是第一批试图测量智力的研究人员之一。20世纪初，他和西奥多·西蒙根据判断，针对不同年龄阶段孩子的能力开发了一个任务系列，由复杂程度逐步增加的30项任务组成。其中较简单的任务孩子达到某个年龄都可完成，而最难的任务只有最“聪明”的孩子才能完成。根据孩子完成这些任务的表现，西蒙和比奈计算了孩子智力的数字分值，这成为他或她的智商（IQ）。

基于比奈测试的智商测试今天仍在使用，其中包括用于测量儿童智力的斯坦福-比奈智商测试和用于测量成人智力的韦氏成人智力量表。在学校里，智商测试用来为教师提供关于学生智力的信息——他们是资优的或是智力低下的？教师利用这些信息为学生规划适当水平的教学。然而，目前学术界存在不同的智力理论，它们都不同程度地影响着教学。

三元智力理论

心理学家罗伯特·斯腾伯格认为，智力包括实践能力、创造能力以及学业技能（很多人将其视为智力）。斯腾伯格的**三元智力理论**[1] 研究了智力的三个方面：

● 分析性智力。内在智力过程是人们较为熟知的方面（语言和数学技能、逻辑推理和解决问题的技能）。

● 创造性智力。个人在新情况下如何应对不熟悉的问题。

● 实践性智力。个人适应或塑造环境的能力。具有较高实践性智力的人可以清晰地“阅读”他们的环境，这有助于他们确定最恰当的行动以获取成功：适应环境，根据自己的喜好调整环境，或者为取得成功另觅其他环境。

斯腾伯格认为，所有这三种智力都可以通过教育和培训来提高，但他认为通过评估学生完成实际任务的表现（而不是关注他们的考试分数）才能最准确地测量其智力水平。

斯腾伯格还呼吁关注文化对智力定义的影响。由于不同的社会或文化可能对成功的定义看法不同，并且可能将完成不同任务的成功表现视为智力指标，因此他们对智力会有不同的认识。例如，在高度发达的西方社会，高级计算机技能可能被认为是智力的标志，而在发展中的农业社会中，人们的智力表现在深谙农场动物的行为或天气对作物的影响。

在你的课堂上

使用斯腾伯格的三元智力理论

在典型的课堂上，学生的分析能力是主要的而且往往是唯一的关注点，对此斯腾伯格提出批评。他敦促教师设计并实施一些能够利用学生的创造力、实践能力以及分析能力的教学活动。一节创新课可以鼓励学生设计一种新的工具来衡量质量，一节实践课可以让学生利用三角学来确定应该把浮标锚在海湾何处。鼓励学生小组合作也有助于培养他们的实践能力。协商和妥协是小组工作的组成部分，可以培养学生适应或塑造环境的能力。

多元智力理论

著名心理学家霍华德·加德纳提出了**多元智力理论**[2]。根据这个观点，智力不是一个单一的特征。相反，加德纳认为，我们都有优点、弱点及独特的认知能力组合。加德纳已经识别了至少八种不同的智力。他还探索性地识别了第九种智力（存在主义智力），目前正试图验证这种智力的存在。（存在主义智力是指提出并思考关于生命、死亡和终极现实问题的能力。）他指出，所有人都不同程度地拥有所有这些智力，但是一些个体的某种智力高于常人。这些智力如下：

（1）语言智力是利用个人的语言（口头或书面的）技能来表达个人的想法及理解其他人。

（2）逻辑-数学智力是个人能（像科学家）那样理解某种因果系统的原理的能力，或者（像数学家）那样操纵数字、数量和运算。

（3）空间智力是能（像象棋棋手或雕塑家）那样在脑海里呈现空间世界的能力。

（4）肢体动觉智力是个人（像运动员或表演艺术家那样）利用整个身体或身体部位来解决问题、制造物品或进行某种生产的能力。

（5）音乐智力是能够在音乐中“思考”，聆听音型，识别、记忆和操纵音型的能力。

(6) 人际智力是理解他人的能力，也是我们所有人都需要的一种能力，但这种能力对教师、销售人员和政治家尤为重要。

(7) 内省智力包括了解自己，知道自己的喜好、能力和缺陷的能力。

(8) 自然智力包括能够区分各种生物（植物和动物）的能力和对自然界的特征（如岩层和云层）的敏感力[3]。

一些心理学家和教育工作者批评加德纳的理论缺乏严谨和科学精确性。例如，个体差异和评估的多变性致使将学生的知识和技能与国家标准进行比较变得很难。一些人则认为，被加德纳标记为“智力”的素质也许被定义为能力或技能更恰当。另一种批评是，加德纳的智力定义是针对特定文化的，限制了该理论的普遍适用性。

其他教育工作者关心的是多元智能理论在课堂上的使用问题（参阅“在你的课堂上”板块）。这些批评者认为，教师在该理论学习活动上浪费了太多宝贵的时间和资源，减少了帮助学生掌握重要概念和技能的教学，而这些概念和技能是国家规定的标准化测试必考的内容。他们认为，多元智力理论活动是削弱而不是强化学生的学习。

无论该理论招致何种批评，很多任课教师认为，该理论有助于解释和关注他们在课堂中所接触到的学生的各种能力。很多教师（如配套的视频案例中所示的）基于多元智力理论进行教学决策，并在布置任务或项目时为学生提供多种选项。

在你的课堂上

使用多元智力理论

加德纳和他的同事认为，很多美国学校过分重视学生的语言和逻辑-数学智力，忽略了其他智力。他们建议教师改用多种多样的可以调动学生不同方面智力的活动来教学。加德纳的多元智力理论课堂让学生参与多项活动，这些活动除了训练语言和数学智力之外，还应训练视觉-空间、肢体动觉或音乐-节奏智力。这些活动应该要求学生时而小组合作，时而独立工作，目的是训练他们的人际智力和自省智力。所有的学生都需要完成全部活动，不局限于某个活动所针对的某种智力超强的学生。

然而，加德纳和他的同事们建议，教师应该识别学习者的优势并利用这些优势来帮助他们理解概念或完成任务，而这些正是他们的智力能力所不擅长的。例如，数学教师可以通过音符教授分数的概念，目的是帮助音乐-节奏智力很强但数学智力较弱的学生。

同样，加德纳也敦促教师开发多种匹配不同智力水平的评估工具，目的是使评估过程中没有某个学生或学生群体受到偏袒。例如，有些学生，相对于书面表达而言，通过其他媒介能更充分地表达他们对概念的理解。

教学视频案例

在该视频案例“多元智力：小学教学”中，你将看到教师弗雷德·帕克如何利用多元智力理论帮助他的学生提高写作能力。在 CengageBrain. com 上访问教育媒体图书馆，可以观看该视频片段并学习该案例的资料。然后思考以下问题。

问题

1. 这位教师强调解决问题的能力，这与一般能力智力理论和斯腾伯格的三元智力理论有何异同？

2. 写作活动如何将多元智力彼此联系起来？

3. 在你看来，这位教师运用多种智力活动的方式对于标准学习目标是一种促进还是干扰？你为什么这么认为？

4. 这个案例描述的多元智力活动的运用方式是否令你感到舒服？例如，你能否以表演的方式提出一个数学问题？使用这种方法教学如何能让你觉得更舒服？

加德纳的五种心智理论

霍华德·加德纳在他的著作《面向未来的五种心智：培养思维能力》（*Five Minds for the Future：Cultivating Thinking Skills*）一书中指出，由于未来是不可预测的和变化无常的，每个人都需要培养五种不同的思维方式。它们是：

（1）专业学术之智。专业学术之智至少掌握一种思维方式——一种独特的认知方式，能够了解一种特定的学科、工艺或职业的特征。

（2）综合统筹之智。综合统筹之智能够从不同的来源获取信息，客观地理解和评估这个信息，并以让合成器和其他人理解的方式整合这些信息。

（3）开拓创新之智。开拓创新之智开辟新领域。这种心智能提出新想法，提出新颖的问题，唤起新的思维方式，并得出意想不到的答案。

（4）尊重包容之心。尊重包容之心能了解并接受人类个体和人类群体之间的差异，试图理解这些“其他人”，并寻求与他们进行有效合作。

（5）责任道德之心。责任道德之心思考自己的工作性质以及他或她所处社会的需求和期望。这种心智概念化以下内容：工人如何为自身利益以外的目的服务以及公民如何无私奉献以改善所有人的生活[4]。

这五种心智不同于加德纳确定的八或九种智力。他认为这些心智是可以在学校、工作场所或职业中培养的。可以肯定的是，加德纳断言这五种心智都利用了各种智力。例如，要培养尊重包容之心，人就必须锻炼人际交往智力。或者，要培养专业学术之智，可能会使用逻辑-数学智力。

智力的一个定义——资优的与有才能的学生

超过320万学生或6.7%的公立中小学生被认定为是资优的或有才能的学生。这两个术语有多种定义[5]。然而，一般来说，**资优学生**具有非凡的智力能力，而**有才能的学生**可能其他某种能力（如音乐或艺术能力）超常。但是，有些学生兼而有之，是天才学生。

美国资优教育研究中心主任约瑟夫·伦祖利谈到了两种资优才能：学校资优和创造生产性资优。学校资优是基于标准化测试且通常与“资优”概念最为相关的能力——高级认知和推理能力。创造生产性资优是指“有目的地规划原创思想、产品、艺术表达和知识领域的发展，旨在对一个或多个目标受众产生影响。”[6]

“资优的”和“有才能的”这两个术语有多种定义，从而导致各州和学区在识别学生方面存在很大差异。例如，由于标准不同，在佛蒙特州不到1%的学生被认定为是资优的或有才能的，而在俄克拉何马州此类学生的比例为14%。认定天才学生通常依赖很多不同的评估方法，包括认知能力测试、成绩测试、观察数据以及来自经常与学生互动的家长、教师和其他成年人的轶事证明。当智力测试被用作测量标准时，通常智商分数为130分或更高的学生被认定为资优学生。2%～3%的美国学生达到这个水平[7]。

很多教育工作者担心，常用的认定方法并不适合双语和少数民族学生。虽然非裔学生和西班牙裔学生大约占美国公立学校学生人数的38%，他们仅占被认定为天才学生的22%。相比之下，白人学生占美国公立学校学生人数的56%，却有68%的学生被认定为天才[8]。少数民族教育工作者和倡导者呼吁对资优的定义应更具包容性，认定人才的评估措施应该更敏感和更适合不同文化[9]。

与选拔学生参加这些计划的标准一样，天才学生教育计划种类繁多，包括以下方法：

- 一些学区为这些学生开设单独教室（或者，如果学生人数有保证，则单独开办学校）和单独课程。
- 有些课程计划将资优学生组成小组，让他们在上学日或上学周内进行学习。
- 其他学校采用量身定做的方式，设计特殊服务内容，例如，在学生能力超常的领域为其提供一对一的辅导。例如，一个擅长数学的中学生可能在同班同学上数学课的时候去接受个性化的高等数学指导。
- 有些学校则不为天才学生提供任何特殊服务。由于没有法律要求学校必须满足资优学生的需求（与特殊学生不同），学生家长可以选择离开常规公立学校体系，并寻找一个特许学校或私立学校，那里的课程安排能更充分地满足此类学生的需求。

教授天才学生的两个主要的方法是**加速法**和**丰富法**。加速法的课程使资优学生能够以适合其天资和能力的速度学习。这些学生，与其同班同学相比，学习的材料更多、更高级。丰富法的课程让学生有机会更深入、更广泛地探索课程的主题，或者对特别感兴趣的课题进行独立研究。

在教育资源稀缺的时代，无论是物质资源还是人力资源，在最好的情况下天才教育也无法保证充足的投入，在最糟糕的情况下根本没有任何资助。与特殊学生不同，资优学生不受任何联邦法律的保护，也没有为他们授权的专业教育服务。因此，对天才教育项目的资助可能会被挪于他用，这种做法有损于这些资优学生的教育经历。另外，经常有人从哲学角度对教育项目提出反对意见，他们认为这是阶级偏见或者是精英主义，迎合了一小部分学生的需求，而这些学生根据某些标准已经比其他学生拥有实实在在的优势。一些教育工作者也认为，混合能力分组的教学方法对于所有学生（包括资优学生）都更加有成效和收益。

无论你的学校使用何种类型的课程（如单元开始的情景中的玛丽亚·穆尼奥斯），你都有可能承担教育班级里天才学生的主要责任。有些教师可能会简单地认为资优学生因为学习不费力，就会比较自觉，需要的关注也就比班里其他学生少。遗憾的是，危险在于如果资优学生在学习上没有遇到挑战，他们经常会成为缺乏动机的后进生，继而会成为问题学生，而且容易辍学。事实上，资优学生的退学率高于他们非资优的同班同学。“在你的课堂上”板块提供了建议，以帮助你避免这种情况。

这里已经关注了高智商及特殊的天才学生，我们需要牢记，大多数学生是普通学生，对他们来说学校功课要求很高。此外，对一些学业智力和技能有限的学生来说，课堂学习是一个持续的挣扎过程，也经常是巨大挫折感的来源。他们渴望极具同情心和创造力的教师。

在你的课堂上

教授天才学生

大多数天才学生是表现突出的、需要特殊教育服务的学生。对天才学生的学习能力和风格有更多的了解能够帮助你理解他们的独特需求并为他们设计有效的学习体验。

1. 资优学生通常学习起来又快又轻松。较低水平的思考任务很容易让他们感到无聊，而较高水平的思维任务（如分析与整合）才会让他们快速成长。

2. 一些资优学生是“大图景”学习者。这些学生可能不太关注细节。有些人对基本事实掌握不牢，也不会看到学习这些基本事实的必要性。例如，很多资优学生宁可思考解决数学问题的方法，也不愿意背诵乘法表，因为这对他们来说是枯燥乏味的任务。对学生的期望不能一成不变，而且你自己首先要明确你为这些学生设定的学习目标，以及你将如何评估他们在实现这些目标的过程中取得的进步。

3. 资优学生总是有很强的好奇心，总是期望对现象或事件进行深入的解释。持续不断的问题可能会让你感到疲倦，因此你可以预见学生的需求并准备一些随时可用的资源，例如参考书籍或互联网网站，学生可以使用这些资源来寻找问题的答案。挖掘你自己的创造力，从而为资优学生提供有创意和独特性的项目。

4. 一些资优学生在培养自主学习所需的策略和技能时可能需要指导。不要有这样的假定，即某个学生仅仅因为学习起来又快又轻松，该学生就知道如何有效和高效地学习。

5. 资优学生可能是完美主义者。一些资优学生痴迷于达到无法实现的完美水平。他们可能很容易受挫或可能拒绝参与一个学习活动，原因是他们担心达不到理想中的完美水平。这些学生需要认识到，错误是生活的必然要素，而且这些错误是新知识的根基。向这些学生展示每个人——包括你，他们的教师——都会犯错误。

6. 每个人都是与众不同的。对于资优学生来说，不存在一个适合所有人的概况；个人的独特天赋通常形式多样。一个学生的优点和兴趣与另一个学生的优点和兴趣可能截然不同。如果你的学校没有天才学生教育的专业资源列表，可以在你所在的学校和社区内设计你自己的列表，以便利用这些资源并指导资优学生。

学习风格

智力理论倾向于关注学习者学习的量。心理学家和教育工作者也研究了我们学习的方式。这些研究人员已经识别了几种**学习风格**模式，即学习者获取、处理继而利用新知识的优先方式。这些模式表明，教授学习风格迥异的学生，教师应该使用对他们最有意义的信息呈现方式。但是，不同的模式针对不同的学习风格偏好。

在本单元中我们介绍了关于学习风格的两种普遍的观点，当然还存在很多其他观点。一种普遍的、惯用于商业领域的模式是迈尔斯-布里格斯（Myers-Briggs）的类型指标（MBTI）。迈尔斯-布里格斯的类型指标的理论基础是 16 种独特性格类型，其中每种性格类型对教师和学生都有直接的影响。访问性格路径网站（http://www.personalitypathways.com/type_inventory.html）深入了解迈尔斯-布里格斯的性格类型。

视觉-听觉-动觉模式

由尼尔·弗莱明（Neil Fleming）提出的**视觉-听觉-动觉模式**认为，学习者通过三种感觉之一获得新信息，这三种感觉是视觉、听觉和动觉。弗莱明认为，大多数学习者普遍偏好某种感觉，但是有些学习者是多模态的，他们对特定模式的偏好取决于具体的情况或任务。

视觉　一些视觉学习者可能偏好语言输入，而另一些人则是空间-视觉学习者。

- 语言-视觉学习者通过阅读书面语言学习效果最好，而且如果他们看到信息被记录下来，就能达到更好的记忆效果。在学校环境中，语言-视觉学习者在听课或阅读教科书时可能会大量地记笔记。他们通常是表格编写者，尽管在表格完成后他们可能需要也可能不需要再看表格。在课堂上，大纲或其他组织图以及利用黑板或投影仪展示讲课或讨论的关键内容的教师都能让语言-视觉学习者有收获。这些学习者经常觉得用于记忆单词或事实的抽认卡很实用。
- 空间-视觉学习者更喜欢视觉内容，如图形、图表或视频。他们可以通过想象力轻松地想象面孔和地点，而且很少在新环境中迷路。在课堂上，电影、视频、地图和图表等视觉辅助工具能很有效地帮助空间-视觉学习者获取新信息。在一本教科书中，空间-视觉学习者有可能会研究图表或地图而不是阅读课文。使用符号、图表或图片的抽认卡（而不是文字）也能让空间-视觉学习者受益。

听觉　听觉学习者能够通过听达到最佳学习效果。相比读和写，他们更喜欢听和说。当试图回忆过往所学知识时，听觉学习者通常可以"听到"信息最初呈现的方式。听觉学习者通常需要与他人进行口头交流，以便内化新信息。在课堂上，听觉学习者可能听课时不记笔记，之后仍然能够回忆起关键信息。他们可能需要与同伴或小组"谈论"概念来澄清对这些概念的理解。备考时他们也可能会大声朗读自己的笔记。

动觉　获取新信息时，动觉学习者喜欢移动或触摸物体。一些动觉学习者是触觉学习者，需要触摸或摆弄物体来了解它们。让他们最受益的是"实践"课程或实地探索和观察活动。这些学习者在学习过程中身体可能难以保持不动。在完成课上任务的过程中，他们可能需要站起来走动一下或站着完成任务。没有某种外部刺激或活动时，他们也可能会走神。在备考时，索引卡上的信息可以帮助动觉学习者，因为他们可以给卡片排序或进行其他操作。

在你的课堂上

针对不同学习风格的教学

一个导师教师曾告诉我们的一个学生教师："坚持以三种方式呈现信息：说出来，写出来，并展示出来。"我们也许可以补充一句："尽可能为动觉学习者设计多种实践活动。"例如，在讲解或讨论美国内战期间的地下铁路时，当你讨论重要概念时，你可以将概念写在黑板上。你也可以分发一个组织图，学生可以在上面写出这些概念。你可以提供逃亡奴隶的逃跑路线图，或者一张图表显示在地下铁路的帮助下获得自由的逃亡奴隶的数量。此外，你可以让学生以表演的形式展现沿地下铁路逃亡的奴隶居住过的一些狭窄的空间或其他经历。

库伯的学习风格模型和经验学习理论（ELT）

戴维·**库伯的学习风格模型**包括四种学习风格，这些风格是基于四个阶段的经验学习圈理论[2]。库伯认为，这个学习圈从具体的经验开始，其为反思观察提供了基础。从观察中提炼出抽象的概念，其后是积极的实践。例如，当学习骑自行车时，首先向学习者呈现具体的经验，即准备一辆有待探索的、真正的自行车，尽管他或她可能或并不试图骑自行车。然后，学习者花时间观察其他人骑自行车，并思考骑自行车的各方面的问题。从这些观察中，学习者形成了关于如何骑自行车的抽象概念。做好准备后，学习者积极参与骑车经历，实验性地实施提前形成的概念。

然而，库伯指出，学习者倾向于偏好整个学习圈中的某个阶段，而非其他阶段。例如，在新的情况下，一些学习者更倾向于立刻进行亲身实验，而其他人则倾向于在尝试任何行动之前进行观察。基于这些观察，库伯修改了他的理论。根据人们对做（积极实践）与看（反思性观察）及思考（抽象概念）与感觉（具体经验）的偏好，他建议了四种不同的学习风格。他将这四种风格标记为发散型风格、适应型风格、同化型风格和聚合型风格。

- 发散型学习者会将具体的经验和反思性观察结合起来。发散型学习者如果能够在活动中观察他人而不是参与活动，他们就会达到最佳的学习效果。对他们具有吸引力的学习活动包括头脑风暴会议、日记写作和分析。如果任务时间紧迫，他们则会表现不佳。相反，他们需要时间回顾发生了什么，反思他们学到了什么，并思考其含义及可能的应用。具有这种学习风格的个人会从不同的角度来审视形势。他们容易情绪化，比较敏感且具有艺术气质。尽管他们通常不喜欢承担领导责任，但他们更喜欢团队合作而不是独立工作。
- 适应型学习者倾向于将具体的经验和积极的实践结合起来。具有这种学习风格的个人会采用实用的、经验式的方法来解决问题。对这些学习者具有吸引力的活动包括情景模拟、案例分析和新概念解析。未经事先研究就去尝试会让他们乐在其中，他们不擅长遵循指令或程序。虽然这些学习者宁愿使用别人的分析也不愿自己去分析，但他们没有太多时间来阅读文章或听长篇讲座。具有适应型风格的学习者在与他人合作解决问题或完成任务时学习效果最好，他们愿意负责实验性活动。

● 同化型学习者倾向于将抽象的概念与反思性观察相结合。这些学习者是分析型的、逻辑型的和简洁型的。对他们具有吸引力的学习活动包括讲座、课堂讨论和类推活动。同化型学习者倾向于关注理论和抽象概念而不是实际方法，有时他们会提出有趣的想法，这些想法与当前的任务也许直接相关也许没有直接关联性。然而，当他们要完成一个非常具体的、有明确目标的任务时，他们学习效果最佳。他们在实验性活动中表现不佳，除非他们预先构建了有关该实验性活动的知识。具有同化型风格的学习者更多关注想法而非关注人，而且他们喜欢独立工作。

● 聚合型学习者倾向于将抽象的概念和积极的实践结合起来。具有这种学习风格的人是务实的和实用的。他们擅长发现切实可行的解决问题的方案。聚合型学习者在获得足够信息和有挑战的任务时学习效果最好。然而，没有目的和意义的任务会使这些学习者失去耐心。对他们有吸引力的学习活动包括实地考察、观察和实验室实验。聚合型学习者在抽象的或理论问题的讨论中表现不佳，他们倾向于测试想法和理论。他们喜欢技术性任务，宁愿独自解决问题也不愿参与团队或小组工作。

教授学习风格多样的学生

作为一名教师，能够认识到你的课堂上多样的学习风格是很重要的。你还需要认识到，你的很多学生的学习风格与你自己偏好的学习风格不同。根据学习风格研究人员的观点，强加给学生一种完成任务的标准方法，或期望他们都使用并能熟练掌握某一特定的策略，这些做法可能会给他们的学习带来负面影响。教师应该认识到这种多样性，并且设计一些活动，旨在使所有学生达到最佳学习效果。

但是，我们并不主张根据学生的个人学习风格为他们设计单独的学习活动。相反，教师应该组织并实施多种活动，以便各种学习风格的学生都可以参与其中。这种多样性使学习者有机会探索其通常偏好的学习模式之外的模式，以及一些“适合”他们学习模式偏好的活动。

通过差异化教学应对智力和学习风格差异

现今教室里学生的学业多样性日益增加，一种教学方法很难适应所有学生。**差异化教学**是一种教学理念，其前提是教师应该调整教学以适应学生在阅读水平、学习偏好和兴趣方面的差异。差异化教学最简单的形式提倡适应个别学生，而不是假设所有学习者都基本相似，进而采用一种标准化教学方法。在采用差异化教学的课堂中，尽管学生需要掌握相同的概念，但他们可以选择不同的学习活动来掌握这些概念[13]。

根据美国差异化教学专家卡罗尔·汤姆林森（Carol Tomlinson）的观点，教师可以将课程区分为三个方面：教学内容、教学过程和教学产品[13]。

● 教学内容由教师希望学生掌握的概念、原则和技能组成。汤姆林森认为，所有学生都应该掌握相同的核心内容。然而，教师可以通过不同的手段（如课文、讲座和示范）让学生获得技能和知识。

● 教学过程由教学活动组成，这些活动能帮助学生理解和“拥有”所教的知识。依据学生的当前水平、兴趣和学习偏好，教师可以改变活动，从而为一些学生提供更具复杂性的活动，并为其他人提供更多的支持。

- 教学产品是学生开发的、用于展示和扩展他们所学的知识的最终项目。这些产品会因学生的兴趣或学习偏好而有所不同。例如，一些学生可能喜欢以小组成员的身份制作一个与正在学习的话题相关的戏剧，然而其他人可能更喜欢独立工作并撰写学期论文。

根据学生差异区分教学内容、教学过程和教学产品，需要教师了解他们的学生、他们的学科和他们所使用的材料。差异化教学没有一个现成的公式，即没有单一应对学生差异的方法。相反，差异化教学是你与学生共同开启学习历程的一种承诺，并且是在学习者和教材之间进行匹配的一种承诺。尽管其主要目标是最大限度地优化每个学生的学习经历，但它重要的第二目标是训练学生掌握多种学习方法，因为这些方法不会与生俱来。差异化教学“延展”学生并提高他们不断成长和学习的能力。

教学视频案例

在该教学视频案例“学术多样性：差异化教学”中，你会看到三年级教师克里斯·科尔巴思-赫斯如何努力面对异质化课堂给教师带来的最大挑战之一：设计能够满足不同类型学习者需求的教学内容。在 CengageBrain. com 上访问教育媒体图书馆，可以观看该视频片段并学习该案例的资料。然后思考以下问题。

问题

1. 本案例中演示的技巧是否关注了教学内容、教学过程和教学产品？
2. 尽管学生完成任务的方式各有不同，如何让他们掌握相同的写作技能？
3. 针对你所教的学科和年级，你有哪些差异化教学方法？

在你的课堂上

差异化教学

很多教师承认差异化教学的可取性，但不知道如何实施差异化教学。以下是教师可以使用的很多策略中的部分内容。

场所

在课堂中设置不同的区域，在这些区域里学生可以同时完成不同的任务，这种做法鼓励灵活分组，因为并非所有学生始终都必须前往所有位置。

压缩

在开始单元学习之前对学生进行评估，了解他们已经掌握了什么，这样他们就不会浪费时间学习他们已经掌握的内容。

复杂指令

利用具有挑战性的材料、开放式任务和小型教学小组。学生完成任务的过程中，教师穿行其间提问，激发学生思考问题。

选择板

教师将作业内容写在卡片上，将卡片放在悬挂口袋里。要求学生从特定的一排口袋中选择一张卡片，这样的做法给学生一定的选择范围。不同的排列代表复杂程度不同的任务。

问题式学习

教师让学生承担解决问题的积极角色。

入口点

使用霍华德·加德纳的多元智力理论，学生通过多达五种途径探索一个特定主题。这五种途径是叙事的（呈现故事）、逻辑-定量的（使用数字或演绎法）、基础的（检验哲学和词汇）、审美的（注重感官属性）和经验的（实践）。

轨道研究

轨道研究由独立调查组成，这些调查通常持续数周且与课程的某些方面相关。学生选择课题，教师在调查过程中为学生提供指导。

资料来源：From *The Differentiated Classroom：Responding to the Needs of All Learners*（Ch. 7－8），by Carol Ann Tomlinson，Alexandria，VA：ASCD. © 1999 by ASCD. 经许可转载并修改。请访问 www. ascd. org 了解更多关于督导与课程开发协会的内容。

总结

虽然影响学习的变量组合可能无穷无尽，但是在学习者中最常见的学业技能的组合数量是可预测的。同样，你呈现给学生的学习活动和策略的数量也是可预测的。我们认为，关键是要培养某些学习惯例，目的是使学生能够培养和练习重要的技能和思维习惯。然而，并非每一堂课都应遵循这一惯例模式。我们还建议，通过计划一系列活动设法改变学生的部分学习经历。教学是一种平衡行为。有时我们需要设计教学来发挥学生的学习优势，有时我们需要鼓励他们去接受新的、重要的学习方式。充满乐趣、富有挑战是教学的重要特征之一。

行动标准

州际新教师评估与支持联盟　标准2：学习差异

教师利用自身对个人差异、多元文化以及社区的理解确保为学生提供包容性的学习环境，使每个学习者达到较高的标准。

有些学生，甚至高中生，在理解他们偏好的感官学习方式时可能需要帮助。他们可能有一种直觉，即他们是偏视觉型的或偏听觉型的，但他们可能没有非常有效的学习策略来辅助这些模式。在某些情况下，先前教师或其主要照顾者可能会阻止他们利用自己偏好的学习风格，因为前者可能并未认识到学习中存在的这些细微差别。当学生家长说下面的话时，你会如何回应他们？

- “我已经多次告诉杰森，听讲座时、阅读时要记笔记。但我的话他根本听不进去。他总是说他不用记笔记也能记住我课堂上讲了什么。”
- “我总是告诉梅琳达她应该在索引卡上写下重要的概念。这样的话，考试前她可以复习卡片并对信息进行分类。她说她的笔记很清晰，但那怎么能算是清晰呢？看看这些笔记有多乱！”

● “在考试前，我告诉艾瑞克要大声朗读西班牙语必考单词，但是他根本不听。如果你不反复念这些单词，你还有什么方法记住这些单词？”

更多资源

● ASCD. 该协会的网站是 http://www.ascd.org。督导与课程开发协会有大量关于多元智力和学习风格的内容。点击“教育主题”和“多元智力”可以获取更多与此主题相关的资源。

● Experimental Learning Cycle. 相关内容可在 http://www.learningandteaching.info/learning/experience.htm 获取。该网站提供了有关戴维·库伯的学习和认识理论的详细解释。网站的视频材料展示了学习圈及其各阶段的相互关系。

● Howard Gardner，*Frames of Intelligence*（New York：Basic Books，1985）and Howard Gardner，*Multiple Intelligences：The Theory in Practice*（New York，Basic Books，1993）. 这两本书是多元智力理论最完整的介绍。

● Carol Ann Tomlinson and Marcia B. Imbeau，*Leading and Managing A Differentiated Classroom*（Alexandria，VA：ASCD，2010）. 本书的前半部分关注如何引导一个差异化课堂，后半部分着重于差异化课堂的管理机制。

● VARK，A Guide to Learning Styles. 相关内容可在 http://www.vark-learn.com/english/index.asp 获取。该网站允许访问者通过在线问卷或下载问卷来分析他们偏好的学习风格，还提供了适合特定学习风格的学习策略。

重要术语及定义

加速法（acceleration） 一种教学计划，旨在使资优学生能够以适合其资质和能力的速度学习。这些学生，与其同班同学相比，学习的材料更多、更高级。

差异化教学（differentiated instruction） 一种教学理念，其前提是教师应该调整教学以适应学生在阅读水平、学习偏好和兴趣方面的差异。

丰富法（enrichment） 让学生有机会更深入、更广泛地探索课程的主题，或者对特别感兴趣的课题进行独立研究。

资优学生（gifted student） 在认知（智力）优势、创造力和动机方面显著优于同龄人的学生。

智力（intelligence） 心智能力，如推理、解决问题和抽象思维，以及运用它们的能力。

智商（intelligence quotient，IQ） 数字分数，用于描述基于测试的智力水平。

库伯的学习风格模型（Kolb's learning styles model） 一个由四个阶段构成的学习圈，包含具体经验，它为后面的反思性观察提供了基础，然后是抽象的概念，最后是积极实践。

学习风格（learning styles） 学习者获取、处理继而利用新知识的优先方式。

多元智力理论（multiple intelligences，MI） 由霍华德·加德纳提出的一种智力理论，该理论确定了人们用于解决问题和创造产品的智力能力的至少八个维度。

有才能的学生（talented student） 有特殊能力、资质或成就的学生。

三元智力理论（triarchic theory of intelligence） 由罗伯特·斯腾伯格提出的一

种智力理论，该理论将一般智力分为三个部分：分析性智力、创造性智力和实践性智力。

视觉-听觉-动觉（VAK） 一种学习风格模式，该模式认为学习者通过三种感觉之一接收新信息。这三种感觉是视觉、听觉和动觉。

本书的配套网站提供了很多有用的资源。访问 CengageBrain. com 获取本书各单元词汇表、抽认卡、网页链接和其他学习辅助工具。

注释

[1] Robert J. Sternberg, *Intelligence, Information Processing and Analogical Reasoning: The Componential Analysis of Human Abilities* (Mahwah, NJ: Lawrence Erlbaum Associates, 1977).

[2] Howard Gardner, *Frames of Intelligence* (New York: Basic Books, 1985) and Howard Gardner, *Multiple Intelligences: The Theory in Practice* (New York: Basic Books, 1993).

[3] Kathy Checkley, "The First Seven ... and the Eighth," *Educational Leadership* 55 (September 1997): 12.

[4] Howard Gardner, *Five Minds for the Future: Cultivating Thinking Skills* (Boston, MA: Harvard Business School Press, 2006).

[5] *Digest of Education Statistics, 2009* (Washington, DC: National Center for Education Statistics, 2010), Tables 53 and 54. Available at http://nces.ed.gov/pubsearch/pubsinfo.asp?pubid=2010013.

[6] J. S. Renzulli, "What Is This Thing Called Giftedness, and How Do We Develop It? A Twenty-Five Year Perspective," *Journal for the Education of the Gifted* (1999).

[7] Ellen Winner, "Catching Up with Gifted Kids," *Cerebrum*, The Dana Foundation, Winter 2001.

[8] *Digest of Education Statistics, 2009*, Tables 41 and 53.

[9] Carolyn Callahan, "Identifying Gifted Students from Underrepresented Populations," *Theory Into Practice* 44, no. 2 (Spring 2005): 98-104.

[10] N. D. Fleming and C. Mills, "Not Another Inventory, Rather a Catalyst for Reflection," *To Improve the Academy* 11 (1992): 137-149.

[11] http://www.vark-learn.com/english/page.asp?p=multimodal.

[12] David A. Kolb, *Experiential Learning: Experience as the Source of Learning and Development* (Englewood Cliffs, NJ: Prentice-Hall, 1984).

[13] Carol Ann Tomlinson and Marcia B. Imbeau, *Leading and Managing A Differentiated Classroom* (Alexandria, VA: ASCD, 2010).

第六单元

学习的重要原理

州际新教师评估与支持联盟　标准 1，2，3，8 和 9

情景

中学科学教师富兰克林·琼斯正在给他的七年级学生上一节天文学课。目前的学习重点是太阳-地球-月球的运动，特别是月相。今天，富兰克林要求学生仔细研究这三个天体之间的相互作用，并提出一些假设来解释月相。富兰克林收集了各种资源供学生研究使用：月相年表、一个太阳-地球-月球实体比例模型、手电筒、不同大小的塑料球、地球仪、参考书以及一组计算机。他跟学生解释了任务，列出了可用资源，并规定了研究时长。他告诉学生可以单独或分组工作，在本节课的最后一段时间，他们要分享他们的发现和假设。

几分钟后，大部分学生似乎都已投入各自的研究。有些学生正在使用塑料球和手电筒来测试他们有关月球表面阴影的想法，其他学生正在电脑上搜索不同的网站，还有一些学生正在研究月相年表。然而，有一个小组似乎聊天聊得太多，没有仔细讨论月相问题。富兰克林走过去，再次引导他们："你们今天真的很想得到一分吗?"他问道。学校最近采用了积分制来解决学生的行为问题。当一个学生"获得"十分时，他或她必须在星期六上午参加一个三小时的工作会议。"对不起，琼斯先生。"组员们不好意思地小声嘟囔着，并开始去查找富兰克林给他们找的参考书。

"琼斯先生，你能帮助我们吗？我们猜想阴影产生月相，但我们想不出一种方法来测试我们的想法。"

"好，大家现在看看周围的同学，"富兰克林建议，"看到有人在想办法制造阴影吗?"这时，该小组的组员似乎才注意到正在使用塑料球和手电筒的同学。他们兴奋地站起来更仔细地去观察这个过程，富兰克林微笑着继续在教室里巡视。

预览

富兰克林班上的学生正在有效地学习，他们正在掌握关于月球的新知识。实现这种学习行为是你作为教师的核心工作，所以你对学习过程的了解是非常重要的。虽然你之前也一直在学习，并且毫无疑问学有所成，但要回答"个体是如何获取知识"这个问题却没有看上去那么容易。从至少 2000 多年前的古希腊开始，哲学家、心理学家，还有教师们就一直在思考这个问题——我们如何获得新知识或者我们如何学习。

几个世纪以来，诸多思想家提出了很多理论试图揭示学习过程的奥秘。在解释人们如何学习方面，目前所有主要的学习理论都有其优点和局限性，并且我们可以看到这些理论中没有一个理论对学习的解释可以适用于所有人、所有学科及所有时间。

我们将在本单元中探讨对美国教育有深远影响的两个主要思想学派所衍生出来的几种教育理论，并描述一些基于这两个学派的教学活动。一个思想学派的核心是行为主义，其关注点是可观察的行为。另一个学派的核心是认知理论，其关注点是思维活动。我们还描述了融合两种观点要素的社会学习理论。本单元结尾处我们会探讨一下新技术如何影响学生的学习方式。

单元要点

本单元强调：

学习是一个独特的过程，因此没有一种学习方法能使所有学习者实现最佳学习效果。

行为主义理论认为，我们的学习是过去经验的结果。

一些认知理论描述了随着年龄的增长和不断成长学习者思维的有序变化。

还有一些认知理论强调学生所处的社会环境和文化背景。

建构主义运用认知学习理论的观点，因而受到很多教育者的青睐。

社会学习理论表明，我们通过观察他人的经历来学习。

一些研究人员认为，新技术的普及正在改变学生获得新知识的方式。

行动起来

学习理论可能会非常抽象，所以我们建议你花一定时间来思考这些理论的实际应用案例。在你阅读本单元所讨论的每一个学习理论的时候，设计一个运用该理论的教学活动。想办法设计一个既能利用该理论的优势又能避免其劣势的学习活动。

行为主义理论

行为主义者认为，学习是过去经验的结果。行为主义者经常把学习称作条件反射，即我们的环境中的一些刺激因素与反应或特定行为之间不断强化的联系。经典条件反射由环境中的某些刺激与我们的反应之间的自动关联组成，而操作式条件反射将我们习得的行为解释为我们过去成功或失败的经验。正如我们将看到的，两种类型的条件反射都有可能出现在你的课堂中。

经典条件反射

俄国心理学家伊凡·巴甫洛夫（Ivan Pavlov，1849—1936）是第一个正式研究刺激和反应关系的学者。巴甫洛夫注意到，他实验室里的几只狗听到食物要出现的声音信号时便开始分泌唾液。在研究了这种现象之后，巴甫洛夫发现可以训练狗学会一听到这个声音便开始分泌唾液，无论食物是否出现。单单听到这个声音，狗就会条件反射地分泌唾液。巴甫洛夫的条件反射被称为经典条件反射。学生对学校铃声或蜂鸣器的反应也属于经典条件反射。铃声一响，学生们就拿起自己的东西向教室门口走去，尽管教师的话可能还没有说完。

操作式条件反射

受巴甫洛夫思想的影响，美国心理学家 B. F. 斯金纳（B. F. Skinner，1904—1999）扩充了这些理论并提出非常有影响力的操作式条件反射这一行为主义理论。斯金纳的理论表明，人们根据接收的对特定行为的反应来"学习"行为。强化性反应可能会鼓励这种行为，而惩罚性反应旨在阻止或消除这种行为。

操作式条件反射取决于这两个关键原则：

- **强化。**斯金纳定义了两种强化，这两种强化都旨在增加理想行为的可能性。**正强化**利用承诺奖励（或理想的刺激物）来鼓励目标行为。**负强化**承诺取消不良刺激来鼓励目标行为。举个例子，一位家长想要他或她的孩子进入房子时脱掉泥泞的鞋子。正强化可以是给孩子额外的玩电脑或看电视的时间，负强化可以是减少孩子做不喜欢的家务。
- **惩罚。**如果一种行为受到惩罚（一种不良或负面的反应），那么受惩罚的人不太可能重复这种行为。

从操作式条件反射理论演变出了**行为矫正**的实践行为。在行为矫正过程中，教师会仔细控制学生的反应以塑造其行为。如果三年级学生比利一直不交作业，他的教师可能会实施一项行为矫正计划促使他开始做作业。如果比利每天交作业，他会得到一张贴纸（正强化）；如果比利忘记了做作业，他必须退还两张贴纸（惩罚）。到了周末，他可以在学校商店"兑现"他得到的贴纸。这种方案的效果往往是渐进的：在该计划实施的最初几个星期内，比利可能不得不退还一些贴纸，但几周后，他因为每天交作业一周可以挣到五张贴纸。其他计划可能包括积分体制，根据积分体制，通过奖励积分来鼓励理想的或恰当的行为，通过扣除积分来阻止不理想、不恰当的行为。学生可以用积分来"购买"商品或特权（例如，无家庭作业的一天或更多玩电脑的时间）。

行为主义者对课堂的影响

行为主义者认为，学习的关键要素是环境，因此教师的责任是建立并维护有利于学习的环境。事实上，很多教师非常依赖行为主义手段来进行课堂管理，具体体现在实施旨在强化恰当行为并消除不恰当行为的行为矫正计划。如果学生未能完成课内任务，则他们的休息时间就会被剥夺，这是帮助学生培养恰当课堂习惯和行为的一个常用方法。

行为主义也可以运用于教学。基于行为理论的学习活动有几个关键特征，包括以下几点：

- **重复。**行为主义者认为，学习者通过重复可以达到最佳学习效果。因此，一个常见的行为主义教学技巧是"操练和实践"，通常用于低年级教学，但仍然贯穿于整个中小学的教学大纲。几乎在任何一所学校的任何一天，都会听到学生背诵乘法表，一起朗读一篇文章，背诵外语单词，或重复某些概念定义。其他形式的操练和实践包括完成工作表和使用电脑上的操练软件。
- **即时反馈。**斯金纳本人提出了一种行为主义教学方法，称为程序化教学[1]。

这种方法作为自动化教学较早的一种尝试，在教学过程中使用教学机器。这些教学机器（相当于今天的计算机的原型）会向学生呈现与特定学习单元相关的问题。学生给出答案后会收到机器的即时反馈。根据斯金纳的观点，反馈的即时性是至关重要的因素，因为它起到了必要的强化作用，以帮助学生巩固头脑中的准确信息。

斯金纳的教学机器逐渐发展出计算机辅助教学（CAI）：一种利用计算机程序教授概念或技能的方法。这些程序原理相似，能即时反馈学生的答案是否准确。计算机画图和动画技术的不断进步催生出很多引人入胜的、激励性的游戏和场景，还带来各种生动有趣的反馈。

● **具体的、可测量的（和能被测量的）学习目标。**行为主义者建议将课程分为独立的、按顺序排列的学习单元。每个学习单元进一步分为不同的主题，每个主题有具体的和可测量的学习目标。学习情况主要通过客观的多项选择测试来衡量，这些测试可以提供清晰且快速的反馈。如果学习者能够记住所学内容，就会得到高分作为奖励；如果学习者记不住所学内容，就会得到低分作为惩罚。

在20世纪60年代早期，著名的教育心理学家本杰明·布卢姆（Benjamin Bloom）将这些行为主义原则应用于一种被称为**“掌握学习”**的方法[2]。掌握学习基于以下理念，即所有的学生如果能够得到适当的教导并且有足够的时间，他们就能掌握概念。当学生只学会了一门课程的70%或80%时就要求他们开始学习下一课，那么他们就注定永远会落后。布卢姆认为，恰当得体的教学包括对每个独立学习单元的系统指导、循序渐进的课程计划、对学生而言充足的学习时间和足够的支持、明确的掌握标准、频繁的进度评估以及及时且具体的反馈。掌握学习模式定期测试学生以确定他们的掌握程度。布卢姆认为，只要有足够的时间，90%～95%使用这种方法的学生可以掌握他们需要掌握的内容。

今天的很多计算机教程——旨在教授或重新教授学生概念或技能的程序——都遵循**掌握学习**的模式，方法是使用篇幅较短的、循序渐进的单元形式来呈现概念或技能，每个单元学习过后立即对学生进行测试。一个典型的教程是从教学环节开始，接下来是一个实践指导阶段，是学生解题时间，之后他们不仅收到反馈，还收到正确和错误答案的解析。在这个阶段之后，他们会接受测试并立刻获得反馈，如果测试结果显示学生没有完全掌握一个概念，他们则通常有机会重新学习相关教学内容。

对行为主义的评价

与所有其他教育理论一样，行为主义有其支持者和反对者。支持者们认为，对于培养重要、基础的技能和概念而言，行为主义是最有效的方法。因为学生操练一项技能直到他们达到一定的熟练水平，他们才真正“学会”了这些技能。

反对者们认为，行为主义方法中的奖励和惩罚制度可能适得其反。学生会很快失去对学习的兴趣，仅仅看中奖励而不再关注技能和概念的掌握。在测试中，学生设法想出一些选择正确答案的技巧，而未必真正知道正确的答案。在很多计算机学习游戏中，学生经常寻找方法“打擦边球”，即绕过教学和评估组件来获得屏幕上的奖励。

对行为主义更深层的批评质疑其理论前提。这些批评者坚持认为，人类行为不能仅仅通过对外部刺激的反应来解释，而且学习不能简化为操练性实践。他们主张，必须同时考虑心理活动——记忆和思考这些因素。接下来我们讨论认知观点。

认知理论

行为主义者主要关注对刺激的外在的、可见的反应。相比之下，认知主义者则侧重于理解大脑的作用，即学习过程中的认知功能。他们感兴趣的是学习者如何处理他们接收的刺激以及学习者决定和执行他们的反应时经历的思维过程是怎样的。两位较有影响力的早期认知理论家是瑞士心理学家让·皮亚杰（Jean Piaget，1896—1980）和俄国心理学家列夫·维果茨基（Lev Vygotsky，1896—1934）。我们将总结他们的主要理论并讨论被称为建构主义的认知主义教育运动。

皮亚杰的认知发展理论

皮亚杰的理论[3] 表明人类有两种与生俱来的智力倾向：

（1）组织。人们倾向于使用皮亚杰称为**图式**的认知结构来组织他们已有的知识。这个组织系统使人们能够回忆信息和事件。

（2）获取新的信息。在整个一生中，人们会将新信息添加到他们现有的图式中，当他们这样做时，这些图式不断扩充并变得更加复杂。

皮亚杰还认为，正如身体进行调整以适应任何体温变化并使其恢复正常一样，当吸收新信息时，大脑也会重新建立**平衡**、制约与和谐。皮亚杰将这个实现平衡的过程称为**适应**。他提出了两种适应方法：

- **同化。**在一些情况下，新信息只会对学习者图式产生很小的干扰（如果有的话），所以学习者能够轻松地将该信息添加或者吸收到现有图式中。
- **顺应。**在其他情况下，当新信息与现有知识相冲突时，新信息会造成相当大的破坏。在这种情况下，学习者必须找到某种方法来改变他或她的图式以适应新的信息。假设一个小女孩在非洲讲法语的地区长大，在她的知识图式中，非洲人是讲法语的。去美国旅行时，她听到非裔美国人说英语，这个新信息对她的知识体系产生了干扰。现在她得调整自己的图式来接纳这个新信息，并接受非裔美国人说英语这个事实。

根据皮亚杰的说法，学习过程包括不断调整新信息以适应已有的图式，采用同化新信息或者顺应新信息的方法，抑或两种方法都采用，从而把新信息纳入自己的图式。

所有学习者都有这些组织信息和适应新信息的能力倾向，但皮亚杰注意到，因年龄不同，学习者的学习过程也存在差异。皮亚杰提出，所有学习者都要经历四个不同的认知发展阶段[4]。

（1）**感觉运动阶段。**皮亚杰认为，在生命的最初两年，我们通过感官获得大多数新信息——我们可以看、听、触摸、挑选和品尝——或尝试不同的身体（或运动）活动。

（2）**前运算*阶段。**在皮亚杰所说的第二阶段中，前运算阶段的学习者（3 岁到 7 岁）有更加发达的图式，能够在他们的头脑中存储图像和符号（如字母和单词）。新信息的来源对婴儿而言也更有象征性。例如，正是在这段时间，孩子们通常开始阅读。虽然学习者开始在他们的图式中发展组织模式，但组织模式往往没有逻辑，至少从成人的角度来看是这样的。

（3）**具体运算阶段。**皮亚杰认为，具体运算阶段从 7 岁持续到 11 岁，这是大多数学习者读小学的阶段。在第三阶段，学习者的图式继续变得更加复杂，其信息组织开始有类似成人的逻辑性。最容易获取新信息的来源仍旧是真实的经历和具体的物品。此外，皮亚杰相信，具体运算阶段的学习者还没有完全准备好进行抽象推理，例如，进行总结或从特定事件或信息中做出推论。

（4）**正式运算阶段。**第四阶段是正式运算阶段，这个阶段符合 11 岁到 18 岁的青少年和年轻人的特点。在这个阶段，图式变得越来越复杂，并呈现出更加合乎逻辑的信息组织形式，有利于有效地回忆知识。皮亚杰将这个阶段学习者的思维描述为"有形式的"，因为学习者可以看到问题的形式，而不仅仅是问题的内容。关注这种形式意味着学习者可以开始从一个具体问题中抽象出一些概述、推论和结论，这些都是高中课程中常常要求学生掌握的技能。

在你的课堂上

把皮亚杰的四阶段理论应用到教学规划中

皮亚杰的理论认为，分配给学习者的任务应该与他们的发展阶段相匹配，这个想法被称为发展适宜学习。

- 大多数小学生处在具体运算阶段，所以学习任务应该尽可能涉及具体的物体和概念。例如，鼓励初级学习者在数学中使用教具的教师或者设计动手实践的科学课程的教师都在设法满足处在这个阶段的学习者的发展需求。
- 中学生已经开始进入正式运算阶段，因此应该设计教学活动来帮助学习者磨炼其正在形成的逻辑和抽象思维技能。例如，比较与对比类英语文章要求学生概括两篇或多篇文献中的行为、特征或事件，目的是考察形式而非具体内容。

皮亚杰指出，他谈到的年龄跨度只是近似数值，而且个人的发展千差万别。有些初中年龄段的学习者可能仍然需要使用具体的模型，而另一些则已经可以进行更抽象的思考和推理。此外，他提醒说，人们的图式以相对缓慢的速度逐渐变得复杂。更恰当的说法是，学习者的图式通常在一个阶段结束时（而不是在刚开始时）显示所描述的特定阶段的特征。

维果茨基的社会文化视角

俄国心理学家维果茨基认为（当代的皮亚杰），认知发展过程依赖于两个主要变量并由这两个变量定义[5]。

---

* 皮亚杰使用"运算"这个词来表示"合乎逻辑"。前运算阶段可被理解为前逻辑阶段，也就是学习者逻辑思维形成之前的阶段。

● **文化背景**。人们组织知识的方式以及思维方式由他们的文化来定义和决定。美国人以特定的方式对知识进行组织分类，因为这种组织结构在美国文化中很受重视，并且会被用作年轻学习者的示范。其他文化重视不同的知识组织方式，并将这些方式传授给他们的年轻人。

例如，人们讲故事的方式不同。美国故事通常是线性的，故事有一个清晰的开端、中间内容和结尾。在有较强口头传统的社会中，包括很多美洲原住民和非洲文化，故事往往表现出周期性组织结构，在这种组织结构中事件可能会重复发生，故事不一定有开端或结尾。身处这些文化的学生在整个小学阶段都会学习这样的故事结构。

● **社会交往**。我们通过社会互动学习和提高我们的思维能力：与他人进行交谈。与更有知识的人（比如成年人，甚至是一个知识广博的同龄人）互动可以帮助学习者理解他们周围发生的事件和行为。这种互动还可以帮助学习者了解其所属文化重视的信息或知识，并开始以文化意义适当的方式组织他们的认知结构。

语言是这个学习过程的关键。维果茨基认为，具有明显的交际功能的语言也反映了一种文化的思维模式和知识组织方式，从而影响我们学习的方式。维果茨基强调，当我们进行所谓的“内心话语”或者自言自语时，语言实际上变成了思维。对于年轻的学习者，内心的言语常常以口语的形式表达出来；他们可能会大声地自言自语，将语言纯粹的社会用途转换为利用它进行思考。

维果茨基对课堂的影响

维果茨基认为，当学习者被给予的任务处于**最近发展区**时学习才能发生，所谓最近发展区就是学习者自己独立完成任务的水平与在他们在有辅助或合作的情况下完成任务的水平之间的区域。如果学习者已经可以独立完成一项任务，那么学习过程就没有发生。如果给予学习者的任务太复杂或超出其智力能力范围，那么学习过程也没有发生。当学习者在更有能力的同龄人或成人的帮助下完成任务时，学习过程才会发生。为了使作业符合学生的最近发展区，教师必须了解学生的技能和能力状况。

为了吻合该理论所强调的“社会互动”理念，使用维果茨基教学方法的教师会提供频繁的机会让学生与他人互动，主要策略如下：

● **提供支持**。起初，教师为学习者完成一项任务提供有层次的支持。随着学习者对技能或概念的掌握越来越熟练，不需要太多帮助就能完成任务，这种支持应逐渐减少。

● **交互式学习**。在交互式学习（也称交互式教学）中，教师和学生轮流领导小组讨论。首先，教师示范提问策略，然后学生通过模仿教师的示范逐渐承担起教师的角色。

● **同伴合作/协作学习**。当学生互动完成一项任务时，其沟通能力和思维能力会得到发展。

教学视频案例

在该视频案例“维果茨基的最近发展区理论：在小学读写课中增强认知能力”

中，你会看到发展心理学家博士弗朗西斯·赫尔利（Francis Hurley）在诗歌课上如何利用这一理论帮助学生提高抽象思维。在 CengageBrain.com 上访问教育媒体图书馆，可以观看该视频片段并学习该案例的资料。然后思考以下问题。

问题

1. 当赫尔利谈到要每天逐步建构孩子的知识体系时，她描述了维果茨基的哪些教学技巧？这种循序渐进的方式将如何运用于你将要教授的学生和科目？

2. 这个教师是如何确定学生的原始能力水平的？你如何来确定每个学生的最近发展区？

建构主义：应用认知理论

这些关于我们如何学习的认知理论已经相互融合，成为一种被称为**建构主义**的涵盖性理论。顾名思义，该理论阐明当学习者遇到新信息时，他们用这个理论来创造或"构建"新知识，并将这些新知识添加到他们现有的知识体系中。根据建构主义者的观点，知识不是简单地由教师传授给学习者。相反，学习者必须接收新信息、理解新信息，然后以某种方式将新信息附加到他们已知的信息中。

建构主义对课堂的影响　近几十年来，建构主义思想在美国教育中极具影响力。因为这个理论结合了几种认知学习理论的元素，建构主义者也使用了源自这些理论的若干方法。"在你的课堂上"板块描述了两种方法：发现式学习和基于项目式学习。

在你的课堂上

建构主义教学方法

采用建构主义方法的教育工作者普遍接受的两种教学方法分别是发现式学习和基于项目式学习。

- **发现式学习。**这个概念是由美国心理学家杰尔姆·布鲁纳（Jerome Bruner，1915—　）提出来的。发现式学习基于这样一个理念：学习者在有机会发现新信息、对新信息进行分类并适当存储新信息的时候可以达到最佳学习效果[6]。在使用这种方法的过程中，教师布置调查性活动，学生依据方法进行调查从而找出问题的答案或解决方案。本单元开头介绍的月球研究活动就是发现式学习的一个例子。（教师）给学生布置了一个研究性问题："为什么月亮看起来有不同的形状？"学生利用已知的、有关月球不同阶段的信息来形成假设，最终解释月相。然后，他们可以使用富兰克林提供的不同材料和资源来测试他们的假设。
- **基于项目式学习。**基于项目式学习最初源于威廉·赫德·基尔帕特里克（William Heard Kilpatrick，1871—1955），它的目标是让教育过程"本身就值得经历"[7]。呈现给学生的不是独立的学习议题，而是一个有目标的项目。项目本身可能由学生决定也可能不由他们决定，但在任何情况下，该项目对他们都有意义。基于项目式学习融合了皮亚杰的理论要素和维果茨基的方法要素。学生们在实施项目过程中会遇到新的信息，与其互动，并使其适应他们已有的图式。此外，学生们以小组合作的形式一起做项目，然后与同伴们分享他们的新知识。

对认知理论的评价

近年来，认知理论得到教师和教育工作者越来越强烈的支持。这些理论的支持者注意到，当学生以互动的形式更多地参与学习时，学生对学习表现出更大的兴趣。他们还发现，有了建构主义的学习任务，学生通常对学习内容表现出更强的物主身份和责任感。因为学生更感兴趣、更积极参与，学会的知识也更多。

一些教育工作者并不认同建构主义的核心思想，即所有的学习者对所提供的信息构建各自不同的理解。其他人则担心，如果鼓励学生形成自己的理解，他们可能会误解或曲解信息，而且他们的理解可能不准确。很多评论家则主张应更多地采用“物体传递”形式的教学，以便将关键概念清晰具体地呈现给学生，从而减少学生误解信息的可能性。

从实际的角度来看，构建新知识往往需要时间。学生需要时间来探索、假设和测试想法。而实际情况是教师面临巨大压力，要教授大量教材，目的是让学生达到州立标准或指标。在这种情况下，他们可能无法承诺给学生很多时间。

在你的课堂上

建构主义教师的主要观点

在规划教学方案时，建构主义教师往往重点关注以下几个要点：

- **关注学习者。**对于建构主义者来说，学校教育的重点不能放在课程大纲上，因为这种做法不一定会促成学生有意义的学习。教育重点必须放在学习者身上。
- **主动学习。**建构主义者认为，学习者需要互动，“真正”与新知识打交道。他们需要积极地去理解这些信息，而不是被动地接受信息。这意味着学习者需要有机会去接触、观察、摆弄或塑造物体以便“理解”信息，正如富兰克林的学生在研究月相时所做的。他们要有能力识别物体如何相似或相异、物体如何组合或分类、物体是如何起作用或不起作用的。
- **情境。**新信息呈现的情境或环境还必须是学习者可以关联的。如果没有背景知识，学习者不会觉得他们所接受的新信息——例如科学事实或公式——有任何意义。背景知识可以是使用这些公式的具体场合，或者是有关这个科学发现的背景故事。
- **激活先前的知识。**通过创造学习的情境或环境，教师可以帮助学生思考他们已知的关于某个特定主题的内容，以便他们能够理解所接触的新信息。

行动起来

如何把这些建构主义的教学方法和实践中的一种引用到你的课堂中？解释一下这个课堂活动如何具体体现建构主义的教学原理。从所需时间和材料来看，相比于学生的学习质量，这个活动有哪些优点和缺点？

社会学习理论：将行为主义和认知结合起来

社会学习理论在很大程度上起源于心理学家艾伯特·班杜拉（Albert Bandura，1925— ）[8]。社会学习理论家认为，人们从替代体验中学习，即从实际或直接的经验中学习，以及通过观察他人学习。在本单元开始的情景中，富兰克林班里的一组学生去观察另一组学生使用球和手电筒（制造阴影），这种实践就是参与社会学习。

班杜拉的理论结合了行为主义和认知主义的元素。如同行为主义者，班杜拉相信一个人的行为在很大程度上取决于其所处的环境，并且很大程度上在对环境的反应中得以塑造。但他也相信，心理过程（包括注意力、记忆力和思维力）可以解释学习者如何存储经验并日后在特定情况下使用它们来决定恰当的行为。

根据班杜拉的理论，社会学习得以实现的条件有以下四个。

- **注意。**学习者必须能够注意到并且关注某种行为。为了让学习者关注体验，学习者必须有充沛的精力，很放松、很专注。
- **保持。**学习者需要记住这个行为。学习者使用他们的记忆来预测刺激的某一特定反应，然后可以使用预测来决定行为。如果上周胡安观察到你表扬迪安举手回答问题，胡安可以利用他的记忆来预测你会奖励举手回答问题。根据这一预测，胡安可能会在他想说话时举手。
- **再现。**学习者回忆存储的行为图像并转换它们以重现这个行为。社会学习理论首先假设学习者有能力产生行为。如果胡安有身体残疾无法举手，那么他将无法重复迪安的行为。
- **动机。**学习者想要重现行为。如果这些经验是替代性的，那么榜样起到了很重要的激励作用。我们可能更想要模仿这样一个人的行为：他或她有魅力、有声望、跟我们比较相近。如果迪安在同学中不受欢迎，胡安可能会避免模仿迪安的举手行为。

自我形象也会影响动机。学习者必须确信他或她有能力再现理想行为。人越自信，就越有可能坚持不懈去模仿行为，这样就越有可能学会知识。胡安应该有一个合理的期望——如果他举手，你会叫他。如果你只提问坐在教室前面的学生，可是胡安坐在后面，他可能就会放弃举手，而是大声喊出他的答案。

在你的课堂上

运用社会学习理论

与行为主义不同，社会学习理论并没有被转换成很多学校中常见的正式教学课程。尽管如此，你仍然可以在课堂上应用社会学习理论的很多内容。

- **成为一个行为榜样。**作为一名教师，你会影响很多学生的生活。虽然很多高中阶段的学生会强烈否认这一点，但是他们中的很多人还是寄希望于你能帮助他们应对各种情况，以便他们能理解哪些反应是适当的，哪些是不适当的。如果你对某个犯错误的学生大声嚷嚷或者加以贬低，或者对学生或同事不礼貌，这种行为就会被学生认为是可取的并加以模仿。因此，你应该确保自己展示出的行为也是你希望学生们效仿的。
- **说出你的思考过程。**教师可以通过说出自己的思考过程来展示技能或阐明概念，在很多不同领域对解决问题进行示范。例如，二年级的教师可以通过示范思维过程来帮助学生学习猜词策略。假设这个单词是“frigid”（寒冷的、酷寒的）：“这个词是什么？我能把这个单词念出来，但它是什么意思？它所在的这句话是：‘frigid的风吹得安娜直发抖，尽管她穿着厚厚的冬日大衣。’嗯，我冷的时候我会发抖。我敢打赌，frigid的意思是‘非常寒冷的’。”

- **在恰当的时候鼓励社会学习。**除非你告诉学生，否则学生可能无法意识到在课堂上“效仿”他人是允许的。所以一定要跟学生讲清楚什么时候你希望他们独立学习，什么时候他们可以模仿其他同学。为了避免混淆，讲解的时候请务必尽可能做到清晰明确。
- **给学生们详细解释。**为社会学习的所有四个步骤都提供口头指导和支持。首先引导学生注意你希望他们注意和重复的行为。其次，通过提醒他们“排练”或在心里重复来帮助他们记住行为。务必鼓励或口头说服学习者不折不扣地再现理想的行为。例如，在考试前给学生以“动员讲话”，让自信心不足的学生相信他们有能力表现得跟别人一样优秀。最后，提供反馈，其作用是激励学生不断尝试再现理想的行为，或让他们知道自己已经很有收获了。

对社会学习理论的评价

观察学习是一种非常有效的学习形式。毕竟，在我们生命的最初两年里，我们都在观察和聆听，然后才开始走路、说话和做其他事情。我们的很多行为是通过观察周围的人习得的。作为一名教师，你必须确保为你的学生示范恰当的行为。你也可能想指出你希望学生模仿哪些行为，并设法阻止他们模仿不良行为。教师面临的挑战是确保学生观察、保留和复制的行为是可取的或恰当的，而不是要禁止的行为。

还要记住，没有两个学习者会从相同的经历中以一模一样的方式学到一模一样的东西。能够吸引一个学习者注意力的东西却可能让另一个学习者无动于衷。能够激发一个学习者兴趣的东西却可能让另一个学习者觉得索然无趣。总之，对于每一个学生个体而言，什么内容以及谁最适合示范你想让他们习得的各种行为，这些都由你来决定。

教学视频案例

在该视频案例“示范：高中化学课堂上的社会认知理论”中，你会看到高中化学教师杰鲁沙·沃加尔是怎样为学生示范课程内容，以及学生们如何回应的。你还会听到杰鲁沙反思她使用这些示范技巧的原因以及方式。访问CengageBrain的教育媒体库网站，在CengageBrain.com上访问教育媒体图书馆，可以观看该视频剪辑并学习该案例的资料。然后思考以下问题。

问题

1. 这位教师如何将构成成功示范的四个要素融入科学课堂教学？
2. 你期望在何时、以何种方式在你的课堂中使用示范教学法？

联通主义——数字时代的学习理论？

近年来，联通主义作为数字时代的学习理论被提出来。联通主义，顾名思义，认为知识不是命题性的（孤立的），而是互联的（或连接的）和分散的。知识被定义为一系列的相互关联的内容，而学习被定义为创造、促进和发展连接或网络的能力。网络有三种类型：神经/生物网络、概念网络以及外在/社交网络。学习的重点不在于获取信息，而在于发展连接或网络以获取信息，这些信息可能来自外部。

乔治·西门子（George Siemens），联通主义的主要创始人和发展人之一，承认学习网络一直都存在；然而，数字技术的发展通过以下三个重要方面带来了网络的爆炸式增长：

- 内容的创建和分享比以往任何时候都更容易，这导致了信息的内容极其丰富（如果不是过多的话）。
- 随着人际交往媒介的发展，人与人之间的交流也呈几何数级增长。这些不断扩大的对话机会导致信息更加“复杂化”。
- 模拟经验导致信息的增加与扩充。

西门子认为，知识的指数增长使个人难以始终及时掌握新信息，从而突出了连接的重要性[9]。因为个人需要将他人作为信息的来源，所以他们的关系成为重要知识和专门能力的来源。

对联通主义的评价

作为学习理论的联通主义在教育领域尚未被很多人接受。一些早期批评这些观点的人认为，联通对于理解人类的认知或学习没有什么新意，以至于不能将其称为一种学习理论。

总结

我们在这个模块中总结了很多理论的原因是，没有“一个唯一正确的方法”，没有一个适合所有学科的所有学生的单一的“一刀切”式的学习理论。类型各异的人学习的方式多种多样。作为教师，我们需要利用多种有关学习的理论知识，在合适的时间规划正确的活动，以帮助每个学生掌握所需要的知识。尽管诸多理论看上去很抽象，从根本上讲这些理论对我们的课堂具有重要意义和实用价值。我们需要养成一个习惯，就是要反复思考这两个问题：我们想要教的是“什么”，我们的学生学得“如何”。也许我们给学生最大的礼物不是我们教给他们的科目，而是我们帮助他们更好地学习。

在规划和实施学习活动时要小心谨慎，这是我们提出的建议。当人们步入成年，大多数已经建立了某些个体的学习风格和习惯，正如第五单元“教授学业背景多元的学习者”中提到的，大多数人已经找到了自己喜欢的学习方法，并运用得很到位。但请记住，你的方式最适合你，并不意味这个方法也最适合他人。不要愚蠢地认为“你的方式就是应该有的方式”。

行动标准

州际新教师评估与支持联盟　标准1：学习者成长

教师理解儿童学习和成长的规律，同时也认识到在认知、语言学、社交、情感和身体方面学习和成长的模式因人而异，因此设计并实施适合儿童成长又具有挑战性的学习经历。

选择一个你已经计划好的学习活动，或者选择你作为学习者曾经历过的学习活动，然后讨论该活动的学习理论基础。一定要运用有关学习理论的具体内容来支持你的分析。

更多资源

- Association for Direct Instruction. 访问 http://www. adihome. org/。该网站有对这种行为主义方法感兴趣的小组的见解。
- The B. F. Skinner Foundation. 访问 http://www. bfskinner. org。这个基金会提供有关行为科学的信息。
- C. Brainerd，*Piaget's Theory of Intelligence*（Englewood Cliffs，NJ：Prentice-Hall，1978）. 布雷纳德对皮亚杰的理论做出了详尽辩证的评价。
- Jerome Bruner，*Toward a Theory of Instruction*，new ed. （Cambridge，MA：The Belknap Press of Harvard University Press，2004）. 书中布鲁纳提出他有关学习和教学的观点。
- Siegfried Engelmann and Geoff Colvin，*Rubric for Identifying Authentic Direct Instruction Programs*，2006. 访问 http://www. zigsitecom/PDFs/rubic. pdf 获取该评分量规。在本书中，西格弗里德·恩格尔曼和杰夫·科尔文提供了一系列评价直接教学课程的标准。
- Howard Gruber and Jacques Vonèche，*The Essential Piaget：An Interpretive Reference and Guide*（Dunmore，PA：Jason Aronson，1997）. 编辑们编纂了皮亚杰的重要文章，该书以皮亚杰的背景信息以及这些文章的前期工作为架构。
- Thomas R. Guskey and Terra Schulz，*Implementing Mastery Learning*，2nd ed.（Belmont，CA：Wadsworth Publishing，1996）. 古斯基和舒尔茨提供了很多有效地掌握学习课程的例子和阐述。
- The Jean Piaget Society. 访问 http://www. piaget. org/index. html。该研究会成立于1970年。协会的学者和研究人员研究了人类知识的发展属性。
- Theory Into Practice. 访问 http://tip. psychology. org/index. html。这个网站提供教学和学习的主要理论摘要。

重要术语及定义

顺应（accommodation）　皮亚杰使用此术语来指当新信息与现有知识产生冲突时心理图式的变化。

适应（adaptation）　皮亚杰使用此术语来指将新信息纳入我们的心理组织图

式的过程。

同化（assimilation） 皮亚杰使用此术语来指将新信息添加到现有的心理图式的过程。

行为矫正（behavior modification） 一种行为主义方法，教师用这种方法仔细控制反应，以便让学生做出理想的行为。

经典条件反射（classical conditioning） 环境中的某些刺激与我们的反应之间创建自动关联的过程。

条件反射（conditioning） 在我们环境中的某些刺激与行为或其他反应之间建立联系的过程。

联通主义（connectivism） 一种用来描述数字环境下的学习过程的理论。联通主义认为，知识是一系列相互关联的内容，学习是建立和发展关联或信息网络的能力。

建构主义（constructivism） 一种基于认知的教育理论，该理论认为学习者必须从他们遇到的信息中“构建”自己对新知识的解释，目的是将其添加到他们现有的知识体系中。

发现式学习（discovery learning） 一种教学方法，在使用过程中教师布置调查性活动，学生依据方法进行调查从而找出问题的答案或解决方案。

平衡（equilibration） 皮亚杰使用此术语来指平衡与和谐的心理状态。

掌握学习（mastery learning） 一种行为主义学习方法，包括独立学习单元的系统指导、循序渐进的课程计划、对学生而言充足的学习时间和足够的支持、明确的掌握标准、频繁的进度评估以及及时且具体的反馈。

操作式条件反射中的负强化（negative reinforcement in operant conditioning） 指一个行为终止了不良情况使得此行为在未来更有可能发生。

操作式条件反射（operant conditioning） 根据行为的后果——强化或惩罚，来增加或减少这种行为再次发生的可能性。

同伴合作/协作学习（peer collaboration/cooperative learning） 一种教学方法，要求学生通过合作来完成任务和作业。

操作式条件反射中的正强化（positive reinforcement in operant conditioning） 指一个行为得到鼓励，从而使这种行为在未来更有可能发生。

操作式条件反射中的惩罚（punishment in operant conditioning） 指一个行为带来不好的或负面的回应从而使这种行为在未来不太可能发生。

基于项目式学习（project-based learning） 一种教学方法，要求学生完成一个开放式的项目，以便整合来自不同学科的信息。

交互式学习（也称为交互式教学）（reciprocal learning） 一种教学方法，教师和学生轮流领导小组讨论。首先，教师示范提问策略，然后学生通过模仿教师的示范逐渐承担起教师的角色。

提供支持（scaffolding） 一种教学技巧，教师为学习者完成一项任务提供结构化的支持，然后随着学习者变得更加熟练逐渐减少支持。

图式（schemes） 组织知识的认知结构。

最近发展区（zone of proximal development） 学习者可以独立完成任务的水平与在他们在有辅助或合作的情况下完成任务的水平之间的区域。

本书的配套网站提供了很多有用的资源。访问 CengageBrain. com 获取本书各单元词汇表、抽认卡、网页链接和其他学习辅助工具。

注释

［1］B. F. Skinner，“The Science of Learning and the Art of Teaching,” *Harvard Educational Review* 24（1954）：88－97.

［2］Benjamin Bloom，*All Our Children Learning*（New York：McGraw-Hill，1980）.

［3］Jean Piaget，*The Psychology of Intelligence*（London：Routledge & Kegan Paul，1950）.

［4］Jean Piaget and Barbel Inhelder，*The Psychology of the Child*（New York：Basic Books，1969）.

［5］Lev Vygotsky，*Mind in Society：The Development of Higher Psychological Processes*（London：Harvard University Press，1978）.

［6］Jerome Bruner，*The Process of Education*，rev. ed.（Cambridge，MA：The Belknap Press of Harvard University Press，2004）.

［7］William H. Kilpatrick，“The Project Method：Child-Centeredness in Progressive Education,” *Teachers College Record* 19（1918）：319－334.

［8］Albert Bandura，*Social Learning Theory*（Englewood Cliffs，NJ：Prentice-Hall，1977）.

［9］George Siemens，“Connectivism：A Learning Theory for the Digital Age,” *International Journal of Instructional Technology & Distance Learning* 2，no. 1（2005）.

第七单元

学校文化

州际新教师评估与支持联盟　标准 3，5 和 10

情景一

郊区中学有五栋一层建筑，分属不同的学科部门；还有一栋宽敞的两层建筑，内有行政办公室、图书馆和表演区域。这些学科建筑根据所属学科命名，所以数学系在 M 楼中，外语系位于 L 楼中。

尽管学校建于 20 世纪 50 年代后期，但学校定期对校内建筑进行修缮，因此这些建筑外观依旧干净整洁。最近一次修缮是在 5 年前，当时为教室配备了新的学生和教师用桌，还有地毯。学校投了大笔资金配备台式机和笔记本电脑、WiFi 以及其他新技术产品，如智能黑板™、液晶显示器和投影仪。每栋学科楼都配备了固定数量的计算机，分布在计算机实验室或者滚动教室中。所有的教室都安装了内部通信系统，便于教师与学校的主办公室或任何其他教室联络。

教室也是宽敞明亮的。每间教室都有一面窗户墙，保证了教室内自然光线充足，除此之外，还有成排的屋顶荧光灯照明。教室门的上半部分都有一扇又大又亮的窗户。大多数教室能容纳 25 张学生课桌，但教室平均能容纳 18 张课桌。无论你身处哪个学科建筑中，你会发现课桌的摆放方式都惊人的相似。课桌通常按小组摆放，一组有四或五张书桌，或围绕黑板围成半圆形，半径有两三排宽。

走廊里也宽敞明亮。走廊的下半部分排列着大容量的储物柜，上半部分贴满各种海报。有些海报的内容是学生校内行为规范，有提醒作用；其他是近期活动通知；还有一些是对所有在校学生的要求和责任声明，也有提醒作用。教室门周围的墙面通常用来展示学生完成的项目或制作的海报。走廊和教室看上去保持完好，没有明显的涂鸦、垃圾或破坏痕迹。

当学生走出教室走向下一个教室时，走廊的寂静突然被打破。没有铃声或警报声提示某一节课结束，但学生似乎能像钻探队一样精确想起下课时间。他们稳步向前，偶尔会被挡住去路，因为某个学生停下来开储物柜或一群聊天的学生挡住了路。走廊里没有教师的身影，教室的门是敞开的，学生路过某些教室时会往里瞥上一眼。

随后，学生们鱼贯而入进入下一个教室，走廊上立即恢复了平静。一个或两个掉队的学生飞奔过走廊跑进教室，同样没有任何铃声或警报声提示开始上课了。

情景二

工厂中学所在的城市有三所中学，工厂中学是其中最大的一所，位于该市商业区边缘，葡语是该地区的主要语言，该地区是一个低收入地区。这所学校是

1900年前后建造的，是一座气势磅礴的多层砖结构建筑。学校的侧面和后面增添了很多建筑，使其看上去东一块西一块的，没有明显的建筑风格。一个巨大的双门入口是这幢大楼唯一的入口。每天学生入学的时段——1 000多名六年级至八年级的学生争相涌入大楼——场面相当混乱。

走进气势恢宏的大门，映入眼帘的是中庭——一个大型开放区域，是校内的交通枢纽。位于右侧、左侧和正前方的三个走廊分别通往学校不同年级所在的侧厅或学术侧厅。中庭两侧各有一个楼梯，可以进入该建筑上面的各层楼。主办公室位于左侧，正对主入口的公告栏上有它的位置标识，混杂在新旧各种通知中很容易被忽视。

中庭的墙壁曾经是灰白色的，由于天长日久的磨损，外加不经常粉刷，墙壁看上去有些污秽。覆盖墙壁下半部分的木制镶板随着时光的流逝也失去了光泽。一组荧光灯发出微弱的光。前门上有一个大大的“出口”标识，标识发出的光给周围蒙上一层淡淡的红光。

从中庭延伸出去的三条走廊几乎是一模一样的。每个走廊的右侧都排列着一大排储物柜，走廊左侧墙面的木制镶板与中庭内的镶板类似。储物柜和木制镶板上方的墙壁粉刷了一种熟悉的米色，看上去与中庭的墙壁一样沧桑。很多储物柜装饰有它们前主人或现主人的贴纸、涂鸦或其他标记。有些储物柜没有门，有些储物柜没有锁，还有些柜门凹凸不平。破损、开裂的油毡地板看上去也有年头了。灰暗的地板边缘和角落塞满了碎纸，尤其是口香糖包装纸。

走廊上的一排教室除了实木门上方的一个数字以外没有其他标记。教室的门都是深色木制门，与木制镶板同属一种木材。铃声一响，下课了，门猛地打开，教室里的道道光线随即洒满了原本阴暗的走廊。下课铃声打破了沉默，随着光线扑面而来的是从教室里冲出来的学生。教师在走廊上站成一排，机械地提醒学生“保持安静”，而学生在走廊上随意地跟同学们打着招呼，声音时高时低，几乎没有人注意到这些提示语。学生们奔跑着追赶上他们的朋友，遇到在储物柜前停留或谈话的同学，他们就像弹球一样一下子跳得很远。

这些教室整齐划一都是长方形的，便于课桌整齐排列。有的教室里，课桌一排挨一排地摆放，或两三张课桌并为一组；其他的教室则是每张书桌单独摆放。教室前面的整面墙覆盖着一块大黑板，黑板的边框是学校标志性的深色实木，教室后面的墙上挂了一张类似大小的公告板。外墙上半部分的一排窗户自20世纪50年代中期使用至今，仍然挂着冷战时期沿用至今的大大的、暗色应急窗帘。窗户的内外都贴着一层乌黑的薄膜，阻挡了自然光线进入室内。大多数教室的墙壁贴满了各种定做的、现已破旧的海报，用来解释语法规则、科学过程或数学公式。

早上铃声响过不久学校的门就上锁了，任何访客都需要按门铃才可进入。学校工作人员会陪同所有访客到前台办公室，在那里他们必须在登记册上签字，拿到访客通行证之后他们才可以进入学校的其他地方。自近20年前学校最后一次扩建至今，前台办公室几乎没有翻修或改造过。虽然电脑已经成为办公室的固定设备，但必要的电力升级尚未开始，桌子和地板上随处可见缠绕的电线和网线。

预览

学校是社会创建的机构，以满足社会的需求。在美国，公立学校被赋予的责任是教育所有美国年轻人成为有创造力的工作者、知识丰富且对社会有贡献的公民和好邻居，目的是帮助维护美国的文化和生活方式。然而，美国文化的多样性必然使人们对实现这些目标的最佳方式产生分歧。事实上，自近400年前美国出现学校以来，人们对学校如何解释和执行这一使命的辩论和争议几乎从未停止过。从上面的情景可以看出，美国有一项教育使命，但该使命形式多样。事实上，正如本单元所探讨的，学校可以促进文化更加多元化，而这些不同的文化让我们的学生学到不同的东西。

本单元将探讨社区学校如何体现当地社区的价值观，以及学校如何体现他们所处的更大的文化。

单元要点 ▶▶▶

本单元强调：

- 自美国建立以来，学校体现并持续传播了美国文化。
- 在今天的美国，学校服务于知识的、民主的、经济的和社会的目的。
- 学校，作为团体和个体，都有自己的文化，既体现又塑造他们所处的更大的文化。

历史上美国学校的办学目的

美国最初建立学校是出于宗教目的：帮助年轻人学习基督教《圣经》。美国第一所公立学校是1647年在马萨诸塞州湾殖民地建立的，当时殖民地总法院下令，每个有50个家庭及以上的城镇必须出资开办一所小学，每个有100个家庭的城镇必须开办一所中学。这个法令（也被称为《撒旦法案》）是为了确保居住在殖民地的儿童学会阅读——尤其是阅读《圣经》——以便他们避免受到那个“老骗子”撒旦的诱惑和欺骗。该法令要求对这些学校进行社会监督和社会资助，要求“这些孩子的父母或主人，或者居民”支付聘用教师的工资。该法令甚至规定对违背法令的行为进行高额罚款。

经过独立战争摆脱英国统治之后，在美国建立新国家的过程中，学校承担了另一个目的——政治或公民目的。美利坚合众国的创始人受希腊雅典人传统民主理想的启发，创建了一种政府形式，类似代表共和国。包括托马斯·杰斐逊（Thomas Jefferson）和诺厄·韦伯斯特（Noah Webster）在内的一些早期领导人认为，所有公民都能够参与新型治理体制，而这种治理体制的成功正取决于公民做出明智决定的能力。为了能够做出明智的决定，公民需要理解治理过程、治理过程所体现的信仰和价值观，并且有读写能力。

多年来，根据政治和社会以及国家需要，美国的公立学校被赋予了其他使命。这些年来，宗教目的也被弱化为公共教育目标，尤其是20世纪50年代末和60年代初的法庭裁决之后。法庭裁决不鼓励在公立学校进行祈祷和其他宗教活动。

当今美国学校的办学目的

今天，我们可以确定美国公立学校承担的四个基本目的：

- 智力目的

- 政治和公民目的
- 经济目的
- 社会目的

虽然大多数公立学校以某种方式实现以上四个目的，但大多数学校通常将其中之一作为主要目的，而将其他目的作为次要目的。

智力目的

大多数人想到学校，首先想到的是学习（或是被教授）各种科目：历史、几何、化学、外语，或者是学习如何阅读、写作、解决数学问题以及批判性推理。因此，学校最明显的目的之一就是智力目的，即通过学业成就来培养学生的智力能力。事实上，对于很多家长来说，智力目的是公立学校唯一的目的。这些家长希望学校能帮助孩子取得学业进步，他们把孩子取得成功（通常通过被知名高等院校录取来衡量）的主要责任交给学校。

大多数学校在其使命陈述中明确了智力目的，陈述书通常包括如下目标：帮助学生培养批判性思维，培养学生终身学习习惯或提供富有学术价值或学术挑战性的课程。有些学校要求学生完成全部核心学术课程的学习，而很少（如果有的话）学习其他领域的课程。这些学校把智力发展看作他们的首要目标。

基于课程标准和国家规定的针对学生与教师的测试，联邦政府制定的**《不让一个孩子掉队法案》**也强调了学校的智力目的。该法案使学校为所有学生的学业成绩承担更多的责任，以此来“要求学校缩小（白人学生和少数民族学生之间的）成绩差距”[1]。

政治和公民目的

正如我们前面提到的，美国的创始人认为，为了顺利实施新创建的民主的治国体制，公共教育是至关重要的。如果公民被赋予参与决策的权力，他们必须接受的责任是洞察他们要决策的问题。洞察问题不仅需要一定程度的读写能力，还需要推理技巧来充分思考针对某一议题的不同观点。

美国大多数公立学校秉承了这个教育未来公民的传统。学校不仅教授学生美国建立的历史和美国三个政府部门的结构、组织与运作方式，还通过学生政府组织给予学生参与治理的机会。通过系列活动、选举和一定的学校问题的决策权力，学生们可以熟悉本国的民主程序。

除了发展参与民主制度所需的智力技能以外，国家的创始人还认为，未来的公民应该在学校培养支持民主制度所需的个人美德，如诚实、自律和对正义的担当。公立学校需向学生灌输帮助他人这一公民责任。

这个传统延续至今。通过从捐助衣物到组织参观养老院或流浪人员收容所等包罗万象的活动，很多教育工作者的目标是培养学生认可对社会不幸者的救济行为。全国各地的一些中学已经强制要求学生毕业前参与社区服务，正式明确了对学生的期望，即所有学生都要为社区的福祉甚至改善做出贡献。

经济目的

社会赋予学校的另一个责任是培养优秀的工作者。学校日的大部分结构和组织形式旨在促成这一目标的实现。学生要学会遵守规则，在工作中服从监督并尊重权威，因为他们在将来的工作中也要这样做。他们的任务有明确的最后期限（或截止日期），未能在最后期限完成任务通常会受惩罚——扣除课程成绩分数。学生需要高质量地完成工作，并获得优异的成绩，基本类似于达到目标而获得奖金的工作者。最后，学生需要遵守每日的日程安排，准时并且为他们的“工作”做好准备。

几乎所有学校都努力向学生灌输这些基本的职场惯例，而一些社会学家则认为学校的经济目的甚至更深远。在他们看来，学校可以区分和选择学生，目的是将他们培养成具有不同的社会经济水平的劳动者。这种分类在中学阶段最明显，学生分组的依据通常与他们的学习成绩挂钩。有荣誉称号的学生或上大学的学生有望成为专业人士或中级/高级管理人员，而学习普通课程或职业教育课程的学生则有望成为熟练或非熟练的劳动力。

这种差异导致学生掌握不同的工作技能。例如，在一些学校，铃声代表一节课的结束和下一节课的开始。当铃声响起，学生们冲进教室是很常见的现象，就像在工厂工人听见哨子声时交接班一样。其他学校没有铃声提示每节课的开始或结束，当教师宣布下课后，学生课间自行从一个班级去往下一个班级，这个场景更类似于专业人员的工作环境，即专业人员自己决定工作的进度。

从这个角度来看，不同的工作对学术水平有不同的要求，这也有助于学生为将来与其社会经济水平相适应的工作做好准备。有荣誉称号的学生或上大学的学生通常会获得较长期的任务，要求他们独立计划和安排完成任务所需的工作量。接受普通课程或职业教育课程学习的学生每天都有作业，而且测试和考试的频率也高。

学校不仅影响学生群体未来的工作，而且还对学生个体进行分类。经过 12 年的“学徒”期，学生为未来的经济角色做好了准备。教师和学校决定哪些学生会成为“优秀的”工作者，哪些不会。他们还决定谁将拥有兼具责任和权力的职位，以及谁将成为工作者队伍的一分子。在上学初期就已经发现教室里的“领导者”，并鼓励“领导者”在学校和今后的工作中担任领导角色。

社会目的

学校教育的第四个目的是促进学生健康的社会发展。在幼年时期，学生就学会与同学以及父母以外的成年人进行互动，互动的方式是他们的文化所能接受的。例如，在美国，学生学习如何分享、轮流（做某事）和耐心等待。他们学习了与朋友、熟悉的成年人以及不太熟悉的成年人（如其他教师、学校行政人员和社区成员）互动时公认的和适当的行为和规范。他们逐渐习得与成年人交流时目光交流的重要性、个人空间、准时以及适当的文字语言和非语言交流的重要性。

在中学阶段，学校经常试图通过提供辅助课程活动和课外活动促进学生的社会发展，这些活动有助于他们理解和同情他人可能面临的挑战。例如，学校可以发起各种学生社团，这些社团关注种族关系、多元化和公平问题，而运动队则强调良好的体育精神。所有这些活动和社团都有一个共同的目标，即向学生灌输社会崇尚的素质和态度，目的是让他们成为社区中富有同情心和有爱心的成人成员。

促进道德发展 从历史的角度看，美国学校也承担学生德育的责任，这显然源于殖民地时期美国赋予公立学校的宗教目的。直到20世纪20年代，很多公立学校的课程明显带有基督徒色彩，特点是将宗教和道德课程融入学生的日常课程中。例如，广泛使用的《麦加菲读本》包括《圣经》摘抄以及道德和伦理课程。学生经常以祷告开始每天学校的学习，教学中引用《圣经》中的训诫是很常见的。从20世纪20年代开始，各种社会运动逐渐促使学校消除了这种公开的宗教宣言和实践行为，但是，正如第22单元“教育法规”所描述的，宗教问题持续引发法律问题。

20世纪70年代，随着价值澄清运动的开展，很多学校删除了课程中公开灌输学生某些道德理解和价值观的内容。价值澄清计划本质上是一组大量的基于情景的活动，目的是鼓励学生做出决定并反思基于这些决定的价值选择。所有学生对这些价值问题的反应都应得到尊重，教师不予以评论。价值澄清运动旨在促进学生能够自我发现存在的信仰和价值观，但很多批评者认为它实际上促进了道德相对主义。

在过去的几十年里，最初称为德育和最近被称为品格教育的反向运动已经出现。品格教育的支持者旨在使学校重新担负起学生的德育或品格教育的责任。他们认为，学校历来就有这种责任，而且现在对这种教学的需求更迫切，因为在很多情况下，学生家庭无法或不愿意参与子女的伦理和道德教育。

社会化与社会阶层　学校社会目的的另一个方面是帮助学生进入成人社会。学校教育学生了解社会（他们即将成为其中的成人成员）以及社会对他们的期待。正如我们所指出的，在美国的学校里，学生应该学习工作场所中应有的态度和行为以及参与民主程序、成为对社区有贡献的成员的重要性。

然而，一些社会学家认为，学校的这种社会目的更像是一个社会工程而非社会化过程。他们建议，作为社会化的代理机构，学校的作用是维持现状。换句话说，如果学生就读的是工薪阶层地区的学校，他们进入社会后会继续在工薪阶层的环境中生活和工作，而在中上层学区的学生进入社会后仍会处于中上阶层的环境中。一些教育工作者，如巴西教育家保罗·傅雷叶（Paolo Freire），指责学校故意将学生社会化为当前的社会经济阶层，将其看作保持政治权力和控制力的一种方式。尽管我们不会认为大多数学校有这种阴险的意图，但很多现行的政策和课程材料可能会无意中加剧目前的不公平现象。作为一名教师，你应该时刻保持警惕，避免根据学生的人生路径或学校所在地而固化学生的阶级差别，或者对学生的能力或命运做出毫无根据的假设。

行动起来

了解更多关于学校和地区如何看待其主要目的，一种方法就是阅读它们的使命陈述。看看以下美国六个不同公立学区的使命陈述。每个陈述是怎样表达所在地区的主要目的的？每个地区还有哪些其他目的？

- 弗雷明汉公立学校：一个了解和珍惜我们的多样性的体系有如下使命，即教育每个学生有意义地学习和生活，成为文化多元的、民主的社会中具有批判性思维、有责任心的公民。实现使命的途径是提供具有挑战性的教学计划，由优秀的和多元化的教职人员来实施，并得到我们整个社区提供的综合服务的支持。（弗

雷明汉，马萨诸塞州）

● 奥马哈公立学校的使命是为学校所有学生提供教育机会，使他们都能发挥最大的潜力。（奥马哈，内布拉斯加州）

● 西部高中的使命是激励所有学生追求卓越，倡导尊重和支持的氛围，鼓励和促进学生的成长、能力和才能的增长，从而使他们能健康地生活，同时具有反思、责任、好奇、勇敢和对终生学习的热情。（韦斯顿，马萨诸塞州）

● 安娜堡公立学校：通过与家庭和社区合作，教育和促进每个学生在不断变化的环境中取得成功，成为民主社会中有责任心的参与者。（安娜堡，密歇根州）

● 博德曼地方学校系统与其股东——社区——合作，致力于提供优质教育机会，在安全、充满关爱的学习环境中满足所有学生的需求；此合作伙伴关系进一步致力于促进个人发展和为社会培养有责任心的、有贡献精神的并能在不断变化的世界中适应和成长的公民。通过健全的财政管理和有效的资源利用，我们将继续为实现卓越教育而努力奋斗。（扬斯敦，俄亥俄州）

● 瓦拉瓦拉公立学校将提供具有学术挑战性的课程，在安全的、相互支持的环境中满足所有学生的多种需求，并与家庭和社区合作，致力于将学生培养成瞬息万变的世界中有能力、有创造力和有贡献的公民。（瓦拉瓦拉，华盛顿）

学校文化

虽然在讨论学校时将其作为“文化”似乎有些奇怪，但可以肯定地说，它们在功能上的确类似于一个独特的文化实体。文化是一个“由共同的信仰、价值观、习俗、行为和产品构成的体系，社会成员用以应对他们的世界及适应彼此，并且通过学习在代际传播这一体系”[2]。另一种比较通俗但又精确的文化定义是“我们在这里做事的方式”。

当然，**学校的文化**产品很容易识别：学生坐或工作用的设备，如桌子和椅子；用来显示信息和想法的设备，如黑板、白板甚至是智能黑板™，高架投影仪、计算机或其他新技术。我们也可以看到，学校文化是代代相传的。事实上，如果进行了设备和技术上的更新，19 世纪的教室与 21 世纪的教室看起来差异并不大。文化不断发展的同时也保持相对稳定。

我们不建议所有学校都互相模仿——教师在同一时间以相同的方式教授相同的课程。曾经有一个故事，讲的是法国的一位教育部部长曾经说在任何特定日子的任何特定时候，他都非常清楚法国的任何一个地方的任何一所学校的任何一个年级学的是什么内容。相反，正如美国文化相对宽松地定义为一套信仰、价值观和行为，学校文化的定义也同样如此。在学校文化的框架下，根据地区的地理、社会经济和种族多样性以及学校或学区领导人的理念，我们可以发现很多文化变体。

然而，有些行为是学校内所独有的。排队，集体从一个地方到另一个地方，走动、说话或者去卫生间时请求获准是学校内特有的行为，是在学校教学楼或学校活动之外难得一见的[3]。这些行为都建立在学校中通用的信仰和价值体系之上。

学校的价值观

教育研究人员还确定了其他一些重要的价值观和行为。这些价值观和行为，不论好坏，都构成了大多数美国学校的学校文化。

- **合规观。** 学生很快了解到，合规观是学校文化中一个受重视的品质。从幼儿园开始，学生就学会他们的个人愿望和需求要服从教师或学校其他成人的指示和指令。他们因服从而受到奖励，因不服从而受到惩罚。对幼儿园的学生要求不那么严格，但到中小学时，学生们应该充分内化这个价值和其相应的行为，比如举手说话、排队从一个地方到另一个地方以及在走廊上走路要保持安静。没有做到这些合规的行为往往立刻会受到纪律处分。
- **竞争观。** 在一些学校或地区的初等教育中，这一价值观可能不那么明显，但在中学和高中阶段，这一价值观通常明显存在。学生学会竞争以获得教师的关注、进入高级学习小组或荣誉课程班、在学校内取得更好的成绩。他们还学习通过体育或学术竞赛与其他学校的学生展开竞争。尽管学生经常被鼓励“一起工作”“团队合作”，或者开展一个需要共享资源、信息和能力的合作学习项目，但传递给他们的更明显的价值观往往是竞争的价值观。
- **秩序观。** 平均来说，学校里学生与教师的比例是 22∶1，因此学校出现混乱的可能性很大。所以说，秩序是一个非常重要的价值观。学生学会做事有条不紊，比如在课堂上学习时、在走廊上从一个教室进入另一个教室时、进入或离开不同的教室时。很多灌输学生合规观的行为旨在实现良好的秩序。

正如我们前面提到的，文化也是非常本土化的。在美国，地区文化和当地文化比比皆是。可以看到，美国的习俗和庆典、交际规范甚至语言模式都存在明显的地区差异。同样，不同校区有不同的学校文化，在更小的程度上，（同一校区的）不同学校的文化也各有不同。定义学校文化的特定信仰和价值观不仅受到学校所在社区的信仰和价值观的影响，而且也受到学校的教育工作者——教师和管理者——强有力的影响。

学校文化的提示内容

你必须能够“阅读”学校的文化并能够解读学校传递给教职人员和学生的信息，这一点对教师工作的有效性至关重要。这些信息（有些是公开的，有些是隐藏的）有助于解释为什么有些学校是充满快乐、令人兴奋的地方，而有些学校则滋生疏离感和无聊情绪。

从学校的实体设施开始了解学校的文化是一个奏效的办法。学校建筑的整体外观可以让你了解社区对教育的重视程度。虽然古老但维护良好的学校建筑会告诉你，尽管资源有限，但社区很关心年轻人的教育。再看看学校建筑的内部。每天放学时走廊的清洁可以反映出教师和学生对学校设施的态度以及教职人员时而微妙、时而明确地流露出的态度。

学校内对学生的期望是学校文化的另一个信息来源。在一些学校里，学生负责保持教室和其他区域干净整洁。我们知道，在一所中上阶层的中学里，学生离开自助餐厅之前，需要在午餐室里打扫自己的桌子和桌子附近的地面。在日本的学校，学生们每周都要清洗他们的教室——书桌、地板和墙壁！在其他学校，学生的责任仅限于学业任务。上述每一种方法都表达了学校和社区认为学生最需要优先考虑的内容。

对教师的期望也构成学校文化的一部分。教师被分配一些课堂以外的职责，比如管理午餐室、教室之间的走廊区域或学习场所，这时他们可能被视为工作人员和监管员，而不是专业教育工作者。另一方面，有些人可能认为这种责任分配是创建社区的一种方式，在这个社区中，所有学校的成员都要为学生的学业进步和社会发展负责。让教师只负责学业任务的学校可能暗示一种主要促进学生智力发展的文化。

学校政策是另一个有关学校文化的很有用的信息来源。例如，在一些郊区社区，高中可能有一个“开放式校园”政策，允许低年级学生和高年级学生在没有课的时候比其他学生晚来或早走。这种做法被看作为学生大学时期的独立学习做准备的一种方法，并且反映了这样一种预设——学校中所有（或几乎所有）学生都将进入大学学习。这种做法也表明了一种理念，即学生将采取理智的行动并做出明智且安全的决定。

与此同时，一些城市学校实行闭门政策，每天学校开门后不久到快放学前，学校的门都是上锁的。这种做法被认为是很重要的，因为它能保护学生免受来自社区的潜在危险，也反映出学校需要为学生提供安全场所的理念。这种做法也表明，学校对学生做出正确决策和保护自己免受社区潜在威胁的能力缺乏信心。

教室能够提供更多有关学校文化的信息。课桌排成一排的教室与课桌分组摆放的教室体现出不同的课堂和学校文化。有的班级上课期间学生可以在教室内和校园里自由活动，而有的班级学生活动被严格监控，这两种班级也显示出不同的学习环境和学校文化。

学校领导人在定义学校文化方面尤其具有影响力。校长与教职人员和学生互动的方式为教职人员与学生间的或教职人员与社区成员间的互动方式奠定了基调。如果一位校长知道学校所有教职人员和学生的姓名而且经常出现在学校各个角落，这样的校长传递了一个学校有开放和积极回应式环境的信号。

在一所高中，甚至是学生停车场也能提供有关学校文化的重要信息。是否有单独的学生停车场，或者学生和教师是否在同一停车场停放车辆？如果有单独的学生停车场，它位于何处？学生停车场里有哪类汽车？停车场是封闭的还是开放的？

总结

学校是“教育”年轻人的地方，但正如我们试图在本单元中展示的，学生所学的知识可能看起来并且实际上因学校而异，这取决于社区和学校工作人员赋予学校的不同目的。这些目的也有助于定义学校文化。作为一名教师，你必须学会解读学校的价值观和文化。除非你愿意忍受你并不认同的学校文化，同时巧妙而又小心翼翼地努力改变这种文化，否则作为教师，你的价值观应该与学校的价值观和理念合理匹配，这是极其重要的。如若不然，你会心存不满并且在工作中与学校传递的信息背道而驰。在工作面试过程中，你应该提一些问题，以便了解自己是否很适合这所学校。与其他教师以及校长交谈以便全面地了解学校。如果学校不适合你，敢于拒绝录用通知，继续寻找更适合自己的学校。

行动起来

当你反思本单元开篇的两个情景时，引用能够帮助你识别学校理念和价值观的实例或行为。然后，思考本板块后面的问题。你如何描述这两所学校的文化？具体而言，思考以下问题：

1. 你愿意在哪所学校工作？为什么？
2. 学校通过其物理设施、政策、实践、惯例及教室布置方式向学生和教师传递哪些潜在的信息？
3. 列出一些形容词来描述每个学校。
4. 哪所学校更类似你曾就读的学校？在哪些方面类似？
5. 你认为这两所学校在教学上存在哪些差异？

行动标准

州际新教师评估与支持联盟　标准5：内容应用

教师理解如何将概念联系起来，并使用不同的观点使学习者参与批判性思维活动、创造性活动以及协作解决与地方和全球问题相关的问题。

想象一下，你的第一个教学职位是在一所为城市贫民服务的学校。你的很多学生来自教育期望值较低的家庭而且他们已经接受了这些较低的期望。反过来，学校反映了本单元描述的“工厂”模式文化。你可以采取哪些具体措施来提高你的学生对教育的期望？你可以利用哪些资源？你可以在学校和大型社区设计和实施怎样的活动？你会如何让你的同事、行政人员和家长参与其中？你会遇到什么困难？你会如何克服这些困难？

更多资源

- John Merrow, *Below C Level: How American Education Encourages Mediocrity and What We Can Do about It*（John Merrow，2010）. 作者是美国最著名的媒体分析师之一，也是PBS《晚报》的定期撰稿人，他分析了困扰美国学校的问题以及如何解决学校面临的问题。
- W. Diane Ravitch, *The Death and Life of the Great American School System: How Testing and Choice Are Undermining Education*（New York：Basic Books，2010）. 作者是美国著名的教育历史学家和改革者（之前一直引领当前的很多改革政策）之一。这本书描述了她现在为什么以及如何反对这些改革政策。
- Sharon Cromwell，“Is Your School's Culture Toxic or Positive?” *Education World*. Last updated 05/25/2009. 访问http://www.educationworld.com/a_admin/admin/admin275.shtml获取相关内容。该文提供了指导方针和示例，可以帮助你评估一所学校的文化是否健康。
- Richard Rothstein, *Class and Schools*（Washington，DC：Economic Policy Institute，2004）. 针对社会阶层特征如何影响学生在校学习以及如何弥合不同社

会阶层之间的成就差距，该书进行了全面的考察。

重要术语及定义

品格教育（character education） 家庭、学校、宗教社区和个别学生努力帮助学生识善、喜善、行善，并在此过程中培养诸如勇气、尊重他人和有责任心等品质。

文化（culture） 人类行为的综合模式，包括思想、言论、行动和产品，并取决于人类学习能力和代际传播知识的能力。种族、宗教或社会群体的传统信仰、社会形式和物质特征。

学校的经济目的（economic purpose of schools） 为学生谋生做准备，并为美国企业和工业提供劳动力。

学校的智力目的（intellectual purpose of schools） 开办学校的主要原因之一，即培养学生的智力能力和搭建知识基础。很多人认为这是上学的主要目的。

德育（moral education） 见品格教育。

《不让一个孩子掉队法案》（No Child Left Behind Act） 2001 年对《初等与中等教育法案》的重新授权，是联邦政府对公共教育的最大贡献。

《撒旦法案》（Old Deluder Satan Act） 1647 年通过的马萨诸塞州法律，要求每个有 50 个或更多家庭的城镇都要付钱给一名教师教孩子们读书和写作，以便他们能阅读《圣经》并挫败撒旦（撒旦试图阻止人们理解《圣经》经文）。

学校的政治和公民目的（political and civic purpose of schools） 使学生成为民主社会中能履行职责的公民。

学校文化（school culture） 学校内流行的习俗、价值观和仪式。

学校的社会目的（social purposes of schools） 学生通过学习和适应社会习俗成为社会中能履行职责的公民。

价值澄清运动（values clarification） 出现于 20 世纪 60 年代和 70 年代的一个运动，它向学生展示了有选项的、类似于游戏的活动，活动中要求他们摆脱困境，以此来澄清他们的价值观。没有哪些特定的价值观被看作更重要或不太重要，但每个人都会逐渐深入理解其价值观。

本书的配套网站提供了很多有用的资源。访问 CengageBrain. com 获取本书各单元词汇表、抽认卡、网页链接和其他学习辅助工具。

注释

［1］NCLB Act of 2001. Available at http://www. ed. gov/nclb/accountability.

［2］Of Cultural Riches. “For Educators.” Available at http: //www. pbs. org/independentlens/newamericans/foreducators _ lesson _ plan _ 06. html; Daniel G. Bates and Fred Plog, *Cultural Anthropology*, 3rd ed. (New York: McGraw-Hill, 1990), 7.

［3］Philip W. Jackson, *Life in Classrooms* (New York: Teachers College Press, 1990).

第八单元

培育课堂环境

州际新教师评估与支持联盟　标准 2，3 和 9 ►►►

情景一

学生一个接一个进入教室，轻声跟爱德华兹女士打招呼。爱德华兹女士坐在教室前面她自己的讲桌前。学生在自己的座位上安静地坐好，座位前后的桌子排成一排。爱德华兹女士透过眼镜片上方的空隙往上看，点头回应学生的问候，同时用眼睛瞪着一些违反安静准则的学生。保持安静是班里普遍接受的、不成文的规定。那些学生看到了爱德华兹女士脸上的表情，立刻乖乖地溜回到座位上。上课铃响了，爱德华兹女士起身走到讲桌前。"女士们，先生们，早上好！大家都准备好开始上课了吗？"一经提示，学生们都拿出笔记本和笔，准备开始记笔记。这时，爱德华兹女士打开白板开始上课。在课上的 52 分钟里，爱德华兹女士一边讲解一边一张张向后翻着白板上显示的幻灯片，学生们一直在安静、认真地记着笔记。结束前 5 分钟，爱德华兹女士给学生布置了晚上的作业，并提醒了他们另外的一个学期作业。她问了几个学生学期作业的进展情况。"别忘了下星期五的考试。明天我们会复习一下，你们可以把自己的问题带过来。祝大家今天开心愉快！"学生走出教室时轻声说着什么，应该是在回应爱德华兹女士跟他们说的再见。

情景二

学生们三五成群地坐在教室里，一边跟同组的或远处的同学聊着天，一边等着教师乔塞亚先生。就在铃声响起的时候，乔塞亚先生不紧不慢地走了进来，愉快地向学生们打招呼："好吧，那么，大家都准备好上课了吗？"学生们纷纷跟他打招呼："嗨，乔先生！""乔先生，今天怎么样？"

"好了，孩子们，我们开始吧"，说着乔塞亚先生开始上课。再没什么可叮嘱的，学生们都已拿出书、笔记本和平板电脑准备上课。"我们来看看，昨天我们上到哪儿了？"乔塞亚先生问道。学生们翻看笔记本搜寻记忆，几双手已经举了起来。

10 分钟的课程复习之后，乔塞亚先生布置了一个新的项目要求学生分组完成。乔塞亚先生展示了研究主题，重申了对小组工作的期望，在白板上列出信息来源，然后详细说明了项目的时间节点。"完成这个项目的时间是从今天开始到下周三。下周四开始做陈述演讲。有问题吗？好，那我们开始吧！"

学生们迅速分成小组，开始有条不紊地投入工作。乔塞亚先生一组组地跟他们讨论项目组织计划。离下课还有两分钟，乔塞亚先生让各小组关闭电子设备，把手写的材料放进该项目文件夹中。

情景三

即使没有学生，教室里看上去也很杂乱。教室中间是成组摆放的课桌，上面满是字母线条、数字线条和学生的名字。每组书桌中间摆着各种储物盒，里面有铅笔、蜡笔和记号笔。在房间的右边，靠着窗户的地方铺着一块地毯，地毯的一头放着一把靠背座椅。各式各样的枕头散乱地摆放在这块区域。教室四周墙壁附近的地区是各种主题学习区：科学中心、数学中心、听力中心、阅读中心和艺术中心。其他指定区域包括教室通信中心，以及存放“已完成的论文”和“正在进行中的工作”的地方。一系列两格的书架上放着大塑料箱，里面装着各种教室用品。

当上课铃声响起，一天的学习开始了，学生们慢步走进教室，大多数情况下，每人手里拿着一个文件夹。他们进来后在一个装满棍子的罐子前停下来，找到写有自己名字的棍子，然后把棍子放在紧挨着这个罐子的另一个罐子里。然后他们走到牛奶板前，在板上标明自己当天想喝哪种牛奶（白牛奶、巧克力牛奶或是草莓牛奶）。接下来，他们把文件夹放在一个标有“作业夹”的篮子里，然后从“晨间功课”篮子里拿新的作业纸。最后，学生们走向自己的课桌，开始做晨间作业，同时等待班级里所有人都到齐。教师安德森先生跟每一个进入教室的学生打招呼，并提醒偶尔忘了一项晨间惯例的学生。

预览

通过这三个情景你可以对班级氛围的多样性有所了解。尽管对你而言也许其中一个教室比其他教室更吸引人，但每个教室都代表着一种学生可以学习的也确实能够高效学习的环境。在这个单元中，我们探究为什么这三个教室（尽管风格迥异）都能成为有成效的学习环境。

教室的格调和感觉在很大程度上取决于教师。有成效的课堂并非偶然形成。有效教师往往认真仔细且有意识地塑造课堂氛围。他们通过缜密的思考和不懈的努力来培育并维持一种课堂文化，这种文化可以帮助学生达到关键的学习目标。

作为一名教师，你可以积极努力培育一种独特的课堂文化，这种文化能够契合你希望学生参与的各种学习活动。或者，你可以让课堂体现自己的风格——这种风格或许有利于或许不利于学生的学习过程。

你的决定不仅帮助你塑造课堂环境，而且还向学生发送具体的信息，告诉他们在你的课堂上什么是重要的和不重要的、可接受的和不可接受的、允许的和不允许的。在这个单元中，我们考察课堂环境的诸多元素传递给学生的信息以及教师需要做出的有关课堂环境的决策。

单元要点 ▶▶▶

本单元强调：

◇ 教师的决策可以确定教室的格调和给人的感觉。

◇ 塑造课堂环境的一个良好开端是考虑课堂上将要开展的各种活动。

◇ 教室的布置方式既可以提示学生哪些行为是期望的和可接受的，也可以促进或妨碍他们的学习活动。

◇ 课堂纪律有助于建立一个有序的促进学习的环境。教师需要考虑谁负责制定纪律规则，他们应该有多少条规则，以及规则应该涵盖哪些方面。

◇ 与规则一样，课堂规章制度和惯例活动都有助于维护课堂秩序，以便学习活动进展得更顺利。

◇ 规则、规章制度、教室布置和活动应该向学生传达一致的信息，并与学校政策保持一致。

学习活动

如果你的教学目标一目了然，它可以帮你决定你想要的课堂面貌。首先，考虑你为学生制定的学习目标，以及有助于学生实现这些目标的活动。讲座、演示、小组会议、独立工作和上机研究只是课堂上可以进行的几种活动。在第十单元“教学内容设计”和第十一单元“课程设计”中，我们讨论了制定目标时你考虑州立标准的重要性以及确定课程种类帮助学生实现这些目标的重要性。然后，你可以确定如何布置教室并建立规则和规章制度来辅助你的活动计划。

当你思考能够帮助学生达到既定学习目标的活动时，这里有一些你需要考虑的具体问题。

- 你要求学生在听你或其他教师讲课时认真听讲并且记笔记吗？
- 他们观看活动展示还是独自开展活动？
- 你要求他们互相交谈且一起工作，还是要求他们经常独立工作？
- 不同的学习活动在同一时间还是在不同的时间进行？
- 你对学生有哪些期望？

在你开始做任何决定之前，先看一下不同的学习活动传达给学生的隐含信息，这是很重要的。教师主导的课堂环节，例如“情景一”中爱德华兹女士的课堂，暗示了教师是知识的主要来源。这样的课堂也许也暗示了课堂内固有的等级，其中教师处于最高的位置。爱德华兹女士的课堂似乎是按照这个等级模式运作的。同时，这样的课堂也许也传达了追求便利与效率的信息，因为教师主导的模式是传递大量信息最快的方式。

教师示范课也许还传递了追求效率和秩序的信息。让教师在课堂上演示教学内容无疑比让这20或25个学生进行同样的活动更便捷。这种做法的结果也更容易预测，同时暗示了某种预知的学习结果。然而与此同时，教师示范课可能会传达这样的信息：对学生自己开展活动或进行实验的能力缺乏信任。学生可能会猜测，教师认为他们会得到错误的结果，因此不能正确地掌握概念，或者教师认为他们太容易分心而不能专注于学习活动。很多教师对于学生使用一些材料开展活动特别谨慎，尽管这些材料造成伤害（如某些化学物质）或者把教室弄得一团糟（任何含水的东西）的可能性微乎其微。

当然，有时候，有关教师示范课的决定与教师的主观选择几乎无关，而是与材料或设备是否充足有关。如果一所学校的资源或空间有限，教师示范课可能是教授某些概念的唯一途径。

行动起来

除了讲座和示范课，你还想到哪些形式的学习活动？你所设想的课程类型可能会传递哪些隐含信息？

教室空间布置

一旦你知道了自己课堂上可能进行哪些活动，就先考虑一下如何布置教室才能有利于开展你设想的活动。有些教师比其他人有更多布置教室的选择。例如，大多数小学教师有属于自己的教室。初高中教师也许没有属于自己的教室，或者他们的空间受限于桌椅或位置固定设备。他们可能需要调整教学计划而不是调整教室空间布置。

假设你对如何布置教室有一定的控制权，你将如何规划你的教室？你会如何摆放学生的课桌？你把讲桌放在哪里？你还要别的什么教室设施？你会把教室划分成不同的活动区域吗（例如写作中心和班级图书角）？还有墙壁——墙上或布告板上你会展示什么内容？与课程内容一样，教室的布置可以向学生传达隐含的信息——学生身处教室环境他们应该做什么。

就像爱德华兹女士所在的教室那样，学生的课桌排成几个单列，就是在告诉学生他们应该独立、安静地学习。不鼓励学生在上课时与同学交流互动，事实上，主导性对话应该发生在教师与学生之间。教师传递信息，学生倾听，偶尔提问以获得更清晰的理解，或者是教师提问，学生回答。偶尔学生会询问教师，以寻求进一步的说明和讲解。在此期间其他同学最好不要作答，而是认真倾听正在进行中的师生互动。

如果课桌成组摆放（就像乔塞亚先生的教室那样），隐含的信息就是学生可以也应该合作完成任务，例如乔塞亚先生布置的小组项目。这样的课堂鼓励并促进（取决于小组模式）协作，尤其当学生面对面的时候。课桌按组摆放也暗示学生课堂内允许互动。每组摆放的课桌越多，所隐含的允许社会互动的信息也就越多。如果你不想让学生互相交谈或者一起工作，那么你也许就不考虑成组摆放课桌。

课桌的另一种排列方式是马蹄形或在黑板周围围成一个字母 U 的形状。这种摆放方式告诉学生，话语不仅发生在个别学生和教师之间，而且发生在所有学生和教师之间。这意味着学生要倾听和回应同学们的话语。这种安排也表明教师不是唯一的信息来源，知识也存在于其他学生身上。这种空间布置要求学生在课堂上能够始终积极参与课堂对话。对于这些面对面接触和积极参与活动的内在要求，学生的消极抵制也很常见。例如，他们可以“自然地”聚集到第二排或至少试图这样做！

那么如何摆放教师的讲桌呢？考虑以下三种可选方案：

- **教师前面。**把教师的讲桌放在教室最前方（像爱德华兹女士的讲桌），这种方式告诉学生课堂由教师掌控，它也暗示了某种等级结构，其中相对学生而言教师拥有更多的权威和决策责任。最有可能的是，信息流的方向是从教师到学生。
- **教师在后面或侧边。**把教师的讲桌放在教室的侧边或后面，这表明教室里不存在明显的等级结构。学生也许可以有一定的决策责任。信息不仅从教师流向学生，也从学生流向学生，信息的来源可能是多种多样的。
- **教师位置多样化。**有些教师喜欢在教室前面放一张桌子或一张学生课桌，而把教师的讲桌放在教室的侧边或后面。特别是如果教师使用学生课桌，这种设置表明，虽然很明显是教师在指导学习活动，但仍存在一种淡化师生之间等级关系的意图。

图 8－1 为教室布置方案图。这些教室布置方案鼓励怎样的教学行为？每个方

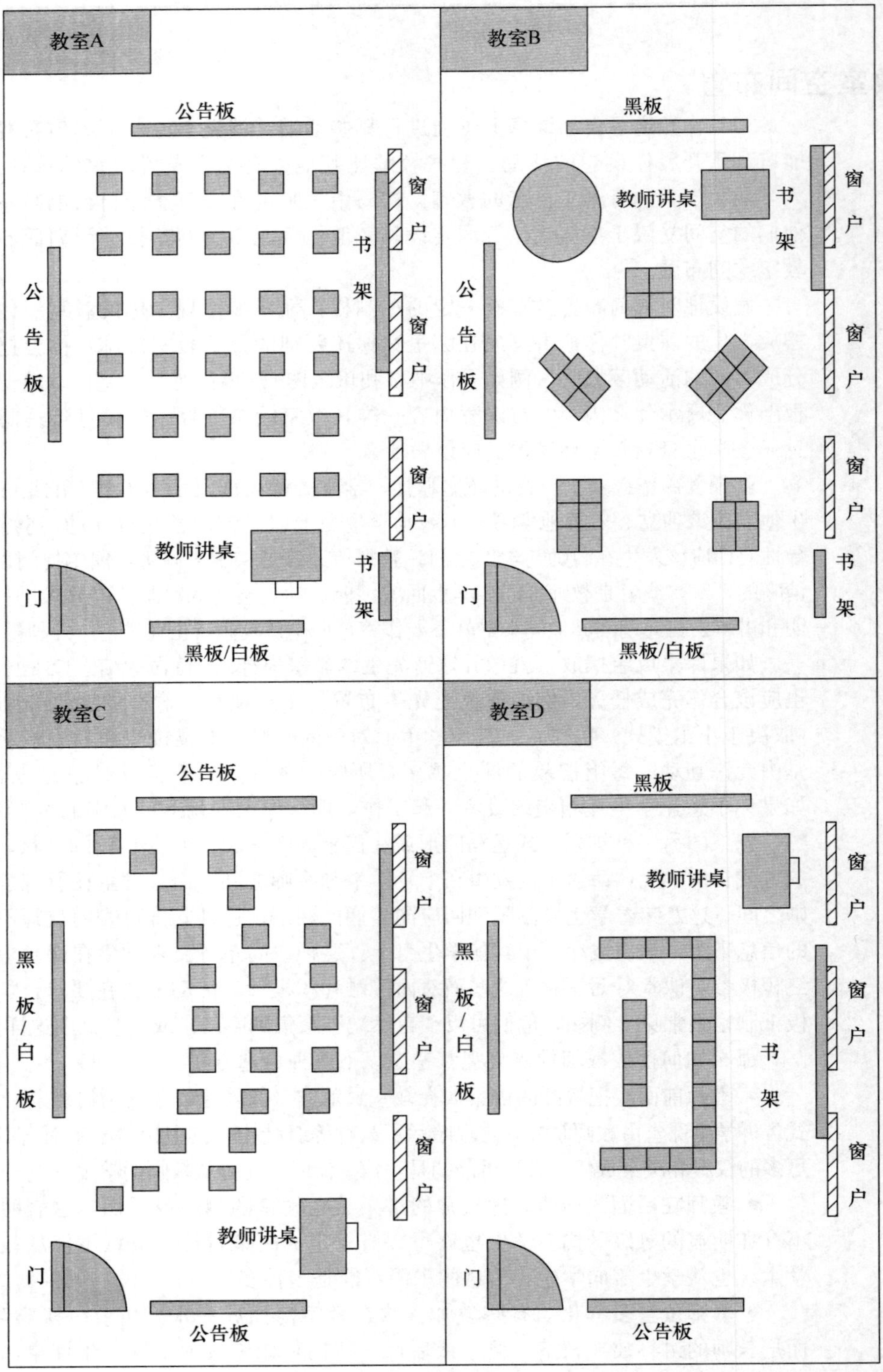

图 8－1　教室布置方案

案传达给学生什么信息？这些方案中哪一个最接近你想拥有的教室？如果可以的话，你会做出什么改变？

行动起来

考虑一下你现在或未来教室的其他物理特性。例如，想一下教室的墙面和公告板、阅读和听力中心、电脑。你会如何利用这些资源？这些资源会给学生传递哪些信息？你会如何利用或者安排教室的这些资源？这些安排会让学生对你想营造的教室文化有何了解？

班级规则与政策

作为教师，你每天负责管理20到200名学生。确保所有的学生朝着一个方向行进，这与牧牛人赶牛群没有太大区别。指令略有不清就会导致意想不到或者最不想看到的结果。（最难过的莫过于亲身体验——或者哪怕只是旁观——你的“牛群”乱作一团！）

班级规则是为学生提供清晰指导的重要途径。规则和政策向学生明确地阐述了课堂上哪些行为是可接受的、理想的行为。有效的规则对于维护一个安全、有序和公平的环境至关重要。要制定一套有效的规则，你需要做出一些慎重的决策。

有些决策可能已经在学校的政策和实践中有所体现。其他决策可以在你设计教室空间布置时再做。记住，你需要在学校政策、教室布置和你为课堂设定的规范和期望之间实现一致性。一致性是实现有成效的且令人愉快的课堂环境的关键要素之一。如果你足够认真，没有给学生发送相互矛盾的信息，你就可以避免大量的课堂管理困难。正如我们所指出的，假如教师不希望学生互相交谈或向其他学生求助，那么他或她不应该把学生的课桌成组摆放。

同样重要的是，能够意识到班级规则是课堂氛围的重要因素。规则的表面价值在于陈述要求，除此以外，规则也暗示你的班级重视什么。在制定规则时你需要考虑的问题包括：

- 谁负责制定规则？
- 需要制定多少规则？
- 规则应该涵盖哪些内容？

谁负责制定规则？

作为教师，你会制定规则并与学生分享（或是强加给学生）这些规则吗？或者，这些规则能由全班同学制定并达成一致吗？当教师制定规则时，他们更容易确保班级规则与学校规则相匹配。这种一致性是至关重要的。当学生参与规则制定时，教师可能需要指导学生，以便制定出的规则是整个学校社区可以接受的。学生参与的好处是他们可能会感受到更多对规则的“所有权”，并更有可能遵循他们自己制定的规则。另一个可行的办法或许是教师决定一些规则，学生制定其他的规则。

需要制定多少规则？

一些老教师坚持认为，班级规则最重要的原则就是**简单**！这些教师认为，规则越少，学生越容易记住，教师就越容易实施。然而，比规则的数量更重要的是规则的清晰度。规则必须清晰明确，违反规则的后果是合理的、容易理解的和一贯执行的。“在你的课堂上”板块为制定规则提供了一些指导。

你可以登录配套网站链接上的“教师的课堂”，阅读一些规则和政策的例子。当你整合自己的班级规则和政策时，研究其他实例会很有帮助。

在你的课堂上

制定班级规则的指导原则

以下是一些指导原则，有助于你制定班级规则。

1. **规则目的和必要性容易解释且显而易见。**你可以问自己一个很有用的问题：“为什么我们在课堂上需要这个规则？”你能否很容易地解释这条规则如何有助于实现富有成效的课堂环境？如果不能，也许你应该重新考虑这个规则。

2. **制定可以一贯执行的规则。**如果没有实施，规则是无用的，或者更糟糕的是，规则无法实施。当决定规则时，一定要问自己：“我如何确保有效、公平地实施这条规则？”

3. **如果可能，规则尽量使用肯定的而非否定的措辞。**告诉学生他们应该或必须做什么，而不是他们不应该做什么或必须不能做什么。

4. **规定违反规则的明确后果。**当违反规则的后果被明确说明时，规则是最容易执行的。后果也应该是合理且可行的。例如，如果学校禁止任何放学后的留校行为，或者放学后你不能留校监督，那么就不要威胁学生课后他们会被留校。

5. **在教室里张贴规则，这样学生可以看到这些规则，同时这些规则也提醒学生相关的课堂要求。**如果你的班里有母语不是英语的学生，你可能需要通过张贴用他们的语言书写的同一内容来帮助他们遵守规则。

规则应该涵盖哪些内容？

大多数班级规则反映了对学生教室（或课上）行为的期望，目的是帮助教师和学生创造一个富有成效和令人愉悦的环境。规则中经常提到的行为包括提问或回答问题、教室内外的活动、准时和工作流程。

回答或提出问题　在全国各州课堂内占主导地位的做法是，要求学生在想说话的时候举手，无论是提出问题还是回答教师提出的问题。举手是非常普遍的做法，有如下几个原因：

- **秩序。**很多教师认为，要求学生举手可以在一定程度上维持课堂秩序，否则课堂将会非常混乱。如果学生想发言时可以随意发言，教师会很难听清楚任何人说的话。学生也可能听不清教师说的话或同学提的问题，这样会延长提问和评论的时间。（即使有举手的规定，拖延也是一个难以根除的问题。）对于课堂上为什么要举手，这是一个很有说服力的理由。

● **社交技能培养。**一些教师认为，举手有助于向学生灌输恰当的会话行为。孩子们学会在别人说话时表现出尊重，学会等待轮次，学会控制冲动。

● **公平。**举手可以帮助确保更公平的时间分配，更便于所有学生参与课堂讨论。因为教师决定接下来谁发言，过分健谈的学生在某种程度上能受到限制。教师也可以更好地记录哪些学生已经被提问过，以确保学生公平参与课堂互动。

要求学生举手发言也有几个潜在的缺点。

● **自发性。**要求学生在说话前举手可能会减少他们的自发性思维。如果学生必须等待发言许可，他们可能会忘记想说的话。他们的评论可能与较早前提到的某一点有关，这样可能会打断讨论的连贯性。

● **排斥。**如果有些学生的看法是他们举手时“永远不会被叫到”，那么他们可能就不太愿意参加讨论。此外，来自一些文化背景的学生可能不愿意主动回答问题，因为他们害怕被认为过于自信。第十二单元“教学方法”针对如何在要求学生回答问题时确保公平提供了一些建议。

● **社交技能培养。**在正常的交谈中，我们想发表评论时不会举手。我们总是能够及时地表达自己的想法和观点，同时不打断别人。学生不举手就可以参与讨论的方式更真实地模拟正常对话，而且有人认为，这种方式在教学生如何轮流发言时更有效。

因此，如果你建立一个惯例——学生想说话就要举手，那么你隐含的信息就是秩序、效率和尊重。如果你不要求学生举手，你传递的信息可能是，课堂是一个自然环境——想法和观点可以自由流动，不受请求发言的程序限制。再者，你的个人风格、你为学生设想的学习目标、你计划的活动、你所在学校的规范以及学生自身的个性和期望，所有这些都会影响你管理课堂会话的规章制度。

学生的活动　另一类你应该尽早建立的规则就是管理学生教室内外活动的规则。在教室里面，学生需要站起来去削尖铅笔，从不同的位置取回作业，处理废纸，选择参考书并利用你可能已经在教室里建好的不同的工作区域。在教室外面，学生需要去卫生间，使用储物柜，去教务办公室或医务室。这些活动是不可避免的，甚至是必要的，尤其是对于那些经常在同一个教室，甚至长时间坐在同一个座位上的小学生而言。作为教师，你的秘诀是决定如何管理学生的活动以及给他们多少自由。“在你的课堂上”板块总结了一些管理学生活动的可选方案。

在你的课堂上

管理学生的活动

以下是一些管理学生活动的可选方案。请记住，如果学校的政策覆盖教室内外学生活动，以下的部分方案可能是不必要的。你要确保你的做法符合学校的政策。如果你不确定，去请教一名有经验的同事。

● **活动需要获得许可。**你可能想坚持要求，对于教室内外的任何活动学生都要请求许可。在这种情况下，你就需要考虑你想让学生怎样请求许可。让学生举手是一种可行的方法。这种方法的问题是，你不知道学生举手是想回答问题还是请求允许去卫生间。一些教师建议学生通过一些无声的信号来表示活动请求——例如，一种特殊的举手方式或其他信号。

- **只允许在特定的时间进行活动。**学校的政策和规章制度也许会有这种要求。一些学校（通常是初中和高中）只允许学生在指定的时间使用卫生间，比如课间。小学可能也有类似的规章制度。我们熟悉的一所学校有固定的时间让学生去卫生间和去喝水，这段时间内有人陪同班里所有的学生去卫生间和饮水处。
- **学生可以自由活动，无须请求许可。**你可能想给学生完全的自由，或者你可以限定同一时间离开教室的学生人数。我们了解很多教室——在任何一段时间只允许一个男孩和一个女孩去卫生间。没其他人在教室外面的时候，教室内的学生可以自由离开教室。否则，他们必须等那个男孩或女孩回来才可以出去。
- **用不同的规章制度来管理教室内外的活动。**你可以允许学生在教室里活动，这样他们就可以最大化地利用你已经建好的不同的学习区域，同时，对教室外的任何活动加以严格的限制。这种做法尤其适用于那些对教室外面的活动有清晰而（或）严格规定的学校。例如，学生需要请求许可，进出签名，或者要有大厅通行证才能离开教室。

对于学生在教室内外的任何活动，你是否要求学生请求许可？再一次说明，请求许可的原因常常与秩序和效率有关。如果只要学生有站起来四处活动的想法他们就可以随意这样做，你的教室可能有时会非常混乱。

同时，一些活动是不可避免的，如果你要求学生在教室里活动前请求许可，你的授课过程可能会被各种请求打断，比如，要削铅笔，要钢笔，要张纸或要计算器，要去卫生间，要拿昨晚的家庭作业，等等。

管理学生的活动时，要记得规划教室内指定的不同工作区域：计算机站、听力中心、阅读/图书区等等。你会希望建立规章制度让所有学生有均等的机会使用这些区域。一些管理策略可供考虑：张贴一张登记表，记录每个星期每个学生得到的使用时间，或者给所有学生分配的每周用时。

还要记住，与管理学生活动情况同步的是对这一过程的监控。一间教室里一般有20个或更多的学生，教师往往很难记录某个学生离开教室的时间。尽管如此，教师对课上所有的学生负责。在教室外没有被监督的学生可能会受到伤害，也许更有可能的情况是他们会参与违反校规的行为。在任何情况下，你都不希望校长或副校长看到你的一个学生在走廊上漫无目的地四处晃荡。

一些教师通过以下方式监控在室外活动的学生：学生每次离开教室时登记，他们返回时重新登记。教师可以稍后查看这些签出/签到的时间，以记录任何学生在较长时段内缺席课堂的情况。

其他教师会留意学生离开教室的时间。如果学生五分钟之后仍未回来，教师可以派另一个学生去寻找他或她。还有一些教师不会主动关注学生的活动，而是认为学生不会滥用活动政策，并会迅速返回课堂。滥用这种信任和权利的学生会被单独处理。

在你决定管理和监控学生活动之前，请注意这些不同的选项传达的信息。要求学生征得许可、只允许在指定的时间活动并记录学生离开教室的时间，这些做法暗示了一个结构清晰、纪律严明、问责明确的环境。很多教师认为，教会学生在日常活动中有条理守纪律会帮助他们把类似的效率和纪律观念植根于他们的思想中。

然而，与此同时，这种学生活动管理方法可能会给学生传递一种不信任感，因为这种方法几乎没有给他们任何教室内的自主权和决策权。很多教师认为，这样的信息对学生的学习和发展有负面影响。在学生有更大自由活动权的课堂里，教师将学生的行为管理职责交给学生。这个隐含的信息就是信任学生，给学生责任。教师信任学生，相信他们有责任心，在需要的时候能够全力相助，不干扰进行中的课程，也不会滥用赋予他们的自由。

一些教育工作者也认为，允许自由活动有助于学生更好地学习。他们的观点是，如果学生可以决定活动的时间和时长，他们可以更好地满足他们的学习需求并以更有成效的方式组织他们的学习。如果学生知道需要时他们可以站起来四处活动，他们就不必把产出性的心理能量用来思考从座位上站起来需要什么理由。在一些情况下，坐了很长一段时间的学生可能只需要一些身体活动来帮助他们重新集中注意力，完成手头的任务。

这种课堂活动管理方法源于一种名为**选择理论**的心理学理论。心理学家威廉·格拉瑟（William Glasser）提出的选择理论的基础理念是，帮助人们识别他们对生存、爱和归属、权力、自由和乐趣的需求，并帮助人们为满足这些需求做出有意识的决定[1]。例如，格拉瑟提出，很多学生试图通过与学校的朋友互动来满足他们对爱和归属的需求。如果他们不能在教室里自由活动，他们对归属的需求可能就无法满足，这可能会诱使他们做出破坏性行为。格拉瑟认为，当学生有选择的自由时，他们可以学会控制自己对事件的反应，并对自己的行为承担更大的责任。

准时　准时进入课堂更多是初中和高中阶段的一个问题，因为学生每节课都会更换教室，但是小学高年级的教师可能也希望制定这方面的规则。这些规则可能学校政策有所涉及，所以在这方面你可能没有太大的灵活性。如果你的确可以自行制定关于准时的政策，你会制定哪些规则？你会允许初中或高中学生在上课铃响过而且你已经开始上课之后进入教室吗？

很多教师认为，采用严格的守时规则可以教学生学会负责任。这种做法传递出的信息可能是学生有责任准时到达教室。要求学生行动迅速可以帮助他们做好准备应对职场环境，因为工作中总是会要求他们按时上班。然而，如果违反这一规则的后果是学生在迟到那天被记缺席，那么传达的信息可能是准时比学习课程内容更重要。

比较宽松的准时规则会被学生理解为“学习课程内容比准时更重要”——“迟到总比不到好”。有些学生认为这种态度是更人性化的，因为初中和高中学校生活非常忙碌——学生通常只有不到四分钟的时间从一个教室赶到下一个教室。然而，这种做法也存在风险，即学生们也许会得出这样的结论：正在学习的内容或学习结果不那么重要，所以他们想什么时候来就什么时候来。

行动起来

上述几种班级规则和条例哪一条对你最有吸引力？吸引你的理由是什么？你还需要哪些额外的规则和条例？你所提出的规则和条例的隐含信息是什么？

教学视频案例

该视频案例“课堂管理：最佳实践”展示了几位教师讨论他们的班级规则以及如何培育课堂文化。在 CengageBrain. com 上访问教育媒体图书馆，可以观看该视频片段并学习该案例的资料。然后思考以下问题。

问题

1. 第一位教师强调学生理解班级规则和相关程序所需的时间。对于她的时间估算你感到惊讶吗？你认为你的学生需要多长时间内化规则和规章制度？

2. 你如何在课堂上建立一种“社区”感？

工作流程　工作流程包括提交论文、作业或其他类型的作业。有些教师对提交作业有非常严格的政策。例如，一个常见的政策是，作业每晚交一天分数扣掉一半。实施严格时间期限的教师强化了对责任、义务和纪律的重视。那些比较宽容的教师可能会发出这样的信息：作业的质量比时效性更重要。

实施严格的时间期限的一个潜在危险是，有时需要允许例外情况。有时学生不能按时提交作业或论文的确有正当理由。如果你的政策很严格，你就需要公平地执行政策。你应该提前计划并制定有关合理的例外情况的政策，比如，灾难性的家庭事件。例如，你需要（学生提供）多少证据来证明一个合理的理由，以及在这种情况下你会允许逾期多久？

组织工作

我们如何强调课堂组织的重要性都不为过。教师每天会面对数量众多的任务，尽管很多不是教学任务，但这些任务对于保障教室和学校的运行继而顺利实施教学是非常必要的。规划有效的**课堂惯例和规章制度**来处理这些任务将为你节省大量的时间而且让你避免很多烦恼。规划课堂惯例涉及的具体任务随年级的变化而变化。

小学阶段的组织工作

在小学阶段，教师每天的任务量相当惊人。这些任务包括记录和报告出勤率（很多学校还要记录午餐人数），发布晨间活动通知，布置活动，分发和收集活动材料（数学教具、计算器、艺术用品或其他类似的材料）；带领学生去到不同的地方参加不同的活动，如艺术课、音乐课和体育课。（你从来没想过把一群十岁的孩子从一个教室领到另一个教室可能很棘手，对吗？）还有一项任务，就是管理没完没了的工作流程：待批改、记录和返还的论文，进行中的论文或项目，正在上交和正在返还的作业，班级/座位相关工作以及家校联系，这些只是部分。此外，还需要处理一系列清洁教室的任务，如擦黑板和洗黑板擦，捡起地上掉落的作业纸，整理教室图书角，归整桌椅，等等。

一些教师发现，最有效率且最有效地执行这些任务的方法就是亲力亲为。但是，这样的决定可能会导致教师要长时间待在教室里，尤其是放学后。

其他教师可能把一些班级管理工作交给学生。正如本单元开头描述的晨间惯例，安德森先生让学生移动罐子里写有自己名字的棍子来表明自己已经到了。在这样的教室里，学生负责找到他们需要的任何教室用品，清洁课桌，保持他们周围区域整洁无纸屑，以及把书本有序地放回在班级图书角。

另一种选择是建立班级工作轮流机制。学生被分配负责各种任务，如排队队长、开门人、作业分发员、黑板清洁员或出勤汇报员。他们在一段时间内（如一天、一周或一个月）负责这些任务，然后这些任务会重新分配。小学生通常很享受承担任务带来的认同感和责任感。

教室工作	
晨会管理员	格拉迪斯
削铅笔助手	茱莉亚
时间表助手	妮科尔
图书角监督员	韦斯利
课桌清洁员	比安卡
邮箱管理员	朱利安
班级物品管理员	卡丽
教师助手	汉娜
地面清洁员	斯瑞安
黑板清洁员	贾马尔
灰尘清洁员	帕特里克
排队队长	蒂莫西

注：这样的图表很常见，小学生班级工作轮流机制中常用。

初中和高中阶段的组织工作

在初中和高中阶段，班级组织工作同样重要但更具挑战性。学生一般要换教室，他们对任何教室环境都感觉不到“所有权”。因此，初高中的教师更常见的做法是负责所有的后勤任务。另一方面，一些教师，像小学教师那样，喜欢把责任交给学生个人。例如，在一些初高中的教室里，学生被要求在上课期间保持自己周围区域的整洁，并确保在离开教室之前把这块区域打扫干净。

其他国家的一些有趣的做法也值得一提。在很多欧洲国家的初中和高中，每个班都有一个**班级负责人**（班长或班级联络人），负责监督他或她同学的行为。这个人负责班级的大部分纪律问题。在很多亚洲学校里，学生负责教室的清洁工作。每天放学后，学生们扫地并清洁课桌。一周结束时，学生们负责清洁教室，甚至包括墙壁！

传递给学生的信息

如同作为教师你所做的很多其他决策一样，“日常杂事”的组织管理形式也会向你的学生及其家庭以及你的同事和领导传递信息。如果你决定自己处理大部分的后勤工作，你给学生及其家庭的信息可能是学生的首要任务是获取知识，所以他们不应该因为繁杂事务分心。如果你决定通过提出要求或分配任务让学生参与教室的日常后勤工作，学生们收到的信息可能就是要学会承担责任（无论是独自承担还是共同分担）。学生认识到，归属于一个社区需要所有人参与社区的生活。

冲突的文化：班级文化与学校文化相悖

我们在本单元中数次提到传递给学生的信息需要有一致性。教室的空间布置、规则及实施以及学习活动都需要向学生传递一致的信息。信息不一致会给建立和维持富有成效的学习环境构成重大挑战。

整个学校的运行也都需要一致性原则。你的班级规则必须与学校的政策和规则相一致。如果你同意学校的政策，没有问题。但假如说，你不同意学校的某些政策。你的班级政策或规则与学校政策不一致，你会面临哪些危险？让我们来看一个例子。

假设你的学校有一条规定——没有通行证学生就不能出现在走廊里。当你在制定班级规章的过程中阅读学校的政策和规则时，你认为这项规则过于严格和强硬。究其根本，你的理由是这个年龄的学生（无论他们年龄多大）需要培养责任感和信任感。你决定你的课堂政策，即学生在上课的前五分钟可以使用储物柜，不需要通行证。你还认为学生只要有需要就可以去卫生间。此外，你不希望学生因为申请通行证而一直打断课堂教学。

你的政策给学生传递什么信息？一个信息可能是信任和责任。你相信他们会出于特定的目的走出教室，并会立即返回。你相信他们有足够的责任心来监控自己在教室外的行为。

然而，你可能无意中发送了一个更明确的信息，即不必遵守规则。如果学生已经了解学校关于通行证的规则，你的政策却告诉他们规则是可以打破的。如果你传递的信息是学生可以不必遵循学校的规则和政策，那么同样的信息是否也会适用于你的班级规则？如果你不遵守学校的规则，你很难期望学生遵守你的规则。

这就是为什么在学校担任教学职位之前了解学校环境是很重要的。你必须愿意完全支持学校的学习环境，并愿意创造一个与学校环境相一致（尽管不一定相同）的课堂环境。如果你不能完全支持学校的政策，你也许应考虑去另一所学校工作。

总结

当你读完本单元时，我们建议你重新阅读整个章节中的“行动起来”板块。如果你还没有考虑这些问题，那么现在就考虑这些问题。如果你阅读的过程中一直在思索答案，那么现在你可以汇总分散的答案。

我们已经提到了信息的统一性和一致性的重要性。现在花些时间来评价你自己的课堂环境管理决策的一致性。考虑以下问题：

- **学习活动。**你正在考虑哪些学习活动？这些活动向学习者传递什么信息？
- **教室布置。**你通过教室布置给学生传递了哪些信息？教室的布置方式如何支持你设想的学习活动？
- **班级规则、惯例和政策。**你所选择的课堂规则、惯例和政策给学生传递了哪些信息？你的惯例和规章制度如何支持你计划的学习活动？你的规则、惯例和政策如何与学校的规则和政策相匹配？

行动标准

州际新教师评估与支持联盟　标准3：学习环境

教师与他人合作创造支持个人学习和协作学习的环境，还要创造鼓励积极的社会交往、积极主动学习以及自我激励的环境。

选择一个你打算教的年级并思考你想要培育的课堂环境。你将如何布置教室的物理空间？解释这种布置方式如何促进学生学习。你将如何着手制定班级规则？你会坚持哪些规则？解释为什么你认为这些规则是重要的。

更多资源

● Paul Burden，*Classroom Management：Creating a Successful K-12 Learning Community*，4th ed.（New York：John Wiley & Sons，2009）. 作者着重解释了如何利用课堂管理来促进有效学习。

● Education World. 相关内容可访问 http://educationworld.com/a_curr/archives/class-management.shtml。该网站提供与课堂管理相关的教师资源数据库。

● Carol S. Weinstein and Wilford A. Weber，"Classroom Management，" in *Classroom Teaching Skills*，9th ed.，ed. James M. Cooper，216－254（Belmont，CA：Wadsworth Cengage Learning，2010）. 该部分探讨了不同的课堂管理方法，包括提高课堂管理技能的实践练习。

● Carol Simon Weinstein，Molly Romano，and Andrew J. Mignano，Jr.，*Elementary Classroom Management：Lessons from Research and Practice*，5th ed.（New York：McGraw-Hill，2010）. 这是一本很实用的书，主要针对培育和维持有效的小学课堂学习环境的主要问题。

● Carol Simon Weinstein and Ingrid Novodvorsky，*Middle and Secondary Classroom Management：Lessons from Research and Practice*，4th ed.（New York：McGraw-Hill，2011）. 这是一本实用的书，主要针对培育和维持有效的中学课堂学习环境的主要问题。

重要术语及定义

选择理论（choice theory）　由心理学家威廉·格拉瑟提出的一个理论，该理论主张人类行为的动机是五个基因驱动的根本需求，它们分别是生存、爱和归属、权力、自由和乐趣。一个人的行为有四个组成部分：行动、思考、感觉和生理。由于个人对前两个方面有控制权或选择权，对后两个方面的控制权或选择权很少，格拉瑟认为一个人在思考和行动中做出的选择会影响其心理感受和生理感受。

班级负责人（class prefect）　学生中的管理者，负有协助教师的特殊责任，包括监督其他学生的行为。

课堂惯例和规章制度（classroom routines and procedures）　教师制定的政策或管理条例，旨在把事情做好，比如，如何交论文，如何请求去卫生间，或者在哪里和如何排队吃午饭。

班级规则（classroom rules） 有关纪律的明确陈述，告诉学生课堂上哪些行为是可接受的、理想的。

本书的配套网站提供了很多有用的资源。访问 CengageBrain. com 获取本书各单元词汇表、抽认卡、网页链接和其他学习辅助工具。

注释

［1］William Glasser，*Choice Theory in the Classroom*，rev. ed. （New York：Harper Perennial，1998）.

第九单元

维护课堂环境

州际新教师评估与支持联盟　标准 2，3 和 9 ▶▶▶

情景

贝蒂·考德威尔八年级社会研究班的 28 名学生正在进行小组活动，通过合作学习完成一项有关中国的任务。学生们正在讨论相关问题，乱糟糟的声音考德威尔女士还是能容忍的。两个学生悄悄起身离开一个小组，一个学生去查字典，另一个学生去看地图集。考德威尔女士在房间来回走动，边走边听着每个小组的对话。

在其中一张课桌旁，山姆开始一次次把笔扔在桌子上。考德威尔女士听到了笔发出的噪声，不动声色地走到山姆的桌子旁，轻轻地把笔按在桌面上，向山姆传递一条信息——不要再碰那支笔。各小组继续工作，直到考德威尔女士表示时间差不多到了，然后要求学生交前一天晚上的作业。每张课桌有一名学生收集该组学生的作业，然后由一名学生负责汇总七张桌子的作业，并将卷子放入考德威尔女士桌子上的一个篮子里。就在这时，铃声响起，下课了。

预览

考德威尔女士的学生正在一个管理有序的课堂环境中学习。管理课堂实际上就是管理课堂上的诸多个体——特殊的、不可预测的个体。任何班级里总有一些学生可能对上学毫无兴趣，你的班级也不例外，而且他们在课堂上可能根本不配合。事实上，大概有相当数量的学生（尤其是中学阶段的学生）或公开或在心里暗自憎恨学校环境，这种憎恨会延伸到教师身上（这实际上不是针对个人的）。在这些学生中，有些学生似乎一辈子都在学习消极抵制任何将他们融入学习环境的努力。还有一些学生认为自己在智商上、智谋上都超越教师。

同时，你会有很多这样的学生：他们是学校的学习行为楷模——总是很专注、有责任心、乐于助人而且对待功课积极主动。你也会有这样的学生：尽管他们取得好成绩的能力不尽如人意，但他们非常投入学习过程。

学生个体如此多样，因此适用于一个或一组学生的策略和技巧未必适用于另一个或另一组学生。今天适用的方法明天未必适用。为了有效管理不断变化的课堂环境，你需要使用很多不同的实践手段和方法。事实上，有效管理一个学生群体的关键在于，你的方法越多越好。我们建议，作为一名教师，你应该在整个职业生涯中不断积累，以便掌握一套符合你的教学和学习理念且多样化的策略和技巧。你掌握的策略和技巧越多，你就越有可能在特定情况下找到适合特定学生群体的内容。

这是否意味着你需要为每个学生制定一个个性化的管理计划？我们认为情况没有那么复杂。有一些适用于管理所有学生的概括性内容，可以帮助你规划课堂环境管理。在本单元中，我们提供给你这些概括性内容，你可以在此基础上储备你个人的具体方法和技巧。

单元要点 ▶▶▶

本单元强调：

◇ 心理学家指出，所有的人都有基本的需求和动机。如果你意识到这些需求，你可以帮助学生找到满足他们需求的可行方法。

◇ 让学生专注于学习活动并保持注意力集中，可以最大限度地减少课堂上潜在的不当行为。

◇ 为了防止不当行为，教师应该示范理想行为，对待学生态度一致并积极主动地预防不良行为。

◇ 当学生偶尔有不当行为时，教师在纠正行为的过程中应该做到表述清晰、态度坚定和情绪冷静。教师纠正行为的重点应该是行为本身，而不是学生，教师可能需要重复并明确规则。

◇ 在思考如何对待一再违反课堂纪律的学生时，教师必须要有策略、有方法。

学生的动机和需求：学生想要什么？

你为班级设定的学习目标可能并不总是符合学生的期待。事实上，学生想要或需要的课堂体验可能与你的期待完全不同。当你计划的活动未能满足学生的愿望时，他们就难以专注于这些活动。他们可能会走神，慢慢开始做出一些不符合你期望的行为。然而，如果你知晓激励学生的方法，可以让他们参与有助于满足他们需求的学习活动，而不是让他们感到沮丧。通过提供学习活动来帮助学生满足他们的需求，这样你会成为一个更轻松的课堂管理员。

著名心理学家亚伯拉罕·马斯洛（Abraham Maslow，1908—1970）提出了需求层次（如图9-1所示）。马斯洛建议，人必须首先满足较低层次的需求，才能满足较高层次的需求。在马斯洛的需求层次中，最基本的层面是生理需求，比如对水、空气和食物的需求。一旦这些需求得到满足，个人就会转向安全需求，接下来是对爱和归属的需求以及尊重需求。该层次的顶端是自我实现需求，即充分发挥个人的潜力[1]。

马斯洛的需求层次表明，学生学会专注于学习之前必须先满足一些基本需求——生理需求、安全需求、爱和归属的需求。令人遗憾的是，教师对学生课堂以外的个人生活没有太多的控制权。这意味着一些学生的基本需求没有得到满足（比如，如果他们长期饥饿），因而他们可能还没有做好上学的准备或还不具备上学的能力。为了满足这些基本需求，许多学校提供免费早餐和午餐。很多学校和教师也采取措施确保学生在校期间的人身安全感。这些措施可能包括：每天所有学生都进入学校后学校锁上校门，并仔细监控上学期间进入学校的访客。

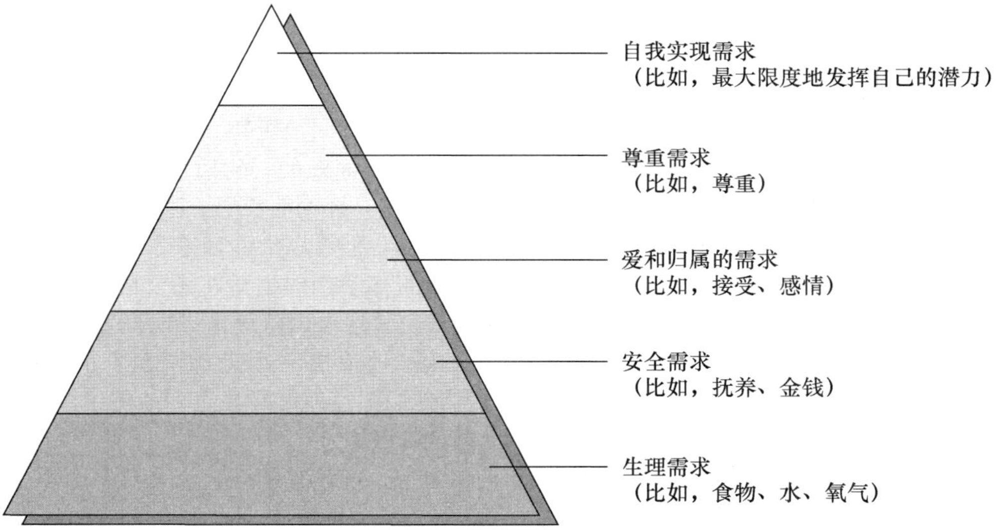

图 9-1　马斯洛的需求层次

资料来源：Reprinted from A. H. Maslow, "Some Theoretical Consequences of Basic Need-Gratification," *Journal of Personality* 16（1948）：402-416，by permission of Blackwell Publishing.

为了优化学生的课堂学习，你需要尽最大努力满足他们的基本需求。你应该努力让学生在情感上感觉“安全”，并设法满足他们对爱和归属的需求。你需要记住班上所有学生的需求，并且认识到来自不同文化背景的学生可能需要你制定不同的策略或采取不同的行动，从而使他们感受到安全感和归属感。正如第二单元“理解学生差异”所述，对于来自不同文化或不同社会经济背景的学生来说，他们的教育经历可能各有不同，并且他们对学校的认识可能与你不尽相同。由你来确认哪些因素能使这些学生感觉在你的课堂上已经做好学习的准备。

另一位知名心理学家卡尔·罗杰斯（Carl Rogers，1902—1987）确定了教师应该具备的、可以促进学生学习的三种态度或品质[2]。

● 真实。真实的教师允许学生将他们自己视为真实的人；他们不否认自己的个性，不做作。

● 接受。接受意味着教师接受学习者所表现的自己——他们的感受、意见和他们本人——并且不要求他们为了获得教师的认可而改变他们基本的个性特点。

● 移情或同理心。同理心是理解学习者的能力，不妄加判断或评估。诸如“你一定感到沮丧”或“我听到你说……”等话语是非评判性或反思性陈述的例子。

除了做真实的自己、接受他人和具有同理心，你也应该传递给学生这样的信息，即你将他们视为个体，因此你关注、尊重并欣赏他们。

● 注意学生。教室里坐满学生，你怎么会注意不到他们？但是，注意到满教室的学生和注意到个别学生是有区别的。当然，总有一些你无论怎样都忽略不了的学生。但还有很多其他学生，他们并不引起别人的注意。环顾教室一周，你可能会注意到，曼妞艾拉总是低着头坐在教室的后面，不与任何人目光接触。或者你可能注意到，格雷格这两周似乎长了五英寸。

教育哲学家和研究人员内尔·诺丁斯（Nel Noddings）在她的著作《关怀》（*Caring*，1984）中指出，注意到自己的学生不需要投入大量的时间，但做到这一点确实要求教师在上课期间能够“完全、非选择性地跟学生们在一起”[3]。学生必须知道，你会全神贯注地注意到他或她，即使时间很短暂。快速评论或问候通常就足够了。对于曼妞艾拉来说，这可能仅仅是简短的一句话：“今天好吗？”或者“你喜欢你昨天晚上读的故事吗？”对于格雷格，评论他长个子速度可能会奏效。

注意他人并不需要花费很多时间或精力，但可以给你带来令人难以置信的回报。作为一名教师，你在很大程度上影响很多学生的生活，甚至是一些难以规训的青少年。评论一个学生感兴趣的领域——“这个团队周末表现得怎么样？”“戏剧进行得怎么样了？” “你觉得昨天晚上［说出一个运动项目］的比赛怎么样？”——通常会让学生笑逐颜开，因为他们知道你已经注意到他们了。（你不必喜欢足球，你只需注意到学生喜欢足球就可以了。）

有些教师站在门旁跟进门或出门的每一位学生打招呼，努力对每个学生说一句好听的话。“嘿，保罗，你理发了，很帅！”“帕特里斯，你今天的功课做得很棒，分享了一些很好的点子。”这些个人间的交流可以大大有助于与学校中经常被忽视的学生建立融洽的关系。

● 尊重学生。这条建议也许看上去有点过时。毕竟，学生难道不应该尊重教师吗？应该尊重，但尊重是相互的。学生通常也需要别人的尊重，这样他们就能够在行为中表现出尊敬的态度。我们认识的一位教师只有三条课堂规则：“尊重自己”、“尊重他人”和“尊重你和他人的财产”。他不断示范他对学生个人的高度尊重，以尊重的方式制定他的指示，甚至在从一个学生的课桌上拿起一本书向班级展示之前都会征求该学生的许可。他的学生很快就学会了对他和同班同学的尊重。因此，他很少有纪律问题。

按照你希望学生对待你和他人的方式来对待他们，可以在课堂上示范对他们的尊重。如果他们要倾听你的话，中途不打断你，你是不是也应该这样做？如果学生不能碰你的桌子，你是不是也应该试图以同样的礼貌对待他们的课桌？差异自然会有的，但很多这些基本的互动是可以表现出相互尊重的。一个快速的请求（“你介意我读一段你文章中的话吗？”）向学生传递了一个非常有力的信息，即对他人的尊重。允许学生在违反纪律时解释他们的行为表明你愿意倾听他们的心声，这会被学生视为你尊重他们。（然而，这并不意味着他们能免除必要的惩罚。）

● 欣赏学生。学生是有魅力的个体，他们有理智、有洞察力、有才智。花点时间去了解他们，并欣赏他们作为个人展现出来的特质。（适度）聆听他们的故事并回应他们。你有时甚至可以和他们一起大笑。

然而，欣赏学生并不意味着你跟学生地位平等。教师可能跟学生很友好，很欣赏他们，但必须始终跟学生保持适当的社交距离，并牢记自己作为课堂管理者的身份。年轻教师要做到这一点往往很有难度，因为他们的年龄可能接近自己的学生（如果他们教授高中的话）或者可能没有太多管理班级的经验。欣赏学生也并不意味着你可以成为他们的知己。如果学生告诉你任何不适当的事情，你必须针对这些信息采取行动。（参见第二十二单元“教育法规”，了解你的法律责任。）

教学视频案例

该视频案例“课堂管理：应对有行为问题的学生”展示了两位教师与一位学生辅助教练合作设计策略和干预措施来处理某个学生的破坏性行为。在 CengageBrain. com 上访问教育媒体图书馆，可以观看该视频片段并学习该案例的资料。然后思考以下问题。

问题

1. 辅助教练提到帮助学生感受归属感的重要性。你希望通过哪些方式帮助你的学生感受归属感？

2. 辅助教练还提到关注和欣赏学生的重要性。除了上面提到的那些方法，你还有哪些具体方式能够使你注意到学生？

行动起来

想想你熟悉的两个人（同班同学、学生、兄弟姐妹），并讨论他们最大的动机是什么？能激励我的动机是否也同样能激励他们？对于相同的激励因素他们会有何不同的反应？又有怎样相同的反应？

使学生专注并保持专注

你的课堂环境应该是这样的：让学生有学习动力并鼓励他们努力学习，同时保障学生受到最少的干扰从而可以专注于学习过程，而且你有责任培育和维护高效的学习环境。正如演员需要让被动的观众与舞台上讲的故事产生共鸣一样，你得让学生参与课堂的学习活动。

短时间过后学生失去注意力或感到无聊是常见的情况。学生年龄越小，有可能越容易烦躁，而且不管年龄多大，所有的学生都很难长时间坐着不动。对大多数学生来说，七到十分钟是他们可以保持完全专注的最长时间。大脑发育专家布鲁斯·佩里（Bruce Perry）博士坚称，听讲座（或上课）时，大脑保持专注的时间不超过 8 分钟。如果教师不改变刺激内容，大脑会寻求其他刺激，无论是内部的（比如，白日梦）还是外部的[4]。

使这一挑战难上加难的是：学生是**“数字原住民”**，他们是伴随数字技术长大的（是原生的），因此他们对讲座的容忍度更低。马克·普兰斯基（Marc Prensky）是一位研究数字游戏学习的教育顾问，他指出，数字原住民对积极和互动的学习表现出强烈的偏好，而且他们注意力持续的时间未必更短暂；他们只是被动学习时持续注意力的时间较短[5]。

以下是一些建议，有助于预防无聊情绪以及帮助学生保持注意力。

（1）在教室里走动。如果学生无法在课堂上自由活动，你——教师——则需要自由活动。你的活动不仅有助于打破课程的单调（我们当然不是说你的课程很无聊!），更重要的是，它缓解了学生在校期间必须忍受的不活跃的状态。当你在教室里走动时，学生的目光会跟着你，这就需要他们转移视线并在座位上改变位置。

（2）目光交流。与学生进行目光交流有助于他们参与课堂活动。目光交流还告诉他们，你把他们看作单独的个体。但是，需要对有关目光接触的文化差异保持敏感。（参见第二单元“理解学生差异”了解更多详细信息。）

（3）使用信号。充分利用非语言提示和其他信号来提示学生行为要恰当。有些教师转换活动时关闭灯光，有些教师会用两个手指做“V”字形表示需要安静，还有一些教师会用一些听觉信号、铃声或蜂鸣器来引起学生的注意。你还可以利用非语言提示（如面部表情或手势）来处理学生的不恰当行为。快速地瞪一眼或严厉地看一下通常可以快速有效地改善学生的行为，而不会中断正在进行的学习活动。

（4）调整声音。除了非语言提示外，还可以为学生提供口头提示，来帮助他们协商期望和要求。学习变换你说话时的语调、语气、语速和音量，变换的模式要保持一致，这样学生可以将特定的语言模式与某一任务联系起来。每当你提出一个问题并想让学生回答时，提问的方式要让学生知道他们需要回答这个问题。（然后一定要坚持让学生回答这个问题。不要自己回答!）发出指令时，请使用另一种惯用的声音模式，以便学生知道你正在发出指令。在示范思考过程或制定问题解决方案时，请使用另一种不同的语言模式。

（5）等待。耐心对于管理课堂来说是至关重要的。在问一个问题后，至少等待10秒钟，如果没有人举手，再等待30秒钟，然后请学生回答。这段等待时间对学生有两种帮助。首先，一些学生需要时间来思考问题并构思答案。如果没有那段等待时间，学生可能无法充分投入思考过程，他们的学习也会受到影响。其次，有些学生很善于等待教师，延迟他们的思维过程，根本不希望参与其中。如果教师习惯性地不给学生考虑时间，这些学生很快就会明白他们被叫到并/或要求回答问题的可能性很小，因为反应快的学生很可能会满足教师对答案的需求。等待时间可以使更多的（如果不是全部的话）学生参与思考过程。所以，教师要培养师德中最重要一点，即忍耐沉默的勇气。

（6）利用身体间的距离。除了在教室中走动以外，你偶尔想要靠近学生。根据学生的年龄或成熟程度以及教室的文化，你甚至有时候可以将手轻轻地放在学生的肩膀或手臂上。对于潜在行为不当的学生，你和他们之间很近的距离可以使他们控制自己的行为。对于其他学生来说，你离他们的距离比较近可能会使他们感受到更强烈的归属感。回想一下考德威尔女士的情景——当她走到山姆的课桌旁，以温和的方式告诫他不要再在桌子上玩笔。

（7）保持距离。那么，到底应该怎样做？保持亲密还是保持距离？在不同的时间、出于不同的原因两者都很有用。当一个学生在说话时，我们建议你离那个学生远一些。这似乎违背直觉。在正常的谈话中，我们通常靠近我们的会话伙伴，以便更容易听清彼此。但学校讨论不属于正常的谈话类型。教师的目标通常是创建一个小组讨论活动。你离学生越远，学生说话的声音就越大，教室里能听到你的学生就越多。其产生的效果是，倾听的学生在讨论中成为沉默的参与者，创造了一种更大的学习环境，使得更多的学生参与其中。同时，接近那些不积极参与讨论的学生，有助于他们保持警觉并能够始终参与讨论。

（8）精心安排座位。大多数学生至少偶尔会有冲动控制问题和纪律问题，他们需要你能尽可能地帮助他们。这意味着让学生尽可能远离诱惑他们和让他们分心的事物。最容易让学生分心的是班里其他学生。因此，对于保持学生专注并参与活动而言，座位安排是重要的、有用的工具。如果你决定分配座位（我们强烈建议你这样做），从策略角度思考哪些学生可以坐在哪些学生旁边。学生们有时会发牢骚抱怨不能坐在朋友旁边，但是也有很多学生感觉不跟朋友坐在一起没有压力，因为他们可以关注他们的功课而不是他们的朋友。有时，定期更改座位安排有助于避免学生与邻居形成亲密的关系，这种亲密关系可能会使他们无法在学习过程中集中注意力。

（9）提供适当的和具体的语言反馈。提供有意义的反馈是你作为教师应该具有的一项重要职责。反馈能帮助学生评估自己，并衡量他们在多大程度上实现了你设定的学习目标，还为学生提供了一个重要的动机来源。你需要考虑的是哪种反馈最能实现这两个目的。你还需要考虑你给出反馈意见的频率，以及哪些学习活动你需要提供反馈意见。有些教师不愿意指出学生的答案是不正确的，因为担心这些信息会被理解为一种批评。当答案不正确时，不要害怕说出真相（你不会想让其他学生认为错误的答案是正确的），但是说的时候要有方法，同时要表现出尊重。可以给学生一个有帮助的提示，以便他或她能够正确地回答问题。

关于反馈，学术界已经提出了各种观点。已故著名心理学家兼教育家海姆·吉诺特（Haim Ginott，1922—1973）告诫教师表扬学生时要慎重[6]。他敦促教师要表扬行为，而不是表扬学生。例如，教师可能会提到学生写作方面的进步（“在这个故事中选择动作动词，很好”），而不是全面地表扬这个学生，例如，“你正在成为一名出色的作家”。表扬某一个行为会使关注点集中在学习活动上，而不是集中在学生可能拥有的任何特定的人格或智力能力上。很多心理学家认为，表扬学生不仅会错误地把关注点放在学生的内在素质上，而且会迅速创造出一种不平等的课堂环境，在这种环境中，有些学生会感觉受挫，因为他们认为自己比不上“更有天分的”同学。

奥地利出生的美国精神病学家鲁道夫·德瑞克斯（Rudolf Dreikurs，1897—1972）呼吁教师不要表扬学生的工作或他们的整体特征。相反，他呼吁教师鼓励和表扬学生付出的努力[7]。德瑞克斯认为，表扬努力的做法是更加平等的，因为努力是一种可控的反应，所有学生都可以努力学习。智力和其他个人特征并非如此可控，并非所有的学生都能在考试中取得高分。

其他教育工作者建议教师的反馈应以“我”的视角为框架，如“我喜欢你……的方式”。这种反馈形式提供了有关已完成任务的具体信息，以便学生能够自我评估。支持者声称，这种反馈可以保证平等的课堂环境，因为教师通常可以在所有学生的工作中找到有价值的东西，即使它很简单，例如，“我喜欢活动期间你们在课桌前安静学习的样子”。

行动起来

回想一下你上学时的情形。你的教师使用了什么技术或方法使你专注于自己的功课？哪些技术看起来很有效？是否有一些技术你并不感兴趣？

预防不当行为

正如我们前面所提到的，很多学生缺乏长时间保持专注的能力。甚至也有可能课堂上的某些内容很无聊。（好吧，这是可能的！）无论何种原因，所有学生的注意力都会时而分散，他们可能会受到诱惑做一些你不想让他们做的事情。以下是一些实用指南，能帮助你使学生远离无法避免的诱发不当行为的因素。

示范理想行为

海姆·吉诺特（我们前面提到过他对表扬的看法）认为，教师自身的行为是实施有效课堂管理的最重要的因素。教师不仅要向学生明确他们对恰当行为的期望，还必须身体力行这些行为。

你作为行为楷模的影响力不可低估。正如我们在第八单元“培育课堂环境”中所指出的，你传递的关于恰当行为的信息只有在以下情况下——你在与学生、同事和上司的互动中体现这些行为——才会有效。这也意味着，如果你想在学生中灌输自律，你必须示范自律。当你在课堂上遇到令人心烦的事件或不当行为时，这一点尤为重要。你对这些事件或行为的反应方式可能会被学生模仿。如果你以讽刺的方式回应学生的过失行为，你已经建立了应对过失行为的标准，并许可学生以类似的方式做出回应。同样的道理，如果你在所有的互动中都表现出耐心和宽容，学生也更有可能会这样做。

海姆·吉诺特并没有建议教师成为从不表现出任何情绪的自动机器。相反，他鼓励教师表达自己的感受，但表达的方式要理性。他鼓励教师使用“理智的信息”，教师指出具体情况中出现的问题，而不是批评与具体情况相关的个体。教师应该向学生解释他们愤怒或沮丧的原因，并且他们应该示范发泄这些感受的合理方式。当学生太吵不专心时，教师要冷静地向学生表达你的不满，而不是生气继而对着整个班级大吼大叫。你也许可以使用“我”信息，例如，“现在对于教室里的这些吵闹和不考虑别人感受的行为，我感到非常生气”，“我觉得我们完不成（一个适宜的活动），因为这么多人不配合”。

保持一致

你的教室里总会有一些学生让你心烦，让你发火。其他学生则会让你感到愉悦，开心一整天。但是作为教师，你必须对所有学生表达相同的期望和给予同等的待遇。你必须始终如一、不偏不倚地实施这些规则。这意味着当朱利欧偶尔违反了课堂纪律，他受到的处分应该与更频繁地违反纪律的约翰尼和凯特一样。

有些教师很难做到这一点，认为应该原谅偶尔违反纪律的学生，并认为长期违反纪律的学生应该受到惩罚。但任何熟悉儿童和青少年的人都十分清楚他们有强烈的正义感。当教师执行规则时没有使用一致性原则从而表现得“不公平”时，学生接收的信息是在课堂上学生并不平等，有些学生相比于其他学生而言得到教师更多的尊重。这样的信息会造成不利的课堂环境，在这种环境中，一些学生不再那么积极地遵守行为规范，并且对教师会变得更加不友好，更加气愤。

有些学校采用全校统一的纪律和课堂管理规定，要求学校所有的成年人都要遵守相同的标准对待所有学生。这些规定可以帮助教师在执行规则时保持一致，还可以节省教师的时间和精力，以免教师不得不花费时间设计和实施他们自己的课堂管理规则。如果学生已经熟悉学校的这些指导方针和规则，他们不必每年都学习新规则。事实上，如果该规定已经实施了几年，那么新教师甚至可能得依靠学生来帮助他们实施管理规定。全校统一管理的最大潜在缺陷在于，这些规定使教师很少有机会建立自己的课堂管理体系，当全校统一的规定和个别教师对课堂管理的倾向不一致时，可能会出现问题。

积极主动

有效的课堂管理的关键是要积极主动而不是消极被动。让学生知道你很清楚课堂上发生的一切情况。（即使实际上你只知道大多数情况，你仍然要让他们认为你知道所有事情！）教育研究人员雅各布·库宁（Jacob Kounin）在 20 世纪 70 年代开展了课堂管理研究。他发现，能最有效地管理课堂的教师是那些看起来正如谚语所说的“后脑勺长眼睛的人”。他将了解教室里正在发生的一切情况称为**“在场”**[8]。要学会“在场”，你也应该定期扫视教室来了解各个角落发生的事情，即使你正在与一个学生或一个小组一起工作。

“在场”也意味着不当行为一旦发生你首先要第一时间知晓并及时做出反应。如果你没有及时处理不当行为，那么就传递了一种隐含的信息，即这些行为是可以接受的，或者至少不值得为此烦心。学生正在期待你的指导。很多学生会尝试测试可接受行为的边界。（说实话，有些学生就是要测试你在执行规则时的坚定性和一贯性。）你必须——及时地——表达这些边界的位置以及可接受行为的范围。在大多数课堂里，这就要求教师给出大量明确的指示以及及时的回应。

在每学年开始时，你可能会花费大量时间来处理不当行为问题。事实上，有些时候，你可能觉得自己除了纠正学生的行为以外什么也没做（实际情况可能是这样的）。但是，你处理学生的行为越及时、越有效，并向学生澄清哪些是恰当的行为及哪些是不恰当的行为——哪些是可容忍的行为及哪些是不可容忍的行为，你就可以尽早开始实际的教学和学习活动。本单元接下来的部分是处理不当行为的实用技巧。

教学视频案例

该视频案例“初级课堂管理：基本策略”展示如下内容：幼儿园教师艾米·莫伊兰利用早会时间来解决个别学生问题，以防止这些问题升级，并防止即将到来的班级出游中出现行为问题。在 CengageBrain. com 上访问教育媒体图书馆，可以观看该视频片段并学习该案例的资料。然后思考以下问题。

问题

1. 这位教师如何表现出积极主动的态度？

2. 示范理想行为对于高年级学生和幼儿园学生有何不同？你打算怎样示范理想行为？

处理不当行为

为了创造并维持一种和谐的课堂环境，尽管你已经尽了最大努力，但你肯定偶尔会遇到不当行为。你班里也可能有一个或多个很难遵守课堂纪律的学生。

处理偶尔发生的不当行为的指导原则

人们提出了大量的、具体的处理不当行为的建议和策略。正如我们在本单元开头提到的，我们建议你尽量多掌握这些具体的策略，因为有些策略在某些时间适用于某些学生，而另一些策略则在某些时间适用于其他学生。同时，针对管理学生不当行为，我们想给出以下通用方法和指导原则帮助你选择并制定你自己的有效策略。（请牢记第八单元“培育课堂环境”提出的有关制定课堂纪律以及处理违纪行为的建议。学生们知道他们违反了课堂或学校的纪律并能认识到他们的不正当行为，这一点很重要。）

● 表述清晰、态度坚定以及情绪冷静。雅各布・库宁在他的课堂管理研究中发现，教师对学生的不当行为处理得当，对其他学生的行为会产生积极的“连锁反应”。当学生在课堂上违反纪律时，教师的反应不仅可以帮助违规学生纠正行为，而且还可以阻止班上其他学生犯此类错误。雅各布・库宁发现，当教师对学生的不当行为有清晰的表述和坚定的态度时，连锁反应的效果最强。表述清晰意味着教师明确指出哪些是违规行为。教师不应该简单地说依据“不要那样做”或者做出同样模糊不清的评论，而是要具体指出违规行为错在哪里，例如，“在这个教室里，我们不使用那种语言”或者“别人说话时，我们要倾听，不要说话”。态度坚定就是教师需要对合理处理违规行为表达坚定的态度。根据雅各布・库宁的研究，如果教师在处理违规学生时表现过度的气愤或沮丧，那么连锁反应的效果就会大打折扣。雅各布・库宁的研究还表明，教师应对学生的不当行为时，不仅要表述清晰、态度坚定，还要保持情绪冷静[9]。

● 关注行为本身。教育研究员海姆・吉诺特呼吁教师在处理学生不当行为时给予“理智的信息”，关注具体情况而不是参与其中的个人。这样的信息避免了攻击违规学生的个性，同时强调了在特定情况下的恰当和不恰当的行为。例如，不要说：“约翰尼，不要这么凶”，试着说“约翰尼，不要再打卡洛斯了，打开书翻到第47页”。

● 重复并澄清规则。你已经制定了课堂纪律规则，向学生解释了这些课堂纪律规则，并讨论了规则的重要性以及违规的后果，甚至让所有学生对遵守纪律表明态度。现在你可以期待学生遵守纪律规则了。这样做对吗？

然而，对错兼而有之。对的一面是你应该期望学生遵守纪律规则。与此同时，我们建议你不要轻易假设学生如你希望的那样已经完全理解这些纪律——即使你们已经彻底、详细地解释和讨论了这些纪律规则。假设所有学生都会记住纪律规则，也可能过于乐观了。

当学生违反纪律时，你应该提醒或在某些情况下向学生解释具体举止或行为如何违反了某一条课堂纪律。有些学生确实意识不到某种行为违反了纪律。其他人可能已经遗忘了纪律规则，还有一些人故意违反纪律来测试你在执行规则时的坚定性和一贯性。即使学生确实知道纪律规则，如果他们收到的提醒越多，违规的学生（以及班里的其他学生）对信息的重要性以及你对它的态度的认识也就会越深刻。

教学视频案例

该视频案例“中级课堂管理：基本策略”展示了美国高中历史教师亨利·特纳讨论他个人的课堂管理策略，在他教授美国历史的视频剪辑中也能看到这部分内容。在 CengageBrain. com 上访问教育媒体图书馆，可以观看该视频片段并学习该案例的资料。然后思考以下问题。

问题

1. 这位教师帮助学生在课堂上保持专注时，他如何遵循本单元前面提出的建议？

2. 对于本单元建议的提前计划并向学生传达期望，这位教师是如何体现的？

3. 对于违规行为，这位教师始终表述清晰和态度坚定，同时他是如何保持冷静的？当学生违反你制定的规则时，你会使用哪些具体办法使你保持表述清晰、态度坚定以及情绪冷静？

处理经常性违规学生的技巧

尽管你已经尽了最大的努力做到态度一致、积极主动，尊重并注意所有的学生，但可能偶尔会有一两个学生，他们拒绝遵守任何课堂纪律，对所有关于惩罚的威胁都充耳不闻，而惩罚的威胁本身也似乎没有效。我们想在这里建议，大部分的学生管理工作类似于一场国际象棋比赛或任何其他讲究策略的游戏。你必须像你的对手那样思考问题，预测他或她的下一步棋子，并做出相应的反应。在课堂环境中，这可能转化为试图理解学生为什么会有特定的行为方式。以下是一些你可以遵循的步骤，也可以作为你策略性思维的一部分：

（1）把识别可能激发学生不良行为的潜在刺激因素作为开端。一旦你发现了这些刺激因素，设法避免将学生置于有这种刺激的并可能会诱发不良和不当行为的情形之中。这可能意味着将学生隔离开来，一种常见的做法是，将有些还没有自控能力的学生安排坐在另一个不说话或不惹麻烦的学生旁边。或者，这可能意味着允许某个学生定期休息，到教室外面活动几分钟。

（2）试着弄清楚学生想要通过他或她的行为达到什么目标。德瑞克斯确定了四个“错误的目标”来解释学生长期的不良行为：注意力、权力、报复、无助和能力不足。德瑞克斯认为学生依次寻求这四个错误目标。如果寻求关注的不当行为没有达到预期效果，违规的学生会继而寻求权力等。德瑞克斯还考察了成年人对这些不当行为的一系列反应——从烦恼到威胁一直到绝望。他认为，如果学生的错误目标不断升级，他们的行为变得越来越难以纠正[10]。这再次表明，当错误目标和与之相关的不当行为比较容易纠正时，即时的反应就是最好的反应。

德瑞克斯督促教师认识到学生的错误目标以及他们对自己不当行为的感受。教师应在不认可错误目标的情况下制定有效的应对措施。假设一个学生想得到关注并觉得获得注意的一种方式是故意表现很差。虽然获得的关注是负面的，但至少学生得到了他人的注意。站在学生的角度思考他或她的行为，然后弄清楚他或她为什么寻求关注，这样可以帮助你制定有效的反应方案。例如，你可以尝试想出更多富有成效的办法帮助这个学生获得关注。与此同时，回应不当的行为时你应当注意方式方法，避免关注你不希望学生继续的行为。一个尝试策略是“看到他们表现好的时候”——评论违规学生的良好表现，而不是回应首先引起你注意的不良行为。

（3）寻求胡萝卜和棍棒。仍然像学生一样思考问题，对他或她来说，哪些动机可能是积极的？如果他或她避免不当行为，你——教师——会给这个学生什么奖励？这个奖励应该是他或她真正想拥有的东西。换句话说，你有什么讨价还价的资本或“胡萝卜”？也许这个学生喜欢承担额外的班级责任。小学生可能会很喜欢照顾整个班级。任何年龄的学生都可能想要更多使用电脑的时间。同时，考虑一下可能会对学生产生不利影响的因素。哪些后果或惩罚（“棍棒”）会成为一种威慑力量使这个学生不再继续不当行为？剥夺某些特权直到学生表现得体，这种做法可能会起到抑制不良行为的作用。

将你的想法用在学生身上，然后测试其效果。首先，尝试胡萝卜，因为对于奖励（如果你找到了正确的奖励），大多数学生会积极回应。如果这个学生能遵守纪律，就给他或她额外的计算机使用时间或额外的班级工作。如果这个方法不奏效，就尝试取消奖励。如果学生违反了纪律，取消学生的电脑特权或班级工作。惩罚应该是你最后采用的手段，因为它往往是无效的，有时会产生不良的副作用。

提前规划并与学生沟通是帮助他们规范行为的关键。避免在现场临时想出奖励办法，尤其是惩罚办法。这种做法不仅会让学生感到惊讶，而且你还很可能会反应过度并对某个违规行为的惩罚过于苛刻。如果事先知道违规的后果，那么当学生选择违规时，学生也选择了违规的后果。正如我们在第八单元“培育课堂环境”中提到的，心理学家威廉·格拉瑟的选择理论表明，学生选择满足其需求的行为。格拉瑟建议教师帮助学生认识到他们所做的选择没有成效，并且无助于满足他们的需求[11]。提前与学生沟通不良选择的后果可以向学生表明，不当行为不会满足他们的需求。

与给你带来管理挑战的学生打交道时，一致性是另一个重要元素。一些学生的生活极其缺乏一致性，以至于他们对所有成年人都产生了不信任感。保持一致，即使有时候你看起来很苛刻，这种一致性也能帮助这样的学生建立一种信任感，特别是如果你能够表现出你的行为是一致的和公正的。其他学生可能会遭受生理或心理方面的困扰，不能按照要求做出回应和遵守纪律。对于这些学生来说，一致性和常规惯例能够帮助他们培养行为模式，以便在学校里能够有优异的表现。在所有情况下，请确保你遵守任何你做出的有关奖励或惩罚的承诺。如果没有这种坚持，对于学生来说你的诚信就会受损，同时让学生有良好表现的可能性也会降低。

总结

对于新教师来说，**课堂管理是最大的挑战**，也是教师放弃教学的主要原因。这也是新教师感觉最没有把握的一个领域。很多教师教育工作者认为，课堂管理是一种“亲身实践”的学习经历，不是在大学课堂上学会的。我们同意，课堂管理是一个反复试验的过程，不仅取决于教师的个人课堂风格，还取决于课堂学生群体的构成和学校本身的风格。正如我们在本单元开头提到的，课堂是不断变化的，这就要求教师掌握大量的课堂管理技能，以便从中选取适合具体情况的技能。

尽管如此，我们认为本单元中阐述的指导原则适用于所有情况。根据第八单元“培育课堂环境”的建议，谨慎规划和安排物理空间、建立和实施在课堂上你与学生日常行为的惯例，这些是你管理课堂行为最重要的步骤。遵循本单元中的指导原则还将帮助你积极实施你希望拥有的课堂文化。当你将要习得的这些具体方法中的一种不起作用时，花一些时间重新审视和反思这些基本原则，通过这种途径可以确定在当前情况下哪种其他方法可能更有效。

行动标准

州际新教师评估与支持联盟　标准 3：学习环境

教师与他人合作创造支持个人学习和协作学习的环境，还要创造鼓励积极的社会交往、积极主动学习以及自我激励的环境。

阅读以下情景并回答问题。

“迈克尔，这是对你的第三次警告。现在坐下来，开始做你的功课。”迈克尔慢慢走回他的课桌前，中途经过另外两个学生的课桌时没有停留。

“阿尔珀特女士，我把笔记本忘在家里了。我能拿一些纸吗?”悉尼知道，对迈克尔来说，拿纸又要花掉他 15 分钟时间。

“我会给你一些纸和一支额外的削好的铅笔。现在开始写你的故事大纲。”

迈克尔一家刚刚搬入这个学区，悉尼仍在试图了解他。他看起来足够聪明，他以前的学校记录没有显示他有任何学习或行为问题。但是他来这个班的前四个星期里，似乎离开座位的时间比坐在座位上的时间长，总是和班上的其他学生说话，干扰他们。

两周后，因为他非常健谈，不得不将他与其他学生分开。她曾希望把他与其他人隔离开会让他更容易专注于完成他的功课。但隔离似乎起到了相反的作用，现在他让班里学生都无法专心学习。

“我不知道该拿他怎么办，”悉尼自言自语道，“他好像根本听不进我说的任何话。我不断提醒他有关班级的规定，但这似乎完全不进他的大脑。而且最近我注意到其他学生也在教室里走来走去。他的父母说，他原来学校的教师从来没有抱怨过他的课堂表现。”

问题

1. 如何解释迈克尔在课堂上的行为?
2. 根据你的解释，你会向悉尼提出什么建议?

更多资源

有关课堂管理的书籍众多，不同的教育工作者和研究人员已经制定出很多具体的方法和计划，可以用作有效的管理策略。所有这些方法都各有优点，既有忠诚的追随者，也都可能有一些质疑者。我们的目的不是增加方法，或者推崇一个方案而取代另一个方案，而是为了让你了解一些常用的方法，同时也是你作为教师在职业生涯中可能遇到的方法。

• Carol M. Charles，*Building Classroom Discipline*，10th ed.（Boston：Allyn & Bacon，2010）. 该书提供了18种不同的课堂纪律模式，这些模式基于有关人类学习方式的不同理论和假设。

• *Discipline Help：You Can Handle Them All*. 访问 http://www.disciplinehelp.com 可获取相关资料。该网站对违规行为进行了解释（以德瑞克斯的四个原因为框架），并提出策略帮助教师和家长解决和纠正不当行为。

• Edmund T. Emmer，Carolyn Evertson，and Murray E. Worsham，*Classroom Management for Secondary Teachers*，8th ed.（Boston：Allyn & Bacon，2009）. 作者根据他们多年的研究和实践经验，提供了有关在多元化课堂中建立有效管理体系的实用信息。

• Carolyn Evertson，Edmund T. Emmer，and Murray E. Worsham，*Classroom Management for Elementary Teachers*，8th ed.（Boston：Allyn & Bacon，2009）. 前面提到的中学教师用书的对应书籍。

• Adele Faber and Elaine Mazlish，*How to Talk So Kids Can Learn：At Home and in School*（New York：Simon & Schuster，1996）. 法伯和玛兹丽施就如何与学生进行对话以创建最佳学习环境提出了实用且易于遵循的建议。

• Robert J. MacKenzie and Lisa Stanzione，*Setting Limits in the Classroom：How to Move Beyond the Classroom Dance of Discipline*，3rd rev. ed.（New York：Three Rivers Press，2010）. 麦肯兹和斯坦奇昂提供了一个方案来替代"不良行为—惩罚"这种恶性循环，并提出了一个循序渐进的指导意见来建立一个可以有效阻止权力斗争、激励学生并解决作业问题的体系。

重要术语及定义

数字原住民（digital native） 在数字技术（如电脑、互联网、移动设备、MP3播放器、电子书阅读器）广泛引入和使用期间或之后出生的人。与之相对，数字移民是指到了成年时开始使用数字技术的人。

马斯洛的需求层次（Maslow's hierarchy of needs） 马斯洛提出的理论，即当人们满足"基本需求"时，继而寻求满足"更高级的需求"，所有这些需求构成一个层次等级。

在场（withitmness） 雅各布·库宁提出的术语，意指有效教师对于课堂上发生的一切情况的意识。

本书的配套网站提供了很多有用的资源。访问 CengageBrain.com 获取本书各单元词汇表、抽认卡、网页链接和其他学习辅助工具。

注释

［1］Abraham Maslow，*Motivation and Personality*，3rd ed.（New York：Harper Collins，1987）.

[2] Carl Rogers, *Freedom to Learn*, 3rd ed. (Needham, MA: Prentice-Hall, 1994).

[3] Nel Noddings, *Caring: A Feminine Approach to Ethics and Moral Education* (Berkeley: University of California Press, 1984), 180.

[4] Bruce Perry, "How the Brain Learns Best," *Instructor* 110, no. 4 (November-December 2000): 34-35.

[5] Marc Prensky, *Teaching Digital Natives* (Thousand Oaks, CA: Corwin Press, 2010).

[6] Haim G. Ginott, *Teacher and Child: A Book for Parents and Teachers*, 1st Collier Books ed. (New York: Collier, 1993).

[7] Rudolf Dreikurs, *Maintaining Sanity in the Classroom: Classroom Management Techniques*, 2nd ed. (Washington, DC: Accelerated Development, 1998).

[8] Jacob S. Kounin, *Discipline and Group Management in Classrooms* (Huntington, NY: R. E. Krieger, 1997).

[9] Op. cit.

[10] Rudolf Dreikurs, *Maintaining Sanity in the Classroom: Classroom Management Techniques*, 2nd ed. (Washington, DC: Accelerated Development, 1998).

[11] William Glasser, *Choice Theory in the Classroom*, rev. ed. (New York: Harper Perennial, 1998).

第十单元

教学内容设计

州际新教师评估与支持联盟　标准 1，2，3，4，5，7，8 和 10 ▶▶▶

情景

去年春天克里斯被聘为高中英语教师，这是他“梦想的工作”。在接下来的日子里克里斯一直迫不及待地等待着开学，想要引领他的学生们进入一个全新的文学世界。他整整一个夏天都在思考他希望九年级和十年级英语班的学生阅读哪些作品。他列了很多份书单，又重新修改了很多遍，最后都想不起来哪一份书单是最新的版本。最后，他终于确定了一份建议学生阅读的书单。他把这份书单寄给他的系主任，申请学校能在秋季开学前把缺少的书补齐。

几天后，克里斯应邀与系主任布拉德利女士见面。克里斯对新学年充满自信，又无比兴奋，早早来到了见面地点。然而，见面的基调却并不是克里斯所期待的。

“你整理了一张很棒的文学书单，我也希望你能教这些书。”布拉德利女士开口说道。然后她宣布了一个坏消息：“令人遗憾的是，我们还要考虑一些情况。首先，我们必须遵守州立指南。这意味着你必须先教学校课程指南指定的书。我想这本指南、教师手册和其他一些材料之前应该已经寄给你了。”说着，布拉德利女士指了指她书桌上的一个两英寸厚的活页文件夹。

克里斯记得他收到指南时从头到尾浏览过一遍。然而他一直希望这个指南包含的内容只是建议性的，而非强制性的。“这些书丝毫没有新意，而且非常过时，”他暗想，“如果我都觉得这些书枯燥乏味，我怎么能让学生感兴趣呢?”

布拉德利女士注意到克里斯沮丧的表情，她笑了笑，表示同情。“对不起，”她说，“但是就好像你还是个孩子的时候，在吃甜点之前，你必须先把蔬菜吃完。如果你在年底还有剩余时间的话，你可以教书单中我们书库里面有的任何一本书。恐怕今年购书的预算已经花完了，所以我们不能订购任何新书。”

“还要记住，你负责两个十年级英语 3 级班级。”布拉德利继续说，“这些学生本学年结束时必须参加州立考试。你可能需要花很多时间来准备这次考试，他们需要做大量的写作、语法以及词汇提高练习。”

“语法课，”克里斯心里想，“我当学生的时候多么讨厌那些语法课!”

预览

正如克里斯突然间意识到的，在教学内容方面教师没有绝对的决策自由。半个多世纪以前，教师有更大的余地选择他们所教的主题以及他们如何教授所选主题。然而，今天的课程内容在很大程度上是由州和地方的标准和指南以及所用教材决定的。事实上，一些爱开玩笑的人甚至断言我们有全国统一的课程设置，全部体现在大型出版公司出版的教科书中。然而，尽管教科书确实提供了很多想法和资源，但教师仍然可以决定何时、以何种方式来教授符合州立标准的课程。

在本单元中你将了解到，组织要教授的课程需要做大量周密的计划，这些计划从总体学习目的或目标开始，之后是学生要掌握的具体学习目标。对课程内容进行组织排序，使其无论是整体还是局部对学生而言都清晰明了，做到这一点你需要付出相当大的努力，还要有创新性。根据具体的教学环境，你甚至有机会与其他教师合作把不同科目的目的和目标结合起来，提供跨学科教学。

单元要点

本单元强调：

◇ 为了制定有效的教学计划，你必须综合考虑教学内容、可用资源、时间分配以及学生的特点。

◇ 教学内容受不同因素的影响：你所在的州、你所在的地方学区、你所在的具体学校及社区。

◇ 有效计划始于宽泛的学习目的（目标），之后是具体的目标。

◇ 跨学科教学既为教师和学生带来了益处，又对他们提出了挑战。

计划前的计划：计划过程的影响因素

与做很多其他的事情一样，做好准备工作是你计划教学内容的关键。开始制定实际计划之前，你应该花一些时间了解计划实施的背景。你所在的州和学校要求学生达到什么目标？学校的管理人员对你有什么期望？你有哪些资源？一旦你收集了所有这些数据，在制定当年的具体计划时就可以明智地使用这些信息。

州立标准和州授权测试

制定当年的课程计划时，你要考虑的首要也是最重要的一个内容是根据你要教授的学科和年级的州指南了解学生应该掌握的知识和能力。正如克里斯以一种令其痛苦的方式意识到的，美国基础教育的一个现实情况是：教师需要教授一门规定的课程，即根据所在州教育董事会批准的一套标准进行教学。

2001 年的《不让一个孩子掉队法案》在全国范围内具有影响力，因此你更有必要了解你所在州的课程指南或标准。该法案要求州教育机构制定课程标准，具体明确学生在每一年级或年级段需要掌握的内容和技能。此外，联邦法律要求各州通过对三至八年级学生进行数学和英语/阅读的年度测试来衡量学生的进步。此外，各州每年必须汇报学生在上述测试中取得的进步。各州还要求高中毕业生参加结业考试来证明他们的学业资格。（有关该法案的更多细节，参见第一单元“针对学生学习的反思性教学”。如很多联邦法律一样，该法案经常修改并定期重新授权，因此你应该及时了解其最新版本。）

人们逐渐意识到这些高风险测试的重要性，因此学区教育官员们期望教师或遵守指定的学区课程设置，或至少以州立标准为基础确定自己的课程内容。正如前面布拉德利女士所指出的，一般情况下在顾及了所有的州立标准之后，教师才拥有一定的权利来决定其他教学内容。然而，不要期望有太多的空闲时间去教你想教的内容，大多数州立教学指南的内容相当广泛。

当你仔细阅读州立课程指南或标准时，不要只关注你所教的课程或年级*。

有些学科，如外语，在概念和技能上具有明显的层次区分，而对于其他学科来说，主题的排序可能不那么严格。如果你不仔细查看州立指南，而是根据你个人排列主题的经验假定学生已经掌握了特定的概念，那么你可能会发现他们并不具备你所期望的知识储备。例如，高中数学教学的典型顺序是代数1、几何、代数2，但是一些州的课程指南可能要求采用整体性的教学方法教授数学概念，因此高中数学课程涵盖代数、几何、三角学、数据分析以及统计学等主题，难度逐级递增。这意味着学习综合课程的学生在九年级学习的代数内容可能少于九年级学习了一整年代数的学生。如果你是十年级的数学教师，这个信息对你制定年度计划很有价值。

同样，如果知道在你的学科领域的后续课程中学生会学习哪些主题，你就可以帮助他们为学习这些主题打下概念基础，这一点很重要。如果你在中学任教，尽量了解学生参加的任何州立标准化毕业测试所涉及的概念和技能，这对你也很有帮助。如果毕业考中的某些内容在你的教学内容范围内，你应该确保教授所有这些内容，从而帮学生为测试做好充分的准备。

了解当前不同科目和年级州立标准的实例，如表10－1所示。州立标准的完整列表可访问 http://www.education-world.com/standards 了解相关内容。

表10－1　《共同核心州立标准》和若干州的内容标准实例

英语语言艺术

年级	
3年级	复述故事，包括寓言故事、民间故事和来自不同文化的神话故事；确定主要信息、教训或寓意，并解释上述内容是如何通过主要文本细节传递的。（《共同核心州立标准》－阅读）
5年级	在成人的一些指导和支持下，使用科技（包括互联网）进行写作并发表作品，以及与他人互动和合作；展示熟练的键盘操作技能：一次性至少可以键入两页纸。（《共同核心州立标准》－写作）
8年级	分析对话中的特定话语、故事或戏剧中的特定事件如何推动剧情发展，揭示人物性格或致使人们做出决定。（《共同核心州立标准》－文学）
11～12年级	从多个权威纸质书籍和电子资源中收集相关信息，有效地使用高级搜索；根据任务、目的和受众评估每个来源的优势和局限性；选择性地将信息整合到文本中达到思想的流畅性，避免剽窃和过度依赖任何单一信息来源，遵循引用的标准格式。（《共同核心州立标准》－写作）

* 这也有助于了解前一年要求学生掌握的内容。如果你做完了一整年的计划，结果却发现计划中的大部分内容学生前一年已经学习过了，那你该多么沮丧！

数学

年级	
2年级	掌握涉及美元纸币、2角5分币、一角硬币、五分硬币和一分硬币的相关词汇，能够正确使用$和其他符号。如果你有2个角币和3个分币，你有多少美分？(《共同核心州立标准》)
5年级	利用位值、运算性质和/或乘法和除法之间的关系，计算出最多“四位被除数”和“两位除数”相除之后的整数商。用方程、矩形阵列和/或面积模型说明和解释计算过程。(《共同核心州立标准》)
7年级	将语言表达表述为代数表达式，将句子写为等式。(弗吉尼亚州)
代数	使用两个或多个变量创建方程来表示数量之间的关系，创建坐标轴上有标签和标度的图形方程。(《共同核心州立标准》)
9～11年级	识别调查样本、实验和观测型研究的目的及它们之间的差异，解释随机选择与它们各自的关系。(《共同核心州立标准》)

科学

年级	
2年级	区分人体部位(脑、心、肺、胃、肌肉和骨骼)及其基本功能。(佛罗里达州)
6～8年级	解释细胞如何充当生物体的“积木”并描述细胞存活所需的条件。(伊利诺伊州)
9～12年级	逐渐理解水圈及水圈之间的相互作用以及它对岩石圈、大气和环境质量的影响。(北卡罗来纳州)
11年级	识别实验中的自变量、因变量和控制因素。(俄克拉何马州)

社会学

年级	
4年级	使用不同类型的地图来解决问题(例如：道路地图——距离问题，资源地图——物产问题，历史地图——边界问题，专题地图——气候问题)。(亚利桑那州)
7年级	描述当代世界各国的货币和银行体系。(马里兰州)
9～12年级	比较和对比不同种族、民族和宗教团体(包括美国土著印第安人)的经历，解释他们对美国社会和文化的贡献。(纽约州)

资料来源：《共同核心州立标准倡议》和《世界教育》。访问 http://www.corestandards.org 和 http://www.education-world.com/standards 了解相关内容。

《共同核心州立标准》

2010年，在国家州长协会最佳实践中心和州首席教育官理事会的主持下，指定《共同核心州立标准倡议》出台一整套有关英语语言艺术和数学学习的共同核心标准。这些标准被称为《共同核心州立标准》，旨在界定学生在基础教育过程中应该具备的知识和技能，以便他们能够高中毕业，同时“为大学和职业做好准备”，即能够在入门级学分制的大学学术课程以及职场培训项目中取得成功。

制定一套共同标准的目标之一是缩小现有各州立标准之间的差异，特别是对不同年级或不同课程水平的要求以及评估这些要求的测试。这些差异导致以下结果：一些州是标准高、考试通过率较低，另一些州则是标准低、通过率较高。很多人认为，学生学习的英语语言课程和数学课程不应该存在州际差异。

有关英语语言艺术和数学的《共同核心州立标准》于2010年6月发布，截至2011年初，已有40多个州自愿采用了该标准。目前这些州正在根据这些新标准制定实施计划和州课程设置。此外，各州已联合两个大型集团合作开发共同评估标准。目前正在编纂符合这些标准的课程材料（如教科书）。

地方课程设置指南

除州指南以外，学区通常有自己的课程设置指南，其规定某门课程或系列课程的学习过程。这些指南通常以州立标准为基础，但也可以包括本地化主题或在教授关键概念或技能的过程中利用当地特色。例如，位于湿地附近的学校可以利用湿地环境来教授生物学、化学或环境研究中的一些重要概念。接近历史遗迹的地区可能会把更多的社会学/历史课程的教学重心放在与这些历史事件相关的人物或事件上。乡村社区可能会比城市社区更加强调农业概念，正如沿海社区会更强调海洋生态体系一样。

通常，由教师和管理人员（有时包括社区成员）组成的委员会负责编制地方课程设置指南。无论是谁参与编制过程，他们都已经得到了当地教育机构（如地区学校董事会）的认可，因此，该学区的教师必须遵守这些指南。这些地区指南与州指导框架一样具有约束力，因此，熟知这些内容是非常重要的。

学校的期待

接下来，你应该了解一下任何具体学校的做法或期望是否会影响你的计划。一些学校可能已经在某些课程中实施了统一的课程学习过程，这种做法要求课程内容、节奏甚至教学活动要协调一致。例如，高中可能会期望所有学习九年级英语课程的学生都按同样的顺序阅读同一本书。生物课可能会要求所有学生参加统一的期中或期末考试，甚至两者都要参加。同样的情况也可能发生在低年级。所有五年级的教师可能会在科学、社会学、数学或阅读教学中遵循同样的学习过程。这些要求帮助学校确保能够提供公平的学术服务，避免任何潜在的对某个群体学生的特殊待遇。

在学校层面，另一个常见的教学实践是**合作教学**，即两个或两个以上的教师一起帮助所有学生掌握规定的内容。在开始做计划之前，先咨询你的系主任或教授同一年级的同事，了解学校对合作教学的要求。合作教学在特殊教育工作中很常见。一个常规教育教师和一个特殊教育教师可能会一起合作，以确保特殊学生能够得到所需要的关注。对于合作教学的某些要求可能是基于过去的实践，并且可能不以任何书面形式存在。例如，五年级的教师已经建立了半部门化的教学实践，一位教师教授所有三个班级的科学课，另一位教师教授社会学课，而你作为一名新教师可能需要接管数学教学。

社区的期待

第四个考虑因素是社区对学生学习内容的要求。这通常是一个复杂的制约因素，因为对于希望学校教授什么内容，社区成员可能无法达成共识。一些社区成员可能想要学校教授孩子一些有争议的主题，如智能设计；而其他社区成员可能强烈反对将这些主题纳入课程范围。社区的一部分成员可能会期望学校为孩子提供能够帮助他们进入要求较高的大学的课程，而另一部分成员可能会认为这样的课程对孩子们要求过高。

与了解社区期望你教什么同样重要的是确定社区期望你不教什么。这些藏于心底的期望有时是难以觉察的，除非某个教师（但愿不是你）违背了这种期望。当某个教师上了一节有关包容同性恋或者理解不同宗教的课程，就有可能会在社区引发一场轩然大波。有时，看似无害的话题或著名的文学作品片段，如马克·吐温的《哈克贝利·费恩历险记》，都可能会因为书中的语言或主题而在社区内引起不愉快的争论。在过去五年中，图书馆或学校最经常受到争议的书有 J. D. 塞林格的《麦田里的守望者》、哈珀·李的《杀死一只知更鸟》、艾丽斯·沃克的《紫色》和托妮·莫里森的《宠儿》[1]。有时引发社区成员愤怒情绪的其他话题包括性传播疾病或计划生育方面的健康课程。

正如我们前面所提到的，社区的要求很难辨别，也很难完全遵从。此外，这些要求往往是动态的、变化的（有时变化速度是很快的）。前一年中理想的东西到下一年可能就会遭到鄙视。经验丰富的教师、年级的团队领导或者你的系主任可能对社区期望应该教什么和不应该教什么有深刻的认识，他们都能为你提供最好的指导。

可用资源

你规划课程时需要考虑的另一个因素是可用资源。如本单元开篇情景所示，你的课程决策可能受书籍、计算机、实验室空间和其他可用材料的影响。

印刷品资源 一个重要问题是，你的学校有哪些教科书和补充材料可供使用，以及它们的数量有多少。在本单元开篇的情景中，克里斯很快就知道他的暑期计划不够成熟，因为他想让学生阅读的很多书学校并没有存货，而图书预算在之前的春天已经用完了。（公立学校在前一学年结束前为秋季学期订书并不罕见。）如果克里斯早点意识到学校资源受到的这些限制，他的计划就能更有效。

此外，你还应了解现有的印刷品资源是否已经被资深教师"索取"。重新教授某一年级的教师可能已经决定了他们将使用的印刷材料，并且可能为某一学习单元、一个学期甚至整个学年指定了资源。因此，尽管学校可能有你需要和想要使用的资源，但你可能根本无法使用这些资源或者只有在学年的特定时间才可以使用这些资源。在这种情况下，你需要重新思考这些主题的学习顺序。

技术与信息资源 除了印刷品资源外，你可能想了解学校或地区有哪些可用资源，以及什么时候可以使用这些资源。这些资源包括计算机、液晶投影仪、电视/ DVD 播放机、图形计算器以及学校和社区图书馆。你可能必须事先计划好一节课或一个学习单元，以确保能够使用某些资源。如果你无法使用这些资源，你可能得寻找替代教学活动来帮助学生获得必要的知识或技能。例如，如果想要学生进行广泛的互联网研究，应该确保所有学生都能长时间使用联网电脑。一定要检查细节，如限制学生只访问研究所需要的网站的过滤软件是否到位，以及你想给学生看的电影那一天在电视或者 DVD 播放器是否有资源。

社区资源 我们鼓励你去探索可使用的社区资源。位于附近的一个药学研究实验室可能会让学生有机会看到他们正在研究的科学概念的实际应用，或者一个外国语言中心可以为学生提供场所来练习他们正在练习的语言技能。考虑利用社区资源时，对于教育实地考察以及在正规上课时间和校园以外召开的班会，一定要熟悉学校与之相关的政策与实践。

行动起来

访问 http:// www. education-world. com/standards 查找你所在州的社会学课、科学课或技术课的教学标准（大多数州在英语语言艺术课和数学课方面有相同的标准）。把部分标准打印出来。然后去查看另一个不同州的标准，对比这两个州对于相同科目和年级的标准。这些标准在多大程度上相似或相异？有没有令你感到意外的发现？

计划过程

你已经熟悉了已知的所有影响你制定计划的因素。现在你可以开始计划你的课程了。正如我们所指出的，你可能要负责教授州立课程指南中明确的概念和技能。这些概念和技能的组织从学科的角度来讲可能是合理的，但从教学和学习的角度来讲未必合理。因此，你的首要任务之一可能是制定一个合理的计划来教授必要的主题。我们建议在制定计划时，你需要经历从一般到具体的过程。首先，思考你对课程或学期的整体构想。接下来，计划你将展现主题的顺序。最后，决定转换话题的进度，同时记住以下几个影响进度的因素：突发事件（比如下雪天或生病）和学生学习材料的速度。

课程的总体目标或总体构想

从整体的角度出发思考学生可以在当前学期或学年中能够有哪些收获。不管你有多么精湛的教学水平，不是所有的学生都能掌握你在课程中教授的所有内容和技能。确定学生在课程结束时应该掌握的核心内容。学生需要掌握的“核心思想”是什么？为什么这些“核心思想”很重要？知道这些问题的答案不仅可以帮你更好地教授这门课，而且也有助于你去回应学生们无休止的抗议——“为什么我们必须学习这个知识？”

思考课程中的“核心思想”也能帮助你把所教的课程置于特定学科的连续性研究中，或者甚至将其置于学生可能同时选修的不同课程中。例如，科学教师想让学生对收集的数据进行统计分析，她需要知道学生已经学了哪些数据分析概念。英语教师在教授某一段美国文学史时，如果他知道学生在历史课上学习了哪些关于这一历史时期的内容，那么他可以帮助学生更加深刻地理解这个时期的文学作品。

话题及话题教学顺序

对所教授的课程有一个长期构想，有助于你确定课程计划涵盖哪些主题以及教授这些主题的顺序。正如我们经常提到的，州或地区课程指南可能规定了具体的概念和技能，但是根据学生掌握的规定材料计划学生学习的实际主题时，你还是会有不少自由发挥的余地，这取决于不同科目。

第一步是列一张表，把你认为所授课程主要的同时也是重要的主题都列出来。列表的依据是课程的目的和你的构想。同时，认真阅读相关的州立标准或目标，并列第二张表，这张表是关于该学年你要达到的州立标准和目标。（你可能还想列出此课程上一个学年以及下一个学年的标准。）现在看看你的这两张表，寻找它们之间的交集，确定你将如何或者如何成功地将州立标准融合到你所制定的主题列表中。

例如，考虑如下情况：一位西班牙语教师相信，让学生多了解西班牙语国家的"亡灵节"（一般在美国万圣节后两天）非常重要。他查看了州立课程指南，发现了一些相互关联的目标，这些目标能够让他把这一重要的拉丁裔庆祝活动纳入教学计划。例如，指南规定学生"解释目标文化的传统和庆祝活动的文化意义"，并"接触和描述目标文化的地方性和国家性活动"。另一个目标要求学生识别"来自真实材料的信息"，这个目标可以通过让学生阅读关于"亡灵节"的报纸报道来实现。

一旦你列出了一张主题列表，你就需要考虑学生学习这些主题的顺序。一些学科（如历史、外语和数学）可能有一个相当自然的（但未必是固定的）主题学习顺序，但是其他学科（如英语和自然科学）可能不会有这样的顺序。为了帮助你确定教授主题的逻辑排序，你可能希望咨询以下资源：

- **同事。**充分利用部门同事或年级同事多年来积累的集体经验。当你考虑主题顺序的不同方案时，询问他们对这些方案的反馈。他们可能会看到你没能看到的关联、需要考虑的事实或者制约因素。
- **课本。**如果可能的话，看看几个不同课本中的主题顺序。分析你能发现的相似点和不同点。问问自己这些主题为什么以这个特定的顺序呈现。看看你是否能确定教材编写时使用的组织原理。

有了你从同事和课本那里获取的信息，再次审视一下自己的主题列表。从以下两个角度分析每一个主题：为了从主题教学中有所收获学生应该具备的先前技能和知识。考虑一下列表中主题的级别、熟悉程度和复杂性。学习理论表明，当新信息与现有知识相关联时，学习效果更好。在掌握概念的过程中学习者也应该随难度的增加而不断取得进步，从识别和理解开始，继而学会分析或运用已掌握的概念。

在确定教授主题的顺序时，我们鼓励你慎重考虑，并建议你与至少一位教授相同课程或年级的同事分享你的想法。如有需要，你应能够向系主任、学校管理人员甚至是学生家长解释你的课程学习的合理性。

进度安排

现在正值八月份，本学年结束似乎还早：有整整十个月！然而，事实上，美国大多数地方的学生每年上学的时间是 180 天。这意味着你最多有 180 个课时（中学和高中教师）或 180 天（小学教师）来教授主要内容。考虑到章节学习和单元测试、期中和期末考试、州授权测试、学校的特殊活动、突发事件和因天气原因学校放假等，你可能只有 150 到 160 天（或课时）来教授所有你认为重要的主题。因此，你必须合理分配时间。

现在，你可以开始查看自己的主题列表，然后决定教授每个主题你需要花费的时间。再次考虑学生对列表中主题的熟悉程度和复杂程度。标记那些你认为对学生来说更具挑战性的概念，尽量在这些主题上多花一些时间。然后标记那些你认为学生更熟悉或更容易理解的概念，估算在这些主题上你需要花的时间。给每个主题分配时间时，要考虑到不可避免的考试安排，尤其是如果你的课程有期中和期末考试的话。

下一步是将每个主题分解成子主题，并给每个子主题分配时间。务必确保不仅要计划教学时间，还要安排评估时间。继续分解主题直到可以具体到每日计划。请记住，你的进度计划只是临时的、粗略的。有很多因素可能会影响你的进度，包括学习者的成就水平、你想开展的教学活动的类型，当然还有突发事件。突发事件虽然可能无法预料，但我们还是建议你能够为“意外”留出一些时间，以便为调整教学日程留出余地。

教学视频案例

在该视频案例“内容领域阅读：针对20世纪20年代的一个跨学科单元”中你会看到，两位中学教师如何针对一个“咆哮的20年代”一起设计一个学习单元。你也会听到学生们思考以下问题：跨学科教学方法如何促进他们学习语言艺术和社会科学。在CengageBrain.com上访问教育媒体图书馆，可以观看该视频片段并学习该案例的资料。然后思考以下问题。

问题

1. 学生（主要视频中）和社会学教师（补充视频中）的评论如何反映下文中描述的跨学科教学法的长处？他们还注意到其他长处吗？你有什么要补充的吗？

2. 这两位教师设计《了不起的盖茨比》的合作课程，哪些证据能够表明在设计过程中他们一起合作？

学习者的水平　当你逐渐了解学生的兴趣和能力时，你可以重新审视和修改所选主题及进度计划。在某些情况下，你的计划过于野心勃勃，你必须增加分配时间。你甚至可能需要删除一些子主题，合并一些其他子主题，以便集中精力教授核心概念。在其他情况下，你会发现学生掌握概念的速度比预期快很多，比如说你预计两周完成的内容，学生一周就掌握了。

教学活动　虽然学生积极参与的内容交互式课程可能是效果显著的，但往往时间效率不高。这种课程可能需要两或三个课时才能完成，相比之下，教师讲座型课程或者由教师主导的讨论课仅用一节课的时间就能完成同样的内容。同样，学生进行小组合作时学习速度会下降，要预料到这种情况。为了使自己免受挫折，需要计划更多的时间来进行交互式教学活动。

突发情况　想一下你的课程中可能会出现什么问题，如果这些问题发生你将如何应对。想象最理想的教学情况，制定教学计划以达到这个理想状态。与此同时，想象可能出现的、妨碍课程进程的“绊脚石”，并设计替代性活动。

对于完善的计划而言，一个关键因素是灵活性。计划要周密详尽，但不要过于拘泥于计划。在必要的情况下你要乐于调整计划。

跨学科教学计划

在一些学校，某些年级的教师可以加入跨学科教学团队，他们需要相互协调课程，并调整他们教授的学习主题以实现学科间的互补。一些学校在特定年级或特定时间段进行组织性主题或重点教学，并期望教师团队围绕这一主题组织他们的学习课程。例如，一所中学可能会采用公民权利作为八年级学生的组织性主题。由英语和社会学教师组成的教师团队将以公民权利为组织性主题来计划学习课程。英语教师可能会让学生阅读美国或其他国家民权领袖的传记或学习这些领导人的著作，之后社会学教师可能会让学生学习美国或其他国家的民权运动。

教育工作者常常称赞跨学科学习的好处。学生可以从不同学科的角度看到概念和技能的相互联系，教师有机会更紧密、更有效地与他人合作。与此同时，跨学科教学给教师们带来很多挑战。制定个人的课程计划已经需要考虑多方面的问题，而要把你的课程计划与一个或更多同事的不同学科计划协调起来会更加复杂。为了帮助你制定这类计划，“在你的课堂上”板块提供了一系列步骤。

在你的课堂上

跨学科教学计划编制指南

1. 为学习课程确定一个组织性主题或构想。你的独立课程需要一个构想，同样，我们建议为跨学科学习也制定一个构想。

2. 确定哪一个学科作为这次跨学科教学的基础学科。对于某些主题来说，内容基础比其他主题更加明显。在公民权利的例子中，最合理的主要内容基础是社会学。对于其他主题（如环境研究），主要内容基础可能是科学。

3. 作为一个团队，以头脑风暴的形式提出每个学科与主要内容基础相关联的话题。头脑风暴这个环节有助于你发现一些并不直观的关联。你们也许希望从具体学科的教科书的内容列表开始，然后拓展这些主题。充分利用团队中教育工作者集体的专业知识、经验和兴趣。

4. 辨识学科间的结合点。思考一下团队在头脑风暴环节确定的主题列表，找出每一个内容领域中与这些主题相关或者互补的概念和技能。应该经常强调这些结合点来帮助学生识别这些主题间的关联性。

5. 协调教学计划。为了让学生掌握学科间的关联性，他们需要同时学习这些相互关联的概念。因此，协调教学活动必不可少。团队应该制定一个所有成员都认可的进度计划。

总结

通常经验丰富的教师看起来根本不做任何计划，以至于经验不足的教师可能会认为教学需要很少或根本不需要做计划。但事情并不总是像看上去的那样。事实上，大多数老教师总是在计划下一节课、下一周、下一个月和下一个单元，即使他们并不写下自己的计划。他们不断地扩大自己的思想储备。我们鼓励经验不足的教师以这些经验丰富的教师为榜样，并把计划融入日常的思考活动中。我们还要提醒你，并非每一个教师都能做到不记笔记也能记住所有的计划。我们建议你建立一个程序来制定长期和短期课程学习计划，并且把你的计划写下来，除非有一天你不需要书面提醒也可以确定自己记住的内容。此外，很多学校的校长要求实习期的教师每周提交书面教学计划。

行动标准

州际新教师评估与支持联盟　标准4：内容知识

教师理解核心概念、研究工具及其所教学科的结构，并创造学习经历为学习者提供可理解的、有意义的学科内容，以确保学习者对内容的掌握。

参考你所在岗位的州立课程指南，然后提出整个学年的主题学习顺序。务必保证你可以说明这个计划顺序的原理。考虑一下你涵盖的每一个主题的学习目的。向学生说明此主题对于学生学习这门课程的重要性。

更多资源

● Richard I. Arends，*Learning to Teach*，9th ed.（New York：McGraw-Hill Higher Education，2012）．一本很实用的通用指南和参考书，尤其要阅读一下制定教学计划的章节。

● Education World. 访问 http://www.education-world.com。该网站有州立内容标准和课程计划的链接。

● Greta Morine-Dershimer，"Instructional Planning，" in *Classroom Teaching Skills*，9th ed.，ed. James M. Cooper（Belmont，CA：Wadsworth/Cengage Learning，2011）．关于制定有效的短期和长期计划的章节很有帮助。

● *New York Times*. 访问 http://www.nytimes.com/learning/teachers/index.html。《纽约时报》根据各种时事为各年级和各学科创建每日课程计划。该网站还明确了针对每节课的学术内容标准。

重要术语及定义

合作教学（collaborative teaching/co-teaching）（协作教学）　两个或以上的教师合作制定计划并给一组学生授课。合作教学通常需要一名常规教育教师与一位特殊教育教师，为特殊学生提供适当的教学。

《共同核心州立标准》（Common Core State Standards）　50个州中的40个州所采用的英语语言艺术和数学学习方面的共同标准。课本和测试都是基于这些共同标准编制的。

高风险测试（high-stakes tests）　学生必须参加的且具有严重利害关系的测试，比如，测试结果会决定是否具有升到下一个年级的资格或高中毕业的资格。

跨学科教学（interdisciplinary teaching）　将两个或多个学科领域的教学（如英语和历史）结合起来，通常使用如发明、发现或健康等主题。

《不让一个孩子掉队法案》（No Child Left Behind Act）　《初等与中等教育法案》

2001 年再次授权的名称，该法案对各州和学区提出了很多新要求。

本书的配套网站提供了很多有用的资源。访问 CengageBrain. com 获取本书各单元词汇表、抽认卡、网页链接和其他学习辅助工具。

注释

[1] American Library Association，*Challenged and Banned Books*. Available at http://www. ala. org/ala/issuesadvocacy/banned/frequentlychallenged/21stcentury-challenged/2006/index. cfm.

第十一单元

课程设计

州际新教师评估与支持联盟　标准 1，2，3，4，5，6，7 和 8

情景

“我该怎么办？那堂课上得糟透了！并且还有三堂课，都要做同样的活动。我不明白！换作是约翰逊女士，这堂课肯定是没得挑的。”安吉是麦考伯中学的一名新教师，她的第一堂课上得很失败，像是一场灾难。眼泪还在眼里打转，安吉试图从失败中恢复过来。

去年春天教学实习时，安吉和约翰逊女士合作过。现在她希望使用约翰逊女士曾经给中学生上科学课时使用的方法。约翰逊女士会让学生做一次“探索活动”，活动期间他们仔细观察。探索过后，每组学生会有 5 分钟的时间来讨论他们的观察结果，并提出有关科学现象的假设。最后，约翰逊女士会主持一场讨论，其间学生们将分享他们的观察结果、结论和提出的假设。

安吉记得她当时一直很诧异，因为课上学生们都非常投入；当学生发现他们的假设有效时，他们非常激动。课堂讨论十分活跃，约翰逊女士几乎不需要说话。这是那堂课最容易的部分，安吉记得当时是这样想的。讨论完全不需要引导。最具挑战性的部分是约翰逊女士要决定接下来请哪位学生来发言，因为他们都想分享自己的想法。“我迫不及待地想让我的学生也做这些活动。”安吉那时心里这么想。

那时安吉决定做一个分类活动，这个活动她曾在约翰逊女士的课堂上见过。活动要求全班同学做一张清单，列出班里学生穿的各种各样的鞋。每组要完成的任务是把鞋先分大类，然后再分子类别，然后再细分。一旦每组都分好了类别，接下来的任务是分别描述类别和子类别的特征。

但是，没有一个活动是按她的计划或想象完成的。分组时就出问题了。安吉最初计划把学生分为 4 组，但最终她不得不分 5 个组，于是她的讲义不够分，不得不花时间再去做一份。然后，因为是第一堂课，班里的学生不理解安吉想要他们做什么，于是她不得不解释 3 次学生才理解。最后，她把任务写在黑板上，这样学生就能记住要做什么。

学生们终于开始了探索活动，他们似乎很感兴趣。但安吉在任务开始前浪费了太多时间，结果留给学生探索的时间并不多。讨论——安吉最期待的部分——让所有人都很失望。学生们没有任何想法、没有得出结论，也没有提出任何假设。

他们唯一的评论就是关于鞋的分组。本节课最后的 5 分钟是最痛苦的，不堪回首。安吉不知道该问什么问题，于是她一遍又一遍地问同一个问题。

安吉回想起约翰逊女士关于计划课程细节的各种建议。“当约翰逊女士反复告诉我把自己想问的问题写下来的时候，也许这就是她想说的意思。我当时只是觉得她告诉我这个是因为这就是大学一直告诉我们的内容。”当然，也许不是这样。她开始明白约翰逊女士的意思了。“嗯，至少我还有40分钟准备下一堂课，避免今天的第二场灾难。”她边想着边坐下来写下一些问题。

预览

正如安吉经历痛苦才发现的那样，作为教师，教学设计是你工作的重要组成部分。准备充分和条理有序是新教师最该做的。课堂上出现许多问题是因为教师对于课程和活动计划得不够充分。周密的教学计划也向学生传递了对他们的关爱。他们把教学计划杂乱无序看作教师能力不足或不关心学生而没有备好课。无论哪一种情况，你都可以通过周密的计划避免其发生。

和安吉一样，你可能认为编写教学计划更多的是一种学术任务，对你作为教师没有太大用处。你甚至可能有机会与那些似乎从不编写或使用教学计划的老教师一起工作。事实上，大多数老教师会很详细地计划他们的课程，尽管他们有可能会把教学计划写出来，也有可能不会。他们通常在心里计划课程的细节，包括他们想要问的问题和他们想在一堂课的每一个阶段使用的时间。然而，一些校长要求每一位教师每周提交教学计划，以便检查这些教学计划，确保州立标准得到体现。

编写一个高质量的教学计划有助于你确定和清楚地记住一堂课中你想要实现的目标以及你打算实现这个目标的方式。这种做法可以明晰学生将要在课堂上学习或练习的内容，并详细说明了解学生是否确实掌握了目标概念或技能的方法。这种做法也可以记录学生已经（或应该）学会的内容以及接下来他们将要（或应该能够）掌握的内容。

教学计划有多种格式，但大多数教学计划至少包含课程的学习目的和目标以及帮助学生实现这些目标的过程。最详尽的教学计划应该

- 具体说明学生应该知道什么，他们将从规定的学习活动中学到什么。
- 列出课程需要体现的州立标准。
- 描述课程所需的教材。
- 为实施教学活动提供一个循序渐进的提纲。
- 为有特殊需求的学生提供扩展、延伸或再教育活动。
- 说明如何对学生进行评估。

本单元将介绍编写详尽的教学计划的各项内容。在配套网站上你可以阅读几个完整教学计划的示例。

单元要点 ▶▶▶

本单元强调：

课程设计应该包含的基本内容有课程设计概述、课程目标、相关的州立标准、所需教材、计划的活动、扩展或延伸活动、课程结束以及评估程序。

课程应该包括不同阶段学生的认知能力的培养。

行动起来

分析一下安吉的第一堂课。你认为她遇到的问题是由什么原因造成的？在下一堂课之前她能做些什么来避免再次出现同样的问题？在课堂上她能做什么来提高课堂效率？

课程设计概述

课程设计概述部分提供了课程的提纲，描述了课程涉及的主要学习活动，以及学习活动的各个阶段，同时也体现了课程目的和课程评估方法。编写课程概述是一个实用的方法，以确保计划的活动在你的心里是清晰无误的，并且活动确实符合你已经确定的目的。表 11-1 是若干课程概述的例子。

表 11-1　　课程概述示例

科目与年级	课程概述
语文艺术-小学	学生在阅读一本书——《林肯先生的胡须》（作者是克伦·B. 温尼克）——的过程中将仔细阅读格雷斯·贝德尔写给亚伯拉罕·林肯的信，信中她建议他留长胡须，并给她写回信。学生将识别这两封信的共同特征，即标题、问候语、正文、结尾和签名。
社会研究-初中	学生将研究非裔美国发明家的发明。首先，他们将与一个同伴合作完成一张以发明者和发明为内容的图表。其次，每个学生都会选择一项发明进行研究。每个学生都要写至少一页的报告，说明其所研究的发明对人们生活的影响。
科学-高中	学生将在行动中考察牛顿第一运动定律。他们将开展规定的活动内容，并对活动的结果进行认真详细的观察。作为一个班级，学生们将对他们的观察做出推论，并将它们与牛顿第一定律联系起来。

学习目的和目标

学习目的是一个宽泛的陈述——它描述学生在参与了规定的学习活动之后将学到的知识和培养的能力。学习目标是一种比较狭义、比较具体的陈述——它描述学生在掌握了具体的概念或技能之后应该能够表现出来的独立分散的行为。学习目标的作用很大，因为目标为教师和学生（如果跟他们沟通过学习目标）明确了方向。通过阐明学习目标，在课程开始时教师就可以清楚地了解他们对学生的期望。学习目标也为评估学生学习提供了依据。

然而，大多数人的问题是，当我们想到一些宽泛的目的（比如，学习非裔美国发明家或者物体运动），然后试图将这些宽泛的目的缩小为学习目标时，问题就变得杂乱无章。有这么多可以达到的目标，对于这些有限的目的也有很多内容需要学习。我们需要一个框架对诸多的可能性进行分类，这是指导我们创建教学计划的一个工具。幸好，在这里你可以获得帮助。

布卢姆分类法

在20世纪50年代，本杰明·布卢姆带领一组教育工作者和教育心理学家共同开发了一种目标分类方法，这些目标常常是教育目标。布卢姆的分类系统，被称为**布卢姆分类法**，作为开发学习目标的基础至今仍被广泛使用。（分类法是根据假定的现象之间的关系对现象进行有序分类。）

布卢姆与他的同事首先识别了教育活动的三个方面或领域[1]：

- 认知领域：智力活动
- 情感领域：社会情绪状态和活动
- 精神运动领域：手工和身体敏捷技能

当时，他们的计划是对每一个领域进行分类。他们从认知领域开始，1956年提出了一个分类。2001年，布卢姆以前的学生和分类学的一个创始人带领一组教育工作者对分类法进行了修改。认知领域的新分类包括思维的六个层次。这六个层次，从简单到复杂，分别是记忆、理解、应用、分析、评价和创造[2]。表11-2总结了这些层次及其定义。

表11-2　认知领域新分类中思维的六个层次及其定义

层次	定义	关键词	例子
记忆	从长期记忆中检索、识别和回想相关知识。	排列、定义、复制、标签、列表、记忆、命名、排序、识别、联系、回想、重复、陈述。	了解常用术语，了解具体事实，了解基本概念。
理解	通过口译、例证、分类、总结、推断、比较和解释，从口头、书面和图形信息中构建意义。	分类、描述、讨论、解释、表达、识别、指示、定位、认识、报告、重申、审查、选择、翻译。	了解事实和原则，理解图表，将语言内容转换为数学公式、证明方法和过程。
应用	通过执行或实施来使用程序。	应用、选择、示范、戏剧化、使用、说明、解释、操作、实践、安排、拟定、解决、使用、写作。	将概念和原则应用于新的情况，将规律和理论应用于实际情况，解决数学问题。
分析	将材料分解成部分，通过区分、组织和归因来确定部分之间的相互关系、部分与整体结构或目的的关系。	分析、评价、计算、分类、比较、对比、批评、区分、鉴别、辨别、检验、试验、质疑、检验。	识别未经证实的假设，识别推理中的逻辑谬误，区分事实和推论，分析工作的组织结构。
评价	基于标准通过审查和鉴定做出判断。	鉴定、辩论、评估、附加、选择、比较、辩护、估算、判断、预测、评定、去核、精选、支持、估价、测评。	判断数据支持的结论是否充分，通过使用外部优秀标准判断作品的价值（艺术、音乐、写作）。
创造	将元素组合在一起形成一个连贯的或功能性的整体，通过生成、计划或生产将元素重组成新的模式或结构。	安排、收集、积累、构建、创建、创造、设计、开发、形成、管理、组织、策划、准备、提议、建立、写作。	写一个有条理的主题，把不同领域的学习整合到一个解决问题的计划中，为物体分类制定一个新的方案。

资料来源：Anderson \ Krathwohl \ Airasian \ Cruikshank \ Mayer \ Pintrich \ Raths \ Wittrock, *Taxonomy for Learning, Teaching and Assessing: A Revision of Bloom's Taxonomy of Educational Objectives*, Abridged Edition, 1st Edition, (C) 2001. pp. 67-68. Adapted by Permission of Pearson Education, Inc., Upper Saddle River, NJ.

举个例子，如果一个学生在数学的理解层次的某个特定领域能力突出，他或她就能够将材料从一种形式翻译或诠释为另一种形式，如把词汇问题转换为图表，并能够预测未来的趋势。为了证明这个层次的能力，教师可以要求学生预测后续事件，例如图上的下一个点。

1964年提出的情感领域有五个层次：接受、反应、评价、组织和表征。1972年伊丽莎白·J. 辛普森（Elizabeth J. Simpson）开发的精神运动领域有七个层次：感知、设定、引导反应、机制、复杂或公开反应、适应和起源。在准备学习目标时，这两个领域（情感领域和精神运动领域）的使用频率比认知领域要低很多（特别是在高年级阶段）。然而，小学教师可能在课程准备中需要考虑所有这三个领域。

在编写课程目标时，牢记修订版的布卢姆分类法是很有帮助的。教师应该设计有层次的学习活动，目的是学习一个新概念或技能时初期活动需要低层次的思维而后期活动需要更复杂的思维。在新的学习单元开始时，学生可能需要达到的目标是记忆或理解。然后，当他们对单元中的概念和技能掌握得越来越熟练时，他们就需要进行应用或分析活动。作为一名教师，你的任务是确保你计划的学习活动和课程内容要关注并促进这种认知能力的发展。例如，高中生物课上学习光合作用时，下列任务要求学生在修订版的布卢姆分类法的不同层次上思考问题。

- 记忆层次。要求学生定义光合作用并列出光合作用过程的反应物和产物。
- 理解层次。要求学生用自己的话解释过程的每个阶段。
- 应用层次。要求学生举例说明光合作用过程中水分子的变化。
- 分析层次。要求学生把整个过程分解为不同的部分。可以要求学生比较和对比光合作用和植物呼吸。
- 评价层次。要求学生评估大气中二氧化碳含量的增加可能对植物寿命产生的影响。
- 创造层次。要求学生虚构一个受光合作用影响的动物的故事，用短篇小说、诗歌或说唱歌曲的形式演绎出来。

如果是在小学阶段，教师可能会给正在研究太阳系的班级布置以下任务来体现布卢姆分类法中的不同层次。

- 记忆层次。要求学生按照与太阳由近到远的顺序说出各个行星的名字。
- 理解层次。向学生展示各个行星的图片并要求他们说出行星的名字。
- 应用层次。要求学生制作某一个行星的模型。
- 分析层次。要求学生决定哪些行星很容易变暖或变冷。
- 评价层次。学生可以辩论哪些行星最适合人类生存。
- 创造层次。要求学生写一个短篇故事，想象每个行星上可能会有哪些生物。

修订版的布卢姆分类法包括其他重大改变，为教师提供了一个更有力的工具来帮助他们设计教学计划，所以建议你熟悉修订版的其他内容。

制定学习目标

罗伯特·马格尔（Robert Mager）是20世纪60年代初研究教学或学习目标的先驱之一[3]。马格尔的思想深深扎根于行为主义学习理论（如第六单元“学习的重要原理”中描述的），他坚持认为，这些目标必须是可观察的，可测量的。他确定了学习目标的三个基本要素：

（1）可观察的行动或行为——也就是学生将要做什么来表明他们已经掌握了必要的知识或技能。

（2）行为发生的条件——也就是可供学生执行该任务的材料和资源，以及任何完成活动的时间限制。

（3）定义可接受的表现水平的标准。

表 11－3 是包括这三个元素的学习目标的几个示例。

表 11－3　　学习目标示例

目标	条件	行为	标准
给学生一张美国地图，要求他们以 90%的准确率标记 50 个州。	给学生一张美国地图	学生将标记 50 个州	准确率为 90%
给学生 5 个音乐片段，他们将准确识别每个片段的音乐类型。	给学生 5 个音乐片段	学生将准确识别音乐类型	针对每个片段
学生将准确识别教师预先准备的化学混合物中的成分。	给学生化学混合物	学生将识别化学成分	准确地

正如马格尔所设想的那样，制定学习目标的关键是描述学生应该执行的行为的动词。马格尔坚信，动词是描述行为的动作动词。在编写学习目标时的一个重大挑战就是要选择恰当的动词来描述它们。动词应该表明行为是可观察的和可测量的，这个行为同时还表明学生已经很好地内化了概念或技能。表 11－2（显示布卢姆分类法）所示的动词是恰当地描述学习目标的动作动词的实用例子。

学习目标是以学生为中心，以结果为导向的。学习目标描述学生课上学习过后会知道或能够做什么。学习目标并不描述学生或教师在课上要做什么，这些信息可能出现在活动部分。关注结果至关重要，因为学习目标是评估学生学习的基础。本单元后面会谈到评估学生学习。第十五单元“学习评估”和第十六单元“评估工具”将详细描述评估学生学习这方面的内容。

行动起来

为本单元开头描述的教师安吉所设计的课程编写一个学习目标。保证你的学习目标包括马格尔确定的三个标准，并决定学习目标反映了布卢姆分类法中的哪个层次。现在试着为你自己所教学科和年级编写一个学习目标。

课程设计中的州立标准

在第十单元“教学内容设计”中，我们讨论了使用州课程指南或标准作为设计基础的重要性。随着问责制的不断强化和学校压力的不断增加，为了确保学生通过州规定的考试，教师们受到越来越仔细的审查，以确保他们所教的课程包括学生每年考试时需要掌握的概念和技能。

为了向学校管理者和家长展示你的课程内容与州立标准或基准完全一致，一种做法就是使任何特定课程所体现的标准容易识别。这对你来说也是一个实用的方法，你可以用它来记录已经涵盖的标准，还有那些有待体现的标准。

教材规划

思考一下开展拟定的学习活动你需要什么，也就是说，在课堂上除了普通的材料（讲义、课文、纸、钢笔或铅笔、粉笔、数学计算器或尺子等等）之外你还需要什么。把这些材料列在你的教学计划中，这样可以帮助你有条理地组织课程教学。例如，安吉当初可以使用她的班级名单来确定她需要多少份讲义，从而节省她的时间。

这一点对于与技术相关的材料尤为重要。一些学校的便携式计算机、平板电脑、电视/录像机、DVD机或录音机的数量有限，教师需要提前报名预约。例如，如果拟定的学习活动需要录音或录像，列出这些材料可以提醒你要获得适当的技术来播放录音或录像。如果你计划使用计算机，你需要提前安排好。你要确保你准备好了进行教学所需的设备。

教学过程

在任何一天你负责学生学习的时间内，你具体要做什么以及学生要做什么——这是教学计划的本质所在。至少要考虑三个不同的部分：课程的开始部分、中间部分和结束部分。当我们考虑这些不同的部分时，问问自己以下这些问题：

- 你将如何介绍这个课程的思想内容和目标？
- 你将如何吸引学生并激发他们，从而使他们能够保持注意力？
- 你将如何把学生的兴趣、以往的课堂活动和学习目标联系起来？
- 你对学生有哪些期待？你将如何把这些期待传达给他们？

课程的开始部分：使学生保持专注并投入学习

课程的开始部分是让学生准备学习必不可少的第一步，然而这个步骤在计划和实施阶段往往容易被忽略。这些起步环节有时被称为**期望设定**。期望设定向学生传达他们正在学习的概念能给他们带来的益处和兴奋。期望设定目的明确且有两个维度：认知维度和情感维度。

● 认知维度。让学生思考课程的重点。任何一天内，几乎所有年级的学生要接收四到七门课程的信息。对于许多学生来说，从一门课程转换到另一门课程需要一定程度的认知加工。毕竟，我们多少人能够在一个上午的时间里，从三角比到无氧呼吸再到《凡尔赛条约》的转换过程中做到无缝过渡？

因此，在使学生投入学习活动之前，你应该帮助他们转换认知活动来适应目前需要学习的科目，不管是数学、科学、历史还是外语。具体来说，就是帮助学生回忆拟定的学习活动所需的关键概念和技能。在一些课上，你想要复习上一堂课的内容。在另一些课上，你想要让学生回忆一下之前的话题，这些话题是当天的课程学习所需的或是相关的。

● 情感维度。让学生对他们将要学习的内容感兴趣。在学校外面，学生们生活在一个媒体密集的、充斥着广告和娱乐的世界里，一些极其有创造力的头脑在争抢他们的注意力。因此，教育工作者被迫参与这种竞争。研究表明，对于我们感兴趣和想要学习的知识，我们记忆的效果更好[4]。激发学生的学习兴趣可以使学习更有效、更全面。激发学生兴趣的一种方法是向学生展示他们要学习的相关概念或技能。

表 11－4 提供了一些开课示例。

表 11－4　　开课示例

科目与年级	课程概述
十一年级美国历史	给学生展示珍珠港战争视频的几个片段。鼓励学生想象珍珠港军事基地被日本突袭时的样子。观看视频片段后，给学生 5 分钟时间写一个日记，记录如果那天他们在珍珠港的话，他们会有何感受。
四年级科学	让学生弯曲手臂——从肘部向上弯曲小臂。然后让他们伸展手臂——向上伸直手臂高过头部。确保学生理解术语弯曲（关节）和伸展的意思。当他们做这些动作时，让他们仔细观察自己的手臂。当他们弯曲和伸展手臂时，问他们注意到了什么。问学生是否知道他们完成每一个动作时使用了哪些肌肉？如果他们不熟悉肱二头肌和肱三头肌，现在就介绍这些术语。让学生投票判断以下的话是否正确："大多数人的肱二头肌比肱三头肌强壮。"
十一年级统计（数学）	提出如下问题：想象一下你即将登上一架飞机。你发现这架飞机是波音 737，有 162 个座位。这意味着一共有 27 排座位，每排有 6 个座位，过道两边各有 3 个座位。你的座位是 12D，临过道，在飞机大约中间的位置。当你等待登机的时候，你在登机口附近区域四处看看谁会跟你同乘一架飞机。在人群中，你注意到一个年幼哭哭啼啼的孩子，与他同行的是一个爸爸或妈妈、两个非常高大的男人，还有三个跟你年龄相仿的年轻人。你与这些人中的任何一个邻座或坐在同一排的可能性有多大？可能性的数字概率是多少？

观看如下视频案例中一位教师如何开课。

教学视频案例

在该视频案例"课堂动机：使学生投入学习的策略"中，七年级教师乔希·贝克分享了他用来激励学生的主要策略——利用学生生活的重要方面并将这些方面与课程大纲联系起来从而吸引学生。教授有关罗莎·帕克斯的内容时，他把这堂课与一个更大的有关公民权利的单元联系起来。在 CengageBrain. com 上访问教育媒体图书馆，可以观看该视频片段并学习该案例的资料。然后思考以下问题。

问题

1. 乔希在开始上课时如何吸引学生的注意力并让他们投入学习？
2. 你看到哪些证据表明学生投入学习？
3. 你可能会以怎样不同的方式开始这堂课？

课程的中间部分：学习活动

这是一堂课的重头戏，（教师带着学生）朝着教学目标努力，如果运气好外加计划周密，可以实现这些学习目标。学习活动的范围很广：有讲座、讨论、小组活动或长期的研究项目。（参见第十二单元“教学方法”了解不同类型的学习活动。）无论你计划什么活动，你都要确保它确实能帮助学生达到你设定的学习目标。问问自己：“这个学习活动如何帮助学生掌握本课的概念和技能?”表11-5是一个教学计划的学习活动示例。

表11-5　　学习活动计划示例

要求学生将花园浇水软管固定在水龙头上，并调节水流压力保持恒定。从水管与地面夹角度0°开始，测量并记录水沿着水平方向流动的距离，并在20°、30°、45°、60°和75°重复这个过程。
问题 1. 哪一个角度可以获得水流的最大喷射距离? 2. 要使水流达到的最大喷射高度有一个最佳角度，你能想出一种测量方法吗? 简要描述你的方法。 3. 绘制水流喷射的近似路径，其形状是什么样子? 4. 为了获得水流喷射的最大距离，提高水管压力对水管角度会有什么影响? 5. 为了获得最远的距离，你是否认为掷铅球、投标枪与水流喷射的角度要求有什么差异? 为什么有? 为什么没有?

编写教学计划可以帮助你澄清并精准细化你与学生在一起时的互动。预判课上会发生的情况可以帮助你确定需要什么材料和资源，以及你应该制定的时间分配方案。上课前你的计划越周密，课程进行得就越顺利。

我们强烈建议，在教学的最初几年中，你需要准备详细的学习活动计划，包括诸如“在你的课堂上”板块中描述的具体的组织细节。这看上去像是一个过于烦琐的任务，但它是一个极其重要的且非常有用的任务。如此详尽地设计课程也能让你关注上好一堂课可能需要关注的其他细节。例如，在开头情景中的教师安吉，如果她事先写好了需要提问的问题，可能就不会对自己的课堂讨论感到失望了。你课程计划得越详尽，你就越容易预见需要关注的领域。最终，你可能会像许多有经验的同事一样，在心里完成大部分计划。

话虽如此，你制定的详细计划不应该被视为不惜一切代价必须坚持的令人棘手的脚本。正如我们所提到的，课程设计——就像所有的计划一样——是可以改变的。可能会发生一些情况，要求你改变或甚至是为了其他情况放弃你的计划。尽管如此，这些意外情况更多是偶发现象而非常规现象，所以一个经过深思熟虑的、详细的计划将使你的课程进行得更顺利，实现最优化学习。

在你的课堂上

不要忘记细节

编写教学计划时，你需要特别注意如下的组织细节：

如果你打算让学生分组工作，你要确保你已经确定了分组的方式、谁将决定小组的构成、小组的位置、小组的功能以及小组将开展的任务。

如果你打算针对一个话题展开班级课堂讨论，仔细想想你想让学生从讨论中获得的要点，以及为了使学生揭示这些要点你需要问的问题。

如果当天的活动是学生独立完成一个项目，那么就预知学生需要什么材料和资源、他们将在哪里工作以及如何对待没有准备好参与项目的学生。

如果课程内容是演示或演讲，思考一下可以使学生更容易参与并“沉浸其中”的材料，如图像组织图。

课程的结束部分

与开始部分一样重要的是课程的结束（或结尾）部分。课程的结束部分使你有机会帮助学生强化当天课程要求掌握的重要概念或技能。结束部分可以明确地说明学生应该从学习活动中获取的新知识。结束部分的一个典型的活动是重新审视开始部分的问题或情况。另一个典型活动是要求学生做一个“3-2-1 表”：列出他们在课上做的三件事、他们学到的两个内容以及他们更想了解的一个内容。结束部分也是一个很好的布置作业的机会，可以强化和扩展课程学习。

在绝大多数情况下，教师会忘记时间，上课铃声响起，学生们急急忙忙奔向门口，这时教师必须赶快结束讲课。随着课程的展开，要注意时间，这样你就有足够的时间顺利地结束课程。

评估

当你计划课程时，需要仔细考虑你将如何评估学生的学习。记住，编写教学计划时，首要任务之一就是确定学习目标。课程的目的是帮助学生实现你设定的学习目标。为了了解学生是否达到了学习目标，你必须进行某种评估活动。评估未必是正式的练习或活动。在某些情况下，评估可能是基于对个人或小组工作的非正式观察。此外，评估本身将有助于保留相关内容，从而有助于实现学习目标。在所有情况下，你都要问自己一些问题，比如“我怎么知道学生已经达到了我设定的学习目标?”或者“学生能做什么来证明他们已经达到了学习目标?”第十五单元“学习评估”和第十六单元“评估工具”提供更多有关评估学生学习的信息和指南。

扩展/差异

在大多数情况下，你计划的学习活动都是为课堂上的“普通”学生设计的。当教师设计课程时考虑的是普通学生，大多数教师相信，班上的大多数学生能完成学习活动并达到学习目标。尽管如此，在大多数学生群体中，总会有一些学生的学习能力或认知过程大大低于或显著高于大多数学生。计划的课程对有些学生来说难度过大，而对另一些学生来说则没有挑战、令其乏味。通常，处在这两个极端的学生——在课堂上迷失了方向或者感到枯燥无聊——就会变成捣乱的学生。因此，在课程计划中考虑到他们是极其重要的。

为了确保所有学生都从教学中受益，并确保尽量减少导致课程中断的潜在因素，你要提前计划修改学习活动，以帮助那些不“普通”的学生。

- 为那些很快完成拟定活动的学生设计扩展活动。
- 为工作速度较慢或先天技能较差的学生准备活动的修改方案。
- 你也要考虑为没有精通英语或美国学校文化的学生调整活动方案。

例如，你可能希望利用家长或教师助理来翻译材料或向英语语言学习者提供口头指导。在课前你能预知的情况越多，课程顺利进行的可能性就越大，所有的学生都达到你设定的学习目标的可能性也就越大。

教学衔接

科目间的过渡对于许多学生来说是个挑战。有些人很难在认知上从一个科目转换到另一个科目。另一些人则认为，从一种类型的活动（如独立工作）转换到另一种类型的活动（如小组工作）是一种挑战。当你在设计课程时，要适应学生面临的过渡挑战，并想办法使干扰最小化以及使学生学习最大化。从一个话题转换到另一个话题，或者从一个学习活动转换到另一个学习活动越顺利、越容易，学生用于学习的时间就越多。

在较低的年级，当形成活动转换的惯例时，转换就会更容易实现。例如，渐渐地学生们会知道晨间课堂作业后是早会时间，午饭后是15分钟默读时间。即使对于年龄较大的学生来说，他们对活动的形式越熟悉，就越容易实现过渡。在任何年龄，转换都可以通过以下方式得到简化：预先告知（通过口头提示或视觉提示），示意学生一个活动接近结束和另一个活动即将开始。

考虑到这一点，当你引导学生从课程的一个阶段进入下一个阶段，想想你能说什么或做什么来优化投入学习的时间。你可能想明确地告诉学生一个活动和下一个活动或者课程的一个阶段与下一个阶段之间的联系，这样学生会把一个活动看成另一个活动的延续，而不是看成一个完全不同的、需要转变思维或内容的活动。

学科之间的联系

与课程各部分之间的联系一样重要的是学科领域之间的联系。当你设计课程时，想想你能让学生理解的内容领域之间的联系。如果你正在上数学课，你能突出哪些数学与科学或音乐的联系？如果你正在上历史课，想想历史与英语或科学的联系；如果你正在上英语课，突出英语与其他语言的联系。在小学阶段，这些联系更容易建立，因为小学教师往往是教授这些不同内容领域的唯一教师。在中学阶段，建立联系变得更具挑战性，因为个体教师通常只负责一个内容领域。同时，这种差异使得（各学科之间的）联系更加重要。帮助学生认识内容领域的相互联系能促进并强化其对内容的掌握。

总结

当你越来越有经验并建立起一整套的学习活动储备，你可能发现自己编写的教学计划越来越短，计划中使用大量的速记来提醒自己在一堂课里想要学生做什么。然而，在最初几年的教学中，我们建议你编写详细的教学计划——不仅要提醒你课堂上完成什么，而且要记录你的课程涵盖的内容。当一个生气的家长抱怨你从来没有教过一个州评估要求的重要概念时，详细的教学计划可能会派上用场。在来年的秋天，当你（再一次）开始计划课程时，详细的教学计划肯定会有帮助。

行动标准

州际新教师评估与支持联盟　标准 7：教学设计

教师在设计教学的过程中利用来自内容领域、课程大纲、跨学科技能、教育学以及有关学习者和社区背景的知识，目的是帮助每个学生达到严格的学习目标。

选择一个你想教的年级或科目正在讲授的主题。编写一个教学计划，其中包含这个单元讨论的优质计划的全部或大部分要素。将这个单元提供的示范教学计划的部分内容和配套网站提供的完整教学计划作为你的范本。与另一位未来的教师交换教学计划并评价对方的计划，或者请你的导师给你提供反馈意见。

更多资源

- Greta Morine-Dershimer, "Instructional Planning," in *Classroom Teaching Skills*, 9th ed., ed. James M. Cooper, 45－81 (Belmont, CA: Wadsworth/Cengage Learning, 2011). 这是关于如何设计课程和单元的精彩篇章。
- Teacher's Net, Lesson Bank. 相关内容可访问 http://teachers.net/lessons。这个网站提供大约 200 个世界各地的教师编写的教学计划。
- Terry D. TenBrink, "Instructional Objectives," in *Classroom Teaching Skills*, 9th ed., ed. James M. Cooper, 21－44 (Belmont, CA: Wadsworth/Cengage Learning, 2011). 该章提供了有关编写合理的教学目标的大量实践范例。
- Yahoo's Directory of K-12 Lesson Plans. 相关内容可访问 http://dir.yahoo.com/Education/K_12/Teaching/Lesson_Plans。该网站有许多课程的教学计划和资源。

重要术语及定义

期望设定（anticipatory set）　一项活动——学生的注意力集中于接下来的教学活动中。

布卢姆分类法（Bloom's taxonomy）　认知领域的教育目标分类。情感领域和精神运动领域也存在其他分类。

学习目的（learning goal）　一个宽泛的陈述——描述学生在参与了规定的学习活动之后将学到的知识和培养的能力。

学习目标（learning objective）　一个狭义的、具体的陈述——识别学生在掌握了具体的概念或技能之后应该能够表现出来的独立分散的行为。

本书的配套网站提供了很多有用的资源。访问 CengageBrain.com 获取本书各单元词汇表、抽认卡、网页链接和其他学习辅助工具。

注释

[1] Benjamin S. Bloom and David R. Krathwohl, *Taxonomy of Educational Objectives: The Classification of Educational Goals, by a Committee of College*

and University Examiners. Handbook I : Cognitive Domain (New York: Longmans, Green, 1956); David R. Krathwohl, Benjamin S. Bloom, and Bertram B. Masia, *Taxonomy of Educational Objectives : The Classification of Educational Goals. Handbook II: Affective Domain* (New York: David McKay, 1964); and Elizabeth J. Simpson, *The Classification of Educational Objectives in the Psychomotor Domain* (Washington, DC: Gryphon House, 1972).

[2] Lorin W. Anderson and David R. Krathwohl, eds., *A Taxonomy for Learning, Teaching, and Assessing : A Revision of Bloom's Taxonomy of Educational Objectives* (New York: Longman, 2001).

[3] Robert F. Mager, *Preparing Instructional Objectives : A Critical Tool in the Development of Effective Instruction*, 3rd ed. (Atlanta, GA: Center for Effective Performance, 1997).

[4] For example, see Jack Snowman, Rick McCown, and Robert Biehler, *Psychology Applied to Teaching*, 13th ed. (Belmont, CA: Wadsworth/Cengage Learning, 2012), 387-390.

第十二单元

教学方法

州际新教师评估与支持联盟　标准 1，4，5 和 8

情景一

这是寒假后开学第一天，在五年级教师卡拉·汤普森讲授的美国历史课上，一个全新的社会研究单元刚刚开始。本学年的前 3 个月学生学习了有关早期探险家和前哥伦布文明的内容。卡拉让学生研究不同的探险家并撰写报告。卡拉已经感觉到学生的兴趣正在减弱，担心如果她找不到其他办法让他们对下一个学习单元（关于早期殖民地）感兴趣，那么学生们就会彻底停下脚步。卡拉一直在琢磨一些办法。

情景二

在过去的两个半星期里，马克·威廉姆一直在给一个高中数学班讲授三角比。他解释了这些比是如何得到的。他教了学生一个缩写词来帮助他们记住如何找到正弦值、余弦值和正切值。虽然学生似乎已经记住了这个缩写词（SOH，CAH，TOA），并且基本上能够在已知其中两个值的情况下计算出第三个值，但马克还是不能确信他们已经深刻理解了这些比在数学和其他领域中的重要性。他在寻找帮助学生理解这个知识点的某种方法。

情景三

查尔斯·麦康伯是一名中学英语教师，他刚刚用一个月的时间讲完了乔治·奥威尔的《动物农场》，准备进行一次单元考试。考试前一天，麦康伯利用课堂时间做考前复习。这一次，他想要确保所有的学生都参与其中并真正利用好这次复习课。

预览

正如这些情景所展示的，决定如何教授一门特定的课程涉及诸多考虑因素，不局限于课程大纲中的概念和技能。这些考虑因素包括一些有关内容的问题，比如，“对于这个话题学生了解了多少内容？”以及“到学年末他们要掌握哪些内容？”这些考虑因素也包括关于过程的问题，比如“学生如何能最有效地与信息互动？哪些教学活动能有效地帮助学生内化重要概念和技能？”最后，教师需要考虑学生对话题的兴趣。教授学生天生不感兴趣的话题（如三角比）时可能需要让学生更了解其用处，以便使他们更有动力去学习这类概念。在这个单元中，我们将提出一些教学活动和教学方法，建议你将它们添加到你的教学策略储备中。

单元要点 ▶▶▶

本单元强调：

◇ 教学方法与教学内容同等重要。

◇ 如何最有效地教授牵涉诸多因素的一个概念，其中包括课程目的、学生对课程中的概念或技能的熟悉程度。

◇ 不同的课程类型可能适合，也可能不太适合不同的教学目的。

◇ 不同的课程类型需要教师直接参与教学活动的程度也不同。

课程的教学目的

决定如何教学与决定教授什么内容同样重要。毕竟，你如何教授概念和技能常常会影响学生学习概念和技能的程度。在决定教授什么类型的课程时，最先考虑的一个因素是课程的教学目的。下面列出了一些常见的教学目的。

- **介绍新概念或开始新的学习单元。**导入课程的目的是帮助学生对即将学习的新概念形成整体认识。对于这类导入课程，教师可能会决定向学生解释新概念，或者让学生回忆并应用先前学习的与新概念相关的概念。例如，在教授有关二次方程式的内容之前，代数教师可能会花一些时间复习线性方程的图表。教师还可以让学生进行模拟练习，突出即将学习的内容和技能。如果力和运动是这个学习单元的启动活动，教师可以让学生在不同的条件下研究“机灵鬼玩具”（一种螺旋弹簧玩具。——译者注）的运动状态。
- **练习先前所教的技能。**这类课程的目的是帮助学生熟练掌握先前所教的技能。对于这些课程，教师的计划是要求学生完成任务，教师提供较少的指导与监督。教师可能会要求我们之前提到的代数课上的学生自己绘出公式，或判断公式与图表之间的对应关系。物理教师可能会让学生从力和运动的角度对“机灵鬼玩具”进行更为科学的研究。
- **应用或综合先前所学的概念和技能。**这些课程的目的是让学生扩展有关概念或技能的知识，并能够在各种情况下使用这些知识。这些课程通常不太需要教师直接参与。例如，物理课上的学生可能会开展自己的项目或做自己的实验，这些项目或实验涉及多种物体的力和运动。
- **复习所学概念，为评估测试做准备。**以复习最近所教的概念和技能为目的，复习课可以是教师主导的，也可以是学生主导的。
- **评估学生对所学概念的掌握程度。**这些课程的目的是评估学生在单元学习期间或之后对概念的理解（参见第十五单元“学习评估”）。评估课往往不需要教师直接参与。

行动起来

参考本单元开篇的情景一。汤普森女士正在介绍一个关于美国殖民期历史的新单元。她担心学生兴趣减弱，希望找到一种新的方法让学生对这个新单元至少能感兴趣，或者能充满期待。

1. 你认为这个导入课程的主要目的是什么？对于这节课你可能会给汤普森女士提出什么建议？

2. 再次阅读一下情景二和情景三，这些课程的主要目的是什么？

学习活动

在确定了课程目的之后，你需要选择一个适合此目的的学习活动并使学生参与其中。在这一节中，我们将示范一些课堂活动和策略，你可以把这些活动和策略添加到自己的储备中，它们分别是讲座、教师主导的讨论、合作学习与小组合作以及独立工作。当然这些不是全部的选择，我们建议你在教师职业生涯中不断寻找适合你和学生的新活动。然而，每个教师的工具箱中都应该有这四种“基本的课程活动和策略”。

在决定采用哪种课堂活动时，记住“多样性是生活的调味品”。作为一名教师，你的一个职责是使学生始终对学习过程充满兴趣并参与学习过程，而做到这一点的一个方法就是计划多种不同的学习活动。你可能偏爱合作学习或小组合作，但让学生频繁地执行这类任务往往会像每天做讲座一样，效果并不好。当你计划当周、当月或当学期的课程时，计划多种多样的学习活动，这样学生就不会感到厌烦或有自满情绪。

我们敦促你计划一系列学习活动，与此同时我们还要指出，如果学生熟悉学习活动的期望和结构，他们的学习效果就会更好。当你第一次进行课堂讨论时，你可能对学生的参与表现并不满意。当你第一次让学生进行合作学习活动时，你可能会对你在一个小组中看到的学生不够专注的情况感到失望。当你第一次让学生独立工作时，你可能会对学生之间的交谈和分享感到失望。

记住，在教授学生知识内容的同时，你也教授他们如何在特定的结构中学习。这些格式他们练习得越多就会越擅长（当然，前提是你为他们提供有建设性的反馈，帮助他们熟练掌握这些活动）。对学生要有耐心，给他们时间和机会去学习内容以及活动的结构。

讲座

最容易接受的课型可能是教师主导的讲座，即教师展示信息，学生认真听讲并记笔记。讲座有时被称为信息传输课，因为讲座是将重要信息传递给学生的一种有效方式。也是经常（也许是不公平的）被诟病的一种课程类型，被很多人认为是徒劳无效的。事实上，一些批评人士坚持认为，信息不间断从教师传递到学生，会使学生逐渐丧失学习兴趣与学习动机。

即便不必大肆宣扬讲座/信息传播课的优点，我们也已经发现这些课程确实有自身的优点。关键是要避免使学生感到吃力或厌烦。请记住，我们大多数人是视觉学习者，而不是听觉学习者，也就是说，相较于我们所听到的，我们更易于记住我们所看到的。记住了这个重要的原则，下面的建议可以使这种课程既高效又有成效。

（1）为讲座内容提供视觉结构图。视觉结构图能够提示学生重要的话题，使他们更容易听懂讲座内容。尤其对那些听力技能水平低的学生很有帮助。一个实用的视觉结构图是**组织图**。组织图形式多样，但所有形式都旨在帮助学生更容易识别讲座中的要点和次要点。一个常见的且实用的组织图是一个纲要，展示出讲座的一些或全部主要话题和次级话题。教师展示信息时，学生根据从讲座中获得的重要信息来填补纲要。另一种常见的组织图是用于体现纲要的示意图：第一个形状代表主要话题，第二个形状代表次级话题，还有其他形状代表细节。图12-1显示的是两种可能的图像组织图格式——一种是垂直的，一种是水平的——都可以帮助学生更好地听讲座。

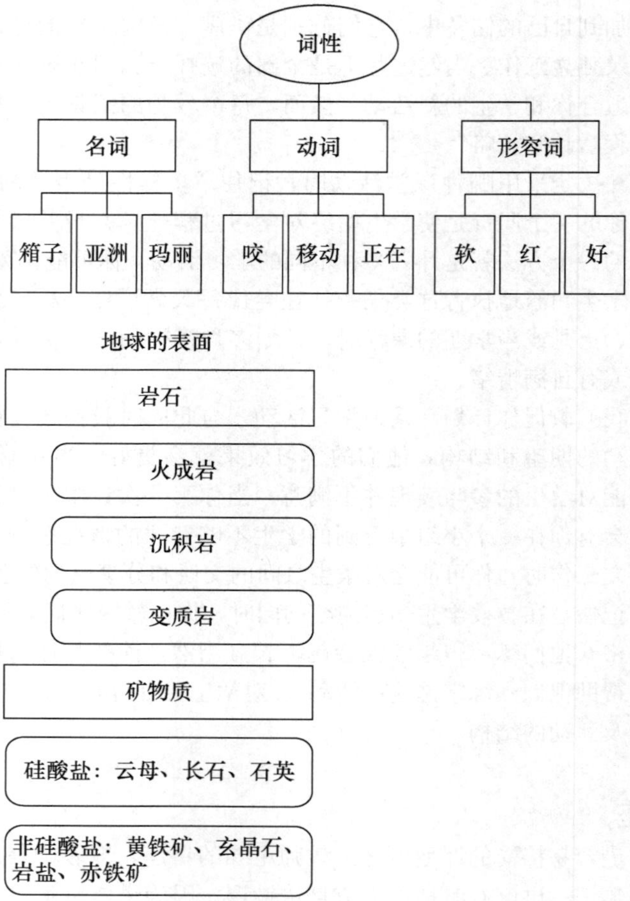

图12-1　组织图示例

（2）提供听觉线索。对于大多数学生来说，听不是他们主要的学习方式，因此以下策略会很实用：在讲座中使用明确的听觉线索（如“第一”“第二”等）或过渡性词汇和短语（比如“由于这个原因”）把学生的注意力吸引到要点或按顺序出现的想法上。

（3）讲座要目的明确、有侧重点并有说服力。学生依赖你来厘清你的讲座纲要。这意味着你应该只提供相关的信息，并以清晰、有序和特定的顺序呈现这些信息。使用你已经分发给学生的组织图作为一个导览，可以让学生和你自己都专注于讲座内容。

（4）有"环境意识"。作为成年人，大多数人的注意力时长最多约为 30 分钟。无论是小学生还是高中生，学生的注意力时长大概在 10 分钟或 15 分钟。（很多社会学家坚持认为，伴随着电视长大的这一代学生能够持续保持大约 7 分钟的注意力，这也是电视上两段商业广告中间连续播放节目的平均时长。）[1]

与其对抗这种趋势，不如利用它来发挥你的优势。把你的讲座分解成几个 7 到 10 分钟的片段，在每个片段结束之后，用某种标记来指示该片段的结束和下一个片段的开始。你甚至可以停顿一两分钟（与电视节目不同，没有商业广告），用这个短暂的休息时间来检查学生对你刚才介绍的信息的理解程度，或者你可以让他们和邻座同学分享他们所认为的讲座要点。

教师主导的讨论

对大多数人来说，与讲座同样熟悉的是教师主导的课堂讨论，教师在课堂上让学生参与对话，对话内容是关于指定的阅读材料、先前教授的一个概念或已经完成的实验。课堂讨论的目的之一是检查和/或强化学生对概念的理解。与讲座（学生通常处于被动状态）不同，课堂讨论需要学生积极主动的参与，因为他们要对教师或彼此的问题和评论做出反应。

教师提出的问题是学生进行有效讨论的关键。虽然我们在日常互动中都会问很多问题，但是问一些能够鼓励学生参与讨论并强化学习的问题并不像看上去那么容易。课堂讨论中学生没有反应常常使新教师感到沮丧。但这个问题可能与学生对话题不感兴趣关系不大，而更多的是与问题的类型或提问的方式有关。以下一些建议能够使你的课堂讨论更有效：

● **把聚合型问题和发散型问题组合起来。**简单的"是"还是"否"和"A"还是"B"的问题被称为**聚合型**或**趋同型**问题。聚合型或趋同型问题有助于检查学生对事实或基本理解的回忆，这些问题是布卢姆分类法（参见第十一单元"课程设计"）中较低层次的思维技能。这些问题的例子包括："什么世界性事件被认为是导致第一次世界大战的直接原因?""因此，当我们求解这道 x 方程时，答案是什么?"它们通常只有一个正确答案，讨论往往是一种快速的、不连贯的交流。对于教师提出的每一个问题，一个（而且只有一个）学生给出只言片语的回答，结果教师经常主导讨论。

发散型问题，或**趋异型**问题需要更长、更具描述性的反应。这些问题的例子包括："你认为作者为什么给主角起这样的名字?""根据我们从科学实验中得到的结果，我们可以得出什么结论?"这些问题使学生超越理解层次进行推理、得出结论、推测原因和/或预测结果。在教师主导的讨论中，相对于聚合型问题而言，发散型问题给学生更多的参与机会。因为发散型问题需要进行解释或分析，所以他们通常没有唯一正确的答案。因为回答可能会有所不同，所以可以提示更多的学生提供答案。学生提供的答案可以让教师深入了解他们对概念的理解。

● **改变问题的焦点。**你提很多问题的直接目的在于揭示、澄清，甚至强化学生对正在学习的话题的理解，这个话题可能从文学或历史分析到生命周期中不同的生物、化学或物理变量的相互作用。然而，一个同样重要的目标是帮助学生把对话题的理解和他们身边的环境与经历联系起来。当他们读到一个文学或历史人物的行为时，你可以让他们思考类似的行为会对他们生活的世界产生怎样的影响。

让他们想象自己处于类似的情形中，并解释他们如何应对自己正在学习的角色所面临的挑战。在数学或科学课中，你的问题可以帮助学生看到概念在他们生活和日常活动中的应用。

- **计划你的问题。** 在计划课堂讨论时，你要非常谨慎地准备你的问题，以确保你有各种类型的问题，从聚合型问题到发散型问题，从事实型或字面理解型问题到诠释型、分析型或者评价型问题。（当你准备问题时，一个可用的参考资料是第十一单元中见过的布卢姆分类法。）还要计划改变问题的焦点，以便学生能够认识到这些概念与他们校外生活的联系和关联。

- **限制你的问题的数量。** 你应该追求问题的质量，而不是数量。如果问题-回答模式是一个教师提问、一个学生回答，那么每个学生将有大约1分钟的“说话时间”，而教师的说话时间将多达25分钟。讨论型课程的一个目标是给学生尽可能多的说话时间，教师问的问题越少，学生说话的机会就越多。通过提出开放式或探究型问题，你可以从一个以上的学生那里得到回应，从而增加学生参与讨论的机会。

- **利用等待时间。** 沉默是金——至少是片刻的沉默。等待时间是被发现对学习有显著影响的少数教学技巧之一[2]。当你问一个问题时，给学生足够的时间（至少5秒钟）来思考答案。当你话音刚落，一些学生就已经准备好回答问题（无论答案是对还是错!），但其他人需要一些时间来思考问题，并组织答案，或者在某些情况下，他们需要时间鼓起勇气或获得信心来回答问题。一开始对你来说5秒或10秒的等待时间可能看起来很不舒服，但是你会注意到等待的时间越长，举手回答的学生越多。（当然，这是有限度的。我们绝不建议你等待5分钟!）

- **监督学生参与讨论。** 记住，你想要所有学生尽可能参与讨论。要做到这一点，你必须认真观察哪些学生参与讨论以及每个学生的参与度。在我们的记忆中可能有这样一些班级，其中总有一小群学生会主导任何讨论活动。作为学生，一些人对于课堂上有这样愿意说话的人感到很满意，因为这使他们免于讨论或思考问题，或者甚至去倾听正在提出的问题。其他有很多想法要分享的学生可能会怨恨教师一次又一次地提问同一个学生（或者看起来是这样）。

在其有关学校生活的三部曲中的一本书中，西奥多·赛泽（Theodore Sizer）描述了课堂上经常出现的一种默契：那些想说话的学生举手并被邀请发言，而那些不想说话的人则不举手，也不被要求参与。从教师到学生，每个人对这种安排感觉很舒服。这种“不够完美”的安排的问题是，它允许一些学生被动地坐在教室里，几乎不参与学习过程[3]。

赛泽的研究结果表明，为了让学生更好地学习，你可能不得不牺牲学生的舒适度。不要只邀请举手的学生，即使是要增加额外的等待时间，你可以考虑邀请一些不爱举手的学生。然而，在实施这种做法时，我们建议你要小心谨慎。年纪小的学生可能尤其不习惯这种做法，也可能觉得这种做法很可怕（至少是在开始的阶段）。我们知道，有些教师会在实施这种做法之前提醒学生们，这样学生就知道接下来会发生什么、教师对他们的期待是什么。

- **为学生提供具体明确的反馈。** 研究人员约翰·古德拉德（John Goodlad）和他的团队在他们的课堂研究中发现，课堂环境通常既不都是赞扬也不都是批评；事实上，他们对课堂环境的描述是平淡的。他们发现，对于学生的反应，教师的反馈通常不是具体的评论，如“好!”、“非常棒!”或“超级棒!”，这些反馈对学生基本上没有什么帮助[4]。教育研究人员迈拉（Myra）和戴维·萨德克（David Sadker）认为，学生需要的是与一个特定答案或反应具体相关的反馈。反馈也应该是诚实和真诚的，这样学生就可以了解他们理解概念和掌握技能的程度[5]。

合作学习与小组合作

过去20年或30年间，小组合作这种教学形式的地位显著提高。小组合作要求学生分小组合作一起完成指定任务。小组合作使教师有机会在一个更轻松的环境中与小组学生互动，而不需要站在教室最前面来管理一个所有学生都要参与的活动。

行动起来

看看这些教师反馈的例子。根据前面建议的标准评价每个反馈的有效性。

情景1

教师：在第188页上，尼克把盖茨比的豪宅称为“一栋失败的房子，庞大而零乱”。你认为他的意思是什么？

学生1：盖茨比的生活毫无意义？

教师：不错！其他同学呢？

情景2

教师：在第188页上，尼克把盖茨比的豪宅称为“一栋失败的房子，庞大而零乱”。你认为他的意思是什么？

学生1：盖茨比的生活毫无意义？

教师：我好像不太明白，你能再说具体些吗？

学生1：嗯，盖茨比拼命地工作，想拥有财富来赢得戴茜。但他最终没有成功。所以，也许对尼克来说，盖茨比的生活是失败的，对他来说无意义可言。

现在区分小组合作和**合作学习小组**是很重要的。所有的合作学习都是在小组内完成的，但不是所有的小组合作都是合作学习。合作学习小组通常有组织结构，还有非常具体的预期学习目标。当教师随意分配学生小组来讨论一个想法、分享实验结果或针对某一主题提出问题时，这些小组合作的例子不一定是合作学习。因为合作学习相比小组合作需要更加具体的结构和组织，所以我们将把本节的大部分篇幅用于讨论合作学习。

合作学习的特点　很多教育工作者和教育研究人员以不同的方式定义了合作学习，但大多数人一致认为它们至少都具有以下基本要素：

- **小组成员相互依赖。**合作学习源于这样一种信念：合作比竞争更能促进学生学习。出于这个原因，合作学习活动的设计旨在使小组内的学生相互依赖完成任务。他们分享资源，负责组员的学习并分享收获。为了使小组中的一个成员取得成功，所有成员都必须成功，并且为了使一个小组取得成功，每一个小组成员都必须取得成功。
- **小组责任与个人责任。**单独评估每个小组成员对学习内容的掌握程度。此外，还要评估小组实现小组目标的程度。在小组合作中，一些学生可能为完成任务付出更多，而其他人付出较少。与此不同，合作学习要求小组的所有成员都尽其所能做出贡献。为了确保达到这种期望，教师不仅要考察小组合作的成果，还要了解小组内每个成员的学习情况。

● **关注社交和人际交往技巧。** 合作学习要求学生合作，如果他们有完善的人际交往能力，如有效沟通技能（听、说、读和写）、团队建设技能、谈判和冲突解决的技能，他们的合作效果最明显。

合作学习活动的类型 表12-1概括了合作学习活动的几种具体类型。这些类型都有学业进步和社会成长的双重目标，但有些类型的合作学习主要以学业成绩为重，而另一些则更侧重于培养学生的人际交往能力。一些策略像学生小组成绩分工法（STAD）、小组协助个人法（TAI）和拼图法（Jigsaw），首先主要以学业成绩为重，有特定的任务结构，以便每个小组成员都能参与合作[6]。在这些策略中，小组的成功与个人的学业成绩有关。单独评估每个小组成员对内容的掌握。而相比之下，诸如“思考-讨论-交流”（TPS）[7] 这样的策略旨在帮助学生在注重学习内容的同时锻炼他们的社交技能。

表12-1　　合作学习活动的形式

名称	概述
学生小组成绩分工法	由四名成员组成混合能力学习团队。教师讲课，学生在分团队工作以确保所有的团队成员都实现了目标。学生参加个别测试。分数基于之前测试的进步而定。
小组协助个人法	与学生小组成绩分工法相似，学生四人一组构成混合能力团队。不同的是，学生被分配符合各自水平的工作，并按各自的节奏工作。团队成员检查彼此的工作并根据需要提供帮助。单独测试学生，但是如果团队成员有进步，整个团队会得分。
拼图法	通过与同一任务主题的其他团队的成员一起工作，团队中的每一个学生成为“专家”。回到主队后，每个学生“专家”都辅导这个小组的其他成员，最终评估所有学生对这个主题所有方面的掌握情况。
思考-讨论-交流	每个学生独立思考教师提出的问题，然后与另一个学生配对讨论答案；之后每一对同学与班级同学分享讨论结果。
号码头碰头	教师将学生四人一组分成不同小组，并给小组每个成员一个编号（1，2，3或4）。接下来，教师提出问题并给团队时间以确保团队所有成员都可以得出答案。然后，教师说出一个号码，每一个团队对应该号码的成员（例如，所有的4号成员）必须回应教师提出的问题。

还有一类策略试图平衡上述两个目标。这些活动，如号码头碰头（Number Heads Together），通常被分成不同的部分，其中一些部分需要合作来完成，而另一些部

分则不需要合作。在这类活动中，小组的成功通常取决于单个成员的表现，因此小组必须协同工作，以确保所有成员都掌握了内容。

管理合作学习活动　所有合作学习策略的成功与否取决于小组学生的合作程度。“在你的课堂上”板块为创建密切合作的小组提供了一些建议。你也需要帮助学生培养小组管理技能，这些技能包括：

- 组织技能。为了使团队更有组织性，学生们必须能够启动指定任务。对于如何在小组内分配任务、完成任务（如总结者、检查者、解释者等等），他们也需要指导。
- 沟通技能。每个小组成员必须理解并遵循指导。此外，很多小组，尤其是年纪较小的学生小组，可能需要一些技能方面的指导，比如，如何在小组内轮流发言、如何恰当地回应他人的意见以及如何做到说话时音量适当以免干扰其他小组。
- 人际交往技巧。小组成员必须学会对其他成员的发言做出恰当和建设性的回应。例如，应该指导他们同义转述其他成员的意见，或在做出回应之前先要求澄清或主动澄清信息。

在你的课堂上

为合作学习活动给学生分组

有效管理合作学习活动的关键之一是小组的构成和你为小组提供的指令。我们提供以下建议和策略供你参考。

- **给学生分组。**我们强烈反对你让学生自己分组。自发组成小组会给学生带来社交方面的紧张关系和压力，尤其是在中学阶段。通常至少有一个学生是社交中不受欢迎的人，没有同学愿意与其合作。如果由教师来决定小组构成，至少可以消除一层社交方面的紧张关系。
- **考虑根据能力水平差异分组。**例如，在一个四人小组中，包括一个能力较强的学生、一个你认为能力较差的学生和另外两个能力中等的学生。这种做法是希望这种成员构成可以使所有小组成员最大化地学习与参与活动。
- **在安排英语语言学习者时要特别当心。**一般来说，最好不要把一个以上的英语语言学习者放在任何一个小组中，尤其是如果所有的学生都来自同一个语言背景。否则，他们忍不住用自己的母语进行对话，这可能会导致不专心学习的行为，从而使小组其他成员感觉不知所措。然而，如果你的某个英语语言学习者只有初级英语理解能力，你也许可以破个例。让这个学生与另一个来自同一语言背景但英语流利很多的学生一组，这样后者可以充当前者的口译。学生需要完成的任务的复杂性可能是你做决定的一个考虑因素。
- **平衡社会特征。**尽量让每个小组尽可能地保持性别平衡（当然在某些情况下这样做是不可能的）。类似的规则也同样适用于其他特征，如工作习惯和社交能力。

课堂管理是高效及有成效的合作学习活动的另一关键所在。在实施这样一项活动时，你要有条理，而且要做好充分准备。你还必须管理好课堂，这样学生才

能实现有效的小组合作。重要的管理问题包括噪声水平、学生活动和控制问题。

● **噪声。**学生需要相互交谈，如果教室里有四或五个小组，任何时间都至少有四或五名学生同时在说话。这通常会导致教室里很嘈杂，肯定比讲座和教师主导的讨论嘈杂。此外，当学生更加专注于他们的任务时，他们可能会兴奋起来，说话时更有活力。作为教师，你要控制噪声水平，这样学生就可以自由交流，而不打扰其他小组的同班同学，或者是隔壁班级的教师和同学。对于合作学习课，这可能是个需要长期管理的问题。

● **活动。**讲座或教师主导的讨论要求学生保持就座状态，以便使他们专注于讲座或讨论的内容。在合作学习活动中，学生可能需要获取材料或资源。他们可以在图书馆或互联网上搜索信息，还可以创建海报、电子演示稿或合作撰写论文。以上任何一项任务都会导致学生在课堂内有很大的活动量。你需要采用一套固定规则来管理学生在课堂内的活动，以保证合作学习始终是有成效的。

● **控制。**对一些教师来说，合作学习活动挑战了他们对课堂内的适当行为和互动规范的理解。通常，教师习惯了管理学生的学习。他们讲课，主持讨论，决定教学内容和教学方式。当学生参与合作学习活动时，教师对学习和行为实施的控制较少。因为学生们得到的信息不尽相同，所以学生们并不在学习相同的概念。学生们自己探索概念，他们可能遵循不同的途径寻找问题的答案，并且他们学会的概念可能也与教师的预期不同。

你可能不得不放弃一些对学生学习的控制，相信你设计的活动足以吸引你的学生，并且重点突出，足以使学生集中精力。当学生要对自己的学习承担责任时，他们大多数会积极回应并且表现可嘉。

另一个重要的管理问题是在介绍合作学习活动时给予指导的方式。我们建议你首先告诉学生他们为什么要做这个活动。学生没有读心术，所以他们可能不知道学习活动的目的。他们可能也没有先见之明去理解你设计的合作学习活动如何帮助他们更好地理解特定概念。

我们也建议你提供口头和书面两种形式的指导。最有效的方法（我们认为）是首先向学生解释他们要做什么，然后分发书面的、简明的分步任务指导书。开始时你把指令讲解得越清晰，学生理解任务所需的时间也越少。也要记住，你不仅要解释学生要做什么，还要解释他们活动结束时要达到什么结果。

合作小组活动既可以是一个很有作用的学习工具，也可能会是教师管理上的噩梦。学生可以深入了解一些重要概念，也可以花一整节课的时间学习一些打闹嬉戏的新方法。这其中的关键包括细致周全的前期计划、清楚无歧义的任务指令以及纪律严明的管理方法。还要记住一点，学生越熟悉小组活动这种形式，他们表现得就越好。

教学视频案例

拼图法是合作学习策略的一个例子，对小学中等年级的学生特别有效。在该视频案例“小学各年级的合作学习——拼图法”中，你会看到小学五年级资深教师伊丽娜·米勒如何在学习古代奥林匹克运动会的课堂上将学生分组。然后，学生回到他们的“家庭小组”，把自己学到的东西传授给他们的同学。在整个视频中，伊丽娜反思了这一策略是如何促进学生学习，以及如何使她成为一名更合格的教师的。在 CengageBrain.com 上访问教育媒体图书馆，可以观看该视频片段并学习该案例的资料。然后思考以下问题。

问题

1. 这个视频案例展现了本单元描述的合作学习的哪些特征？
2. 这位教师在合作学习中是如何管理课堂环境的？
3. 小组人员构成和小组技能训练对这些小组的成功有多重要？
4. 关于合作学习，你从这个视频案例中学到了哪些内容？

独立工作

第四种学习活动——我们很多人都很熟悉——就是每个人坐在自己的座位上独立完成工作。独立工作活动，顾名思义，是使学生独自工作并完成指定任务。教师布置一个要求学生自己完成的任务。这种活动通常被用来评估学生取得的进步或成就（参见第十五单元“学习评估”）。学生们独立工作，教师可以利用他们完成的作业来确定他们掌握所教概念的程度，并在单元结束时考查他们对单元中所有概念的掌握程度。

与我们讨论过的其他学习活动一样，任务清晰、指令明确并易于执行、有序及有的放矢的课堂管理都会使个人更好地完成学习任务。同样，学生对于独立工作的熟悉程度也有助于确保他们工作时更投入。

时机和节奏

正如所有优秀的表演者都会告诉你的，时机就是一切。优秀的表演者练习把握时机，同样优秀的教师也需要研究学习活动的时机和节奏。他们计划足够的时间让学生完成活动而不感到太匆忙或太放松。这两种情况都会使学生分心，继而无法达到你为活动设定的学习目标。“在你的课堂上”板块给你提供了一些有关活动计划的建议。

在你的课堂上

确定学习活动进度的提示

- 分配时间。为了保证学习活动有足够的完成时间，可以将计划分为不同阶段。将可用的总授课时间分解为更短的时段，并指定每个时段用于完成一个具体任务或一部分任务。确定在现有的时间内你能完成多少活动，并在必要时调整你的计划。
- 与学生分享计时信息。当你给出任务或活动的指令时，告知学生完成任务的时间。这有助于学生专注于眼前的任务并以合理的速度完成任务。
- 倾听你的观众。当学生完成指定的任务时，仔细观察并倾听以便发现他们是否有困惑、受挫或成功的迹象。这种细心的观察使你可以根据学生的集体反应来调整任务的时间分配。

调整学习活动

正如我们在其他单元讨论过的，教与学不是用一种方法就能解决所有问题的活动。教师对某些学习活动有偏好，部分原因是他们对于学生生涯中参与的活动有美好的回忆。此外，教师在设计或计划活动时，也会考虑他们自己的学习理念。因此，一位教师的讲座或合作学习活动可能会显著区别于另一位教师计划的讲座或合作学习活动。

你的学生在学习偏好和学习能力方面也会有很大的差异。有些学生独自工作时效率会更高，其他学生在小组中学习效果会更好。一些学生需要谈论概念以便理解这些概念，其他人在与文本互动时会有更深刻的理解。有些学生是视觉学习者，其他学生可能是听觉或动觉学习者。当你计划和实施课程时，对这种学习偏好多样性的认识和认可是必不可少的。考虑为个别课程设计不同选项，使其适应学生的学习偏好。另外，务必变化学习活动的形式以保证在每周或每个单元的学习过程中，各种学习偏好都得以考虑。提供一系列可以满足所有学生学习偏好和需求的学习活动。

总结

学生无法自动学会所教授的概念。你计划并上了一堂精彩的课（至少你认为它是），这一事实并不意味着你的学生内化或能够真正理解你提出的概念。提供多种多样的课程类型、调整学习活动以便利用不同的学习偏好以及在课堂上保持较快的进度和节奏，这些策略都可以帮助你增加大部分学生掌握大部分概念的可能性。

此外，确保他们确实掌握了学习材料，这一点越来越重要。在基于州立标准的关乎命运的测试时代，学生在这些测试中的表现成为有效教学的重要组成部分。当学生能有效地、全面地掌握所学的概念，他们就可以提高学业成绩，这也使如何教授学生应学的内容更为重要。

行动标准

州际新教师评估与支持联盟　标准 8：教学策略

教师理解并使用多种教学策略来鼓励学习者深入了解内容领域及各领域之间的关联，并以有意义的方式培养他们应用知识的技能。

在高中化学课上，你正在教授一个关于化学键的单元。你设计了一个实验活动，要求学生绘制不同的分子并识别原子间键的不同类型。你相信这项活动对班里的很多学生来说是个不错的活动，但是你要想办法满足其他学生不同的学习偏好和学业知识。你会怎样调整这个活动？你提出的调整计划会如何满足学生的不同需求？

更多资源

- Cooperative Learning. 参见 http://edtech. kennesaw. edu/intech/cooperativelearning. htm。该网站提供了合作学习策略的概述和学习活动的示例。

● InTime Cooperative Learning. 参见 http://www.intime.uni.edu/coop_learning/index.htm/。该网站提供了大量有关合作学习策略的参考资料和资源的链接。

● George Jacobs, Michael Power, and Wan Inn Loh, *Teacher's Sourcebook for Cooperative Learning: Practical Techniques, Basic Principles, and Frequently Asked Questions* (Thousand Oaks, CA: Corwin Press, 2002). 作者提出了很多实用的、易于实施的策略，以便使合作学习活动对学生既有帮助又有成效，并且易于教师管理。

● Donna E. Tileston, *What Every Teacher Should Know About Effective Teaching Strategies* (Thousand Oaks, CA: Corwin Press, 2004). 泰尔斯顿为教学过程从计划到实施的各个阶段提供了教学方法。

重要术语及定义

课堂讨论（class discussion） 一种授课形式，教师使学生参与对话，对话内容是关于布置的阅读任务、先前教过的概念或者已完成的实验。

聚合型问题（convergent questions） 有一个明确的正确答案的问题，也称为封闭式问题。

合作学习小组（cooperative learning groups） 有层次的学习机会，学生分组活动以实现学业进步和社会性成长。

发散型问题（divergent questions） 没有一个明确的正确答案的问题，而是要求对问题进行解释或分析，也被称为开放式问题。

组织图（graphic organizer） 一种示意图，可以帮助学生理解所学信息的“结构”、信息的要点和次要点之间的关系。

小组合作（group work） 学生小组合作完成指定任务的一种课型。

独立工作（individual work） 学生独自完成指定任务的一种课型。

讲座（lecture） 一种课型，课堂上教师提供信息，学生仔细聆听并记笔记，也被称为（信息）传输课。

本书的配套网站提供了很多有用的资源。访问 CengageBrain.com 获取本书各单元词汇表、抽认卡、网页链接和其他学习辅助工具。

注释

[1] Dorothy Singer and Jerome Singer, *Handbook of Children and the Media* (Thousand Oaks, CA: Sage Publications, 2000).

[2] Mary Budd Rowe, “Wait-Time and Rewards as Instructional Variables, Their Influence on Language, Logic, and Fate Control: Part One—Wait-Time,” *Journal of Research in Science Teaching* 11, no. 2 (1974): 81–94. 该研究的对象是小学生。针对高中师生的研究取得了相似的结果。

[3] Theodore Sizer, *Horace's Compromise: The Dilemma of the American High School* (Boston, MA: Houghton Mifflin, 1984).

[4] John Goodlad, *A Place Called School* (New York: McGraw-Hill, 1984).

[5] Myra Sadker and David Sadker, "Questioning Skills," in *Classroom Teaching Skills*, 8th ed., ed. James M. Cooper, 101－148 (Boston: Houghton Mifflin, 2006).

[6] Robert Slavin, *Cooperative Learning: Theory, Research, and Practice* (Englewood Cliffs, NJ: Prentice-Hall, 1990).

[7] F. Lyman, "The responsive classroom discussion," in *Mainstreaming Digest*, ed. A. S. Anderson (College Park, MD: University of Maryland College of Education, 1981).

第十三单元

课堂交流

州际新教师评估与支持联盟　标准 3，5 和 8

情景

“好了，孩子们，说得够多了。该做作业了。”梅根的声音完全淹没在学生们叽叽喳喳的笑声和相互间的玩笑声中。“嘿，你们这些孩子。”梅根提高了嗓门大声说。几个学生朝她这边看了看，但没有人停下来。“孩子们!”她高声喊道。学生们慢慢地停止了谈话，转向她。

“嘿，沙利文女士，我们刚才在说这个周末。但你还没有跟我们说说你的周末呢。”其他学生都跟着起哄，教室里一片窃笑声，“是的，沙利文女士，跟我们说说你的周末吧”。

“现在不行，孩子们。该做作业了。我想让你们完成今天的第一部分作业。”

“噢，快说吧，你一直都跟我们说的。我们都已经告诉你我们周末做什么了。”

“嗯，好吧，我们得少说点。期中考试前我们得再学 3 个章节。这是学期中考试，还记得吗? 而且，你们知道，我们必须学完第 14 章，可现在我们只学到第 10 章。”

“是的，但是我们的卷子是你批，对吧? 所以我们不用太认真。你总是告诉我们不要担心成绩——重要的是学习，对吧? 嗯，我们学了很多东西了。”埃里克是班上的孩子王，好像什么都难不倒他。梅根非常喜欢埃里克的。他是个聪明可爱的学生，有些自以为是，梅根挺喜欢他这点，但他总是想方设法逃避功课。

梅根只是瞪着埃里克，实在不知道该如何回应他的建议。“来吧! 我们开始做作业，好吧? 你们的任务和搭档都在讲义上。”

“你越来越像其他人——好没劲。我们以为你很酷，但你并不酷。”学生们继续交谈起来。梅根反复催促学生做作业，但似乎对任何人都没起什么作用，尽管噪声比刚才低多了。梅根担心声音小是因为学生们在谈论她，而不是写作业。至少他们还算安静，梅根想。

预览

在最基本的层次上，交流过程由发送者和接收者、信息和信息发送手段[1] 组成。此外，还经常有一个反馈回路：发送者从接收者那寻找语言或非语言线索，以确保信息像发出者希望的那样被（接收者）接收和理解。

有效的教学交流——换句话说，教学活动——与此非常类似。教师开始时可以将一个清晰而有说服力的信息通过适当的媒介发送给洗耳恭听的学生。学生们可能立即通过回答教师提问，或是稍晚通过家庭作业和考试成绩来表明他们已经成功地接收了教师的信息。尽管看起来很简单，但仍有很多变量可以影响交流的有效性。

图 13-1 显示的是参与交流过程的因素。

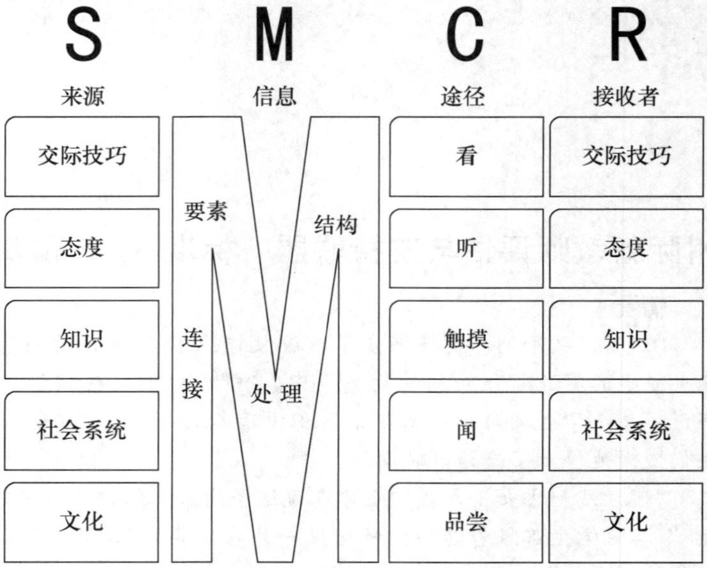

图 13-1　参与交流过程的因素

资料来源：From Berlo D. *Process of Communication*, 1E. © 1960 Wadsworth, a part of Cengage Learning, Inc. Reproduced by permission. www.cengage.com/permissions.

在这个单元中，我们将考虑与交流过程中每个主要组成部分相关的变量：信息来源（教师）、信息本身、信息发送渠道或手段，当然还有接收者（学生）。我们将讨论可能危及交流有效性的变量，并提出处理这些变量的策略。我们也将描述一些方法，帮助教师确定他们的信息是否正在被接收以及接收的程度。我们还将简要地讨论在课堂上协商和解决冲突时所需的高级沟通技巧。

单元要点 ▶▶▶

本单元强调：

◇ 有效交流是有效教学的核心所在。

◇ 教学交流，如同人际交流，包括信息发送者、信息、信息发送手段和接收者。

◇ 在有效交流中，信息发送者或教师会寻求接收者的反馈来检验交流的有效性。

◇ 计划交流信息和教学内容的方式与计划教学内容一样重要。

◇ 除了教学交流技巧，教师还需要具有娴熟的协商和解决冲突的技巧。

教师作为交流信息的发送者

交流过程中的第一要素是信息发送者。在教学交流过程中，信息的发送者通常是教师。教师是课堂信息的主要来源，同时也是课堂交流信息的发送者。重要的是，作为信息发送者，教师被学生视为知识和权威的来源。对于一些年龄仅比学生大几岁的教师来说，把自己看作权威人物有时是一种挑战。就像本单元开篇情景中的教师梅根一样，一些教师试图与学生建立一种平等的关系。但也像梅根一样，当学生没有把教师看作权威时，这些教师往往很难让学生专注于学习任务。交流的有效性部分取决于接收者在多大程度上愿意接收发送者的信息。

我们并不是建议，你必须对学生采取强硬和专横的态度，或者你不允许他们对课堂的规章制度有一定的决定权。然而，你必须不断向学生表明你和他们之间的地位差异。你与他们的交流应该展示你作为权威人物的信心。交流的各个方面都促成学生对你的认知，但是为了使学生投入学习、保持专注并获得学生尊重，以下两个方面——你的声音和你在教室内的移动——极其重要。

声音控制

对你来说，很重要的（如果不是最重要的）教学工具之一是你的声音。通过有效调控声音，你不仅能让学生投入学习、保持专注，还可以保护声带。让我们来看看你应该记住的一些声音特征。

● 音量。在大多数教学情况下，你面对的是至少有 20 个学生的课堂，这些学生都需要能够清楚地听到所传达的信息。这意味着你的声音必须足够响亮，以便教室里所有学生都能毫不费力地听到（你说的话）。但是，大声说话并不意味着你要大声喊叫。大声喊叫可能会使学生以为你生气了、烦躁了或“不酷了”。大声喊叫也会使你的声音承受过度的压力，从而损伤声带。

相反，你要学会投射你的声音，就像剧院里的歌手或演员一样。投射声音会使你的声音得以放大，同时也不会增加对声带的压力。为了投射声音，你需要从你的隔膜处深呼吸，这样你的肺就充满空气（深呼吸应该在腹部而不是胸部）。吸气时，你应该感到腹部膨胀，而不是胸部膨胀。使用深呼吸造成的气压投射你的声音。增加的音量不是来自你的声带（大喊时是这样的），而是来自你的肺部。为了最大限度地增加你肺部的空气量，你需要站直（是的，你妈妈当初说的没错）。当更多的空气从你的肺部流出时，你的声音会更有力量，并且会投射得更远。

● 音高。如果你的音调不太高（高音调最常见于女性），也不太低（低音调更可能常见于男性），就会更容易被听到，而且持续时间会更长。人类的耳朵更适合听中等音高的声音，在此范围内发音对喉咙的压力较小。你可能需要从朋友或同事那里寻求他们对你音高的反馈。如果你的音调很高就练习降低音调，或者如果音调很低，就练习升高音调。

● 音调变化。音调变化是指人们在社交会话中使用的音调和语调的变化。音调变化有助于澄清含义或意图，还能表达情感。根据说话者强调词语的不同，考虑一个陈述句的意思会如何改变：

“我没有说她生气了。”说话人暗示是其他人说了这句话。

“我没说她生气了。”说话人可能暗示了这句话，但没有公开说出来。

“我没说她生气了。”说话人可能说了关于另一个人类似的话。

音调变化也可以表示一句话是陈述句还是疑问句。当用降调说话时，“她说”是一个陈述句——它传递信息。然而，如果说话人使用升调，这句话表达的是惊讶或不相信："她说了吗?"在结束提问时，你的语调上升也提示学生：他们需要参与活动或做出反应。

音调变化可以为听众提供线索，使其了解哪部分信息最重要。说话时更强调或使用不同音高说出来的词是关键词，此外，停顿过后传递的信息通常是关键信息。

最后，变化你的音调会给听众带来更有旋律和更吸引人的经历，从而增加他们持续关注的可能性。

（教师）在教室内的移动

有效教师总是处于移动状态。他们利用在教室内的移动在诸多方面使自己和学生受益：

● 替代学生移动。典型的课堂环境要求学生身体处于不活跃的状态——一天的大部分时间坐在座位上听教师讲课，坐在座位上参加讨论，或坐在座位上与同伴合作完成任务。身体和心理活动似乎是紧密相连的。不妨想一想，当你坐下来看电视的时候，你多容易走神。这种（身体和心理活动的）关系表明，如果学生要成为专注的听众，教师就需要在教室上移动位置。然而，正如我们在第八单元"培育课堂环境"中所描述的，允许学生自由活动会给课堂管理带来一些挑战。因此，很多教师选择自己在教室内移动，作为课堂上学生身体活动的一种替代方式。

● 保持学生的注意力。从视觉角度来看，教师的移动会给学生带来一些视觉上的变化。当教师一直待在教室前面时，学生的视觉刺激只有黑板和同学们的后脑勺。当教师在教室里移动时，学生会（随着教师）看到教室的其他部分和其他同学。有些学生甚至还必须转动身体来面向教师。尽管学生在座位上移动的幅度很小，但它提供了一些新的刺激，能够让学生保持警觉状态。

从听觉角度看，教师的移动有助于音调变化。当教师移动时，听觉刺激的来源也在移动。对一些学生来说，因为教师离他们更近，所以声音刺激更响亮；对另一些学生来说，刺激随着声音来源的重新定位呈现出不同的声调或音高。对所有学生来说，听觉刺激的变化可以帮助他们保持专注。

● 保持全班参与（学习活动）。正常课堂的话语模式是教师提出一个问题，一个或几个学生回答。回答问题的学生通常直接向教师提出他们的观点，经常引发教师和个别学生之间的对话。如果教师大部分时间待在教室的前面，没有回答问题的学生可能不太容易听清同学们的观点，尤其是如果他们坐在说话人的后面。因此，没有回答问题的学生可能感觉自己没有参与到讨论中，因而可能觉得没必要倾听其他同学的回答。当教师移动到教室不同的位置时，回答问题的学生会在讲话时转向教师，使没有回答问题的学生更容易听，甚至倾听他们的观点，从而使对话涉及的范围更广。

● 鼓励良好行为。除了使交流更加有效，教师的移动也有助于课堂管理。教师与学生间保持较近的距离往往会减少学生不参与学习任务的倾向。

教学信息

交流过程中的第二个要素是信息。在教学交流中，信息是交流过程的核心内容，确保信息的接收与传递形式一致是有效教学的关键所在。教学交流关乎教师如何教，更关乎学生如何学习——换句话说，教学交流关乎学生接收教师发送的信息的效果。为了实现有效交流，信息必须按照预定的方式接收。为了使信息以大体相同的形式从教师流向学生，对听众来说信息必须清晰和措辞恰当。

信息的清晰度

请记住信息在教学交流中的重要性，你要确保自己想说的内容清楚无误。你可能会想："我当然知道自己想说的内容。我正在教光合作用。"或者，也许你正在教的是有关二战期间斯大林格勒保卫战的内容。我们会说，那些话题将是你教学交流的焦点，但它们不是信息的构成部分。

当我们讨论信息的清晰度时，我们建议你明确表达具体的"带回家"的信息——一个概括性的陈述——即对于你正在讨论的主题，你希望学生接收和内化的内容。确切地说，对于光合作用中的光反应，你希望学生内化什么内容？精确地说，他们应该从斯大林格勒保卫战中吸取什么？选择你想传递的一个最重要的信息。

恰当的语言

一旦明确了你要表达的信息，想想你要用来传递该信息的语言。在课堂上，可以通过使用恰当的语言使信息——你希望学生学习的内容——更容易被学生接受。当你选择用词时，根据班里学生的年龄和民族、文化和性别构成来考虑语言的正式程度。

● 正式程度。正如我们在本单元前面所提到的，学生能够认识到你在课堂上的权威地位，这一点很重要。你使用的语言可以帮助你形成并强化这种认知。在课堂上，你的语言和说话方式要比你与朋友和家人谈话时使用的语言更正式。同时，你不会用屈尊的说话方式来表达自大的态度。

一个很不错的做法是使用恰当的英语，避免使用俚语和不正确的语法。除了负责传达学术内容以外，教师也要为学生示范在未来的公共生活中如何进行交谈。使用俚语或污秽的言语可能会给学生一种错误的印象，即这种非正式的语言也适合他们的工作场所。"在你的课堂上"板块提供了具体的提示。

还要考虑你如何称呼学生以及如何让学生称呼你。美国学校所有年级的规范是，教师使用学生的名字称呼学生，而学生通常使用教师的姓氏加适当的职位称呼教师，尽管一些小学教师鼓励年幼的学生使用名字称呼他们。在很多亚洲国家，从小学高年级到高中，教师使用学生的名字称呼学生，而学生则称教师为"老师"，这个词语表达出对被称呼人极大的尊重。

● 年龄适宜性。你使用的词语既不应过于简单也不应极其复杂。这种令人愉悦的交流媒介不仅会因年级而变，而且在某些情况下，在同一年级中也会因学生群体而变。当你评估学生的词汇理解水平时，最终确定适合的词汇水平需要一些时间和耐心。经验之谈是宁愿简单些（也不要过于复杂），起码在最开始的阶段。当你和学生越来越了解对方时，你可以适当调整你的语言。偶尔使用一些"大"词，定义这些词可以帮助学生增加词汇量。

● 中性词汇。你需要确保你的语言不会因为学生的宗教信仰、族群身份、文化背景、政治信念或性取向而冒犯他们。你的语言应该是性别中立的，比如，不要暗示男孩比女孩更愿意参加体育运动、更擅长数学，或更不擅长欣赏诗歌。避免暗示对种族或文化的嘲讽，也不允许班里任何学生有这种暗示，即便是开玩笑。不要轻视任何一个学生的利益。如果想谈论政治事件，在教师办公室里或者更理想的是和你的朋友一起周末外出时再聊。

在你的课堂上

使用课堂语言时的注意事项

这里有一个简短清单，列出你与学生交流时要牢记的内容。清单上的内容不仅适用于课堂，而且适用于任何情况，如你与学生共同参与的体育活动、课外活动或郊游。

- 说话务必清晰、简洁、流畅。
- 不要用“朋友们”或“朋友”来称呼你的学生。相反，根据他们的年龄使用“大家/每个人”、“男孩和女孩”、“孩子们”或“我们的班级”等术语。
- 务必使用中性词汇、无冒犯之意的词汇。
- 不要使用诸如“例如”、“你知道”和“嗯”之类的填充词。
- 务必使用正确的语法。避免使用惯用语或俚语。
- 永远不要使用辱骂或亵渎性言语，即便这些言语是温和的或常用的。

交流手段

交流手段在教学交流中的重要性再怎么夸大也不过分。正如我们前面所提到的，教学不仅仅是授课或传递信息。学生必须内化的信息含义与教师赋予的信息含义要一致。鉴于接收消息的重要性，发送信息的方式成为关键所在。有四种主要的交流方式，它们各有其优点和局限性。

- 口头交流是教学交流的主要媒介。教师通过讲课、提问和回答问题、发起讨论和给出指令来传递他们的信息。他们利用音调变化来表明情绪，并提示学习者/听众的参与责任。口头交流要求信息接收者具备良好的听力技巧和合理的听觉记忆：学生必须倾听和内化信息并存储信息。

- 书面交流是以书面形式记录的口头信息，无论是记录在粉笔板上、白板上、投影仪屏幕上、计算机显示器上、讲义中还是在书本中。书面交流可以保持信息的持久性，在某种程度上保持信息的清晰度，因为它给接收者回看和复习的机会。书面交流要求接收者用适龄的阅读技能来“解码”书面信息。然而，因为可以根据需要经常回看书面信息，所以接收者不一定需要记住信息的内容（如他或她在口头交流中那样）。

- 视觉交流通过图片、图画或图形和图表来展示信息。视觉交流与书面交流相似，具有持久性。然而，当视觉交流是传递信息的唯一手段时，很可能会造成误解，因为视觉信息可能是模糊的，导致接收者理解的是不同的甚至是冲突的信息。想想不同人对艺术作品的反应。因为在视觉交流中传递的信息不明确，接收者会利用他或她的背景知识和文化知识来解读信息。

● 非言语交流包括发送者的着装风格、与接收者之间的空间距离、眼神交流和面部表情。这种“肢体语言”是最容易产生歧义的交流形式。通过肢体语言传递的信息都有多种解释和意义。正如我们在第三单元“教授文化背景多元的学习者”中提到的，很多解释与学生的文化背景相关。此外，对于一些学生（和成人!）来说，识别非言语暗示很吃力。因此，非言语交流比视觉交流更容易产生歧义。尽量意识到你传递的非言语信息以及学生可能对该信息不同的理解。例如，一位教师在解决数学问题时决定站在学生身边并给学生提供解题策略，他或她可能会惊讶地发现学生并未觉得教师在旁边让人心安，相反，学生觉得如此近的距离令其感到害怕或受到威胁。

不同的学生对接收信息有不同的偏好，你可以通过使用多种手段传递信息来保证消息接收的准确性。例如，当你指导学生如何建构几何模型时，考虑使用至少两种或三种交流手段：描述过程（就像你自己建构几何模型那样），然后分发配有图表的书面指令。

行动起来

思考你计划在课堂上教授的课程内容。请解释你想使用的主要交流方式。然后描述如何使用另外两种交流方式来教授这一课。

学生：教学交流信息的接收者

交流过程的第四个要素是接收者。在教学交流过程中，信息接收者——你的学生——并不总是愿意参与交流过程。为了让你的信息按预计方式被学生接收，你的学生必须做好准备、具备能力并主观上愿意接收信息。这三个方面中任何一个方面出了问题都会妨碍有效交流。

● 做好准备。当相互冲突的信息或其他干扰被消除——或至少最小化时，当他们的注意力集中在相关话题时，学生就做好了接收消息的准备。

● 具备能力。学生有能力接收他们可以理解的信息。可以理解的信息使用学生能够接受的语言，传递的时候考虑学生的发展认知能力，并注意学生的注意力时长。

● 主观上愿意。当学生确信这些信息对他们来说很重要或者是他们特别感兴趣的，或者信息传递过程是有趣的，学生愿意接收信息。

你的学生每天都被大量的视觉、口头和（少量的）书面信息淹没。从电视、视频游戏、网络冲浪到短信和即时通信再到无处不在的 iPods、其他 MP3 播放器和电子平板电脑或微型电脑，今天的学生时刻体验着感官刺激（如果不是感官过载的话）。为了经受住这场长期的信息攻势，很多年轻人学会了过滤信息，选择性地只内化那些有趣的信息。你的“信息”可能不是他们愿意接收的。年轻人经历信息过载的一个潜在后果可能是他们用策略来过滤听觉信息。此外，当兴趣减弱时，很多年轻人倾向于“感官冲浪”，从一个听觉刺激跳到另一个听觉刺激。因此，一些学生可能没有太长时间关注一个事件的经验。当你看到他们在 5 或 7 分钟后注意力开始分散时，不要惊讶。

你可以通过以下途径帮助学生提高听力技能：在学年开始时规划这样的学习活动：时长较短、理解检查频率高。然后逐渐延长学习活动的时间并降低理解检查的频率。此外，如果学校没有针对学生在课堂上使用电子设备的指导方案，你可能需要在课堂上实施学生使用电子设备的政策，使学生明确什么时候可以（如果可以的话）在课堂上使用某些电子设备。虽然某些电子设备可能是功能非常强大的学习工具，但对于很多学生来说，它们也可以成为分散注意力的来源。

行动起来

你如何检查学生已经做好准备、具备能力并主观上愿意学习？你会使用哪些策略或技巧来帮助课堂上所有学生做好准备、具备能力并主观上愿意学习？

反馈：确认信息传递效果

在教学交流过程中接收的信息与发送的信息同等重要，教师必须采取措施来确保他们的交流取得成功。为了确保你的信息能像你所希望的那样传递给学生，你需要通过提问来评估他们的理解从而检查学生是否在认真听讲。你也要认真地解码学生发送给你的信息。通常，信息的意思隐含在内容或传递过程中。

检查听课效果

如果要学习你所给出的信息，你的学生必须是很认真的听众。认真的听众是积极主动的听者，他们能够准确地复述所发送的信息。你可能会天真地假定，学生经历了学校学习已经培养了良好的听力技能，但事实并非如此。首先，我们建议你假设相反的情况：有时学生并不具备应有的精湛的听力技能。

在课上观察学生，看看他们是否像在积极地倾听。然后通过要求学生复述你刚才展示的信息来验证你的印象。当你更好地了解你的学生时，你会更直观地了解学生的听课效果。同时，一节课中频繁停顿，让学生复述你的信息。虽然刚开始这种做法可能会减慢你的课程进度，但这能显著提高学生的学习效果。

提问……并期待答案

在社会交流中，一个人通过提问来获取信息。在大多数情况下，问题的答案对于提问者来说是未知的，这就是他或她提出这个问题的原因。在教学交流中，情况有所不同；提问者——教师——通常提出他或她已经知道答案的问题。事实上，教师通常是提问的相关信息的来源。教师提问的目的不是获取信息，而是检验被提问者——学生——是否掌握了回答问题所需的信息。

考虑下面的情景：

“那么，现在谁能告诉我答案？”学生像石头一样沉默。没有一只手举起来。彼得心里想：“我知道他们明白这一点。为什么没有一个人回答我的问题？”

他接着说：“首先，我们从方程式的两边各减去27。然后两边分别除4，我们得到什么？”仍然没有回应。彼得又等了30秒钟，看看有没有人自愿回答问题。最后，他让步了，告诉他们：“正如你所看到的，我们得到 $x=3$。这就是答案，我们再试一个。数字 21 如何?”

彼得继续解释如何解方程，他完全了解他的学生也会解方程，但出于某种原因，他们甚至不愿尝试回答他的问题。

也许是因为学生知道被提问的问题不是“真正的”问题，学生回答问题时磨磨蹭蹭是很常见的，即使他们很可能已经掌握了回答问题所需的知识。教师提问时，其他因素也造成他们有时听到的是令人不安的沉默。有些学生可能讨厌课上发言。其他学生可能只是由于这一天问题太多而感到厌烦。当教师让步，在“等待游戏”中败下阵来，并回答了他或她自己提出的问题时，情况会进一步恶化。

我们坚信遵守社会交际规范是很重要的，所以当你问一个问题时，要确保至少有一个学生回答问题。你可能要等上一两分钟，或者你可能会邀请一个学生回答这个问题，但是你要确保形成一种惯例，即要求学生——不是你，教师——回答你提出的问题。

教学视频案例

在该视频案例“课堂管理：最佳实践”中，一个学生强调倾听其他学生的重要性。在 CengageBrain. com 上访问教育媒体图书馆，可以观看该视频片段并学习该案例的资料。然后思考以下问题。

问题

1. 这个学生的感知与这个单元提供的信息一致吗？为什么一致或为什么不一致？

2. 作为一名教师，你如何能让学生在谈到他们的个人问题时感到舒适，同时保持你的权威地位？

学会解码学生发送给你的信息

学生经常间接地表达他们在理解概念或技能时的挫折感。考虑一些学生说的典型话语：

“数学如此浪费时间。一旦我走出校门，我再也不会用到它。”

“人们怎么会喜欢诗歌？太愚蠢了!”

“我可以去护士那儿吗？我感觉不舒服。”(就在体育课前学生问道。)

当你听见学生说出这些感受时，想想学生真正想对你表达什么。与其试图使学生相信学习这些概念的益处或价值，不如发现学生学习概念或技能的困难。把学习数学看成“如此浪费时间”的学生很可能感到不知所措，无法理解所展示的内容。学生不承认自己的理解困难，而是认为科目本身有问题。同样，一个看不到诗歌价值的学生可能从未真正掌握分析和欣赏诗歌所需的策略或技巧。最后，经常要求去医务室的学生，尤其是如果通常是在每天的同一时间或同一节课之前提出这些要求，可能是在表达对于当时课表上无论哪个科目或课堂的恐惧或沮丧。

当学生说出这样的话时，也许有必要继续进行对话，当然，如果时间允许的话，试着了解学生担心或沮丧的根源。然后，你会更好地引导学生获得有用的资源，帮助他或她在学业上、社会上甚至在情感上获得更大的成功。例如，理解特定概念很吃力的学生可能会受益于额外的教学辅导。

此外，"倾听"学生通过非言语方式跟你交流的信息，尤其是当他们的非言语交流发送的信息似乎与他们的话语含义不同时。一个通常表现积极的学生变得沉默不语，不再参与活动，或一个令人省心的学生开始忘记家庭作业，应该鼓励这样的学生去和辅导员谈谈。要认识到学生爆发的愤怒更多的不是针对你，但可能说明学生在寻找资源解决问题方面需要帮助。在这些情况下，我们不鼓励你自己去解决这个问题。相反，引导学生获得必要的专业资源。很少有教师是训练有素的治疗师，试图帮助学生解决个人问题会适得其反，这常常使教师陷入困境。

协商与冲突解决技巧

任何时候，20个或更多的人长时间（如整个学年）身处一个有限的区域内，发生冲突是不可避免的。小冲突很容易升级为更大的冲突，进而影响学习环境，使你传递重要教学信息的尝试以失败告终。虽然这远不是解决冲突的万全之计，但"在你的课堂上"板块为协商和解决学生之间以及你与同事或父母的冲突提供了一些指导方针。我们还敦促你学会识别冲突的早期迹象，并在这些冲突尚未演变成需要大量精力来处理、浪费教学时间的全面纠纷之前积极主动地采取措施。

总结

你的交流技巧是你作为一名有效教师的核心所在。作为一名教师，你必须锻炼你的口头和书面表达技能，这样你就可以有效地传递重要信息，这些信息不仅包括具体的学科信息，还包括有关学习的态度和信念。你需要提高你的听力技能，这样你就可以检查学生对所教概念的理解程度。你还需要"听"学生告诉你的信息，无论是言语的还是非言语的，并能充分地关注他们的需求和关心的事情。请记住，教学交流的一些规范和期望与人际交往或社会交往有所不同。课堂交流往往是单向的，而非双向的，因而对学生传递的信息你必须保持敏感，并有效回应他们。

在你的课堂上

解决冲突的措施

使用"检-降-制-重-建"来帮助你记住下面的步骤。你可以利用这些步骤，成为"清除"冲突的教师。

1. 检查你自己的态度。保持平和不急躁的态度。形势已经很难控制，你的目标是化解紧张事态。你必须通过冷静的、客观的、分析的态度来定基调。

2. 降低压力水平。鼓励参与纠纷的学生克制情绪。经常提醒参与者降低说话声音、深呼吸，并在话语间停顿几次。让参与者坐下来也有助于减轻紧张情绪。你的目标是让参与者冷静地讨论导致冲突的问题。

3. 制定基本规则。制定一个讨论问题的程序——一个公平的，更重要的是看上去对所有参与者都公平的程序。能够多大程度上解决冲突取决于你表现出不偏不倚之态的能力。确保所有参加者都准确地理解会话规则和你对会话的期望。

4. 重新表述与重新措辞。当每个参与者表达了他或她的立场，重新表述你对冲突的核心问题的理解。解决冲突的一个主要绊脚石是误解。当你重新表述别人的立场时，你要为所有参与者澄清核心问题所在。所有参与者都提出了他们的问题之后，重新表述你对冲突核心问题的理解。（贝琳达，你认为安吉应该告诉你她要和卡拉和她的朋友去跳舞。安吉，你害怕告诉贝琳达，因为你知道那样她会很生你的气，但是你又很兴奋，因为卡拉和她的朋友们邀请了你。）

5. 建议解决方案。在每个人对核心问题没有异议之后，你可以为这个小组提出可能的解决方案，询问每个人是否愿意接受这个方案。如果达成妥协方案，则为所有小组成员重新表述解决方案。你也可能希望所有的参与者重新表述他们认为他们同意的内容或他们理解的他们必须要做的事情。

行动标准

州际新教师评估与支持联盟　标准 8：教学策略

教师理解并使用多种教学策略来鼓励学习者深入了解内容领域及各领域之间的关联，并以有意义的方式培养他们应用知识的技能。

问题

1. 你认为是什么原因导致了梅根的课堂现状？梅根对学生做了什么或者没做什么从而导致了当前的困难局面？

2. 梅根能做什么来改变课堂环境？梅根应该立即采取什么行动？从长远来看，你对她会提出什么建议？

更多资源

- Pamela Cooper，Carolyn Calloway-Thomas，and Cheri J. Simonds，*Intercultural Communication: A Text with Readings*（Boston：Allyn & Bacon，2007）. 库珀、卡洛威-托马斯和西蒙兹利用叙事方法探索了多面而复杂的跨文化交际世界。
- Cheri J. Simonds and Pamela Cooper，*Communication for the Classroom Teacher*，9th ed.（Boston：Allyn & Bacon，2011）. 西蒙兹和库珀帮助（正在任职的和将要任职的）教师掌握课堂上有效交流必备的知识和技能。
- Rose Ann Neff and Maryellen Weimer（Eds.），*Classroom Communication: Collected Readings for Effective Discussion and Questioning*（Madison，WI：Atwood Publishing，1989）. 这些文章为改善课堂讨论提供了建议。
- Robert Powell and Dana Caseau，*Classroom Communication and Diversity: Enhancing Instructional Practice*（Mahwah，NJ：Lawrence Erlbaum Associates，2004）. 鲍威尔和卡索提供了一个框架以帮助教师在多样的、多元文化的课堂中找到有效的交流方式。

本书的配套网站提供了很多有用的资源。访问 CengageBrain. com 获取本书各单元词汇表、抽认卡、网页链接和其他学习辅助工具。

注释

［1］David Berlo，*The Process of Communication ：An Introduction to Theory and Practice*（New York：Holt，Rinehart，and Winston，CBS College Publishing，1960）.

第十四单元

教学与技术

州际新教师评估与支持联盟　标准 3，5，6 和 10

情景

“好的，同学们，现在把你们正在做的内容保存一下，然后把键盘收好。3 分钟后我们开始上数学课。”伯克先生教的四年级学生刚刚花了 40 分钟的时间研究社会学项目。其中大多数人在互联网上研究他们的话题。一些人已经开始写报告，而另一些人正在为多媒体演示寻找图像和图片。

在伯克先生的教室里，每个学生的课桌上都有一个无线键盘。学生电脑显示屏嵌入课面，位于透明的塑料桌面下，这样每个学生都可以便捷地使用自己的电脑。

“准备好开始了吗?”伯克先生打开液晶投影仪。在复习前一天的数学课内容时，学生们仔细看着房间前面屏幕上的图像。“我们来复习一下固体形状。昨天，我们讨论了构成矩形棱镜的形状。”他身后的交互式白板上出现了一个矩形棱镜的图像。“谁能帮我们回想一下昨天我们讨论了什么内容?”很多学生举手，伯克先生从中选了一个学生。“艾丽，你过来，给我们讲讲什么是矩形棱镜。”

艾丽来到白板前指出棱镜的两个基座和四个面。当她触碰白板时，被触碰的部分就会凸显出来，“这是两个基座，”艾丽指出，“这些是一致的形状。”她的语言解释被转换成文字显示在白板上。

“很好，艾丽你现在可以坐下了。现在我们来看看棱镜的一些属性。棱镜有多少个顶点?”好多只手立刻举了起来，伯克先生叫起了荣·李，他答道：“有 6 个。”

“荣·李说棱镜有 6 个顶点，你们有多少人同意? 用你们的电子指示装置来回答同意还是不同意。”学生们拿出他们的指示装置，指向展示板，在电子屏幕上点击“是”或者“否”。每个学生的回答以及整个班级的统计数据都记录在伯克先生的电脑上。他快速扫了一眼电脑屏幕。

“达科塔，你不同意荣·李，你能告诉我们为什么吗?”达科塔走到白板前通过触摸顶点来计算顶点的个数。当她触摸顶点时，每个顶点都凸显出来。“我数了 8 个顶点，”达科塔回答道。

预览

上述情景中的教室可被称为“连通”教室。技术被用作一种教育工具，用以促进学生学习以及教师完成管理任务。

当人们听到“教育技术”这个词语时，通常会想到电脑（比如上述情景中的电脑）。如果我们从更广义的角度将技术定义为为达到实际目的而应用的新兴科学知识，那么技术长期以来都是课堂教学的组成部分。首批引入学校的一项技术就是黑板，最早出现在19世纪初期。固定在墙上的黑板取代了单独的学生板，这改变了教师和学生互动的方式。这样，教师可以一次性在黑板上写下课程内容或问题供所有学生抄写，而不必写在每个学生的板上。随着电的出现和电器的广泛采用，到20世纪中期，很多新技术可以在学校应用。从那时开始，从高架式放映机到教育用电视、从电动打字机到笔记本电脑和图形计算器，这些新兴工具对课堂教学产生了重大影响。

几乎每一项新技术在刚刚出现时，都会被人们热情洋溢地宣扬为颠覆教育的事物，而且几乎每一项新技术都会使教师有不同程度的兴奋与焦虑。今天的技术也同样如此。在本单元中我们将总结当前可用的各种技术，并讨论目前这些技术在课堂教学中的使用情况。我们希望这个概述能够使你熟悉技术对教学的促进作用，并凸显你需要培养的技能，以便在课堂上最大限度地发挥这些工具的作用。

单元要点 ▶▶▶

本单元强调：

如今，教师必须熟悉各种硬件工具的运作方式，也必须懂得如何使用几种软件。

电脑和网络在课堂上的广泛应用可能会导致教师角色和职责发生变化。

作为一名教师，技术工具可以帮你简化一些教学和管理任务。

技术对于课程设置中的每个学科领域都有帮助，很多学科还有专门的应用软件。

远程学习是一种日益流行的方式，可以帮助学校汇集资源，帮助学生寻找无法在当地获得的机会。

多种辅助技术可以帮助特殊学生完成与非特殊同龄人相同的任务。

行动起来

再次浏览上述开篇情景，并了解在这个课堂上技术如何促进学生学习。然后列一张表，列出技术如何有效帮助教师履行管理职责。列第二张表，列出在这个课堂上使用技术带来的任何不足。

技术术语或者你在课堂上可能会发现什么？

类似本单元开篇情景中的课堂尚属特例，并非常规水准。在大多数美国学校，你更有可能看到的是新旧技术混合使用的情况。你仍然可以看到高架式放映机、幻灯片投影仪、电视机、录像机或DVD播放器，因此你需要知道如何操作以及如何在教学中有效使用这些设备。但是，你更可能会遇到本节介绍的一些更新的技术。毫无疑问，在你的教师职业生涯中肯定会出现很多今天我们无法想象的技术。此外，你不仅需要了解如何使用硬件小工具，还需要了解如何有效地选择和使用应用软件，以提高学生的学习效果。

讨论教育技术的另一个有用的方法是考虑教师和学生在教学和学习过程中参与的任务，这种以任务为导向的方法能够帮助教师专注于他们想要使用该工具的方式，而不是专注于工具本身。表 14-1 列出了部分上述任务以及可以帮助你完成这些任务的工具。

表 14-1　　供教师和学生使用的任务和技术工具

任务	技术工具	例子	教育优势
研究	● 搜索引擎 ● 在线档案馆 ● 数据库	“阴影谷”（The Valley of Shadow）在线档案馆为学生提供了各种可搜索的南北战争期间两大阵营的文档	在线档案馆为用户提供了数量众多的信息——无论是为年轻人设计的材料还是供专业人员使用的数据集
合作	● 博客 ● 维基百科 ● 在线社交软件 ● 在线制作软件	“有益于环境的全球性学习与观察计划”（The GLOBE program）支持一个项目，该项目使用全球范围内学生收集并上传的关于酸雨和废物处理的数据	通过诸如“有益于环境的全球性学习与观察计划”的数据库，用户可以与世界各地的其他学习者或同班同学进行互动
沟通	● 博客 ● 邮件组软件 ● 维基百科 ● 文字聊天、语音聊天及视频会议工具 ● 播客	美国人文社会科学网路（H-NET）是人文与社科教育工作者使用的一个免费的在线社区。教师可以浏览已存档的讨论日志或者订一个邮件服务，以便接收新帖子	在美国人文社会科学网路和其他邮件服务中，参与讨论的人可以进行提问、给出建议、分享资源并且丰富彼此的专业实践经验
编辑	● 文字处理机 ● 图像编辑器 ● 视频编辑器 ● 音频编辑器 ● 三维建模工具	AlphaSmart 字体转换器是一个便携的、用户友好型的文字处理器，深受教授年轻学生写作的教师喜爱	AlphaSmart 和其他文字处理工具都可以执行简单的剪切和粘贴功能，支持文件的多文本格式，还具有内置功能（如拼写检查功能和词典查阅功能）
演示	● 幻灯片软件 ● 交替变焦放映软件 ● 概念构图工具 ● 地理信息系统	很多想寻找一些幻灯片软件替换工具的教师开始转向其他一些基于网络的产品，如 Prezi。Prezi 用一个大的页面把所有的演示内容呈现出来，使用者可以聚焦某些部分。这种演示风格有别于幻灯片软件的线性演示模式	设计精美、媒体多元化的演示风格可以激发学生的兴趣并增强他们的理解。教师也可以要求学生制作自己的演示内容
收集资料	● 探针和传感器 ● 数码相机和摄影机 ● 电子录音机 ● 掌上电脑	学生凭借信息收集设备可以快速便捷地收集动态数据。这些数据随后被发送到一台电脑或者一个图形计算器上供分析使用	数据收集工具利用数字格式可以便捷地捕捉现实中的现象。如果手动收集相同的信息，在很多情况下即使是可行的，过程也是冗长枯燥的

续前表

任务	技术工具	例子	教育优势
分析数据	● 电子制表软件 ● 数据展示软件 ● 地理信息系统 ● 图形计算器	学生可以用 Excel 制表软件浏览和分析人口统计数据，从而确定人口分布趋势以及未来的人口水平	电子制表软件和其他分析工具为学生提供了多种方法浏览和思考数据：可以以分类的形式或者以图形的形式
学习并应用技能	● 配套的辅导软件 ● 操练软件 ● 教育游戏	“基础数学”（The Fundamental Math）教辅软件可使教师以个性化的方式辅导学生学习数学	这些工具帮助教师有效地因材施教。它们往往包含内置的自动评估功能
评估	● 课堂反馈系统 ● 网上调查和测验工具	基于网络的产品，如短信投票系统（PollEverywhere）（一个评估应用软件），允许使用者做出多项选择或者给出文字答案。学生通过短信或者网络等多种方式做出回应。教师可以将学生的反馈嵌入到幻灯片软件中并实时查看其更新	评估工具可以使教师获得针对他们教学的形成性反馈。有了这些自动化工具，评估-学习的过程取代评估-评分的过程变得更加可行
出版	● 个人或者课堂网站、维基百科或博客特定兴趣论坛	21Classes 是一个专门为教师和学生开发的博客工具	通过将学生的作业纳入网络，教师可以鼓励学生与更广大的受众互动。这样学生也许会更有动力做到最好

资料来源：Adapted from Thomas C. Hammond, “A Task-Oriented Framework for Stand-Alone Technology Integration Classes,” *Journal of Computing in Teacher Education* 23, no. 4 (Summer 2007), pp. 119–124.

技术硬件

作为教师，你肯定会使用电脑。然而，正如本单元开篇情景所显示的，“教育技术”不仅仅包含电脑，其他工具在现在的中小学课堂中也越来越常见。以下内容概括了你在学校可能用到的硬件设备。

● **电脑。**时至今日，各个学校的电脑-学生配比以及所选的机器不尽相同。在一些学校，每个学生都拥有一台联网的电脑，这些电脑有的是台式机，像在上述情景中伯克先生的课堂中使用的，还有一些可能是笔记本电脑或者平板电脑。笔记本电脑和平板电脑的便携性允许中学生把电脑从一个班级带到另一个班级，也使得教师能够计划在旅行中或者在其他室外课程中使用电脑的活动。大多数学校没有能力给每个学生配备一台电脑。在这些学校，每个教室可能会配备几台电脑，通常是台式机，或者学校会把所有电脑放入一个或两个机房，或者放入图书馆/媒体中心。还有一些学校把这两种方式结合起来，在每个教室安置几台电脑，然后再专门设立一个能够容纳多达 30 台电脑的机房。每个教室里有固定数量的电脑，这样学生就可以在上学的期间有机会使用电脑，但是在任一时间段内，能够使用电脑的学生数量有限。你需要设计一些方法来保证每个学生都有平等地使用电脑的机会。机房可以使一个班所有的学生一人一台电脑独立工作。然而，他们可能一周只有一次或两次这样的机会。你需要仔细筹划学生上机时间完成的任务。

● **手持设备。**由于手持设备便携、功能简单而且成本较低，现在越来越受到学校的欢迎。手持计算设备（比如苹果播放器和智能手机）的优势在于可以实现1∶1的学生-设备配比，而成本却只有配备笔记本电脑成本的几分之一。但是，这些工具目前主要还仅用于商业，与很多主要的技术手段一样，并不是专门为课堂教学设计的。然而，课堂上日渐流行的一个趋势是改变这些设备使其更适合课堂教学。

目前人们正在为类似于苹果播放器的手持设备开发数百种应用程序和网站。幼儿园到八年级的学生可以使用 Tales 2Go 这个应用程序，该程序为学生提供了内容丰富的书籍，有配套的听力功能。如果学生需要使用这个听力辅助功能，就可以将其打开。初中和高中的学生可以使用一些基于网络的产品，比如说 Wolfram Alpha*，这个网站可以帮助学生找到统计信息和与数据相关的图表以及一些数学概念的视觉辅助内容。IEAR. org（I Educational Apps Review）是一个可供教师寻找适合教学的应用程序的实用网站。该网站提供了有关这些应用程序的评论和简介，内容索引标注清晰，便于查找。

● **手持图形计算器。**手持图形计算器在数学课堂上的作用仍是很显著的，但是它们的功能日趋多样化，这是与其他内容领域（如科学、历史和地理）相关的迷你应用程序不断发展的结果。手持图形计算器也可以变成基于计算器的便携式实验室（CBL），只要你购买了科学探测仪以及计算器支架，之后这个数据可以被上传到电脑进行操作和分析。

● **交互式白板。**交互式白板提供了一个可以干擦的、连接在电脑上的书写界面。很多白板可以连接到一台电脑上，使白板与电脑互动，这样触摸白板的一个区域（就像本单元开篇伯克先生的课堂中看到的那样）就会激活相应的应用软件或打开一个相应的网站。还有一些白板可以把内容数字化并且转换成电脑上的文本。

● **液晶投影仪。**液晶投影仪对于一个教室里只有一两台电脑的教师来说尤其有帮助。当电脑中的数据和信息投影到大屏幕上时，教室里的学生都可以看到并且获取这些信息。教师可以提问并期待学生展开积极的讨论。

随着设备微型化技术的不断进步，我们期待着下一代技术革新。可以说，教育技术将在帮助学生更便捷地获取信息以及简化学习过程方面继续发挥重要作用。

技术软件

教育软件的内容不同，质量各异。教育工作者面临的挑战就是找到适合师生需求与期待的应用软件。以下是已有教育软件的简要介绍。

● **技能开发**软件帮助用户培养和改善基本的或核心的技能，通常是读写和算术方面的能力。Clifford the Dog 阅读系列软件和 Reader Rabbit 数学系列软件是技能开发软件的两个例子。

● **知识演示**软件以一种更引人入胜、更具互动性的方式来展示信息，帮助学生理解重要概念。学生可以使用多媒体授权软件（如 HyperStudio 或 Kid Pix）来

* http：//www. wolframalpha. com/examples/Math. html.

创造自己的交互式演示内容或阐释和呈现故事。知识演示软件往往主要应用于社会科学（包括历史、地理、经济学）、自然科学（生物学、化学）和应用科学（物理学、工程学）。Carmen Sandiego系列软件和Magic School Bus系列软件利用视觉丰富的教育探险来教授学生不同领域的核心概念。在中学阶段，这些知识演示软件在解释科学和数学概念方面尤其有帮助。

- **按照年级划分的多学科**软件根据不同领域和不同年级水平为学生提供了培养技能和获得知识的手段。Reader Rabbit、JumpStart、Cluefinders系列软件都是这一类软件的例子。用户可以练习基本技能，并且测试他们对于某个年级具体学科概念的理解。
- **早教学习**软件的目标群体是3～6岁的孩子。这些软件通常致力于帮助年幼学习者培养学龄前孩子的读写和计算能力，如认识字母与数字，并且使其学会读写和计算。一些软件帮助学习者培养思维习惯和技能，这有助于他们在日后成为有成就的学生。
- **思维和解决问题**软件旨在培养逻辑思维过程或创造性思维技能。这些软件向用户展示一个待创建的结构或一个待解决的问题。属于这一类的应用软件有I Spy、Reader Rabbit Thinking Adventures和Zoombinis Logical Journey。
- **创意艺术和多媒体**软件允许用户参与创意艺术过程。这些软件可能会教用户学习音乐符号的基础知识，并帮助他们编写可以在电脑上播放的乐谱。其他软件为用户提供一个艺术家的调色板和一个空白屏幕，用户可以在屏幕上创建独特的设计和图画。多媒体软件允许用户处理和增强静态照片效果或创建长度和复杂度不同的视频剪辑。
- **模拟**软件是最受欢迎的软件之一，这些软件还充分利用了计算机的作用和功能。从建设城市到建设基础设施到创造自己的动物、社区、学校或游乐园，模拟软件能够帮助用户看到决策和行动的必然结果，并了解任何社区或系统的元素之间的微妙互动。
- **教科书。**一些州立法机构正在调查是否可以使用电脑软件代替教科书，因为教科书出版商经常提供教科书的互动版本，这些州正在考虑将更多的资源用于电脑和数字课程，而较少用于教科书。这些创新性措施带来的结果对于教科书出版商、学校及其预算以及电脑制造商来说可能意义重大。

一种新的教学方式？一种新的学习方式？

新技术——尤其是电脑和互联网——将如何影响学校的物理结构以及教学与学习的性质，人们对此浮想联翩。学校通常是比较保守、乐于保留传统的机构，不愿意接受快速或大幅的改变。不过，目前的趋势表明，学校可能难以抵抗计算机技术浪潮。让我们看看一些教育工作者对未来学校有哪些预测。

- **教师的角色。**随着互联网越来越多地融入学习环境，教师的角色很可能会从信息来源和传递者转变为教育管理者。当学生可以随时随地使用互联网时，他们获得的信息远远多于教师拥有的信息。与其试图将这些众多的信息来源视为竞争对手，教师可能会将更多的精力投入管理学生获取核心信息的过程。

这种角色的转变绝非意味着教师的责任不像以前那么重要。在课堂的互动环节，你可能变得不那么显眼、不那么重要。但作为教师，你仍然要设计学习活动，并确定学生学习的话题，以及所有学生应该知道的重要概念。你可能会发现你有更多的教学前的准备责任，比如找到相关的网站或者检查链接以确保网站始终在线。

你的角色很可能会增加，你将成为信息仲裁者，帮助学生理顺相互冲突的信息。众所周知，互联网包含数万亿字节的信息，其中大部分信息可能是不精确的或不准确的。当学生遇到相互冲突的信息时，教师必须帮助他们辨别哪些信息是更可信的，以及哪些信息来源是更可靠的。教师需要使学生熟悉判断网站可信度或可靠性的依据。教师也需要帮助学生理解辨识有细微差别的或有偏见的表述的重要性。

- **教师的责任。**在未来的课堂上，对于自己的学科和相关学科，教师需要掌握更多的知识。尽管教师可能不像以往那样明确地向学生传递信息，但他们仍然要负责学生学习的内容，并且负责确保学生掌握的信息是准确的。这项任务可能会给教师带来更大的挑战，因为他们不再像以前那样能够控制学生见到的信息。
- 此外，学生可能会深入研究主题，或者探索与其学习重点不太相关的主题。教师应该了解学科间的相互关联并理解如动物病毒的暴发会对一个国家的经济和政治稳定产生影响。新技术对教师的要求会更高，而非更低。
- **教师的资源。**正如学生有更多可用的学习资料，教师也有更多可用的资源。课程计划数据库为教师提供了很多开展学习活动的想法。在线社区可以为教师提供具体学科信息或教学提示及想法。无处不在的日志也可能成为教师获得帮助、支持和信息的来源——或者它们也可能纯粹是浪费你的时间。你需要知道如何评估并最有效地利用这些资源。“在你的课堂上”板块总结了当前教师使用的效能工具及其使用方法。

在你的课堂上

利用技术提高你的工作效率

除了教育学生这一主要责任之外，教师还必须对行政指示、家长问询或请求以及社区关心的问题做出回应。教育技术可以帮助教师在学校以及校外时间提高工作效率。很多教师使用技术工具来简化以下任务：

- **课程计划和教案设计。**几乎每个州的教育部门都将各自的州级课程标准发布到网站上，以便教师可以轻松地获取课程要求。大多数州也在网上发布已公开的州测试的内容。此外，教师也可以在众多网站上获取针对特定主题和年级的教案设计数据库。教师需要对活动进行分类以满足不同年级学习者的需求，这方面的建议和想法也同样可以轻松获取。
- **评估。**评估测试生成软件使你能够自定义出版商提供的测试，以创建与你在课堂上讲授的特定主题相符的测试。大多数这类软件允许教师具体指定要评估内容的类型，从多项选择题到对短文问题的开放性评论题、每种类型的题目数量以及要测试的具体话题。对于一个话题类似、难度相同的测试，教师可以生成不同的版本，这些不同的版本可以用于补考。
- **记录保存。**最流行的一个效能工具就是电子计分册，它的形式通常介于数据库和电子表格之间。数据库的功能可以使教师存储学生的重要联系信息，比如邮箱地址、家长联系方式、紧急人联系信息以及与学校相关的信息，如储物柜号码和密码以及课本号码。电子表格可以用作计分册。

有了电子计分册，你可以快速了解每个学生完成任务的表现或一段时间以来的表现。你也可以在每一次输入作业成绩时计算出学生的学期平均分。作为一名反思型教师，你可以通过分析这些数据深入了解每一位学生在学习方面和评估方面的优势和劣势。

电子计分册也可以简化你的汇报任务，越来越多的学校都逐步开始使用电子计分卡，这些电子计分卡由教师以电子形式提交的分数或叙事性内容生成。

- **交流。**教师可以在课程网站上发布每日或每周的家庭作业、测试和项目日期以及课堂活动，这种做法可以帮助学生及其家人及时了解有关课堂活动的信息。你可以向父母发送批量电子邮件，提醒他们关注特定事件，并且可以根据需要与特定学生的父母更有效地沟通这些学生的情况。电子邮件对于与同事、管理人员和学区进行有效交流也非常有帮助。

应用于不同课程的技术

除了帮助教师更有效地完成大量的任务以外，技术有助于提高学生的学习效率和产出率，还能提供丰富的资源和引人入胜的教育活动与体验。我们概述了技术对不同学科的促进作用。

英语和阅读/语言艺术教育

电脑对英语教育最大的促进作用是促使写作任务变得简单。文字处理软件使所有作者——无论是学生写作者还是专业人士——写作的效率更高。大多数教育工作者都认同文字处理软件还可以使学生写作者更多地关注实质议题，而不是机械性任务。过去学生们不得不手写作业，然后根据反馈再手写一遍（也许是很多遍），这样的日子已经一去不复返。在电子文档上进行修改要容易得多。在组织段落思想或者组织文章段落时，学生写作者可以很轻松地尝试各种方案，以找到最具表现力和说服力的内容组织方式。

演示工具，如PowerPoint和Prezi，可以结合文本、图形、音频和视频来传达复杂的思想。学生可以使用如HyperStudio或Kid Pix等多媒体编辑程序来创建自己的交互式演示内容，或者诠释和呈现故事。

大量可用的多媒体选项可以帮助学生在解读和理解方面培养批判性阅读技能。下列工具可供学习阅读的年轻学生或有阅读困难的年龄较大的学生使用。

- **LeapPad学习系统**，是由LeapFrog公司开发的互动学习工具，它可以帮助年轻读者学习阅读。学生在LeapPad上放置一本专门制作的书，插入一个墨盒，然后使用配套的触笔来听书。

- **Living Books系列**，由Broderbund出版，其中的光盘中有各种书籍的交互式演示。学生可以点击文字听故事。屏幕页上的大多数图像是有链接的，所以学生可以点击页面上的任何对象来听它的名字或听对它的描述。

● **游戏。**很多教育软件产品的目标是掌握阅读和英语中的重要概念和技能，如解读、词汇提高或词语使用等。在几乎所有情况下，将技能培养嵌入引人入胜的动画冒险或街机类游戏中。

数学教育

自 20 世纪 60 年代中期出现手持式电子计算器（计算器取代了计算尺，而计算尺本身就是 17 世纪的一项新技术）以来，数学教育工作者一直处于技术应用的前沿。随着这些性能简单的计算器变得无处不在，在数学课堂上使用计算器的做法引发人们越来越多的争议。计算器仍然是一些数学教育工作者和社区成员争论的焦点，但它也是很多初中和高中数学课堂上必不可少的工具。现在画图计算器的地位更加突出，学生可以在这些计算器上进行简单或复杂的计算，查看方程式和函数图，或运行小程序（处理其他数学概念的小程序）。

数学教师也在使用各种软件产品。

● **数学专用软件**可帮助学生提高计算流畅性或掌握重要的数学概念。就像为阅读/语言艺术开发的教育软件一样，数学软件通常嵌入游戏环境中，以此来吸引学生参与并保持他们的参与动力。这些操练软件促进学生对数学概念的理解并使其熟练地运用技能，同时保持兴趣和动力。其他数学专用软件针对的是数学的特定概念。Geometer's Sketchpad 是一个数学可视化软件，可以让学生构建几何元素并探索其属性。很多软件（如 3D Grapher 和 FindGraph）允许学生创建数据集图形。

● **在线辅导课程和测试准备门户**是教育技术工具箱最近新增的内容。为了响应联邦政府的要求——3～8 年级的学生每年都要进行数学和阅读/英语测试，教育出版商在参考了某个特定州的所有标准或基准的基础上开发了在线辅导课程以及评估软件。学生登录网站进行诊断型测试。根据测试结果，要求他们完成该网站提供的某些技能辅导课程。教师可以使用电子设备跟踪学生取得的进步和评估结果，并在需要时布置更多的技能练习。

科学教育

相对于其他领域，技术微型化给科学教育领域带来的益处可能是最大的。数据探测仪、温度计、指南针和传感器可用于各种手持设备。学生可以使用这些探测仪收集与实际环境条件相关的、丰富的第一手数据，而不是进行由其教师或教科书提出的假设性操作。之后，这些数据会被上传到电子表格中以便操作和分析。

其他技术（如数字显微镜和数码相机）大大增加了学生将科学现象（如微生物繁殖和原子或分子的构成）具体化的机会。想要利用这些技术，学校无须购买这些昂贵的设备。教师可以很容易地在网上找到并下载数码图像，从而应用到课堂教学中。

教学视频案例

在该视频案例“利用技术促进发现式学习：高中几何课”中，你会看到高中教师加里·西蒙斯如何通过发现式学习方法促进几何学习（关于发现式学习的描述，参见第六单元“学习的重要原理”）。在 CengageBrain. com 上访问教育媒体图书馆，可以观看该视频片段并学习该案例的资料。然后思考以下问题。

问题

1. 西蒙斯认为技术是促进发现式学习的重要工具。他的话与你的经历是否一致？为什么一致或者为什么不一致？

2. 作为一个新教师，你认为使用技术工具支持发现式学习的哪一方面对你最有挑战性？你将如何应对这个挑战？

除了提供信息和图像外，互联网还为学生和教师提供了接触专业科学家的机会。例如，工程和科学教育创新中心（http://www. ciese. org/askanexpert. html）允许人们登录并针对大多数学科领域进行提问。你和学生也许能够参与提问与评论，或者与正在从事你感兴趣的项目或学科的学者进行预约在线聊天。当学生有机会向科学家和学者询问有关他们的研究和发现时，他们更有可能认识到自己在课堂上学习的概念的相关性和适用性。

社会研究教育

历史学家和历史研究可能是互联网迅速扩张的最大受益者。很多团体提供原始文件的数字化档案，以便任何有互联网接入的学生都可以随时检索任何历史事件的原始文件。这些文件丰富并拓展了对历史事件的研究。例如，研究 19 世纪末和 20 世纪初美国移民的学生，可以在各种网站上找到这段时间的报纸文章以及政治漫画、移民的个人日记和对于那个时期的历史分析。相比教科书中常见的且数量不多的历史事实，这些来源可以帮助学生从更广阔的人类利益的视角理解这些历史事件。

然而，正如我们在本单元前面所提到的，关于历史事件和其他重要社会研究话题的大量信息为教师创造了一个新的、重要的角色：信息仲裁者。你必须想办法帮助你的学生找到准确的信息并评估他们在网上找到的其他材料。教师可以使用“网络探究课程”（WebQuest）来指导学生进行基于互联网的研究。“网络探究课程”是一项基于询问的学习活动，要求学生浏览不同的网站来收集和分析关于某一主题或话题的信息。“网络探究课程”的优势在于引导学生访问能找到相关信息的具体网站，而不是把重要的课堂时间用于寻找可能包含有用信息的网站。

对于没有连接到互联网的电脑，几种不同类型的软件通常涉及社会研究方面的话题。

- **仿真软件**是一个极具吸引力的工具。在汤姆·斯奈德制作公司出版的《决定，决策：地方政府》一书中，用户必须就面临困境的社区的经济、政治和社会福祉做出决定。教育模拟公司出版的 Real Lives 向学生介绍全球不同地点的生活状况，并帮助他们了解这些地区的地理和气候特征、经济条件和生活质量之间的相互作用。

- **地理和地图制作软件**让学生熟悉美国或其他国家的不同地区的重要地理特征。

- 距离或资金受限的学生进行实际实地考察时，**虚拟实地考察**软件使学生能够“访问”重要的地点。来自偏远地区的学生可以虚拟访问一些地方，比如普利茅斯移民村（Plimoth Plantation）——一个重建的1620年的村庄，以及威廉斯堡殖民地（Colonial Williamsburg）——一个重建的18世纪中期的村庄。

远程学习

远程教育是指利用电脑和互联网来连接身处不同地点的学生和教师。在某些情况下，远程教育可能由两个网站之间的视频和音频连接组成，使学生能够与国内另一地区的学者一起参加讲座或参与讨论。在其他情况下，学生可以在线学习整个学期或全年课程。学生登录课程网站接收作业、下载阅读材料、提交论文、参加在线考试以及参与虚拟讨论。

远程学习是一个相对于传统面对面授课来说的快速发展的替代方式。虽然在大学阶段更常见，但远程或在线学习在中学阶段也越来越普及。创建在线学习社区可以使学校共享资源，并提供更灵活的学习环境和更宽泛的课程设置。

规模最大的一所在线高中是成立于1997年的虚拟高中（VHS）。到2010年，这所高中已经将其课程设置扩展到所有内容领域的336门不同的课程，其中包括大学先修课程（AP）和荣誉课程，以及为中学生中的天才学生提供的课程。虚拟高中可以满足学区内少数学生的需求，他们可能具有超强的学业能力或独特的才能，而学区难以满足他们的要求。

其他学区和学校联盟正在开发各自的在线学习社区，这表明这种灵活的授课方式将来可能会越来越普及。

特殊需求学生使用的技术

新技术（称为辅助或自适应技术）在很多残疾人的教育中发挥着重要作用。工具和服务已经被创建并完善，来帮助这些个体执行很多与无障碍的同龄人相同的任务。特别有用的工具可以帮助特殊学生通过阅读、写作甚至说话来进行更有效的交流。

- **屏幕阅读器**使用文本-语音转换软件来读出电脑屏幕上显示的文本。大多数阅读器是为盲人用户设计的，对于因视觉处理障碍而有阅读困难的学生来说也很有用。
- **屏幕放大镜**是专门为没有失明但有视觉障碍的用户设计的一种软件，可以放大屏幕上的图像和文本。
- **可刷新的盲文显示器**是触觉设备，它能够显示一行按规律变化的盲文从而使盲聋用户“阅读”显示在电脑屏幕上的文本。
- **语音识别软件**将口语文字翻译成文本，使有运动残疾的用户无须使用键盘或其他输入设备即可撰写文本。语音识别软件还有助于有语言障碍——如阅读困难或拼写困难（见第四单元“教授特殊学生”）——的用户使用。这些用户可以口述他们想要写的文本，而不必因为弄不清哪些字母以什么顺序组成单词而不知所措。
- 目前已经开发了许多种类的**自适应键盘**，主要供有运动障碍的学生使用。一些自适应键盘在屏幕上显示一个键盘，用户可以使用鼠标或使用一支笔或手指轻敲屏幕来使用键盘。

● **单一开关**是供身体严重残疾的用户使用的设备。单一开关通常与扫描软件一起使用，可以使用户通过一或两次特殊的触碰来控制电脑。当所需选项突显时，用户触发开关。

如第四单元“教授特殊学生”所述，联邦法律要求学校为特殊学生提供其所需的适应性设备，如上述这些技术设备。因为联邦法律也要求特殊学生在最大程度上被列入常规课堂，所以你可能在某些时候必须学习如何帮助学生使用适应性技术。我们建议你向学校的特殊教育人员寻求帮助。

总结

电子技术已经改变了企业的运营模式，而且似乎正在影响（即使不是革命性地改变）学校教育儿童的方式。有效使用这些技术的关键在于教师懂得如何使用这些技术来促进学生学习。仅仅在教室里摆放技术工具并不意味着教师能够有效地使用这些工具。对于这些技术如何以及能否帮助学生学习，教师起决定性作用。作为新教师，你有责任熟悉自己学科领域使用的硬件和软件，并有责任学习如何有效地使用它们。

行动标准

州际新教师评估与支持联盟　标准5：内容应用

教师理解如何将概念联系起来并使用不同的观点使学习者参与批判性思维活动、创造性活动以及协作解决与真实的地方和全球问题相关的问题。

访问 http://www.jason.org 的国家地理的杰森项目（the National Geographic's Jason Project）。选择“大纲”中提供的任一探索活动。考虑如何使用这些大纲中的单元使你的学生积极思考这些探索者的发现对全球的影响。你会如何开始介绍这个课程单元？你想要学生达到怎样的学习结果？

更多资源

● Richard. C. Forcier and Don. E. Descy，*The Computer as an Educational Tool：Productivity and Problem Solving*，5th ed.（Upper Saddle River，NJ：Prentice-Hall，2008）. 这本书介绍了如何将电脑用作教育工具。

● Kathy Schrock，*Guide for Educators*. 访问 http://school. discorery. com/schrockguide/com 获取该资料。这是一个排列有序且实用的链接列表，其中一个按学科领域划分的部分特别有用。

● Sharon Smaldino，Deborah L. Lowther，and James Russell，*Instructional Technology and Media for Learning*，10th ed.（Upper Saddle River，NJ：Prentice-Hall，2012）. 这是关于在课堂上“如何”使用媒体的非常有影响力的一本书，这已经是第10版了。

重要术语及定义

应用程序（或软件）（App）　用于移动设备，如苹果播放器或苹果手机或安卓手机的应用程序（或软件）的缩写词。

辅助或自适应技术（assistive or adaptive technology） 能够帮助残疾人在日常生活中有更好表现的设备和服务。这些设备包括电动椅、打开和关闭电器的遥控装置、电脑和语音合成器。

远程教育（distance education） 利用技术将位于不同地点的学生和教师联系起来。

电子计分册（electronic grade book） 介于数据库和电子表格之间的一种记录形式，能够使教师存储学生的信息并计算平均成绩。

交互式白板（interactive white boards） 可以干擦并可以连接到电脑的书写平面。白板有一个驱动程序可以连接到电脑上，从而使白板具有交互性。

网络探究课程（WebQuest） 一项以询问为主的学习活动，学生通过浏览一系列网站来收集和分析有关某一主题或话题的信息。

本书的配套网站提供了很多有用的资源。访问 CengageBrain. com 获取本书各单元词汇表、抽认卡、网页链接和其他学习辅助工具。

第十五单元

学习评估

州际新教师评估与支持联盟　标准 1，4，6，和 9 ▶▶▶

情景一

马上就放学了，你焦急地等着莫特林女士发最近一次的阅读-写作作业。这次作业你做得非常认真，而且你确定完全是遵照莫特林女士提供的指南写的。你决定描写小说《洞》里的人物斯坦利・叶纳慈，《洞》是你最喜欢的一本书，你都读过三遍了！你还让你的姐姐读了你的作文，她还提了几个建议。当莫特林女士把作文纸正面朝下放在你面前，你完全无法从她的表情判断你的成绩。你急切地把作文纸翻过来，没想到在作文纸的顶端看到一个非常熟悉的C+。你快速地浏览这篇作文，与往常一样，只有很少的几句（如果有的话）评语和几处表面错误订正。走出教室时，你叹道："无论我花多少时间写作业，我都得不到好成绩！我根本不知道这是为什么！莫特林女士就是不喜欢我！"

情景二

"我想今天我们会拿到考试卷子吧？"当你慢慢挪步走进第五节代数 II 的教室时你的朋友问你。"我敢肯定会的，"你回答道，"我昨天问过 K 先生了。""你觉得自己考得怎么样？"你的朋友问道。"最后两页的那些题你做出来了吗？""我感觉其中一道题做得还可以。第二道题，那道关于灯塔的题，我完全看不懂。还好 K 先生每次都讲解考试内容，否则我什么都不懂！"

上课铃响起，按惯例问候全班同学之后，凯尔文先生宣布："我们今天要讲解考试卷。首先，我谈谈成绩的总体情况。你们大多数人在三角比和倒数比——正弦和余弦法则——这类题型方面考得很好，大多数人找到了问题所在，但是我们需要重新看看一些更复杂的题目。很多人在做最后一页的两个问题时遇到困难，尤其是那道有关灯塔的问题，所以我们需要在这类问题上多花点时间。"说着，凯尔文先生开始分发试卷，教室里叹息声此起彼伏。"现在，我们从第一页开始。谁来给我们解释一下第一个问题？"很多只手举起来，凯尔文先生把一支粉笔扔给一个学生，这个学生灵巧地接住了粉笔，然后向黑板走去。

预览

这些情景代表了很多学校典型的评估活动。可能是全世界范围内学校里最常见的活动之一，评估学生学习也往往是最容易被学生误解的活动之一，也是最令教师不愉快的活动之一。对于很多学生来说，成绩是一件难以捉摸的事情，它与学生的任何实际努力无关，只与课堂教学活动略微相关。正如情景一所示，测试和其他评估措施会使很多学生产生挫败感，他们认为他们获得的成绩更多的是基于教师的心血来潮，而不是基于教师识别、回忆或分析信息的能力。对于一些教师来说，评估措施（尤其是标准化测试）是"必要之恶"，它会打断教学进度，并且在原本是支持性和产出性的师生关系中制造紧张情绪。

但是，情景二告诉我们，评估实践可以是有效的、有益的，可以帮助教师检验教学活动的效果，并且衡量学生理解和内化信息的程度。此外，有效的评估实践有助于学生认识到他们已经理解与还不理解的内容，并认可自己在实现课程教学目标的过程中取得的进步。

为了合理利用评估活动，教师需要设计有明确目的和目标的任务，并向学生解释评估活动的目的。我们将看到，评估可以为教师在教学活动之前、之中和之后提供有用的信息。我们还会发现，除了显性的评估（如测试）外，教师还会进行持续的、非正式的评估，并使用各种方法收集信息以便知晓学生的学习效果。

单元要点 ▶▶▶

本单元强调：

◇ 评估和教学相辅相成，共同促进学生学习。

◇ 教学活动有时很难与评估活动区分开来。两者都很重要，但它们的目的不同。

◇ 评估有三个主要目的：诊断性评估、形成性评估和终结性评估。

◇ 教师使用正式和非正式手段评估学生的学习情况。

◇ 教师使用的四种主要的信息收集方法是问询法、观察法、分析法和测试法。

◇ 大多数测试代表两种类型之一：标准化测试或教师设计的测试。

什么是评估？

虽然人们经常把评估和评价等同起来，但事实上，评估由两个独立但又相互关联的部分组成：

- **测量，**系统地收集数据或信息。
- **评价，**对所收集的数据或信息进行判断或赋值。

熟悉评估经历有助于展开讨论。当你第一次收到一个普通标准化大学入学考试的分数时，你也许会感到惊讶。习惯了 100 分制的评分体系，看到 550 分或 650 分你可能会感到困惑。那些分数到底是什么意思？除非有人向你解释这些测试的分值从 200 分到 800 分不等，而且你想就读的机构更倾向于录取达到一定分数的学生，否则很难弄清楚这些分数到底意味着什么。你得到的 550 分或 650 分是一个测量结果。然后，你的首选学校将会评估该测量结果——在可接受范围之内或之外。

作为一名教师，你会使用多种方法来测量学生的学习情况。你也会为收集的信息赋值，通常根据家庭作业成绩、考试成绩或成绩报告单进行。

教育评估有不同的层次：课堂评估、地区评估、州评估、国家评估。虽然评估工具可能很相似，但课堂和更高层次的评估在目的以及数据用途方面存在显著差异。一位中学社会研究教师可能会用多项选择测试来测试学生，看看他们对内战这个单元中重要概念的掌握情况，然而同一批学生在当年晚些时候做的多项选择测试也可能用来测试全国数以千计的学生。然后，由政府机构使用这个测试来比较美国学生每年取得的进步。

标准化测试

之所以被称为标准化测试是因为这些测试最重要的特点是其“标准化特征”，其中包括测试程序、题型、时间限制以及一套比较所有考生成绩的参照标准。有三种标准化工具：能力倾向测试、成就测试，以及兴趣、个性和态度测试。能力倾向测试试图预测一个人在某一特定领域的表现，如创造性活动或写作。成就测试衡量一个人在某一特定领域取得的成就，如阅读、数学或科学。兴趣、个性和态度测试并不是测试，原因是任何问题都没有正确的答案。相反，他们试图测量典型的而不是最佳的表现，如学习风格或学习习惯。

为了准确理解标准化测试成绩，教师必须严格按照指令进行测试。测试必须严格按照指令准时开始、准时结束，以保证所有学生的答题时间一致。条件也必须相同。如果数学考试的一个部分要使用计算器，就必须给学生配备计算器，不管他们是否选择使用它。大多数标准化测试的评分是由商业测试公司完成的，你可能收到各种图表，这些图表显示学生分数的分布情况以及标准分数。

通过标准化成就测试进行的大规模评估（特别是州级评估）已经成为公立学校教师和管理者工作中的主导因素。正如第一单元“针对学生学习的反思性教学”所描述的，联邦政府《不让一个孩子掉队法案》要求各州每年测试，报告学生的学业进步，并采取措施确保学生取得“年度适度进步”。作为教师，很重要的一点是要熟悉你所在州的大规模成就评估系统，并熟悉评估结果的用途。我们热切鼓励你在学校管理者那里获取关于这些评估工具的信息。然而，这个单元（和第十六单元“评估工具”）将关注课堂评估，而非大规模评估。

评估——教学的组成部分

正如我们在第十一单元“课程设计”中提到的，评估是教学过程中的主要任务之一。与课程开发或教学计划一样，评估也需要规划和设计。如图15－1所示，大多数教师计划评估过程的首要任务是确定目标或结果——学生在一个学习单元、一个学期或一个学年结束时应该掌握的概念和技能。一旦确定了这些结果并且编写了全部课程大纲，就必须考虑两个同等重要和必要的内容：

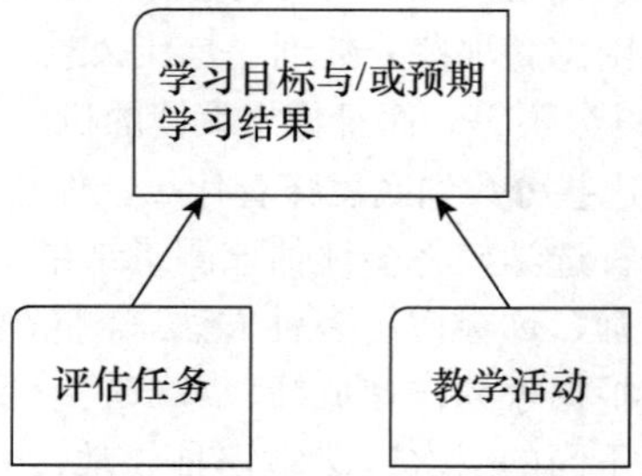

图15－1　学习过程中的评估与教学

- **学习活动。**学生参与哪些活动可以使他们实现目标？
- **评估。**如何确定学生确实已经掌握了目标概念和技能？

换言之，在实际教学活动开始之前，必须详尽又认真地计划和调整课程大纲、教学与评估。

教学活动对比评估活动

一些教师会混淆教学活动与评估活动。这两个活动的确相关，但又是独立的活动，有两个不同的目的。教学活动帮助学生掌握技能和知识，而评估活动收集信息，这些信息反映了学生对于这些概念和技能的掌握情况。有益的教学活动未必成为有益的评估活动，恰当的评估任务也未必成为有益的教学内容。

考虑下面的一个例子：一个小学高年级班级研究美国独立战争——社会研究课程的一部分。州课程标准明确规定学生要学习独立战争中的六次关键战役。教师将学生分成小组，并布置任务：每个小组研究一个战役，并将研究结果展示给班上其他同学。每个小组决定其演讲形式。学生将向他们的同学展示自己的研究结果，教师与学生共同设计一个评价量规来评价每一个演讲。

这个活动可以是一个效果很好的教学活动，有助于学生去了解所选战役。然而，这不是一个效果很好的评估活动。因为学生的演讲只涉及一个战役，所以教师只了解他们是否掌握了选择演讲的具体战役的知识。教师需要想办法收集信息来了解每个学生关于这六场关键战役的知识的掌握情况。

利用评估指导教学

除了成绩因素，对学生进行评估可以提供有价值的信息来指导教学实践，并且帮助学生成为更有效的学习者。评估可以为你提供如下所需的信息，例如，

- （重新）调整课程大纲或学习单元，以便更好地了解学生知道什么、不知道什么，能做什么、不能做什么。
- 改进教学活动来优化学生学习。
- 重新思考你对于学生学习的假设。
- 改进和强化你的教学实践。
- 帮助学生识别主要的和次要的概念与技能。
- 帮助学生成为反应机敏、有责任心的学习者。

评估的目的

根据评估的时间点以及收集信息的用途，评估可以实现三个目的：诊断性评估、形成性评估和终结性评估。

诊断性评估

顾名思义，**诊断性评估**用于诊断或发现学生的强项与弱项。诊断性评估是一个重要的数据收集过程，它可以帮助教师确定一个学习单元的起点。正如一个医学专业人员收集病人身体或精神健康状况的信息一样，教师需要收集学生智力和（有时）社交能力状况的信息。只有当医生收集了足够的数据才能对病人的病情做出明智的预判，这时我们才会要求医生开药方。在教学中也是如此。

对于特定的学习单元或特定的年级，诊断性评估的目的是确定学生在知识

准备和技能准备方面的深度和广度。尽管我们都希望学生能够学会所学的知识，但我们知道这种情况极少发生。诊断性评估可以让你准确了解学生对于本学年或上学年学习的知识的内化情况。小学教师可以通过诊断性评估来了解学生数学运算、解读课文或分组工作的效果。中学教师和高中教师可以使用诊断性评估来衡量学生组织思想、解决多步骤数学题或分析历史事件原因的效果。

教师通过诊断性评估收集数据并对数据做出判断，但未必与他人交流评估结果。当然，教师也许仅仅是使用这些数据来确定学生开展学习单元的准备情况。他们使用收集的信息来组织课程大纲或学习单元以帮助学生更有效地学习。

你可能想在学年之初进行诊断性评估，以了解学生在特定领域的知识和能力。从这个评估中收集的信息可以帮助你制定当月、当学期甚至是当学年的教学计划。它还可以帮助你避免令自己和学生感到沮丧，因为你没有要求他们完成超出其认知能力的任务，或者是需要更多知识储备的任务。

新的教学单元开始时，诊断性评估会有效帮助你确定教学计划。如果你要让七年级学生开始学习一个全新的单元，内容是原子结构，那么诊断性评估可以告诉你学生对原子的了解，而这些信息将使你能够合理地利用教学时间。如果大多数学生已经知道了原子的构成，也许你可以快速地复习这些内容，然后把更多的时间用在那些学生不太熟悉的概念上。另一方面，如果学生表现出对原子结构的理解很肤浅或不准确，你要花更多的时间来教授这些基本概念。

形成性评估

形成性评估是与教学过程同时进行的，其目的是帮助教师衡量学生理解所学概念的程度以及本单元教学目标的实现程度。通过这些信息，教师可以很自信地继续按照他们设定的课程结构和进度进行教学；教师如果发现大多数学生跟不上，或者大多数学生的技能发展水平超过预期，他们可以修改教学活动。

形成性评估有点类似于数日徒步旅行中旅行者的行为。正如旅行者已经详细地计划了他的行程（包括徒步路线、徒步总英里数和每日徒步英里数以及所需食物量和水量）一样，教师也要详细计划一个教学单元，包括学习目标、单元学习的时长以及为实现每个目标而设计的有趣的学习活动。一路上，旅行者会停下来参照计划衡量他的实际进展情况：他走的路线是否是既定路线？他行进的距离是否与计划一致？他是否合理地分配了食物和水？根据对这些问题的回答，旅行者可以按计划继续行进或者调整他的计划。同样，你要在整个单元教学中测量学生的学习情况，以监控他们在实现教学目标过程中取得的进步。你要确保，在整个过程中学生能准确地理解教学内容并且内化所学的技能。

形成性评估可以帮助你（教师）开展三项重要的活动：

（1）评估学习活动。你收集的数据可以使你更加深入地了解你的教学方法及策略的有效性。如果多数学生没有掌握一个特定的概念，你可能要重新思考该如何教授这个概念。也许对一些学习者来说你讲得太快或者太抽象了。也许你假设了很多先前知识，而事实上学生之前并不具备这些知识。也许你没有给学生提供足够的时间练习或应用这个概念。在到达终点之前发现你教的和学生学的之间的差距，你可以轻松地回顾并不失时机地重新教授这个概念，从而不影响学习单元的后续学习目标。

（2）控制你的进度。根据收集的数据，你可以设定教学进度。如果数据表明大多数学生已经掌握了所教的主要概念，你就可以继续教授新的概念了。如果数据表明学生充其量只是粗浅地了解了所教的概念，你需要减慢速度，并重新教授这个概念。

（3）帮助学生了解学习重点。形成性评估另一个重要的目的是使学生明确哪些是重要概念以及概念之间的相对重要性。无论是在校内还是在校外，学生经常被大量的信息轰炸，因而他们很难知道优先学习哪些概念，很难知道需要关注哪些信息。通过形成性评估，学生可以了解你——教师——认为哪些概念是重要的。毕竟，考试中出现的概念一定很重要，对吧？

形成性评估的价值不限于教师。通过形成性评估，学生可以衡量自己的学习进展。对于所学概念的理解程度，学生对自己的评估可能要么过高、要么过低，而这些定期的评估可以帮助他们更好地了解自己对内容的掌握程度以及对所学主题概念层次的理解。

教学视频案例

什么是形成性评估？它在教学单元中如何揭示学生取得的进步？在该视频案例“形成性评估：高中历史课”中，你会见到高中历史教师亨利·特纳，他相信频繁测试是有价值的。你会看到亨利如何使用非正式的措施（比如开卷测验）来评价学生对特定历史时期的理解。你也会听到刚刚做完测验的两个学生的对话。在 CengageBrain. com 上访问教育媒体图书馆，可以观看该视频片段并学习该案例的资料。然后思考以下问题。

问题

1. 在亨利的课程中，你能够识别哪些形成性评估的要素？
2. 学生认为这种评估方法的优点是什么？缺点是什么？
3. 设想你会使用哪种形成性评估来评估你的学生？

终结性评估

终结性评估通常在教学单元结束时进行。终结性评估旨在测量达到单元学习目标的学生人数，同时表明学生在多大程度上达到了这些目标。在教学单元进行过程中，形成性评估提供反馈，可以用来调整学习活动。与形成性评估不同，终结性评估在学习单元结束时提供学生学习的证据。回想之前与徒步旅行者的类比，终结性评估能够使旅行者确定他是否达到了目标，并决定如何使自己的表现达到希望的水平。

行动起来

回顾本单元开篇的情景一和情景二，你认为每位教师的评估任务的目的是什么？学生是否清楚了解这些目的？解释你的想法。如果这两个评估的目的都不明确，教师如何使学生更清楚地了解每一个目的？

正式评估与非正式评估

通常情况下，想到评估时，我们就会想到一个书面练习或一个有计划的口头演讲——一个**正式评估**活动。正式评估——无论是诊断性的、形成性的或是终结性的——在每学期固定的日期进行，而且在大多数情况下，正式评估都经过精心设计，用以测量学生必须学习的具体内容或技能。

在这些正式的评估活动之间，针对学生学习和自身的教学实践，教师进行的评估活动是经常性的、持久的。这些数据收集活动——被称为**非正式评估**——与正式评估一样信息量很大，通常更加直观。

非正式评估主要包括学生表现的轶事证据，不同于正式评估提供的系统的、可追溯的证据。收集数据的主要方式是观察。教师观察学生完成课堂活动或作业的能力、回答教师提问的能力、与同学合作的能力、理解指令的能力、管理工作时间的能力、内化所教信息的能力以及很多其他技能。然后，基于这些观察结果，教师会初步判断学生内化所教概念和技能的程度。

小学教师，尤其是教低年级学生的教师，倾向于经常使用非正式评估。传统的纸-笔测试要求学生能够阅读测试题目并做到书写流畅，目的是展示他们对概念的理解。对于低年级学生来说，他们的读写能力还处在发展阶段，正式评估可能无法准确测量学生在很多内容领域的真实水平。举例来说，一个四年级的学生在数学课上经常参与课堂活动，并且显示出有能力准确解决计算问题，但在书面的纸-笔测试中得分却很低。学生成绩差是因为对数学概念缺乏理解，还是因为较差的阅读技能使她或他误解了任务？教师收集的关于学生表现的轶事证据有助于发现其主要弱点，并针对弱点制定解决策略。

非正式评估的其他信息来源包括（但当然不限于）家庭作业、课堂讨论和合作小组任务。然而，在很大程度上，非正式评估依赖于对学生的观察：他们的行为、互动或反应以及表现。接下来我们会更加详细地讨论观察法和其他信息收集方法。

信息收集方法

正如我们在本单元前面所说的，评估包括测量——收集你需要的有关学生学习的信息，以及评价——对收集的信息做出判断，并利用这些判断做出决策并准备评估报告。那么，教师如何收集他们所需的信息？课堂上常用的四种方法是：问询法、观察法、分析法和测试法。每个方法都需要教师不同程度地参与其中，并且每个方法都提供不同的信息，这些信息可以用来对多个学习领域进行推断。

问询法

问询法就是教师提问个别学生或学生小组。当然，提问是大多数教师每天要进行的活动。然而，问询法作为一种信息收集方法，主要用于收集学生的自我认知和态度、他们对事件或社会趋势的看法以及他们对自己的优势和弱点的评价，而不是他们对于所教概念或预定任务执行能力的理解。问询法要求师生之间进行一对一的互动，以确保所收集的信息更准确。

从评估的角度来看，通过问询法收集的信息可以（使教师）深入了解学生的社交和情绪状态以及动机变量，这些内容都会影响学生们的表现。因为教学是一种人际互动活动，所以动机变量是帮助学生学习的重要因素。教师可以利用通过问询法收集的信息来设计更吸引学生的教学活动，从而提升他们的学习技能和概念。

作为信息收集方法，问询法的确有一些缺点：

- 主观性。因为问询法非常依赖于人际互动和交流，所以个人观点很容易影响收集的信息。如果学生对与教师一对一的谈话哪怕有一点不舒服，这个学生在这种交流中可能不会直言不讳，这也许会导致教师对学生的情绪或动机做出错误的论断。
- 不可靠性。学生的态度可能每周都会有很大的变化。
- 时间性。这种信息收集方法很费时，因为教师必须在相当长的一段时间内单独采访学生个人或者学生小组。

教学视频案例

在该视频案例“小学阶段的评估：正式和非正式的读写能力评估”中，你会看到二年级教师克里斯·奎因正在给她的学生进行一个正式评估（语音标准考试）和一个非正式的读写能力评估（一个连续的记录）。在整个过程中，克里斯解释了不同类型的评估对于衡量学生学习和规划教学的重要性。在 CengageBrain. com 上访问教育媒体图书馆，可以观看该视频片段并学习该案例的资料。然后思考以下问题。

问题

1. 这位教师如何表明她将评估作为教学的一个重要组成部分？
2. 你同意在决策评估过程中学生提供帮助吗？为什么同意或为什么不同意？
3. 你预计如何在课堂上结合正式和非正式这两种评估形式？

观察法

第二个信息收集方法——观察法——可能也是教师普遍采用的课堂活动。毕竟，教师每天都在不间断地监督学生，不是吗？然而，监督学生并不意味着教师观察他们。**观察法**是指仔细研究学生之间的互动与行为。如果学生独立工作，当教师确认他们正在工作并完成工作时，教师正在对他们进行监督。当教师考察学生如何参与给定的任务、遵循指导的程度，或者学生参与课堂讨论的程度，与他人、成人互动的程度时，教师正在使用观察法。

从评估的角度来看，观察法可以帮助教师理解学生如何完成指定的任务、如何安排时间和利用资源，或者如何处理呈现给他们的信息。当教师观察学生之间的互动、小组间协商工作流程，或解决课堂上、操场上的冲突时，观察法也能（帮助教师）洞察学生的情绪发展和社交能力的发展。与问询法不同，观察法不依赖于教师与学生间的互动。事实上，教师在观察学生时越不引人注目，学生的行动和行为就越真实，信息就越可靠。观察法确实需要教师的时间投入，但是观察法可能比问询法更容易融入教师的日常生活。尽管观察法可能会受到主观的影响——因为教师负责解释观察到的行动和行为，但教师可以使用工具（如理想行为的清单或期望列表）使观察更加客观。

分析法

最后两种方法——分析法和测试法——在信息收集过程中利用书面事实和证据。**分析法**是指将学生完成的任务分解成不同的子任务，以确定学生的强项和弱项，或他们完成特定任务时优先使用的过程。一位教师通过分析数学练习来了解学生区分加减乘除运算、计算或应用的能力水平。另一位教师通过分析一篇英语作文来洞察学生以下的能力：组织想法和优先次序排列想法、维护立场或写有说服力的句子。

从评估的角度来看，分析任务可以为教师提供重要的信息来了解学生对学习过程的理解。用于形成性评估时，分析法可以帮助教师跟踪学生在掌握目标技能过程中取得的进步。分析法提供了一个更统一的，因此也是客观的收集所有学生信息的方法。这样的信息收集过程不会影响教师的教学时间；相反，教师可以在教学以外的时间分析（学生完成的）任务。

测试法

测试法——可能是你最熟悉的信息收集方法——假设课堂上所有学生都遵循相同的指令执行相同的任务。通过使用一套常用规则来描述学生的表现。测试法为教师提供了有关所有学生的相同信息：他们掌握技能和概念的程度。测试法主要用于确定成就和能力倾向。正如我们在本单元前面提到的，标准化测试一直以来是由测试出版商通过参照州立标准或基准开发的，经常用来评估学生的成绩。相对于标准化测试，**教师设计的测试**是用以测量特定目标的学习情况，以及学生学习教师所教授材料的情况。教师设计的测试有几种不同的格式，第十六单元“评估工具”将详细描述这些格式。

行动起来

你会选择本单元描述的哪种信息收集方法来回答下面的每个问题？

一个游泳运动员仰泳的水平

一个学生在数学方面的能力

一个学生记忆历史事件的能力

一组二年级学生对加法问题的错误理解

班级里最受欢迎的孩子

如果根据技能排序，学校管弦乐队中的小提琴演奏者会被安排坐在哪些椅子上

在车间模拟课堂上操作一个摇臂锯时学生遵循正确的安全注意事项的能力

学生在政府模拟课堂上对最新的全国大选结果的感受

学生计算立方体体积的能力

学生写作一个结构合理的段落的能力

总结

在有效教学和有效学习中，**评估一直起着关键作用**，因为如果教师要确定教学效果——也就是学生的学习效果，他们必须衡量学生的起点和进步。评估的另一个重要目标是帮助学生衡量他们的学业进步，并根据需要调整学习策略。今天，正式评估的重要性（尤其是那些用于决定学生、教师和学校未来的评估）日益增加，这意味着教师必须将课程与学生需达到的标准相结合，并通过不断提高有效评估水平为正式评估做好准备，目的是确保学生确实已经做好充分准备在关键的标准化成就测试中发挥最好水平。我们认为有效评估具有以下特点，并提供以下帮助：

● 有效评估基于清晰明确的学习目标。在设计评估之前，教师需要知道学生到底需要学习什么知识。能够帮助指导教学实践的重要问题包括："我想让学生知道什么?"以及"我怎么知道学生已经知道上述内容?"

● 有效评估传达教育价值。有效评估传达给学生以下信息：一般知识的价值和对他们最有价值的具体知识。评估任务是一种方法，可以用来提醒学生要学习的重要主题以及要掌握的重要技能。

● 有效评估传达对学生表现的期望。学生应该确切地了解他们知道什么和能够做什么。此外，学生应该理解从差到优的各种表现水平的构成。

● 有效评估有助于改善学生学习。正如我们在整个单元中所看到的，有效评估帮助教师了解学生正在内化的概念和他们已经掌握的技能。掌握了这些信息，教师可以设计学习活动来帮助学生解决存在误解的问题，或者可以重新教授学生掌握得不扎实的概念或技能。有效评估也有助于学生认识到自己学习的深度和广度，并且能够经常帮助他们确定有效的学习策略。

● 有效评估强调评估过程以及评估结果。有效评估不仅能使教师发现学生知道什么、能做什么，还能使教师发现他们如何关联概念和想法、如何回忆信息以及如何运用技能。

● 有效评估为学生的进步提供反馈。学生应该能够确定他们在达到一个单元或全部课程的教学目标中取得的进步。除了为学生提供用数字或字母体现的成绩外，有效评估有助于学生了解他们的成长和进步、他们的强项以及需要加强的领域。

● 有效评估为教师的表现提供反馈。除了为学生提供反馈外，有效评估还为教师提供有价值的、关于教学实践的信息。教师可以根据评估的结果推断他们呈现概念和技能的清晰度。

● 有效评估是公平的、可靠的和有效的。在第十六单元"评估工具"中，我们解释如何使评估工具实现公平、可靠和有效。

● 有效的评估工具需要定期检查和完善。在大多数课堂上，每学期或每学年都要对课程进行一定程度的修改。这些修改可能是细微的，也可能是显著的。在任何情况下，课程教学大纲的任何变化都可能要求对评估工具或任务做出相应改变。

● 有效评估是不间断的、持续的，不是偶然性的。即使没有计划正式的评估，大多数课堂上总在进行某种评估。有效教师总是急于确定学生已经内化的内容、他们运用新技能的程度以及理解所教概念的程度。

行动标准

州际新教师评估与支持联盟　标准6：评估

教师理解并使用多种评估方法促使学习者参与他们自己的成长过程、监控学习者的进步，并指导教师和学习者的决策。

选择一个你期待教或想教的主题或单元，然后设计一个诊断性评估、一个形成性评估和一个终结性评估。对于每一个评估，解释评估的性质和你将使用的信息收集方法。

更多资源

- Norman E. Gronlund，*Assessment of Student Achievement*，9th ed.（Boston：Allyn & Bacon，2008）. 一个结合有效课堂教学和学习、有关测试和成绩评估的指南，该指南内容全面、简明扼要而且很实用。
- James H. McMillan，*Classroom Assessment：Principles and Practice for Effective Standards-Based Instruction*，5th ed.（Boston：Allyn & Bacon，2010）. 为当前和未来的教师提供一个简洁的、非技术性的、实用的指导，用以进行全方位高质量的课堂评估。
- The National Center for Research on Evaluation，Standards，and Student Testing. 访问 http://www.cse.ucla.ed/index.asp 获取相关内容。这个网站有很多讨论当前评估情况和评估问题的文章和报告。
- Richard J. Stiggins，Judith A. Arter，Jan Chappuis，and Stephen Chappuis，*Classroom Assessment for Student Learning：Doing It Right—Using It Well*（Boston：Allyn & Bacon，2009）.

重要术语及定义

分析法（analysis）　将事物分解成其组成部分的过程。

评估（assessment）　使用诸如评价量规、清单、评分量表和档案袋等工具来收集有关行为、技能、想法和态度等信息的过程。

诊断性评估（diagnostic assessment）　用来确定学生的长处和短处的评估。

评价（evaluation）　对在评估的测量阶段收集到的数据或信息做出判断或赋予价值。

正式评估（formal assessment）　在一个学期的固定时间进行的评估，旨在确定学生学到了什么。

形成性评估（formative assessment）　在教学过程中用于监控学习进度的评估。

非正式评估（informal assessment）　不是预先安排的，而是基于教师对学生的学习情况和学生可能遇到的困难的观察而进行的评估。

问询法（inquiry）　通过提问个别学生或学生小组来收集信息。

测量（measurement）　系统地收集数据或信息。

观察法（observation）　观看和倾听的过程，关注一个表现或产品的重要元素。

标准化测试（standardized tests）　特征不变的测试或题库，例如实施测试的特定过程和一套固定的问题。

终结性评估（summative assessment）　通常在教学单元结束时进行的评估，旨在确定学生是否学到了他们应该学习的内容。这种评估通常用于评分。

教师设计的测试（teacher-made tests）　一种测试，用以衡量与教师选择的特定目标和教师教授的特定材料相关的学生的学习情况。

测试法（testing）　通过提供一个所有学生都能做出反应的共同情况来决定能力或成就。

本书的配套网站提供了很多有用的资源。访问 CengageBrain. com 获取本书各单元词汇表、抽认卡、网页链接和其他学习辅助工具。

第十六单元

评估工具

州际新教师评估与支持联盟　标准 1，4 和 6 ▶▶▶

情景

马上要与黛布拉·考克斯的父母会面了，桑切斯先生有些担心。在上一个评分周期他给了黛布拉一个 C+，黛布拉对此提出异议，黛布拉的成绩一直都在 B 以上。她的父母打来电话要求面谈，桑切斯先生非常清楚见面的原因。“好吧，”他想，“我有她所有的成绩记录，能向她的父母说清楚为什么她的平均分是 C+。”

“考克斯先生、考克斯夫人，你们好，”桑切斯先生边打招呼边把他们引进房间，“电话中听起来你们有很紧急的事情，我能为你们做些什么吗?”“桑切斯先生，”考克斯先生说，“我妻子和我对于上一个评分周期你给黛布拉 C+感到非常担心，这是她进入中学以来得到的最低成绩。如果你不介意的话，我们想知道她为什么会得到这样的分数?”

“我想到这件事可能会让你们担忧，所以我已经复印了黛布拉每次测试和作业的成绩，你们可以看看，”桑切斯先生说道，“如你们所看到的，黛布拉在两次重要测试中分别得了 B 和 B−，但是她的家庭作业分只得了 D+。”

“我不明白，”考克斯夫人说道，“她的作业怎么可能做得这么差?”

“事实上，她交上来的作业还可以，但是她有两次没有交作业，所以这两次作业她得了零分。把这两次零分算进去，她的作业成绩就被拉到了 D+。因为作业和测试所占的比重是一样的，这样的话她得了一个 B，一个 B−和一个 D+，平均下来她的总成绩就是 C+。”

“但是其他的家庭作业平均成绩是 Bs。如果把这两次零分加进去，这两次作业的比重是不是过高了呢?”考克斯先生问道。

“是的，看起来是这样的，但是数字不会说谎。”

预览

在第十五单元“学习评估”中，对评估的定义指出它是由两个元素构成的：测量——系统性地收集信息，评价——为收集的信息赋值。第十五单元讨论了评估作为学习环节的重要性，以及常见的几种评估的不同目的。在本单元中，我们将会更细致地考察评估的各个环节：用于收集信息的各种技术。我们会思考上述每个任务能够为身为教师的你提供何种信息。我们也将讨论如何评价每一种测量工具获得的数据，以及如何理解你收集的信息并为之赋予意义。

应该牢记，评估过程中收集的信息被用于针对学生的学业表现做出重要决定，并且推测下一步的举措和策略。在任何情况下，你用于收集信息的工具应该是公平的、有效的和可靠的——这些特征是我们在本单元中将会讨论的。最后，我们会看到公平的成绩评定可能并不像桑切斯先生所想的那样泾渭分明。

单元要点 ▶▶▶

本单元强调：

◇ 用于评估学生学习的工具种类繁多，但是使用的所有工具都应该符合确定的学习目标。

◇ 测试通常有两种形式：选择题型测试和建构题型测试。

◇ 很多教育工作者建议使用“真实的”评估信息，即让学生提供学习证明，证明的形式可以是演示、展览、档案袋，或者其他“真实生活”诠释。

◇ 为学生的表现赋值需要一个量规，该量规要阐明评估的依据和标准。

◇ 评定成绩是一个有难度的任务，需要（教师）理解一些基本的公平原则。

测量：选择评估工具

当计划评估过程的测量因子时，你必须确定你收集的数据的属性。首先，你要确定你想要或需要收集的信息。指导这个决定的因素应该是你为学生设定的学习目标以及你要实施的教学活动所处的阶段。

接下来，你需要了解哪些工具能够提供你想收集的信息。选择评估工具时，你需要考虑的重要依据就是你想收集的信息和你正在考虑的评估工具之间的“匹配度”。你需要确定你所选的评估工具事实上可以提供你需要的信息，以便用来决定学生实现教学目标的程度。有很多种评估工具可供使用，这些评估工具可分为两个大类：传统的评估工具和可替代的或真实性评估工具。

传统的评估工具

传统的评估工具就是纸笔测试。你可能从自己的学习生涯中已经熟悉了几种不同的纸笔测试。这些评估工具的形式可能千变万化，但大多数要么是选择题型测试，要么是建构题型测试。

选择题型测试 在选择题型测试中，学生的任务是从一系列答案中选出正确的或者最合适的答案。最熟悉的一种题型是多项选择题（或者，就像很多学生打趣将其称为“多项猜测题”），因为这类测试通常要求考生从一组 4 或 5 个答案中选出“最合适的”答案。第二种题型是判断正误题，这种题型要求考生判断一个语句是否正确。

选择题型测试任务所需的主要技能就是要区分准确的和不准确的语句，以便选出正确的答案。学生可能会识别恰当的答案，或者可能会通过排除错误语句“找出”最恰当的答案。无论学生使用了哪种方法，这类评估任务完全是由选择题构成的，并不要求学生自己给出任何答案。

选择题型测试有几大优点：

● 因为所有学生都完成相同的任务，所以选择题型测试是一个公平的评估工具。

● 这类测试是一种快捷、高效的信息收集方法。

● 它们易于评分。

● 多项选择题测试很可靠。

选择题型测试的缺点或劣势包括以下几方面：

● 测试技巧有时会取代内容知识。在没有掌握内容知识的情况下，选择题型测试题目依靠猜测来完成。

● 选择题型测试往往注重对信息的回忆，而非更高层次的思考过程，例如分析、应用、整合及评价知识。

● 编写高质量的问题难度很大，尤其是多项选择题。

建构题型测试 另一个纸笔评估活动是建构题型测试，由两种题目构成：一种是简答题，要求学生写一个50到100个字的回答；另一种是论文式论述题，要求内容更多、阐述更深入的书面回答。相对于选择题型测试，建构题型测试要求考生更积极地参与。在建构题型测试中，考生编写或构建一个答案，而不是从一系列可能的答案中挑选出正确的答案。

建构题型测试的优点包括以下几方面：

● 可以使用这类测试来评估各种不同难度的学习，包括抽象思维和创造力。

● 建构题型测试可以评估学生的组织能力以及将逻辑上重要的和相关的概念进行有效排序的能力。

● 相比于选择题型测试，建构题型测试通常比较容易出题。

建构题型测试也有一些缺点或不足：

● 这类测试需要大量批阅时间。

● 评分可能并不可靠。对于论文式论述题而言，不同的教师可能会给出不同的分数，甚至是相同的教师可能会在不同的时间给相同的答案不同的分数。

● 由于一次测试的题目数量很少，所以建构题型测试取样能力很有限，可能无法评估一些重要的目标是否实现。

● 书写的好坏或表达的优劣都会影响教师对论述题的评分。

普遍的共识是选择题型测试适合测量事实类信息，由于建构题型测试取样能力有限，因此不适合此类信息。相反，建构题型测试（论文式论述题测试和简答题测试）应该用于测量复杂的成绩。

真实性评估任务

近些年来，人们不满足于纸笔测试收集的信息的广度和质量，从而推动了重新思考用于评估学生学习的任务。很多教育工作者和评估专家认为，纸笔测试往往注重识别或回忆相互之间缺少联系的技能或概念，由这些测试收集的信息价值有限，因此基于这些测试对学生的能力或知识储备做出的任何推断都是不可靠的。一个恰如其分的例子是一个英语语言学习者在选择题型语法测试中几乎可以得满分，但在写作中不使用或不会使用测试中的语法规则，更不用说在餐厅点餐。根据这个学生的语法测试成绩，教师可能会得出这样的推断——这个学生英语掌握得很好，但实际上这一推断无法得到其口语或写作的印证。

为了能够为教师提供更全面的信息，很多教育工作者建议教师要求学生开展**真实性评估**任务，这些任务要求学生在更现实的情况下使用或应用知识和技能。这些较新的评估任务通常被称为“表现任务”，由演示、展览、档案袋等成果构成，这样的评估任务有助于收集有关学生学习的不同种类的信息。

教学视频案例

小学课堂上的档案袋评估是什么样子的？在该教学案例视频“档案袋评估：小学课堂”中，你会看到教师弗莱德·帕克帮助学生完成一个写作任务，该任务将会成为他们档案袋的部分内容。在对教师弗莱德的访谈中，你可以深入了解档案袋评估的优点，以及这种评估方式内在的对课堂管理的挑战。在 Cengage-Brain. com 上访问教育媒体图书馆，可以观看该视频片段并学习该案例的资料。然后思考以下问题。

问题

1. 根据该教师的描述，学生们正在收集的是本单元描述的哪些类型的档案袋？
2. 弗莱德·帕克认为，对于学生和教师来说档案袋是评估学生功课最有意义的方法，你是否同意这一观点？为什么同意或为什么不同意？
3. 你认为档案袋评估（如该教师使用的方法）有哪些优点和缺点？

演示和展览　演示要求学生能够以某种可见的形式展示或示范他们对概念和技能的理解，展示的内容可能是一个项目、一个口头报告或是一个表现性任务（如科学实验、戏剧表演，或是形意舞）。展览通常是以视觉的或口头的形式展示学生学习的成果，展览可以采用以下形式：绘画、图画、雕塑、音乐、视频录像或模型。

演示与展览都鼓励学生以任何形式（从书面形式到口头形式到运动形式）提供他们学习的证据。这类评估颇受教育工作者的青睐，因为这类评估结合了霍华德·加德纳的多元智力理论，也就是说，它们的目的是以适合多种智力水平的方式来传输知识——不仅是语言智力，还有音乐、人际交往以及其他智力。（参见第五单元“教授学业背景多元的学习者”了解更多加德纳的理论。）

与传统的评估形式相比，学生必须更加积极地参与真实性评估。他们通常需要确定以何种形式展示他们的学习成果，还需要计划、设计并组织这些展示内容。这种评估的支持者认为，当学生确定展示内容和展示形式时，这些评估任务要求学生更全面地思考所掌握的内容。

这些任务能够为教师提供更多的信息了解学生除了理解概念以外的其他学习情况。从学生的演示或展示中，教师不仅能了解学生对于与学习单元相关的特定概念的掌握情况，而且还能了解他们如何排序以及如何关联展示中嵌入的信息。这个相对丰富的信息集合使教师能够对学生的学习做出更可靠的推断。

档案袋　另外一种真实性评估就是让学生把他们的作业汇集在一起，学生可能会呈现一个特定学科的档案袋（比如高中阶段），或者一个多学科的档案袋（在小学或初中阶段）。档案袋通常是以下两种形式之一：

● 示范性作业档案袋。示范性作业档案中的内容代表学生的最佳表现或最佳作业。学生或独自或通过咨询一个成年人（教师、辅导员，或父亲、母亲）筛选出在一段时间内（一个评分周期、一个学期或整个学年）他们认为能够代表他们最佳水平的作业。这种档案类似于美术界和广告界的档案——是某艺术家的最佳作品展示。

- 进步档案袋。进步档案袋的目的是在一个评分周期、一个学期或一个学年中追踪学生学习技能和内容知识的进展情况，而不是展示学生的最佳作业。作业通常按时间顺序排列，以便显示出学生掌握的技能变化。

赞同者坚持认为，档案袋包含了大量通常由学生自己完成的作业，因此档案袋比选择题型测试更能揭示学生的实际能力。而且，由于这些作业通常是在比较放松的环境下完成并收集的，所以这些作业反映了学生的实际能力。在很多情况下，这些已完成的任务比选择题型测试或建构题型测试中的任务更真实。例如，档案袋中可能会包含给镇领导的一封信，在信中学生可能会支持或反对镇上一个重要的事件。这样的任务通常被认为是更加真实的，而不像活页练习题或测试中要求学生识别一封正式信件的不同部分，或者在假设的情境下（即使这个假设是现实的）写一封游说信。

然而，这些其他的评估任务并非没有难度。从逻辑上讲，最大的挑战就是时间。纸笔测试可以由全班同学同时完成，与之不同，这种表现性任务通常需要每一个学生花时间来展示他或者她的作业，教师可以从中收集有关学生学习的信息。档案袋也面临同样的问题。如果一个档案袋中有5～10篇作业，那么评估人员要阅读所有的作业。如果阅读和评估一个档案袋平均需要45～60分钟，那么教师阅读一个班级的档案袋，则要花费超过20个小时的时间。想象一下让学生把阅读/语文、社会研究和科学的作业都放到一个档案袋里的小学教师，或者想象一下教授5个班级、收齐5个班级的所有学生档案袋的中学英语教师。因此，我们建议适度使用真实性评估工具。

正如我们现在看到的，真实性评估在公平性、信度和效度方面也会带来挑战。

评估工具的公平性、信度和效度

设计或选择一种评估工具时，无论其是传统的纸笔测试还是真实的任务，教师都需要确保所选择的评估工具是公平的、可靠的和有效的。让我们来看一下评估过程中每一个特性的含义。

公平性

在公平的评估中，没有学生会因为自己的种族或文化背景、人种、性别或宗教信仰而享有特权。因此，公平的评估不会对某个个人或团体表现出偏见。

如果阅读测试里的文章含有特别的地理或文化细节，这样的阅读测试通常会被认为是不公平的。这些文章使熟悉文章语境的学生处于优势地位，而使不熟悉文章语境的学生处于劣势地位。无法深刻理解这样文章的学生可能仅仅是因为自己缺乏理解文章含义的文化背景。

真实性评估任务的公平性也存在一些问题。一方面，学生要选择演示（表现性任务）或实际的作业（档案袋）来呈现他们获取的知识。因此，这些任务可以被视为是公平的。另一个方面，这些任务也可以被视为是不公平的，尤其对那些创造力不足的学生，因为他们可能想不出方法在真实任务中展现他们掌握的知识。或者，对于有家人帮忙挑选材料并整理档案袋的学生来说，这些评估任务对他们很有利。

信度

信度反映的是数据的一致性。当一种评估手段在学生之间或是在一段时间之内给出的分数是一致的，那么它就是可靠的。

信度较高并不意味着所有的学生都得到相同的分数，它意味着评估材料或者评估环境给每个学生相同的机会。标准化测试为同一测试提供不同的版本，其信度尤为重要。如果一个学区一半的三年级学生考的是年度州立阅读测试的 A 卷，而另一半学生考的是 B 卷，那么该区的教师和管理人员需要确保这个测试的两个版本能够给出相似的成绩，这样无论学生考的是哪个版本，都可以比较所有学生的成绩。

自己设计评估内容的教师也要对所有的学生采用相同的标准和要求来确保评估的信度。假如一个小学低年级的教师想要评估学生解码书面单词的技能，他或她决定让学生选择一本书当中的几页并大声朗读给教师听，以此来评估学生解码的流利度。如果让学生自己选择书，他们可能会更感兴趣、更有动力去阅读，但是这样的过程不能保证获得一致的或者可靠的结果，因为学生自己选的书在可读性上存在非常大的差异。这样教师就没有一个一致性的标准来测量学生的解码技能。

信度也应该体现在一段时间内学生成绩的一致性上。假设菲尔参加了一个高校入学考试，第一次得到 600 分，两个月后的第二次考试得到 780 分，而在这段时间中他并没有采取任何干预行为（例如考前补习班），我们可能会质疑这个考试的信度。

真实性评估任务存在特殊的信度问题。正如我们之前提到的，信度对于传统的评估而言意味着任务的一致性。由于存在其他类型的评估，学生呈现的是个性化的任务，缺乏或者没有一致性。想象一下你正在教授一个有关古代文明的单元，并让学生自主选择以演示或者展览的形式来呈现他们对所学概念的理解。一个学生决定建造一个美索不达米亚古城的模型，另一个学生研究梵文并且复制了古代的写字板，而第三个学生重建了古巴比伦市场的场景，这些展示中收集的信息如同展示任务本身都是各不相同的。

真实性评估的另一个信度问题是**评估者内部信度**，即对于从相同任务中收集的相同信息，一位教师与另一位教师是否会得出同样的推断？如果答案是否定的，那么一个特定任务被赋予的价值在很大程度上依赖于教师的判断，这使这个任务缺乏信度。

效度

效度考察的是收集的信息是否确实能够反映要测量的内容。效度同样关注基于评估工具对学生的知识或能力做出的判断。一个有效的评估工具能测量学生所学的内容，教师可以推断在评估中取得高分的学生已经内化了所学的内容。如果一个学生在有关光合作用的测试中得了高分，而且这个测试是有效的，那么我们可以推断这个学生已经理解了光合作用的过程。

一个特定工具对学生学习的某一方面可能是有效的，而对学生学习的另一方面可能是无效的。传统的和真实性评估工具都有这样的问题。要求学生写一篇文章来分析小说中的一个人物可以有效测量他们的分析和推理技能，也可以有效测量他们的语法和机械技能，但可能无法有效测量他们的创造性写作技能。同样，如果一个学生在几何项目中制作了一个三维建筑模型，这个模型可能无法说明这个学生求证几何问题或想象几何变形图像的能力。明确你所要评估的知识和技能有助于确保评估工具的效度。

内容效度反映的是所教授的知识与所考查的知识之间的吻合度。如果刚刚结束的一个学习单元是关于美国宪法的内容，那么评估工具应该仅测试关于宪法的内容。如果测试涵盖了关于独立宣言的内容则会降低内容效度。

相对于真实性评估工具而言，传统的评估工具更容易实现内容效度。每一个测试题——无论是选择题还是建构题——都可以与一个特定的课程相结合，这种做法表明所考查的知识确实与所教授的知识相对应。对于真实性评估任务来说，内容效度存在更多问题，尤其是当学生可以自主选择证明所学知识的形式时。制作一个埃及金字塔模型是否充分证明了这个学生已经达到了古埃及这个单元的教学目标？任何学生都能成功地完成金字塔项目吗？如果对于第二个问题的答案是肯定的，那么这个评估工具是无效的。

行动起来

利用你在本单元中所学内容来确定，为了确定每个学习目标是否实现，每个评估任务是否公平、有效且可靠。

学习目标	推荐的评估任务
区分保护性关税和收入关税	要求学生写出保护性关税和收入关税的定义
在一分钟篮球训练中最少投入十个球	学生投篮时，给每个学生计时
在一个三点透视图中识别消失的点	给学生展示三张显示消失点的图，并要求学生指出这些点
依照距太阳由近及远的顺序说出太阳系的行星	给学生一份行星列表，要求他们按照距太阳由近及远的顺序排序
分析一个简单的句子	在黑板上写一个句子，要求学生识别句子成分
把《堂吉诃德》的前两页内容翻译成英文	要求一名学生大声朗读《堂吉诃德》的前两页内容
学会唱美国国歌	要求学生听美国国歌的伴奏版，并写出歌词
分析约瑟夫·康拉德的小说《黑暗的心》的寓意	让学生阅读《黑暗的心》并分组讨论这部小说

评价：为收集的信息赋值

评估的第二部分是评价——为收集的信息或证据赋值。你如何着手为信息赋值取决于你通过不同方法收集到的信息类型。为学生在多项选择测试中的表现赋值不同于为口头报告赋值。这一小节将提供一些指导来帮助你为信息赋值。

为测试成绩赋值

编写高质量纸笔测试的方式是每道题都针对一个已定的教学目标，这样学生答对的题目数量就能反映学生是否达到教学单元或次单元的学习目标。换句话说，在20道测试题中答对18道题的学生比答对14道题的学生得到更高的分并学到更多的知识。

为选择题型测试赋值 在一些教育工作者看来，选择题型测试的一个优势是评定成绩的客观性。因为每道测试题都只有一个明确的正确答案，给这样的测试评定成绩就完全不受评估者的影响，而且不必担心教师潜在的偏见。教师准备好多项选择题和判断正误题的答案，就可以很快完成评分工作（甚至在有些情况下由机器评分）。教师接下来计算每一个学生做出正确答案的题目数量，并且把这个数量转换成一个百分数。例如，在20道题中回答对了18道题的学生在测试中可以得到90%的分数。

但是“90%”意味着什么？它的重要性应该如何体现？很多学区确定了一个评分量表，可以把百分比转换成字母等级。评分量表使教师很容易为多项选择或正误判断测试的得分赋值。例如，如果确定B等级的范围是85%～92%，那么90%会在B等级范围内。学区确定这样的等级划分的目的是保证整个学区在评分上实现一致性。然而，在实践中这种统一性很难实现。一些教师设计的测试非常难，其他教师出的测试比较容易。90%的得分在不同班级里可能代表不同的能力水平，但是由于使用了统一的评分量表，不同班级的学生可能得到了相同的等级。

为建构题型测试赋值 与选择题型测试相比，建构题型测试可能更容易受到评估者偏见和主观诠释的影响，这种特性通常导致论文式论述题评分的可变性，因此在某种程度上降低了评估工具的信度。正如之前提到的，批评者们担心，相对学生对特定知识内容的掌握，通过建构题型测试收集和评价的信息往往与其写作能力或语言能力更相关。在这样的情况下，写作能力强的学生会比语言技能不够精通的学生有明显的优势。教师在评分时往往会有意无意地考虑学生的写作水平。因此，学生的成绩可能不仅反映其对于被考查的思想或概念的理解，而且同样或更多地反映了他或她的写作水平。

为了克服这种潜在的偏见，教师应该制定“标准答案”来指导如何批改学生的答案。这个标准答案应该包含学生应该掌握的内容，而且应该具体说明要求掌握的任何重要的结构特征。一些教师认为以下方法很有效：把正确答案中的要点列一个清单，然后在学生的答题中出现的要点旁打对号。这种方式降低了学生的写作风格对教师评估的影响。教师可以预先确定学生如果想得到A、B或其他的成绩应该回答出多少个要点。

为真实性评估信息赋值

为真实性评估信息赋值，需要考虑两个重要因素：

(1) 评估依据。通过真实性任务来评估学生的学习情况，你必须明确学生已经达到你设定的教学目标、可测量的证据由哪些成分构成。例如，你让学生制作一个档案袋，那么你要在作业中寻找哪些内容使你能够确信学生已经达到了这些目标？让我们再回到古文明单元的例子，你要确定将在比例模型、梵文文档和重建的市场场景中考查哪些内容来确信这些项目的创造者已经达到了你设定的学习目标。

(2) 评估标准。你还要考虑如何区分档案袋之间或展示之间的优劣。你为什么把乔治娅的档案袋评为“优秀”，而把安吉丽娜的评为“合格”？你为什么把梵文文档评为“优秀”，而把城镇模型评为“很好”？你需要确保为这些多变的项目赋值时能够做到公平、一致，同时还要确保当评估方式改变的时候，一个学生的作业能够证明比另一个学生的作业学到更多的知识。

这两个因素通常出现在一种被称为量规的工具中。

量规 量规是评估表现（或表现成果）的一种评分体系，通常采用等级量表或清单的形式。量规提供的评估指导能够具体说明列表中的评估依据由哪些可见证据构成，并表明如何区分学生表现的不同优劣等级。量规的依据通常是与具体内容相关的，但是有些量规也是通用的，可以用于任何内容领域。每一个表现等级的描述项都旨在为评估表现提供不偏不倚的、可靠的基础。在一些情况下，这些指标被用于为每一个等级提供例子。

例如表16-1，其是由西北地区教育实验室开发的，用于评价儿童的朗读技能。表中列出两个评价依据：(1) 流利度——朗读者朗读的流畅度，和 (2) 速率——朗读者朗读的速度和模式。每个评估依据都有3个不同的等级标准。等级1用来描述初级朗读者，等级3表明是正在进步中的朗读者，等级5表明是高级的朗读者。每一个评估依据和等级都有描述项与之对应，目的是为教师、学生及学生家长提供更全面的信息。

表16-1　　朗读评估量规

流利度		
1	3	5
初级朗读者在朗读过程中有很多不恰当的停顿、停止和开始。很少有过渡的提示 ● 朗读者把每个单词读成一个单独的成分，影响了文章意思的连贯性，导致文章意思变得模糊不清 ● 行间停顿和/或用连接号连接的词语义不清，通常中断朗读过程 ● 替代词通常是对单词的“猜测”，没有试图去保持文章的意思或上下文的意思	进步中的朗读者在朗读过程中有一些恰当的停顿、停止、开始和过渡的提示 ● 朗读者按照“语义段”来朗读，给单句中的短语（而非整篇文章）赋予意义 ● 行间停顿和/或用连接号连接的短语通常出现明显的不连贯 ● 在保持上下文的意思时替代词有时不恰当，而且文章意思含糊不清	非常流利的高级朗读者在朗读过程中有恰当的停顿、停止、开始和过渡的提示 ● 朗读者为全篇文章而非单个词语或短语赋予意义 ● 行间停顿或用连接号连接的短语朗读得很流畅，没有停顿 ● 能在心里默念替代词或更正词，通常可以很好地保持文章的意思

速率		
1	3	5
初级朗读者还不能选用恰当的朗读速率和速度 ● 朗读速率无法与文章意思相匹配，有时导致单一语调或者语速过分匆忙 ● 朗读者难以把握速率和速度，使得文章和上下文意思模糊不清	进步中的朗读者有时可以选用恰当的朗读速率和速度 ● 朗读速率不能完全与文章意思相匹配，尝试强化速率（来突显文章意思）反而使朗读过程有“顿挫感” ● 速率和速度有时无法与文本意思匹配，听起来“很生硬”	高级朗读者能够选用恰当的朗读速率和速度 ● 速率与文章的意思匹配。朗读者能够加速或者放慢文本材料不同部分的朗读速度，从而恰当地强调了文本意思 ● 速率和速度协调得当，使朗读听起来“很自然”

资料来源：Northwest Regional Educational Laboratory，Other rubrics are available at http：//educationnorthwest. org/resource/464. 该量规已经获得西北地区教育实验室的使用许可。

表 16－2 是量规的第二种常见形式。制定这个量规用于评估学生展示的海报。评估依据列在左边的一栏，等级和标准依次列在栏中。一些重要的依据包括学生理解概念的证明材料、细节的多样性以及文本与图像的质量。（比较有趣的一点是，表中的一个评分依据是“电脑生成的文本”，表明量规制作人认为学生培养文字处理技能是非常重要的。）评估标准的范围是从高级到不合格，该量规描述了与每个评分依据相对应的标准等级。

表 16－2　　学生海报评估量规

	高级（4）	精通（3）	基础（2）	不合格（1）
理解重要概念	学生比较全面地理解所有重要概念	学生较好地理解大部分重要概念	学生基本理解重要概念	学生基本不理解重要概念
细节的多样性	学生使用了大量相关且有说服力的细节	学生使用了多种相关细节	学生使用了一定数量的细节	学生提供的细节数量不足
注释	学生提供了多种恰当的文献来源	学生提供了多种文献来源	学生提供了数量有限的文献来源	学生没有提供文献来源
语法	在书面作业中学生总是能够正确使用语法	在书面作业中学生通常能够正确使用语法	在书面作业中学生有一些语法错误	在书面作业中学生有大量语法错误
图表、图形和图片	学生使用数量恰当的相关及说明性图形	学生提供了足够数量的相关图形	学生提供的图形中有一些具有相关性	学生没有提供相关图形
电脑生成的文本	学生的全部文本内容使用了文字处理软件，格式正确	学生的大部分文本内容使用了文字处理软件，格式正确	学生文本没有统一使用文字处理软件	学生没有使用文字处理软件

资料来源：Science Learning Network. Available at http：//www. sln. org/guide/dukerich/rubrics/. 该量规已经获得科学的学习网络的使用许可。

第三种评分量规就是整体量规。整体量规的描述项可能与表 16－3 中的描述相似，但是通常不会具体说明评估的依据。整体量规可能用于评估学生的开放式答题，或者标准测试中的写作范文。很多整体量规使用 3 级、4 级或（在该表中）5 级分制。

表 16-3 整体评分量规

得分	评分标准
5	● 该学生能够深入理解相关及重要思想 ● 回答论述充分，并且包括具体事实或例子 ● 回答围绕这一领域的重要思想、主要概念或重要原则展开
4	● 回答具有示范性，内容清晰详细 ● 学生充分理解了这个话题 ● 回答对思想进行了较充分的论述，并且包括支撑性事实或例子 ● 回答部分围绕这一领域的重要思想、主要概念或重要原则展开 ● 回答充分，有一些细节，而且内容清晰
3	● 该学生表现出在一定程度上掌握和理解了这个话题，但是他或她的理解和知识可能还存在不足 ● 回答对思想的论述较充分，并且包括了一些支撑性事实或例子 ● 回答合格，包括了一些细节，但是意思可能有些模糊不清或者论述不充分，并且包含错误概念或一些不准确的信息
2	● 该学生表现出基本不了解或不理解这个话题 ● 该学生的回答可能包含了一个重要思想，或部分思想或几个事实，但是并没有论述这些思想，或没有处理思想之间的关系 ● 回答中包含了一些错误概念，或不准确或不相关的信息 ● 回答很糟糕，而且内容不清晰
1	● 该学生表现出完全不了解或不理解这个话题 ● 该学生论述话题时使用了不相关或不准确的信息 ● 回答包含很多语法和用法错误
0	● 学生没有给出恰当的回答

资料来源：National Center for Research on Evaluation, Standards, and Student Testing. Available at http://www.cse.ucla.edu/products/teachers.html. 该量规已经获得该研究中心的使用许可。

为真实性评估信息赋值的挑战 任何真实性评估任务面临的一个挑战就是确定如何以一致的、标准的及可操作的方式为学生的表现赋值。量规中的描述项旨在做到客观、具体，但也会因为评估者的可变性而受到影响。哪些因素构成“全面的”而非“良好的”或“适度的”理解，确定这些内容有赖于评估者的解释性判断，而这种判断缺乏传统的纸笔测试的“客观性”。某个评估者出现以及接下来他或她对收集的信息进行诠释，致使一些批评者认为量规评估方式非常主观而且带有偏见。改变这种潜在变化性的一个方法是由多个评估者评估一个指定任务，这也是大多数州强制性真实性评估体系的操作方式。

正如我们所指出的，变化多样的数据使真实性评估赋值面临严峻的挑战。例如，美索不达米亚古城模型、梵文文档或古巴比伦市场场景如何能够证明学生已经实现了相同的学习目标？第一个学生可能已经了解了古代文明在社会结构、建筑和民用工程方面取得的进步，而第二个学生可能已经熟悉了古代的书写体系，第三个学生知晓了古代经济货币体系。这三个学生可能都实现了古代文明这个单元的学习目标，但是每个人实现的目标并不相同。

同样重要的一点是考虑第二个也可能是更基本的问题：事实上这些项目是否能够给你（教师）提供可靠的信息，以便了解学生是否正在掌握你希望他们学习的概念？在制作美索不达米亚古城模型的时候，学生是否真正理解了在这个古文明时期宗教的重要地位或是当时民防工程方面取得的重大进步？或者该学生仅仅是制作了一件艺术品——仿照在一本书上看到的图片或图画制作了一个三维立体结构？或者第二个学生在写梵文文档的时候是否了解了基于词语的书写体系？或者该学生是否仅仅是把一套符号抄写在了一张纸上？

在你的课堂上

克服评价真实性评估任务的挑战

在为真实性评估收集信息以及评估信息的过程中难免遇到一些困难，为了解决这些困难，考虑以下内容：

- 分配任务之前，你要明确在评估过程中想要考察哪些内容（你将系统地收集哪些信息），以及你将如何为收集的信息赋值。
- 基于你的决定，研制一份量规，内容包括各种评估依据及评分标准。
- 当学生开始任务时，把这个量规或至少把评估依据分享给学生，以便他们也知道哪些技能和知识是重要的，是要考察的内容。
- 考虑把以下内容作为你所有项目的组成部分：演示和展示——某种形式的口头演讲或者是问答环节（你可以从中了解学生掌握了哪些内容）。这些展示可能是一对一的问答，或是邀请班里其他学生进行提问。在倾听学生讲解他们的项目时，你可以着重寻找能够告诉你学生已经实现了哪些学习目标的具体信息。
- 计划将档案袋、演示或展示内容分成小批次进行评估（如果可能的话），以便你始终能处于敏锐、精力充沛的状态。

对于学生的学习情况，真实性评估任务收集的信息可能存在问题。除此之外，很多教师还认为很难为如下的素质赋值：学生的创造天分、对细节的关注以及整体的整洁度。

最后，评分者的注意力和精力的可持续性构成另一个挑战。就档案袋评估而言，即使有详细的评分表可以参照，教师认真阅读页数众多的档案袋的耐心不断削弱，为信息赋值的敏锐性也会随着时间发生变化。

评分

很少有教师喜欢评分这项工作。评分时无论你怎么努力以达到客观（例如，像本单元开篇情景中桑切斯先生一样计算平均分），得到的分数总是受制于各种理解问题。

正如我们之前提到的，测试及其他评价手段的难易程度因教师而异，因此等级 B 对于桑切斯先生的班级与另外一个教师的班级可能意义并不相同。即使学区有一个标准的评分量表，在“评分严厉先生”的班级里得到 A 可能会比在“评分宽松先生”的班级里得到 A 更有难度。

通过计算平均分得到的结果不准确，因为这样的计算结果并没有考虑测试及其他作业的难度水平。把一个极其特殊的分数与其他分数放在一起计算平均分时

（正如桑切斯先生班级里的黛布拉所经历的），会出现另一个问题。把一次作业评为零分，之后计算**平均分**（算术平均值）时把这个零分与其他分数一起计算，这是一种非常不公平的教育实践。一个更加公平的计算方法是使用**中位分**，即分数分布中的中间分数。

教师也要决定是否要基于“曲线”来评分，或是给每个等级设定临界点分数。这个问题关系到用于评分的对比源。有三种不同的选择：常模参照评分法、标准参照评分法以及自我参照评分法。

常模参照评分法

常模参照评分法是基于曲线的评分。使用常模参照评分法就是将每个学生的表现与对比小组学生的“正常”或平均表现进行比较，通过这种方法为学生的表现赋值。为了实现评分目的，常模可能就是班级中其他学生的平均水平。正如我们在第十五单元“学习评估”中提到的，标准化测试也是常模参照测试。在那些案例中，比较组的规模通常比较大，可能是一个学区、一个州乃至一个国家的所有学生。商业机构设计的一些标准化测试使用往年所有参加这个测试的学生的分数来确定常模。

常模参照评分法被称为基于曲线的评分，原因是分数是基于统计学意义上的常态分布（也被称为钟形曲线，源于分数在图表中呈现的形状）。大部分学生的成绩集中在平均值（或平均分）附近，分数逐渐高于或低于常模或平均值的学生的数量也逐渐减少。

例如，一名教授英语优秀生的教师把常模参照评分法作为一个学期的评分方法。教师首先确定全班的平均分，然后把每个学生的成绩与这个平均分进行比较。班级里大部分学生（68%，根据统计学意义上的常态分布）都集中在平均值附近，也就是得到Cs。一些学生得到Bs，一些学生得到Ds，几个学生得到As，还有几个学生得到Fs。

常模参照评分法的主要缺点是，即使全班总体成绩差别不大，总有一些学生得分偏高或偏低。例如，在这个优秀生班级中，所有学生可能考得都很好，A和B或C和D之间实际差别可能很小，但是因为所有学生的成绩都要与平均分进行对比，因此一些学生得分很低，尽管他们可能充分掌握了所学内容。全班成绩都不高的时候也会出现类似的问题。一个没有完全掌握学习目标的学生可能最终得到A。

对于常模参照评分法的第二种批评意见是，这种评分法使不太擅长学习的学生很受挫，因为无论这些学生多么努力或取得了多大进步，他们的得分可能总是低于成绩最优秀的学生，这样他们就注定会得低分。这种评分法的支持者们可能不同意这个观点，坚持认为这种方法为学生提供了合理的挑战，在学生之间形成良性竞争，同时不偏袒任何学生群体。这些支持者认为，得到B或C的学生会更有动力去达到或超越高分学生。

标准参照评分法

第二种评分方法被称为**标准参照评分法**，即教师设定代表特定等级的成绩标准。这样的话，如果班级里所有学生都达到了等级A的成绩标准，那么他们都会得到 A。

使用标准参照评分法评分的一种方式是为每个等级设定临界点分数。例如，你可以用分值给每次作业和测试评分。重要的作业或者测试会占更多的分值。接下来，你要决定学生必须得到多少分值可以得到 A，得到多少分值可以得到 B，以此类推。在评分周期结束时，你计算每个学生所得分值的总和，把这个分值与临界点分值相比较继而得出记录在成绩汇报卡上的等级。

很多大规模的全州性评估使用标准参照评分法来测量学生的年度进步。不同的学科制定了各年级的学业标准，全州性评估旨在测量学生是否达到了明确规定的标准，以表明他们掌握了适合他们年级水平的知识体系。

这种评分法的优势在于依照一个标准来测量每个学生的成绩，而不是依照学生之间的相互比较来测量学生的成绩。这种评分法跟所有的州已经制定的学习标准概念相匹配。

教学视频案例

在该视频案例“评分策略和方法”中，高中社会研究教师亨利·特纳针对以下内容分享了他的想法：评估学生学习和给他们的努力评分。在 CengageBrain. com 上访问教育媒体图书馆，可以观看该视频片段并学习该案例的资料。然后思考以下问题。

问题

1. 有关测试对评定学生分数的重要性，亨利·特纳持有什么观点？你是否赞同他？为什么赞同或为什么不赞同？
2. 对于他的评分体系，哪些方面是你最喜欢的？哪些方面是你最不喜欢的？
3. 对于特纳先生的评估理念，你有哪些问题想问他？

这种方法的批评主要涉及标准系列的质量问题。如果制定的标准过高或过低，那么由此得出的分数不能真实反映学生的知识水平。此外，人们对于每个年级应该制定怎样的标准持不同意见，这种意见不统一会导致为每个年级设定的标准可能因班级或学校的不同而大相径庭。

自我参照评分法

一些教师把进步这个因素或**自我参照评分法**纳入评估中。自我参照评分法将学生之前的作业作为一个基准，用以对比现在的作业。这种方法根据与学生之前的作业相比取得的进步来测量学生的表现。这样的方法认可学生以不同的速度获取知识和技能，它也表明学习方程式中一个需要考虑的重要因素是学生在知识学习过程中取得稳步且有规律的进步。

当你考虑评价学生的作业或表现时，你应该确定哪种方法能够最清楚地反映你的学习观，同时也符合你任教的学校的期望和理念。这三种方法都有支持者和批评者，都根植于一整套有关教学和学习的理念，而且都广泛应用于全国的各个课堂、学校和学区。你的任务就是找到最符合你的情况的方法。

评分是一个复杂的过程，值得你认真学习，以确保你已经尽自己所能使整个评分过程公平公正，而且使评分结果的意义最大化。如果你需要进一步了解有关评分的诸多问题，可以参考本单元结尾处列出的部分参考资料。

在你的课堂上

为新教师提供的评估提示

基于已有的评估学生学习的经验，我们给出以下提示：

- 确保所有学生都了解评分依据以及你将如何确定成绩，这些信息应该面向全班公开。
- 只要有可能，使用多种测量方法而非一次或两次大型评估活动来评分。扩大学生作业的取样范围会增加你评分的信度。
- 不要让零分或非正常的低分影响学生的成绩。使用中位分而不是平均分来计算平均成绩。
- 不要用分数来惩罚不良行为，分数应该反映学生对学科内容掌握的程度。
- 认真记录学生的成绩，以便能够与学生家长进行有效沟通，并为你提供评分证据。
- 与学校里的其他教师交谈，以便及时了解学校的最佳实践以及普遍接受的评分规范。
- 保护有关学生成绩的隐私，绝不用评估数据来讥讽或贬低学生。
- 要认识到所有评估都会有误差，因此基于这些评估做出的判断和决策不应被视为是绝对有效的。

总结

对于教学/学习经历而言，**评估是一个不可或缺的部分**。经常通过正式和非正式手段对学生的学习情况进行评估，能够给你提供信息，以便了解学生的学习效果。这些信息能够使你做出判断并确定如何继续后续的教学活动。如果班级里一半的学生没有理解这些概念，你是否应该复习概念？还是应该继续教授课程计划中的下一个单元？如果一种教学方法看起来不奏效，接下来你将使用哪种方法？换句话说，收集有关学生学习情况的信息能够使你更有效地确定如何继续开展教学活动，而且你使用的恰当的评估方法和评估程序会使学生受益。

行动标准

州际新教师评估与支持联盟　标准6：评估

教师理解并使用多种评估方法促使学习者参与他们的成长过程、监控学习者的进步，并指导教师和学习者做出决策。

选择一个适合你教授的年级和科目的特定话题，然后回答以下问题。

1. 在教学结束之后，你希望学生学到哪些重要的事实、概念或思想？
2. 对于每一个事实、概念或思想，选择合适的评估工具来收集有关学生学习情况的信息。

3. 试着编写 3～5 个选择题型测试问题来评估你想让学生掌握的部分事实性知识。

4. 你能否构思出任何真实性评估任务来评估一些更复杂的学习目标？如果能的话，描述这个任务以及你将如何着手评估学生的作业。

更多资源

● Peter W. Airasian and Michael Russell，*Classroom Assessment：Concepts and Applications*，7th ed.（New York：McGraw-Hill Higher Education，2012）．这是一本非常实用的、易于教师阅读的书，内容是关于测试、评分和测试解析。

● Authentic Assessment Toolbox．访问 http://jonathan.mueller.faculty.noctrl.edu/toolbox/获取该工具箱。该网站由心理学教授乔恩·米勒创办，网站上有很多有用的真实性评估的应用。

● Terry D. TenBrink，"Assessment，" in *Classroom Teaching Skills*，9th ed.，ed. James M. Cooper，296－340（Belmont，CA：Wadsworth/Cengage Learning，2011）．这部分内容详细概述了评估问题和评估工具。

● Russell G. Wright，"Success for All：The Median Is the Key，" *Phi Delta Kappan*，May 1994，723–725．该文章充分论证了计算学生平均成绩时为什么应该使用中位分而非平均分来测量居中趋势。

重要术语及定义

真实性评估（authentic assessment） 一种评估方法，目的在于评价能够以最直接的方式测量学习结果的任务。

建构题型测试（constructed-response test） 一种测试，要求被测试者使用自己构想出的答案来答题。常见的形式有简答题和写作题。

内容效度（content validity） 教学内容与利用评估工具考查的内容之间的契合度。

标准参照评分法（criterion-referenced grading） 通过对比个人信息与某种标准确定分数，也就是对期望行为的描述。

评估者内部信度（inter-rater reliability） 多个评分者对相同的信息或证据的质量得出相似的判断。

平均分（mean） 一组分数的代数平均值，其获得方法是分数总数除以分数数量。

中位分（median） 分数分布中位于正中间的数值——也就是刚好平分一组得分的数值。

常模参照评分法（norm-referenced grading） 通过将个体信息与由相似个体构成的群体（通常是一个班级的其他学生）的信息进行比较来确定分数。

档案袋（portfolio） 一段时间内收集的作业，用于证明达到了一个学习标准或掌握了一项技能。教师和学生都可以制作档案袋。

信度（reliability） 测量结果的一致性——也就是通过不同测量手段获得的测试成绩或其他评价结果在多大程度上是一致的。

量规（rubric） 用于为学生的学习成果或学生表现评分的一套规则。量规的常见形式是评分量表或清单。

选择题型测试（selected-response test） 一种测试，要求被测试者从一系列答案中选出正确的答案。多项选择题测试和判断正误题测试是常见的形式。

自我参照评分法（self-referenced grading） 一种基于进步或提高的评分方法。学生之前的作业被用作基准，与当前作业进行对比。

效度（validity） 评估过程的结果实现特定评估目的的程度。

本书的配套网站提供了很多有用的资源。访问 CengageBrain. com 获取本书各单元词汇表、抽认卡、网页链接和其他学习辅助工具。

第十七单元

与学生家庭合作

州际新教师评估与支持联盟　标准 5 和 10

情景

“麦克格韦尔先生，我妈妈想和你谈谈。今天她会给你打电话。”

“卡丽，谢谢你告诉我。”

蒂姆·麦克格韦尔先生仅在本学年初的“教室开放活动”中见过卡丽的母亲一面。然而，马瑟森女士在学校里很有名气。她多年来一直担任学生家长和教师联谊会的主席，在联合社区和争取筹款方面工作成就显著。当蒂姆的同事得知马瑟森的女儿卡丽来上蒂姆第三节历史课时，他们警告过蒂姆，马瑟森女士是“不容忽视的人物”。

见面的时间已经定好了，蒂姆试图想象马瑟森女士可能想谈些什么。第一个打分阶段差不多结束了，蒂姆担心这次见面的目的不是谈论计划去当地博物馆实地学习（目的是拓展蒂姆历史课的下一个学习单元）。

他回顾了计划的课程大纲，感觉很满意，因为他教授了所有州立考试的主题。他浏览了自己计划的所有作业，每个作业都是一项有益的学习活动，他心里感觉有数了。最后，他仔细看了一遍这学期到目前为止给卡丽的成绩，感觉所有的成绩都给得合情合理。

蒂姆能听到马瑟森女士走近的声音。她差不多在每间教室前都停下来和教室里的教师聊天。这是蒂姆在布兰福德高中任教的第二年，他和同事的关系还不如马瑟森女士和他同事的关系好。他越发紧张了。

“麦克格韦尔先生！很高兴再次见到你。谢谢你同意与我见面，时间很仓促。”

蒂姆能够感受到马瑟森女士的能量和力量。他意识到自己既不想也承担不了得罪她的后果。

“见到你也很高兴。请进来坐下。我能为你做点什么？”“我想跟你谈谈卡丽上次历史作业的成绩。你知道，她和杰西卡·亚当斯是一起完成作业的，她们互相校对了彼此的文章；然而，杰西卡的作业得了 A，卡丽只得了 B。卡丽和杰西卡多年来一直是最要好的朋友，卡丽在学校的表现一直比杰西卡好。所以你可以想象当卡丽得到较低的成绩时她有多失望。我和其他一些家长谈过了，他们孩子的成绩似乎都和卡丽一样。但卡丽的成绩一直比他们好。”

蒂姆准备和马瑟森女士谈的是卡丽的功课而不是其他学生的功课。然而，他真的不知道该如何避免这样的谈话。

预览

你是否做好准备面对与蒂姆一样的处境？取决于你所在的校区，你与学生家长或学生监护人的互动频率可能是从偶尔到日常，互动的情况可能是从对抗到受欢迎、从敌对到产生共鸣。你渴望看到家长对他们孩子的学习感兴趣。或者，像蒂姆一样，你可能会希望学生家长对孩子的学习成绩表现出的热情少一点。即使你是一个幸运的教育者，你学生的家长支持你的教育工作，你也可能想知道如何充分利用这些支持。

无论学校和家长之间互动的性质如何，作为教师，你与学生家长或监护人的互动是不可或缺的。提高与学生家长有效交流的技能和策略有助于你更有效地促进孩子的学习。教育工作者一致认为，相关研究也证明，家长或监护人的参与会促进孩子学习，因此，找到有效方法让家长或监护人有效参与孩子的学习过程是至关重要的。家长或监护人参与孩子学习可以避免一些极端情况——家长的冷漠和“直升机家长”（那些似乎总是围在周围的家长），这样你的教学生活会更愉快、更有效。

你想让家长成为你的盟友和合作者，你需要仔细考虑如何赢得他们的支持。在一些学区，这方面可能不需要或不怎么需要付出努力。可能会有这样的学生家长——他们主动敲门来提供帮助、支持和指导。然而最常出现的情况是：使家长或监护人参与学生的教育是非常困难的。

一些交流方面的困难来自教师与家庭之间在经历和文化上的差异。有些家长（无论作为学生或是作为家长）可能有消极的上学经历或消极的与学校打交道的经历。他们难以摆脱对抗情绪，可能在与你的初次互动中就显现出来。你也可能有大量的英语语言学习者，但他们家长的英语并不流利，甚至很糟。这些家长很少与你或与学校进行交流，这可能有文化和语言两方面的原因。你会发现，与家长建立富有成效的关系需要一些技巧，需要付出一些努力。

单元要点 ▶▶▶

本单元强调：

◇ 与学生家长和监护人沟通需要你制定大量的计划、付出相当多的努力。没有一种方法适合所有的家长。与家庭的交流可以是面对面的、书面的，或是通过电子方式进行的。

◇ 如果管理得当，家长会提供了建立良好关系的机会，但是如果处理不好，家长会可能会产生负面后果。

◇ 你需要花大量的时间思考如何使学生家庭参与到课堂管理工作，并为他们提供参与的机会。

◇ 有很多通用指南能够指导你如何成功地使家庭参与学校的工作。

保持有效交流的益处

从建立学校之初，学校就被赋予了**替代父母**（in loco parentis）教育学生的责任。这个拉丁短语的意思是教育者在与学生互动时替代家长的角色。多年来，这个短语的意义就是字面意义。学生在校期间，教师要像教育他们自己的孩子一样教育学生。教师不仅要关心所教学生从学术角度理解概念和技能的情况，还要关心他们的行为举止和道德培养。在近代，教育者的责任范围已经被重新定义，在某些情况下，还受到限制。随着不同层面——从州立法机构到联邦法院——不断完善教育者对学生身体、智力和道德福祉的责任，重新定义的过程也随之发生。

当然，在教育年轻人时，教师总是很有影响力的。因此，他们有义务与这些年轻人的家长或监护人保持频繁和公开的交流。

● 发送一致消息。教师以及其他教职人员，如牧师、教练员和俱乐部领导者，都要为年轻人的教育和社会化做出贡献，这样他们就可以成长为有产出的和有贡献的成年社会成员。这项艰巨的任务需要很多参与者协调一致，对于文化中重要的核心信念、价值观和行为传递给年轻人一致的信息。

● 争取合作与帮助。你希望学生的家庭成员在教育过程中成为你的盟友，而不是对手。确保家长准确理解你期待完成的任务能帮助你获得他们的支持，以便帮助学生实现你为他们设定的目标。

● 鼓励良好行为。良好的教师-家庭交流也有助于将两个世界汇聚在一起，很多学生（通常是年龄较大的学生）更喜欢把这两个世界分开。当学生知道家长们有机会接触他们的教师，无论是在学校还是在家里，他们的行为会更加谨慎、得体。

● 直接发送消息。年轻人并不总是最可靠的沟通对象，所以他们在家里汇报的课堂情况和汇报给教师的家庭情况可能不完全准确。有些学生有戏剧天赋，倾向于夸大现实，而另一些学生则倾向于有选择性地记忆和“忘记”关键事件、事情或作业。直接与家长或监护人沟通有助于避免这种策略性的复述和记忆错误。同时，通过让家庭知道你每周都在做什么，可以尽量帮助他们减少如下（家长与孩子间）的经典对话，即家长问：“今天你在学校做了什么?”孩子回答说：“什么也没做。”

交流方式：不只是说什么，关键是如何说

正如我们在第十三单元“课堂交流”中强调的那样，交流的关键是传递信息。你想发送一条消息：信息、想法、观点、建议或推荐。你要确保你的观众——学生家长或监护人——收到你想要他们接收的信息。因此，你必须找到最有效的传递该信息的方式。

若干因素会影响你选择如何把信息传递给学生的家庭。一些场合，如家长会和开篇情景中所描述的情况，需要面对面的会见。有些信息可以以书面形式传递，通过纸或电子邮件。你甚至可以利用互联网的其他多媒体功能。

口头交流

根据学生的年龄，你可能或多或少有机会与他们的家长进行口头交流。当前的趋势好像是“学生年龄越大，教师和家长之间的联系就越少”。这种趋势可能是一把双刃剑。一方面，你可能较少与家长联系，他们对你的要求也较少。另一方面，在教育过程中你得到来自家庭的支持可能也会少一些。比如我们稍后讨论的书面交流（尤其是通过电子方式进行的交流）可以帮助弥补这个差距，让更多的

家长积极参与青春期孩子的教育。虽然你肯定会和家长们进行非正式的交谈，但很多学校都有正式的与家长见面的机会，如在返校夜和家长会上。

行动起来

阅读下面的情景并思考你对以下问题的回答。

离（家长会）开始还有几分钟的时间，玛丽莎最后看了一眼教室。不错：教室看起来整洁有序。她把书桌上常用的一堆文件移走，用新内容装饰布告板。“教室开放活动”总是让玛丽莎有些害怕。然而，这是她教中学数学的第三年，对晚上的家长会她开始感觉没那么紧张了。毕竟，她知道想和家长一起讨论哪些话题，而且她认真背了稿子。

当家长一一走进教室的时候，玛丽莎快速扫了一眼他们的名字标签并跟他们打招呼，同时在心里把每个家长和他或她所代表的学生匹配起来。一些学生和他们的家长非常相像，真是很神奇的。她邀请家长们参观教室，然后让他们随意就座。玛丽莎在教室的前面等着家长坐定时，她心里对自己说了一遍鼓舞士气的话。“瞧，没什么可紧张的。我知道该做什么。”

玛丽莎开始了她的演讲，先谈到了今年的新课程大纲。新大纲旨在掌握五月份州测试涵盖的所有概念。她停顿了一下准备讲班级政策，这时一个声音从教室后面传来：“你打算怎么帮助我儿子通过五月份的考试？去年他分数很低，今年对他很重要。如果他今年的分数不高的话，明年他就不能上几何课了。”

玛丽莎被这个打断的声音吓了一跳，紧张地想看看那个人是谁。她看不见他的名字标签，所以她不知道哪个学生是他的儿子。没关系，她想。不管怎样，她想避免在全班面前谈论个别学生。她开始说一些笼统的话来回应。“嗯，正如我们提到的，去年我们重新设计了中学数学课程来解决这个问题，我们相信这个新大纲更加全面，会帮助学生在考试中考得更好。”

“我真的不关心新课程大纲，”那个人坚持说，“我关心我儿子，以及我是否需要支付暑期学校的费用，这样他明年就可以学几何学了。”

问题

1. 如果你身处这位教师所处的情形，你会如何对待这位咄咄逼人的家长？
2. 提出一些帮助这位教师化解局面并解决冲突的策略。

返校夜　很多学校会在每个新学年开始后不久组织“教室开放活动”或返校夜活动。在这些活动中，家长通常会聆听孩子们的每一位教师对于课程目标和课程要求的简短介绍。在小学阶段，家长可能会聆听班主任较长的报告和专家的简短介绍。

在中学阶段，家长聆听孩子们的每一个科目教师和专家做的较短的报告。很多教师发现这些夜晚令人害怕，但这些夜晚是使家庭成员“站在你这边”成为合作伙伴的重要时机，便于帮助他们的孩子实现你设定的目标。准备充分是缓解紧张的最好方法。这里有若干指导意见：

- 仔细计划你想说的话。
- 列出你想和家长分享的要点。与家长分享班级政策尤为重要。

- 让他们清楚你对迟到、晚交作业和遗漏作业的惩罚措施。
- 展示你所教授孩子们的一门或多门课程的概述，要有说服力。
- 解释你布置这些主要任务和作业的原因。

你也应该了解这些活动的缺陷。一些家长把返校夜看作开家长会的机会。有些人想了解他们的孩子与班上其他学生在学业上的对比情况。其他人可能想对学校的政策或教职人员（比如，他们孩子以前的教师）提出异议。这些都是你不想进行的对话内容！利用你最擅长的协商技能把谈话巧妙地转变为更具普遍性的话题。

行动起来

阅读下面的情景并思考你对以下问题的回答。

“让我们看看下一个是谁？哦，是霍林斯沃斯夫妇。”安吉拉·戈登喃喃自语。今天是家长会的第二天。尽管多次提醒和敦促，安吉拉的四个班级只有为数不多的家长报名参加家长会。家庭的冷漠在学校里是个非常受重视的问题，教师和管理者希望通过召开家长会使更多的家长参与孩子的教育。然而，到目前为止，安吉拉见过的大多数家长是频繁参与孩子教育经历的人。霍林斯沃斯一家让人有点惊讶，因为他们似乎不是这类家庭。

安吉拉还没见过霍林斯沃斯夫妇，跟他们没有任何交流。他们的女儿塔拉是个普通的学生，在学习和课堂活动参与方面都表现平平。塔拉一般按时交作业，通常不缺勤，有时主动参与活动。她的考试和测试的成绩在B－/C＋范围内，偶尔有高分或低分。

安吉拉翻阅着塔拉的文件夹，为这次见面做准备，她不得不承认自己不太了解塔拉。塔拉是那些安吉拉不需要花时间去管的学生中的一个，因此安吉拉在某种程度上（对塔拉）是心存感激的。安吉拉很少与塔拉进行一对一的互动，尽管塔拉确实按要求参加了写作会议。安吉拉记得那次会议基本上是一方主导的，大部分话是安吉拉说的。

当霍林斯沃斯夫妇出现在教室门口时，安吉拉还在琢磨应该谈谈塔拉的哪些方面。“是霍林斯沃斯先生和夫人吗？非常高兴见到你们。我是戈登，塔拉的英语教师。请进来坐下。”霍林斯沃斯夫妇坐好后，安吉拉又像往常一样开始了见面开场白。“我有塔拉的功课文件夹，你们可以看看。我们还可以谈谈她的成绩、她的优点和……”

她很惊讶霍林斯沃斯夫人打断了她，后者的脸像石头一样毫无表情。“塔拉告诉我们，你不喜欢她，课堂上你关注到她的时候总是挑剔她。她讨厌上课，每天回家都哭。”霍林斯沃斯女士告诉安吉拉。“我们尽量不干涉孩子们的学校教育，但英语一直是塔拉最喜欢的科目，现在她无法忍受上英语课。”“我们想知道你为什么这么不喜欢我们的女儿，”这位母亲继续说，直到结束时说了句话，对安吉拉来说像是一种威胁——“我们认为去找校长并要求把塔拉换到另一个英语班之前先和你谈谈是再正确不过的了”。

霍林斯沃斯夫妇的话使安吉拉很震惊。为什么塔拉认为安吉拉讨厌她？安吉拉脑海里回忆着每天上课的情景，试图理解她所听到的内容。她提问过塔拉，但她试图提问班上的每一个学生，不管他们举手还是没举手。塔拉是否把那看作是对她的挑剔？更棘手的问题是，安吉拉到底应该对塔拉气愤的家长说什么？

问题

1. 如果你身处这位教师所处的情形，你会如何对待这两位家长？

2. 提出一些帮助这位教师化解局面并解决冲突的策略。

家长会 另一个（与学生家长）面对面进行口头交流的机会是家长会。在家长会上，讨论学生的表现不仅是可以接受的，也是家长们都期待的。家长就是来了解他们孩子的表现的。当你准备这些会议的时候，请记住大多数家长希望听到自己孩子积极的一面。很多人也希望听到自己的孩子比班上其他孩子优秀。考虑到这些期望，以下是一些提示，可以帮助你成功地召开家长会。

- 把讨论的焦点放在正在与你面谈的家长的孩子身上。要预料到家长或监护人会试图把自己的孩子与班上别的孩子做比较。准备好机智、坚定地做出回应，把注意力从其他学生转移到他们自己的孩子身上。
- 保持积极的或建设性的语气。避免谈论学生没有做什么，话题应该围绕学生需要做什么。例如，不要告诉吉利安的家长她总是很晚才交作业。相反，告诉他们如果吉利安能更准时交作业的话，她的功课会有进步。不要抱怨乔治数学考试时从不复习；相反，暗示假如乔治每晚花30分钟完成数学作业并复习，他的成绩就会好起来。
- 保持客观。不要把学生的行为或功课个人化。学生课堂上的行为并不是针对你本人，而是针对你作为教师或者成年人这个身份，这种现象的可能性非常大。例如，不要说："我认为，达蒙大声喊出问题答案时，他就是想激怒我。"相反，试着这样说："当达蒙不举手就大声喊出答案时，他剥夺了其他学生回答问题的机会。"
- 考虑邀请学生参加家长会。在一些学校体系中，学生参与讨论自己的学业表现。在以学生为主导的会议中，学生可能是第一个发言的人，首先针对自己在这个学期的成绩做出评论，然后回答家长和教师提出的问题。重要的是，要保持积极的情绪，并避免使学生在家长面前感到尴尬。然而，在实施任何新措施之前，请与学校的管理员确认新措施是否可以实施。

教学视频案例

在家长会上，你如何能成为一个有效的交际者？在该视频案例"家-校沟通：家长会"中，你会直观地看到教师吉姆·圣克莱尔的做法。你会看到在讨论孩子的长处和弱点时，他如何把孩子功课的实例与他自己的观察结合在一起。你也会看到他倾听并回应这位母亲关切的情况。在 CengageBrain.com 上访问教育媒体图书馆，可以观看该视频片段并学习该案例的资料。然后思考以下问题。

问题

1. 这位教师是如何运用前面给出建议的？在你看来，他能否更好地运用这些建议？

2. 教师询问家庭成员学生在家里如何描述学校，这样的做法有何价值？

3. 在家长会上你会做哪些不同的事情（如果有的话）来反映你教的学生的年

龄和你个人的教学风格？

书面交流

与学生家庭建立公开交流的一种方式是定期的书面沟通。书面沟通的形式可以是每周或每月的新闻稿、每学期初写给家长的一封公开信，或定期发送给家长或监护人的个性化的便条。通过这种书面交流，你可以让家长了解学习主题和评估日期——家长最关心的两个方面。

进行书面交流时，有时很难选择恰当的语言风格和语气。你要表达出对有效教学充满信心，但同时不要有任何傲慢之意。或者，你可能让家长知道你有关心学生以及他们家庭的需要，但表面上并不屈尊俯就或过分包容。你还需要使用很专业的语言，但是避免使用过多的术语或“教育性语言”，避免使一些家长跟你沟通时感觉欠缺能力，或者难以理解。找到适合与学生家长交流的话语水平是一个动态的过程。你可以请教学校里在家庭合作方面有更多经验的同事。“在你的课堂上”板块包括其他一些提示。

通过电子方式进行的交流

一些学区鼓励教师和家长之间通过电子方式进行交流。教师需要有一个课程网站或班级网站，并且使用电子方式和家长沟通。即使学校不要求，你也可以利用这种交流工具达到目的。然而，不能假设所有的家长或监护人都能使用网络或电子邮件。对于不能使用此类交流方式的家长，你要计划其他方法。

电子邮件　通过电子邮件进行交流速度快、效率高，而且通常比学生给家长传递便条更可靠。潜在的或实际的问题可以更快地得到解决，以获得更快、更有效的解决方案。通过电子邮件进行交流也使教师有可能更密切地监控学生的功课，尤其是当学生面临来自学业挑战时。如果打算使用这种交流方式，一定要确保家长同意你给他们发电子邮件。

同时，如果管理不当，与家长的电子邮件交流会危及你的职业。一些家长可能会期望能够以一种轻松、直接、持续的方式接触孩子的教师。给这些家长提供即刻的回复可能会消耗你所有的非教学时间。为了避免这种情况，我们建议你首先使用学校电子邮件账户与家长通信，并且不要把个人的电子邮件地址提供给家长。其次，与学生家长制定电子邮件交流政策。例如，你的政策可能是，你回复电子邮件的频率是一天一次或一周两次。我们也建议你把这一政策告之学校管理层、学生及其家庭，这样潜在的对你的抱怨——“对家长缺乏反应”——就可以适当得到解决。你的政策并不是阻止你立即回复紧急邮件，但对于家长不太重要的交流内容它可以给你一些喘息的空间。

我们还希望你记住，所有的电子邮件信息都会留下“纸质痕迹”或永久记录。即使删除的电子邮件信息也可以从计算机硬盘中或学校的服务器中获取。在给学生家长写电子邮件时要特别小心，尤其是在处理冲突或争端时。只在电子邮件中发送你认可的信息。在激烈或复杂的情况下，发送电子邮件之前，让同事阅读你的邮件是明智之举，以确保信息清晰无误，没有任何指责或责备的口吻。同样的，我们建议你保留任何来自家长的电子邮件，如果这些邮件预示可能发生的冲突或是冲突的结果。我们生活在一个人们喜欢打官司的社会里。在发送一封信或一封电子邮件之前，问问你自己："一个反方律师会怎么解读这个信息？"

在你的课堂上

关于给学生家庭写信的指南

尽管与家长的书面交流很有用处，但如果在信件发送之前没有仔细检查，也可能会成为一场公关噩梦。这里有一些需要考虑的准则。

- 在书信中使用正式语言。尽管你可能与学生家长关系融洽，有些家长甚至是你的朋友，但你在书面交流中应该使用正式语言。
- 把班级作为一个整体来讨论。庆祝全体学生而非个体学生取得的成绩。谈论特定的学生可能给人这样的印象——你偏袒一些学生，而忽视其他学生。对于正在申请大学或处在接受周期的学生来说，这可能是一个棘手的问题。
- 校对、校对、再校对。确保书面交流的各个方面——语法、拼写、标点和用法——都是正确的。如果你对任何方面感觉不确定，请一个同事看看你已经写好的内容。不管你教什么科目，很少有比书面交流有语法错误更能损害教师声誉的事情。记住，拼写检查工具不是万无一失的，它们经常忽略使用不当的单词，例如"lead"被错误地用作"led"。
- 表达是至关重要的。不仅语气要正式，语法要正确，书面交流的表达也要看起来很专业。不要手写任何书面交流的内容，即使是一个很短的便条。即使已经复印了便条，也不要在复印的便条上手改错误。
- 遵循学校的政策。在一些学区，所有与家长的交流情况必须告知学校管理部门。确保你知道学校的政策内容，并遵循这些政策。

班级网站 课程或班级网站也是一种快速有效的与家长保持密切沟通的方式。课程网站可以列出当前学期的课程大纲，并为学生及其家庭提供有关课程要求、班级政策、作业和截止日期等信息。至少从理论上讲，班级网站也有助于帮你减轻家长询问课堂信息的邮件负担。

然而，为了实现有效交流，课程或班级网站需要定期更新。当你为课程或班级设计网站时，也要计划网站的维护。如果你精通网页设计，你可以自己来维护该网站。如果你不精通网页设计，那么（除了小学各年级）你的班级或课程中可能至少有一个（如果不是很多）学生擅长网页设计，并且对维护网站感兴趣。有些教师会给帮助维护网站的学生额外的学分。

使家长参与（孩子的学校教育）及管理他们的参与活动

研究表明，让家长参与孩子的学校教育会使学校受益。这些益处包括更高的学生出勤率、较高的高中毕业率、更少的留级人数、更有效的学生需求诊断和更合理的学生安置，以及学生更高的数学和阅读测试成绩[1]。如果你的学校没有一个鼓励家长参与（孩子的学校教育）的计划，你可能会邀请家长每周花几个小时来辅助学校或课堂管理。

然而，邀请家长参与课堂管理，你确实需要实施一些管理措施。你需要决定到底希望家长做什么。很多家长不是受过训练的教育者，如果想让他们的帮助富有成效，需要给他们具体的指导。根据你招募的家长人数，或在一段空闲时间，或在放学后，你可以为他们安排一次小型培训。安排培训之前，要策略性地思考如何最有效地发挥家长的作用。特别是，如果你让家长志愿者和学生一起工作，你要说清楚家长提供多少帮助是合适的。对于家长能否对学生的功课保守保密，如果你有担忧，你可以对家长的参与施加限制，使他们更多地参与管理工作或清洁工作。不要阻碍任何家长自愿参与的意愿，但要有策略地引导他们的热情和参与。起初看似得到帮助的好机会可能会演变为一场噩梦。

总结

最后我们想给你提一些一般性的建议，帮助你设计与家长的互动。

● 恭敬而又不屈尊。有时候，你会有很强烈的欲望去反对某些家长或监护人的育儿方式。作为一名教师，你要相信，你能够深刻洞察年轻人的行为，谙熟可行的策略。你很可能比一些孩子的家长更深入了解孩子或青少年的思想。毕竟，在数字上你是有优势的，因为你经常同一时间与这么多青少年打交道。但要记住，很少有家长会喜欢教师提出的关于育儿的提示。如果你是一个年轻的或没有孩子的教师，你会发现这一点确实如此。

在互动中尊重别人并不局限于你说话的方式、你使用的词语和语调或者你的面部表情和手势。它还包括了解自己知识的局限性和接受家长的知识广度和深度。例如，要记住，尽管总的来说你可能是教育孩子的专家，但家长是教育自己孩子的专家。当你尊重学生家长的想法和观点时，你会发现家长会将心比心并尊重你的观点和想法。

● 脸皮变厚。有时，你可能会遇到一些家长或社区成员，他们没有对你或学校表现出应有的尊重。你可能也会注意到，抨击教师已经成为一种流行的运动。对听到这样的评论应有所预料，比如“只工作半天真是太舒服了”、“我希望和你们教师一样有那么多假期”和“我不敢相信我们的教师还嫌薪水不够高！就他们那点工作，如果是我，这些薪水我已经很满意了”，以及其他关于美国教学和学校教育状况的评论或观点。

如果收到类似的评论，你必须决定采取什么方法来应对。一些教师这样回应这种评论：与他们的对话者分享用于批改作业、计划课程、联系家长以及安排实地考察的超过工作量的小时数。还有些教师会分享一个典型的工作日：背靠背的授课、23 分钟的午餐时间，处理行政事务，处理学生和家长的需求以及州要求的事务。

不过，请记住，这些评论可能不是针对你作为教师的职业道德或有效性的个人攻击。干脆忽视这些批评和尖刻的话语可能对你最有利，尽管这样可能会使你感到沮丧。你的任务不是改变这些人对教师的报酬或资格的看法，而是清楚且有效地与他们交流孩子的情况。

● 跟家长说话及分享信息的时候要谨慎。老话说，诚实也许是最好的策略，但是谨慎才是勇敢的最佳体现。不管你与学生的家长或监护人有多友好，请记住，当与家长交流校内发生的情况或与学校有关的事件时，你是代表学校与之进行交流的。只要你在学校工作或执行学校授予的职能，任何时候都要求你作为一名公立学校的教师发言，你要随时提醒自己，你所说的任何话都代表学区。避免批评学校的政策或你的同事或管理者的行为，也不要评论涉及测试、课程大纲框架或教师资格等有关州授权的话题。

其他需要规避的风险是讨论班里其他学生。一些家长，如本单元开篇的马瑟森女士，倾向于把他们的孩子与班上其他孩子进行对比，包括学业能力或表现、教师的帮助或支持，甚至是同龄人中的社会地位。参与此类讨论会适得其反，造成以下伤害：

1）从法律角度来说，如果将学生的学习成绩透露给学生的法律监护人以外的人，你的行为则违反了《家庭教育隐私法案》，因此你可能会面临诉讼。（第二十二单元“教育法规”讨论了《家庭教育隐私法案》。）

2）作为一名公正的、独立的学生成绩评价者以及公平的学生评估人，参与这样的谈话会损害你的声誉。

3）你可能会在家长之间造成严重的不合，他们有时会对自己的孩子表现出极强的竞争意识。

4）尽管你可能认为你是充满自信地在传达这些观点，但你不能肯定家长会保持这种自信。因此，学生的家长可能会不愿意告诉你有关他们孩子的个人隐私信息，但这些信息可能是你实现有效教学需要的信息。

● 不徇私。不要在学生或家长中表现出偏袒。如果你在公立学校任教，你跟一些学生的家长至少是熟人，更有可能是朋友，他们会谈论和比较有关孩子在校经历、体育课或课外活动（如音乐课、舞蹈课和社区活动）的记录。其他人可能卷入激烈的竞争中。你最不想做的是破坏友谊或激化竞争，因为你无意中与一个家长交谈的时间远多于另一个家长，或是向一个家长而非另一个透露了看似无害的信息。

你可能会遇到这样的家长，你对他们或多或少有些亲近感，当然我们也不期待你喜欢所有学生的家长或监护人。我们期待你能做到的是，就像对待所有学生一样以同样的方式与所有学生家长互动，并表现出同样的热情和关注。

最后，虽然我们强调了与家长或监护人交流时不愉快经历的可能性，但是大多数教师获得了家长的支持和欣赏。然而，如果你和学生家长发生冲突或误解，把问题上报给你的直接监管人（也就是年级组长、团队领队或是部门主任），让上级从你那里而不是从家长或律师那里了解冲突或误解，这对你比较有利。

教学视频案例

该视频案例“家长参与学校文化活动：一个读写项目”展示了读写专家琳达·施韦茨与一组家长一起完成一个图书出版项目。你会听到家长解释他们为什么如此渴望参与这个活动及其他学校活动。在 CengageBrain. com 上访问教育媒体图书馆，可以观看该视频片段并学习该案例的资料。然后思考以下问题。

问题

1. 这个视频里家长描述了家长-教师之间交流与合作的益处，这些益处如何与本单元前面列出的那些益处相比较？

2. 你认为这个教师需要采取哪些措施来管理这些家长参与活动？

3. 这位教师的观点是学校文化是由学生的家庭共同创造的，家长的话表明教师需要使家庭感觉很受欢迎并能够参与学校活动，如何比较教师的观点和家长的话？教师和家庭在创造学校文化中各自起到哪些作用？

4. 学生的家庭成员参与你的课堂活动，你感觉舒服吗？他们以哪种方式参与会让你感觉舒服？你认为家长参与有哪些潜在的缺点？你会如何克服这些缺点？

行动标准

州际新教师评估与支持联盟　标准10：领导力与合作

教师寻求适当的领导角色和机会为学生学习承担责任，并与学习者、学习者家庭、同事、学校其他专业人员及社区成员合作，确保学习者的不断成长并促进教师职业发展。

选择一所学校和一个未来你可能会参与其中的教学情景。你刚收到办公室的信息，说一位家长希望尽快跟你面谈。你也听说这位家长"听上去有点心烦意乱"。认真计划与这位家长的会面。你有哪些可用的信息？你将如何展示这些信息？你将如何开始此次面谈？如果可能的话，你会让学生参与会面吗？你会征求同事或校长的意见吗？你将如何使面谈圆满结束？尽管你尽了最大努力，但如果面谈的结果不尽如人意，你会怎么做？

更多资源

- The Family Involvement Nework of Educators (FINE). 访问 http://www.hfrp.org/family-involvement/fine-family-involvement-network-of-educators 了解相关信息。这是一个全国性的网络，有超过5 000人热衷于促进儿童教育工作者及其家庭和社区间的紧密伙伴关系。
- Parent Communication. 初任教师职业发展工具包。访问 http://www.doe.virginia.gov/teaching/career_resources/prof_dev_toolkit/parent_communication/teacher_parent_communication.pdf 了解相关信息。该网站由弗吉尼亚联邦大学建立，拥有信息、视频和可供打印资源，为家长-教师交流提供建议。
- Teachers Involve Parents in Schoolwork (TIPS). 访问 http://www.csos.jhu.edu/p2000/tips/index.htm 了解相关信息。由约翰斯·霍普金斯大学的研究者建立，国家伙伴学校网络汇集了致力于发展和维持学校、家庭和社区之间全面伙伴关系的学校、地区和州。

重要术语及定义

替代父母 (in loco parentis)　一个拉丁短语，指当学生在学校时教师承担"替代父母"的职责。

本书的配套网站提供了很多有用的资源。访问 CengageBrain.com 获取本书各单元词汇表、抽认卡、网页链接和其他学习辅助工具。

注释

［1］Joyce L. Epstein，*School*，*Family*，*and Community Partnerships*：*Preparing Educators and Improving Schools*（Boulder，CO：Westview，2001）and Diana Hiatt-Michael（Ed.），*Promising Practices for Family Involvement in School*（Greenwich，CT：Information Age Publishing，2001）.

第十八单元

与同事合作

州际新教师评估与支持联盟　标准 9 和 10

情景

“玛莎，跟我们一起去教师休息室吃午饭吗?”贾尼丝端详了一下玛莎的教室，发现新同事玛莎被一大摞作业挡住了身影。贾尼丝的邀请没有得到任何回应，于是她走进教室，又邀请了玛莎一次。

“什么？哦!”玛莎看到贾尼丝时一下子从座位上跳了起来，“我完全没听见你进来，我在批改作业，争取在下一节课之前全都批改好。好像我永远有改不完的作业!”

“我路过你的教室，来看看你是否愿意跟我们一起去教师休息室吃午饭。”

“哦，不了，我去不了，我得把这些作业批改完。”玛莎再没说什么，继续批改作业。贾尼丝有点失望，一声不响地离开了玛莎的教室。

一走进教师休息室，贾尼丝就加入了经常与她一起吃午饭的伙伴。“我路过玛莎的教室，可是她忙着批作业连吃饭的时间都没有。”

“一看就知道这是她教书的第一年，对吧？她很快就知道该怎么办了，”克莱尔评论道，她是在这个学校里工作了 27 年的老员工。“我看到很多跟她一样的新员工，刚来的前几年都没有时间吃午饭，但是他们都挺过来了，只要他们没有把自己弄得筋疲力尽！但是，不管怎样……你们不会相信今天我班里的那个“喜剧专家”说了什么。我当时尽力憋着不笑出来，但是那个孩子可把我给逗坏了!”就这样，日常的午饭谈话开始了。话题通常包括周末安排或者度假计划、家庭成员取得的成就、最近看的电影或最近读的书。当然，话题更经常性地转向一些难教的学生或者是抱怨学校管理层或学校董事会做出的决策。

贾尼丝在春田中学任教已经有五年了，她曾经也是刚入职时午饭时间都忙着工作的教师。后来同部门的一个同事鼓励她，如她所说的，“要利用集体的智慧语言”，这些智慧语言来自经验更丰富的同事。“与你的同事打交道是很重要的”，她对贾尼丝说，“如果你与学生、管理人员或学生父母发生了矛盾，他们知道你正在经历什么，也能够给你提一些很好的建议。你需要非常熟悉这些同事，这样在向他们寻求帮助或建议时不会感觉别扭。除了建议以外，有时他们也能够给你一些很实用的帮助。”

预览

作为一名新教师，你有很多资源可以利用：你多年当学生的经验、你以前的教师的例子、你学过的专业课程和你曾经读过的书，仅举几个例子。然而，一旦走进自己的教室，上述这些回忆和经验有时似乎离你非常遥远。但是你身边到处都是其他丰富的资源：你的教师同事，他们能为你提供知识、智慧和帮助。如果你（像玛莎一样）在与同事交往时犹豫不决，那么这个为你提供支持的极其丰富的资源可能会把你排除在外。

这个单元讨论你可以采取哪些步骤来认可同事是一个丰富的资源，并使他们助力你的教师职业发展。

单元要点 ▶▶▶

本单元强调：

◇ 教学这个职业有自身鲜明的文化，新教师需要理解这个文化的动态。

◇ 处于与同事或其他成年人隔离的状态是教师职业与众不同的一个特点，也是他们必须妥善应对的情况。

◇ 由于教学这个职业的组织结构比较“平面化”，而且教师之间缺乏等级之分，因此这个职业有比较明显的平等主义。

行动起来

下面是本单元开篇情景的后续内容，阅读这部分内容，然后思考如何回答后面的问题。

最后玛莎采纳了贾尼丝的建议，并尽量每周在教师休息室吃至少一或两次午饭。到目前为止，她还不需要向同事寻求支持或帮助，但是她很喜欢在教师休息室感受同事的友谊，尽管她还不能完全与这些会话中的话题或语气“同步”。每天在教室里听到的都是孩子的谈话，那些话对她来说杂乱而又令人费解。下课之后能参与成年人聊天对她来说是一种放松。

与同事一起吃午饭也使玛莎感受到自己是学校社区的一员，她喜欢这种归属感。她甚至觉得这种归属感帮助她强化了自己的教师身份。通过倾听同事们谈他们自己与学生之间的互动，玛莎知道如何使用恰当的措辞回应来自学生的挑战，知道如何处理学生的违规行为。

问题

1. 具体而言，你预想从同事那里学到哪些内容？

2. 你认为感受到自己是学校社区的一员有多重要？你认为这种感觉会给你带来哪些帮助？可能存在哪些缺点？

3. 你认为教师参与为校区教师组织的或由校区教师组织的社会活动重要吗？解释你的观点。

教学文化

作为一个工作环境，学校与大多数其他工作环境存在显著差异。在办公室、医院甚至是建筑工地工作的员工通常很喜欢同事间的互动并从中受益。员工之间的交往与互动对经验不足的雇员来说尤其有帮助——他们可以从经验丰富的同事那里获得必要的知识，加深对工作的认识。在大多数这样的工作单位中，人们对新员工与对经验丰富的员工的期待是截然不同的。最后，与同事交往的便利性以及更强的工作可见度往往更容易使直接主管注意到并着力解决新员工可能遇到的困难。

众所周知，在学校里教师的工作时间用于教授学生，而且即便学生都离开教室了，很多教师（像本单元开篇情景中的玛莎一样）还会单独留在教室里。很多教师在至少 75%，甚至高达 90%的工作时间里处于与其他同事隔离的状态。学校工作场所的这一特征以及其他特征促使社会学家定义并描述了一种“教学文化”，即一个有其自身的习俗、惯例以及行为方式的工作环境。我们仔细看一下这些模式，之后我们会回顾一下人们为改变学校的工作环境做的一些工作。

针对学校这一工作环境，人们做过很多研究和描述。早在 1932 年，魏拉德·沃勒[1] 就曾经描写过学校教师，主要描述了教师的普遍形象。后来，在 30 多年前，丹·洛蒂针对教师开展了一项长期且经典的社会学研究，研究成果出版成书——《学校教师》(1975 年)。洛蒂的一个研究结果是确立了教师的三个特征：个人主义、现在主义和保守主义。

- 个人主义。洛蒂在研究过程中发现，教师通常独自工作，自行决定教学内容、教学时间和教学方式。然而，近些年来，全州或全区通用的课程设置越来越重要，以至于校区的教学指南通常会对授课内容（有时还有授课方式）做出明确的规定。虽然这种概括可能有些过时，但洛蒂的大部分其他见解至今仍然适用。例如，教师很少干预同事的工作，也很少主动给其他同事提供帮助或提出建议。
- 现在主义。现在主义倾向意味着教师通常把关注点聚焦于当下事件和任务，很少着眼于将来。洛蒂发现教师表现出的倾向是工作和思考主要着眼于此时此地。很多教师主要关注在短期内他们要教授的内容，并不去思考他们正在教授的内容与学生两年或五年后学习的内容之间的关系。此外，由于没有教师职业发展路径可供参考，教师很少思考自身的未来目标或职业发展。因此，很多教师形成了一套高效节能的惯例和习惯，并且年复一年地重复这些惯例和习惯。
- 保守主义。洛蒂的保守主义并不是指教师通常在政治上表现出保守态度。更准确地说，他的研究表明教师往往会维持现状——维持他们在学生时期所熟悉的教学环境。正如洛蒂所说：“教师的授课方式就是他们当年的学习方式。”[2]

自洛蒂的研究问世以来，很多其他教育工作者和研究人员继续开展了教师工作这方面的研究。这些研究的重要结果强调了很多教师经历的被隔离的状态，以及教师同事之间的平等主义特性。

教师之间的隔离状态

洛蒂和其他学者发现“教学工作的本质是与同事隔离”，对于这一结果很少有研究提出反驳意见。一些社会学家把这种特性归因于建于 19 世纪晚期到 20 世纪大部分时期的“鸡蛋箱”式的学校建筑：像盒子一样的方形教室，大门全都朝向一个中心走廊。还有一些教师坚持认为，教师的隔离状态可以一直追溯到殖民时期的学校——教师独自一人在一间校舍里教授所有的学生。还有一个让早期教师处于隔离状态的因素是人们期待他们成为整个社区的道德楷模。很多年以来，教学似乎已经成为一个孤独的职业。

无论出于何种原因，教学工作的本质是孤独的，这是人们通常对教学工作持有的一种批评；教师经常抱怨与成年同事缺乏交流，也体现了这一特征。同时，(像玛莎一样的）教师特意寻求与他人隔离的状态是非常常见的现象。这也是教师世界中的几个矛盾之一：一方面他们寻求独自工作，另一方面他们又渴望成年人之间的交往。为了更好地理解这种矛盾，我们仔细看一看教学工作的要求，这种要求也许会解释这一令人困惑的发现。

办公室职员可以经常调节自己的工作进度，与之不同，教师控制工作进度的权力很有限。而且，在工作时间内与学生互动的过程中，也就是当教师面对学生的时候，他们需要耗费相当大的精力。教师一贯且经常需要做的工作是教学、监督、评估、回应和决策。教师不仅要关心学生的学业进步，还要关心他们的身体健康和社会幸福感。在很多情况下，教师甚至无法离开教室去休息一下、冲一杯咖啡，或接打电话或甚至是（如教师行业内一个经久不衰的笑话所说的）去卫生间。

所以，当教师不需要面对学生的时候，他们通常需要独处的时间——仅仅是想“解压”，并且也需要为当天下一个阶段的工作做好准备，这种情形不足为奇。教师还得准备接下来的课程、批改作业，还要完成一些行政任务（比如做记录，分类并整理学生的作业以及详细说明教学计划）。尽管这段时间教师可以独处，但是在工作日期间学生在与不在几乎都一样，时间都过得很快。

教师面临的一个挑战是平衡这两个相互矛盾的需求。新教师尤其容易受挫，因为他们还没有形成个人的惯例和习惯来简化需要完成的行政任务。而且他们往往不像老教师那样有大量的学习活动可用，所以他们需要花更多的时间来计划学习活动。我们并不建议教师逃避责任，但是我们强烈建议他们牢记自己的需求，并有意识地与同事进行互动。

教师间的平等主义

与教学文化相关的另一个属性是平等主义，即工作环境的特点之一——平等精神。洛蒂指出，教师的职业发展路径相对平面化，他把这个特性作为一个原因来解释他所说的现在主义。洛蒂认为，教师往往不思考未来的职业目标或职业发展，原因是不同水平的教师之间并没有明显的等级差异。因此，在职业发展中存在一种“无处可去的”情况，除非他们从教学岗位转入学校行政岗位。近些年来，社会学家和其他研究人员也已经把这种平面化的职业发展路径与教学文化的平等主义特性联系起来。至少就在校区的地位而言，所有的教师都是平等的。无论是新教师还是老教师都享有相同的权利，承担相同的责任，面临相同的工作要求，并拥有相同的决策权。例外的情况是，部门主任和课程协调员除了完成教学职能外，还要完成行政职能。作为教师，他们的地位未必高于其他同事。

对于新教师而言，平等的概念可能会让人心生畏惧。很少有新教师能够在以下方面与经验更丰富的同事相比，即内容知识的广度和深度、教学技能或是对教学既简单又传统的认识；但他们却被赋予了与资深同事相同的责任，并且要达到同样的效果。第一年教学中的各种挑战使一些新教师感到不知所措，而且与经验更丰富的同事处处平等的概念令他们心生恐惧。（第二十四单元“教学第一年”讨论了新教师所面临的各种难题及潜在的问题。）

这种平等的概念有时使新教师不愿意向同事寻求指导和建议，因为他们相信这种做法就是承认自己能力欠缺，是失败的象征。他们毕竟是受过培训、有教师资格证的教师，与他们经验丰富的同事不相上下。他们应该——如他们所想——能够妥善应对这些问题。

在你的课堂上

有关加入教学团队的建议

任何一个新的社交环境既会带来新希望也会带来新危险。这对于新教师而言尤其如此。你遇到的经验丰富的教师既有可能是一笔巨大的财富，也有可能是令人失望的负担。下面提供的一些建议可以帮助你确保你的新同事能够帮助你顺利开启教学生涯。

- 积极加入教学团队。一旦你被聘用了，你就正式进入“教学团队的名单”，但是这不等同于你已经被接受，成为教学团队的一员。通常，能否被接受取决于新教师是否采取积极的措施，比如主动向未曾谋面的同事做自我介绍或者吃午饭的时候与其他教师坐在一起，一起聊天。
- 问问题。很少有新教师知道所有问题的答案。此外，教师之所以成为教师就是因为他们喜欢帮助别人，因此要接受同事给出的答案和提出的建议。
- 注意保密的责任。教师可能会从学生、学生家长以及（很不巧）教师的传言那里听到一些信息。除非迫不得已，不应该把这些信息传播出去。
- 不要隔离自己。新教师可能犯两个“隔离自己”的错误。第一个是（像单元开篇情景中的玛莎一样）待在教室里，把所有时间都用来备课及做文案工作，始终不与同事打交道。第二个是只与另一个教师或小教师团体相处，而与大部分教职人员没有联系。这个小团体往往是由其他新教师所组成的，他们的这种自我隔离状态会被误解为他们有优越感或他们排斥更有资格的教师。
- 不要过于固执己见。很多经验丰富的教师会对“象牙塔式的”教育理念持怀疑态度，尤其当这些理念是从没有任何“实战经验”的教师口中说出的时候。所以我们建议在你教学的第一年里，尽量多听、多问。
- 给自己寻找一个导师。在本单元的后面我们会介绍有关导师的内容以及如何寻找导师。

出于类似的原因，平等主义原则也会妨碍老教师给一个正在苦苦挣扎的新教师提供建议或帮助。老教师可能会觉得他们主动给新教师提建议会侮辱或冒犯新教师。提供帮助可能会向他人传递一个信号，即这名新教师遇到困难，这也暗示这名教师能力不强或不称职。

教学文化中的这种平等主义特性也会使经验丰富的教师感到心灰意冷，甚至心怀怨恨，因为他们多年来积累的实践经验和内容知识没有得到新教师的认可或欣赏。很多教师一直以来积累了很多非常有效的教学策略和技能，他们愿意与新同事分享，但是平等主义的教学文化并不总是鼓励这种分享行为。上面的“在你的课堂上”板块提供了一些方法，目的是帮助新教师缩小与经验丰富的教师的差距。

教师互动规范

鉴于我们对教学文化的简要描述，教师之间应该如何互动？正如我们在本单元开篇情景中看到的，教师理解并认可为了完成工作他们需要独处，但是对于经常独处的教师他们的态度并不友好。教师通常认为，同事间的互动不仅是个好的想法，也是生存所必需的。

教师（无论是明示还是暗示）的期待是每个人都要花一些时间待在远离学生的教师聚集区，如教师办公室、院系办公室或教师餐厅。对于新教师而言，他们可能需要同事的鼓励，或者每周都有人提醒才能离开办公桌或走出教室与同事交流。最终，每周三共享午餐或每周五共享早餐将会成为定期进行的、令人期待的活动。

意气相投

教师话语——教师之间说话的方式——被描述为意气相投的话语，而非同事间的工作话语。教师话语满足的是一种社会需求而非工作需求。教师被鼓励并被期望互相交流，他们确实相互交流了，但是他们的交流更多的是社交性质的，使用的是日常生活语言。与其他行业的话语不同，比如律师或医生间的互动特点是他们使用专业或理论术语，教师间的互动通常反映的是一种意气相投的气氛，而不是形成一种更职业化的同事交流风格。

任何与家庭、闲暇时间甚至个人关系有关的谈话都是可以接受的。教师描述学生之间的冲突或学生的不良表现，抱怨行政人员或地区政策，尽管这些做法可能不符合道德和职业规范，但却是非常普遍的。另一方面，关于以下内容的谈话——教学方法和教学理论、成功的学习活动、课程计划或评估——一般被认为是应该避免的。在很多教师休息室里，“不谈工作”是一条不成文的规定。谈论一个有效的教学活动或课程整合方案会被视为一种炫耀或者吹嘘。然而正如下一个小节所描述的，这种态度并不健康，而且很多教师已经找到一些间接的方式来分享他们的理念、理论以及职业问题的解决方法。

提出建议

在本单元开篇的情景中，贾尼丝回忆了她午饭时从与同事的交谈中学到的很多知识。即使是在严格遵守“不谈工作”的学校中，关于从同事身上学到多少知识，很多教师愿意就这一问题分享类似的想法。那么，教师如何分享他们的集体智慧语言以及如何为经验不足的同事提供指导和帮助？思考下面的案例分析。

案例分析

该怎么对付布赖恩，请帮帮我！

“那个布赖恩真是要把我气死！”希拉走进教师办公室时愤愤地说道，“他一定把所有醒着的时间都用来想办法如何把我逼疯！今天我差点就要在课堂上发疯。啊！”

“他做了什么？”乔伊斯问道，她在埋头批改一堆数学测试卷，但是她知道如果她不问一下的话，希拉是不会停止发牢骚的。办公室里的其他教师都停下了手头的事情来听希拉怎么说。

“他实在太捣乱了，整堂课他都在小声讲笑话，对所谓的‘高智商的学生’品头论足，干扰他旁边的每一个人。然后他开始在教室里弹纸片。当然，每次我看向他的时候，他就坐在那里，露出不屑的冷笑，挑衅我，看我敢不敢训斥他或者把他带到办公室。他太捣乱了，就因为他，我今天想讲的内容连一半都没有讲完。”

“上学期我教过一个像布赖恩这样的学生，”阿琳（一个教授科学的同事）说道，“我特别能理解你现在的感受。我当时情况也是这样的，我几乎无法忍受整个班级。你应该看看这个孩子在化学实验室里做了什么，我永远都不知道他想干什么。我当时真的很想去问问迪马克先生我是否能禁止这个学生进入实验室，但是我知道迪马克先生肯定不会同意。而且我也特别不想让他觉得我没法管好自己的班级。那布赖恩的情况是怎样的?”

“你是说除了他把我逼疯了这个使命吗?”希拉答道，“我还真不太了解他，他是刚来的，这个秋季学期刚从其他州过来的，他看上去还算聪明，考试成绩也都不错，但是不知道为什么他总是在课堂上捣乱。如果我说任何让他停止捣乱的话，他就会变本加厉。如果我不理睬他，他就觉得我允许他继续捣乱。”

“这些方法我在奥布里身上也试过，”阿琳说，“也都不管用，我还尝试给他的家长打电话，但是他的家长只关心他的成绩，他的成绩还不错，所以他们也不管。”阿琳停了一会儿，似乎在回忆这段经历。“后来我找到了窍门，奥布里是篮球队队员，于是我开始问他一些关于锻炼和训练项目的事儿，还跟他讨论一些社团和职业球员。他好像变成了另一个孩子。他会提早几分钟到教室，告诉我这个球员或那个球员怎么样了、他在比赛中得了多少分以及他的‘比赛数据’。他甚至开始禁止班上其他学生捣乱。真的很神奇。他现在还会来我这跟我谈篮球，尽管今年我已经不教他了。”

“我也教过一个像布赖恩这样的学生，”乔伊斯说道，“幸运的是我认识他的妈妈，所以自从他知道这件事，他在课堂上就变得特别安静了。他的妈妈如果知道他在课堂上捣乱的话，可不会放过他。我要做的就是暗示他妈妈可能会向我了解他在数学课上的表现，然后他就变得很规矩了。谢天谢地身边还有这样的家长。”

“嗯，我也要想出一个对付布赖恩的办法，否则这一整年就要废掉了。”

这一案例诠释了教师间非常常见的、互相提供建议的对话。尽管教师可能很少直接提建议，但他们通常会分享（与学生之间的）“战争故事”（一些教师津津乐道的一种说法）。在一个层面上，这些故事能够强化集体感和教师间共有的经历和感受。他们也能够帮助教师意识到自己的经历并不是独一无二的或是难以克服的，因为其他教师也有过相似的经历，也能妥善应对并有所收获。

然而，在另一个比较隐性的层次上，这样的“战争故事”也为其他教师（如希拉）提供了一些处理特定情况的策略和方法。这些策略和方法构成了在教学环境中提出建议的主要方法。在这个案例中，同事给希拉提供了两个选择帮她处理班级里的问题学生。阿琳建议希拉找一个窍门——布赖恩感兴趣的话题。在她的故事中，阿琳在暗示让学生感兴趣可以缓解师生之间的权力斗争，也可以促成更加和谐的师生关系和更加富有成果的课堂学习环境。乔伊斯提供了一个完全不同的方法：打“家长牌”。乔伊斯提醒希拉，家庭和学校在教育事业中可以成为同盟。最后，阿琳建议希拉不要把问题学生上报给校长办公室，因为校长似乎期待教师能够独立解决自己班级的纪律问题。

希拉有可能会与其他教师分享布赖恩给她带来的困扰，他们也会以类似的方式给她提一些意见和建议——通过讲述他们在类似情形中的经历。希拉会权衡这些不同的选择，并且使用一个或多个方法来应对布赖恩的情况。最终，这个“布赖恩问题”解决了，今后希拉会把她的经历分享给其他遭遇“布赖恩”的教师。

正如这个案例所诠释的，教师间相互提建议通常是通过分享类似经验间接实现的。教师讲述自己如何应对一个情况，因此提建议的过程是自我参照的，很少是直接的，也很少是理论性的，也没有抽象的名称，比如“捣乱者矫正技巧”。出于这些原因，尽管教师经常相互提建议，但外行可能很难识别这个过程。

行动起来

以上教师休息室里的生活片段对话是典型的教师互动方式。思考这个对话并回答以下问题。

问题

1. 布赖恩的教师（希拉）的行为是否符合职业规范？尽管谈话的场所不是公共论坛，而是教师休息室，以这种方式谈论个别学生是否符合道德标准？

2. 你会如何描述这次交谈中使用的语言或术语？如果我们听到的不是教师休息室里的对话，而是在“心理学家休息室”里的对话，你认为谈话的语言会有什么不同？

3. 你会如何比较希拉、乔伊斯和阿琳所说的话？

4. 你认为希拉从这次交谈中学到了什么（如果有的话）？

一种全新的教学文化？

我们对于教师和学校文化的描述符合大多数但不是所有学校的实际情况。有很多学校成功地培育了一种学校文化：同事之间是工作关系而非简单的意气相投。在这些学校里，教师们通常一起工作，分享教学中的成功经验和面临的挑战，并且相互支持以实现优化学生学习的目的。

合作项目

在一些学校里，由个人或小型教师团体发起的项目促使教职员工之间的合作越来越频繁。这些促进教师间工作关系与合作的项目包括校本管理、合作教学、新教师指导计划、指导教师项目以及同事互助指导项目。以下是每一个项目的概述。

- **校本管理**是学校的一项改革措施，源于商业领域。其目的是将课程和预算的某些决策权从区级层面转移到学校层面。因此，对于自己本校事务的实际决策，教师往往有更多的参与机会。

- **合作教学**是指两个教师彼此密切合作，为同一个课堂上的学生计划并实施教学。教师全天都要与对方合作，他们可能会进行频繁的对话来讨论教学策略和方法。合作教学经常发生在特殊教育中：一个或多个学生被纳入常规课堂中，常规课堂教师和特殊教育教师共同计划教学并共同承担教学任务。

- **同事互助指导**是指教师互相听课，并分享他们的想法、建议和策略。通过互相听课、讨论与反思，教师能够更深入地理解自己的教学理念，对当前实践进行评价与再思考。互助的教师也能帮助教师实施新的策略或方法。然而，同事互助指导项目往往只能在学校的小型教师团体内部实施，所以（如同合作教学）对学校文化的整体影响是有限的。
- **新教师指导计划**旨在使新入职的教师更顺利地度过过渡期，并且培育这样一种学校文化：教师可以获得更多的支持与合作机会。这些项目采用的形式有定期为新来学校和学区任教的教师召开的见面会。在见面会上，教师可以就相关话题（如教学方法、策略和他们所关心的问题）进行交谈。

指导教师项目

另一个专门为帮助新教师而设计的项目是指导教师项目。指导教师通常是一位经验丰富的同事，能够为新教师提供个人和职业指导。在典型的指导教师项目中，一位新教师往往与一位老教师组合，由老教师来帮助新教师做出调整以适应学校的环境。在新教师适应工作环境的过程中，指导教师可能会分享其对这个学区的认识，提供程序性的和管理方面的建议，提出教学方面的建议或者仅仅给予情感上的支持。

通过这种指导与被指导的关系，教师学会了开展有关教学的对话，在成员之间形成了建立工作关系的习惯。随着越来越多的教师（指导教师或新教师）参与这样的项目，这些习惯会在整个学校成为惯例，这样的工作关系就成为规范。

如果你所在的学校没有指导教师项目，我们强烈建议你自己寻找指导教师。这是我们要给你提供的最重要的建议。以下的建议可以帮助你选择指导教师。

- 不要着急、仔细寻找。第一个给你建议或者与你交朋友的教师不一定是最好的指导教师。
- 选择有时间、有精力与你一起工作的人。
- 最理想的情况是，选择与你教授同一个年级的教师或者与你同在一个部门、熟悉你的教学内容的教师。尽可能使导师的强项（比如学科知识面广或者在制定教学计划方面能力突出）与你的需求相匹配。
- 寻找有丰富阅历的教师，这个教师因其职业素养而受到尊重。
- 尽量找到一个让你愿意倾吐心事的教师——这个教师对你也很坦诚，而且总是能够支持你。

教学视频案例

在该视频案例“教学作为一种职业：与同事合作”中，你会听到教师们谈论与同事合作的重要性以及合作的方法。在 CengageBrain. com 上访问教育媒体图书馆，可以观看该视频片段并学习该案例的资料。然后思考以下问题。

问题

1. 本单元描述的合作与这些教师对合作的概念有何异同？他们对合作的概念

与你对合作的想法有何异同？

2. 观看有关以下内容的补充视频：合作中的挑战以及关于合作的建议。你预期如何应对视频中提到的挑战？

3. 你能预见任何其他挑战吗？你有哪些补充建议？

新教师往往不愿意寻找指导教师，因为他们意识到这样的行为是有求于人的。的确如此，但是你应该意识到很多教师非常愿意做指导教师，愿意分享他们的专业知识。这些教师积累了一定的技能和对教学的认识，他们认为与新任教师合作是一件令人兴奋且丰富人生的事情。而且这也是证明他们能力优秀的明显证据。最后，记住要“沿着这条路走下去”，你可能会有机会并有义务亲自指导一个新教师。

总结

作为一名新教师，你是社区的一员。这个社区不仅仅是你的课堂，除了每天与你见面的学生以外还有很多其他人。尽管这个学校社区对你来说可能已经再熟悉不过了，甚至有些令人厌倦了，因为你已经在这里做了多年学生。但是，当你以教师和学校社区成员的视角来体验时，你可能会觉得这个社区很陌生，甚至使你有些不安。你可能会发现这个社区文化中错综复杂的情况，而这些情况是你当学生时无从了解的。

第一次到异国旅游的美国人通常会感觉不适，甚至不知所措，因为他们发现自己身处一个貌似与美国文化非常相似但其运作方式却完全不同的文化中。新教师体会到类似**文化冲击**的感受也很常见。学校环境是相似的，然而学校运行的规则与规范与他们之前习惯的规则与规范大不相同。（第二十四单元“教学第一年”中也会讨论文化冲击。）

花些时间去了解这个新文化。花些时间与同事相处。倾听他们的意见，这样你就能够了解交流与互动的规范。了解这个新文化会也使你更容易预见并实施你想在自己的课堂上培育的学习环境。

行动标准

州际新教师评估与支持联盟　标准9：专业学习和道德实践

教师能够持续不断地进行专业学习，能够使用证据不断地评价他/她的实践行为，尤其是他/她的选择和行动对他人（学习者、学习者家庭、其他专业人员和所在社区）的影响，并且能够调整其实践行为以满足每个学习者的需求。

想象你成为你最理想的学校中的一名新教师。你是学校（或部门）第一批新教师中的一员。你知道还要从同事身上学习很多知识，但是同事看上去都有些冷漠。你将如何分析这个问题？你比较了解自己，是否有一些个人素质问题造成了这样的局面？你应该去哪里寻求建议？或者你会试图独自解决这个问题吗？为了进一步融入这个教职人员集体，你会采取哪些具体的措施？

更多资源

- Esme Raji Codell, *Educating Esme: Diary of a Teacher's First Year*

(Chapel Hill，NC：Algonquin Books，1999). 这是一本由新教师编写的、内容翔实的书。这本书按照时间顺序记叙了你的新同事可能是丰富的资源（偶尔也可能是烦恼的来源）。

● *Beginning Teacher's Tool Box*. 访问 http://www.inspiringteachers.com 获得该工具箱。该网站由老教师创建，提供各种资料，包括"问我们的指导教师一个问题"板块，在这里你可以写电子邮件向老教师提问；还有"给新教师的提示"（点击"档案包"），这个板块包含励志故事、幽默故事以及开学前最重要的十件事。

● TeachesFirst.com. TeachesFirst 是一个丰富的网络资料库，由课程、教学单元和网络资源构成。这些资料旨在以实用、用户友好以及无广告的模式为教师传输他们需要的资料，以便帮助教师节省时间。互联网上有很多网站帮助新教师向经验更丰富的教师寻求帮助，该网站是其中之一。

重要术语及定义

文化冲击（culture shock） 人们初次来到一个有些熟悉但是价值观、风俗习惯和社会规范有细微差别的社会时经历的一种茫然失措的感觉。

合作教学（co-teaching） 一种教学安排，其中两位教师为一个学生或一组学生共同承担教育责任。

平等主义（egalitarianism） 教师职业中广泛存在的一种价值观，它的成因是教师行业缺乏等级之分。

指导教师（mentor） 通常是一位经验丰富的同事，他或她为一个新教师提供个人和职业指导。通常这样的个体是全学区范围的指导教师项目的参与者。

同事互助指导（peer coaching） 根据这种安排，教师通过听课和咨询在教学问题上相互帮助，这种同辈间的指导往往是工作性质的，且不具有威胁性。

现在主义（presentism） 一种主要关注当前活动和任务而不考虑未来发展的倾向。

校本管理（school-based management，SBM） 学校的一项改革措施，目的是使地方学校层面在课程和预算方面比地区层面拥有更多的权力。

新教师指导计划（teacher induction） 一个项目，其目的是通过资讯会议和其他活动使新教职员工熟悉教师职业以及特定的学校或学区的惯例。

教学文化（teaching culture） 正如在其他工作场所，教师的世界有自己的文化——惯例、行为、习俗和传统的特殊模式，这些模式使之不同于其他类型的工作。

本书的配套网站提供了很多有用的资源。访问 CengageBrain.com 获取本书各单元词汇表、抽认卡、网页链接和其他学习辅助工具。

注释

[1] Willard Waller, *The Sociology of Teaching* (New York: John Willey, 1932).

[2] Dan Lortie, *Schoolteacher* (Chicago: University of Chicago Press, 1975).

第十九单元

学校管理与经费来源

州际新教师评估与支持联盟　标准 3，9 和 10

情景

塔拉·吉文斯从事教学工作已经有两年的时间了，她所在的学校是一个资金充裕的中上阶层学校，有州立艺术学校建筑，每个教室里都配有电脑，学生有多种课程选择。家长提供了强有力的支持，他们组织并负责很多课外活动。学生争相角逐优异的成绩、最高荣誉和名牌院校的录取资格。塔拉发现来自学生和家长的压力非常大，她渴望有所作为，真正帮助学生学习。现在是她教学的第三年，她期待在一个新学区的一所中学里教英语/语言。这所学校在财力上不如现在的学校，因此学校的可用资源略微有限。尽管如此，这个学区更具种族和民族多样性，这是塔拉特别想要的。塔拉深信她能帮助学生学习并激励他们考上大学，就像自己的老师曾经激励她一样。

本学年一个月快过去了，正如她所希望的那样，七年级语言艺术班的学生似乎很欣赏塔拉对他们的关注以及对学习所表现出的兴奋。（学生的）家庭作业几乎总是能够完成；少数几个长期不交作业的学生放学后被她留下来，但他们能把功课补齐。她能按照她的时间计划完成单元教学。更值得一提的是，她参与了她计划的大部分活动。

然而，在第二个月结束的时候，塔拉注意到过去一周内能完成的工作量现在明显完不成。不交家庭作业的学生越来越多。

“我得做些事情让这些学生再次燃起（对学习的）兴趣，”她决定这么做。她之前任教的那个学区学生读的很多书在现在的学校都没有。在部门储藏室里仔细搜索书名后，她发现了很多本哈泽尔·洛克曼的《不知何故温柔生存》，这是有关种族隔离制度下南非人民生活的短篇小说集。虽然这本书是 1988 年出版的，但塔拉认为这些故事仍然与她的学生有关，因为故事的作者既有白人也有黑人。塔拉认为这些故事会帮助学生从不同的视角去理解种族隔离。

“我会让学生写日记，日记里记下他们读过的每一个故事的心得。最后，他们可以选择他们最喜欢的故事，然后写一个评论，”塔拉想，“学生应该能够跟上这项任务，所以我不必唠叨他们，也不必让他们放学后留下来。”

事实证明塔拉的直觉是正确的。大多数学生似乎也都喜欢这些故事，尽管她有时对学生讨论中偶尔流露出的倾向（尤其关于种族主义）感到不太舒服，但是学生能够按时完成阅读和写日记的任务。

“吉文斯女士，今天放学后我妈妈想和你见一面，”亨利（塔拉班里一个比较聪明的学生）来上课的时候说。

“好的，我今天没有会议安排，”塔拉答道，心里兴奋不已，因为终于有家长对孩子们在学校的学习感兴趣了。塔拉心里过了一遍这学期剩余时间的计划，以防亨利的母亲想了解这些情况。但当亨利的母亲到了之后，她们的谈话不像塔拉所期待的那样。事实上，亨利母亲的话让塔拉感到非常惊讶。

“吉文斯女士，我最近一直在和班里其他一些家长聊天，我们都觉得你让孩子们读的书不太合适，”亨利的母亲一开始就说，“我们的孩子不需要再阅读有关制度性种族歧视的书了。他们每天都经历种族歧视。关于这本书，我问过罗默博士，他对这本书一无所知。他说这本书不在七年级学生阅读书单上。”

“还有，”她继续说，“亨利好像从来都没有家庭作业。我问他应该做什么，他告诉我除了写故事阅读日记之外没有其他作业。我看了他的日记，语法和拼写错误让我感到惊讶。如果你不让他改正错误，他怎么能学会写作呢？他或者班里的任何一个学生，怎么能通过期末考试呢？”

“我们已经给校长和学校督学寄了一封信，投诉错误选书和作业量不足的问题。”她最后说，“我们要求你停止（让学生）阅读这本书，并且开始教学生（该学的内容）以便让他们能通过年终测试。”

亨利的母亲递给塔拉一份父母投诉信的复印件。塔拉看着那封信，惊愕得说不出话来。她简直不敢相信自己听到的话。

“罗默博士为什么从没跟我说过任何有关家长们的担心？”塔拉心里纳闷。“家长为什么不早点跟我联系？他们为什么把这封信寄给学校督学？”塔拉的眼泪差点流出来，但她不得不对亨利的母亲说些什么。

“谢谢您让我知道这件事。这让我有些惊讶。我一定会认真考虑你关切的事。”塔拉很文雅地把亨利的母亲送到教室门口。当她转身回到空荡荡的教室时，心想：“在一所新学校工作，这可真是个好开端：在第一个学期就有人向系主任、校长和学校督学投诉我！”

预览

教师在课堂上确实有一定的自主权，可以（也必须）对教学内容以及教学方式做出决策。同时，教师在一个机构中工作，这个组织对于很多利益相关者（从学生和家长到社区成员）来说相当透明而且容易接触。这些利益相关者对学校的期望可能是相互冲突的，继而可能会对学校提出相互矛盾的要求。

作为一个教育机构的成员，你应该了解这个机构的运作机制：它的组织结构、管理方式和资金来源。在这个单元中，我们将概述学校的典型组织结构与管理方式。我们还将讨论美国公立学校（从州到地区到个别学校）的资金来源和选择。

单元要点 ▶▶▶

本单元强调：

- ◇ 美国的学校教育主要实行州负责制。
- ◇ 从州到地区到个别学校，学校组织有很多不同的管理层次。
- ◇ 教师需要理解和尊重学校的权力等级。
- ◇ 资助学校主要是州或地方的责任。在一些州，这也是一个政治话题和有争议的话题。

学校管理

在很多国家，公共教育由一个中央机构管理（通常被称为教育部），该机构确保整个国家所有的公立学校（有时所有的私立学校）教授的课程都是一致的。然而，在美国，管理公立学校教育的法律责任隶属各州而不是联邦政府。对于学校的大多数重要领域，各州都依法拥有决策责任和权利，包括

- 学生学习什么内容
- 学生必须在学校里学习多少年以及每年必须在学校里学习多少天
- 为了获得高中毕业证书，毕业生需要了解什么
- 各州教师必须具备哪些资质

州教育管理机构

在州级层次上，很多不同实体和个人为所在州提供教育服务。

● 各州立法机构。每个州的立法机构通常被视为主要的教育决策机构，因为立法机构提供教育经费并制定管理和影响教育的法律。当经济形势较好的时候，各州通常会把更多的钱投入公共教育中。相反，当经济处于衰退期时，公共教育通常会遭受金融冲击。

● 各州州长。各州州长也通过以下方式发挥决策作用：选择关注特定的教育问题，并将这些问题作为提交给立法机构的预算内容。在那些需要任命教育董事会的州，州长们还负责决定教育董事会的人员构成。

● 州教育董事会。由于州长和立法机构除公共教育之外还有很多责任，大多数州有一个**州教育董事会**对公立中小学进行整体管理和监督。州教育董事会通常制定本州教育目标和教育优先事项，制定学术标准，确定教师和管理人员的资格并向州长和立法机构提出改进教育的建议。在一些州，州教育董事会成员通过选举产生，而在其他州则由州长任命。

● 州首席教育官员。这个职位在各州的称呼不同。处于该职位的人可以被称为**州首席教育官员**、教育局局长、公立学校教育官员、教育委员会秘书或教育总监。无论他或她的头衔是什么，这个人管理公共教育，向州教育董事会负责。州首席教育官员发现教育问题并向州教育董事会建议解决方案。州首席教育官员也向州长和立法机构汇报本州的教育状况。这个官员对地方教育官员基本上没有直接控制权，但确实有相当大的影响力。

● 州教育局。州首席教育官员也领导**州教育机构（SEA）**，这一机构最常被称为州教育局或公共教育部。州教育机构负责执行州教育董事会制定的政策和州立法机构通过的法律，是一个由数百名官员组成的官僚机构。州教育机构承担很多责任，包括管理并将州和联邦资金分配到地方学区，颁发教师和行政人员资格证，管理特殊项目和州评估，授权高等院校教育资格证培训项目，发布报告并总体监控州教育政策的实施情况。

地方教育管理机构

大多数州教育管理机构将大部分学校日常管理工作交给地方学区或**地方教育机构（LEA）**。美国大约有 15 000 个地方教育机构。它们的规模各不相同，从庞大的城市学区（如纽约和洛杉矶）到只有若干学校的小乡村地区。无论你所在的学区有多大，你都可能会遇到不同级别的参与者参与管理地方教育。

- 学校董事会。每一个地方学区都成立一个决策小组，称为教育董事会、学校董事会或学校委员会。该小组负责管理该地区的公立学校，并确保州法的正常运行。地方学校董事会——可以是选举产生的或也可以是任命的——有权在学校内确定课程内容和学习项目，聘用、评估以及（必要时）终止聘用学校人员，规定上学日以及学年的开始时间和结束时间。他们的决定必须遵循州教育法。
- 学校督学。地方学校董事会最重要的决策之一是聘请督学。学校督学是学区的学术和行政长官。学校督学可能是学校里最重要、最有权力的个人。学校督学一般是受过严格训练的教育专业人员，非常了解国家的教育趋势和教育实践。由于学校董事会成员往往没有教育背景或专长，他们通常依靠学校督学提供当前教育趋势和事件及相关信息，以便董事会能够做出明智的决策。

除了向当地学校董事会提供信息和建议外，学校督学也是学术长官，监督每个年级以及学区每个学校的课程学习情况。学校督学确保课程学习符合州课程要求，并由区内教师以适当的方式讲授。根据学区的大小，学校督学可以将课程的实际设计工作委托给其他学校的人员，但他或她通常会审查建议的课程并最终给予批准。学校督学还可以将教师的聘用和监督工作授权给部门管理员，但同样他们对学校的教育质量和学区内所有学生的学业成绩承担主要责任。在州授权测试和向州或联邦机构汇报学生学业成绩期间，这个责任是非常重大的。

学校督学也是学区的首席公关官员，负责维护学区的积极形象以及社区成员富有建设性的关系。当学区为翻修建筑物或建造一所新学校正在向社区寻求额外资金来源，或者当需要向公众传达州授权测试结果的时候，这个角色就变得尤为重要。

校级管理机构

一旦你被录用，你与所在地区的学校督学的互动可能会很少。（事实上，如果你在一个城市或一个大的城镇申请工作，当你被录用的时候，你甚至不会被学校督学面试。）相反，与你互动最频繁的管理人员很可能是你的**系主任**或者是团队协调人——你的**校长**和副校长*。正如“在你的课堂上”板块中所描述的，这些人最直接地参与你的日常工作，并能够帮助你解决可能遇到的问题或顾虑。他们也将负责监督你的教学工作并负责（如第二十单元“专业绩效评估”中所描述的）评估你的业绩。

---

* 体系管理员可能有不同的名称，如主任、校长、副校长、助理主任等等。尽管名称上存在差异，但他们的职能和责任可能非常相似。

在你的课堂上

在学校的权力等级中工作

与学生、同事、管理者、家长和社区成员保持良好的工作关系，尊重学校的权力等级是至关重要的。在以下情况中尤为重要：

● 学生的问题。如果你与学生发生冲突，又无法解决这个冲突，先与系主任谈谈，之后再去咨询副校长或校长。这些管理员也许能够解决这个问题，如果他们解决不了，他们可以建议你如何把问题移交到上一级权力部门。在小学你可能没有系主任或团队协调人，那么你要考虑一下学校的非正式权力等级，并先去咨询一位经验丰富的教师或指导教师，再去咨询一位体系管理员。

● 成人的问题。同样，如果你对父母、同事甚至是系主任有不满情绪，在向上一级领导部门汇报前先与系主任谈一谈。再一次，在权力等级相对平等的学校里，向经验丰富的教师寻求指导和支持。

忽略权力等级会将你置于危险之中。虽然越级可能看起来更方便、更有效，但这样做也会导致紧张的关系，从而使你的工作环境效率更低，甚至是对抗性的。

● 校长。处于学校权力等级最顶端的是你的体系管理员。规模大的学校通常有校长和一个或多个助理校长或副校长。在这种情况下，一个人（通常是校长）可能负责监督和评估教师，而另一个人（如副校长）处理学生问题，尤其是纪律问题。在规模较小的学校里，校长负责上述全部工作。

校长在学校政策和实践的各个方面拥有决策权，校长监督州和地区法律在课堂上的实施情况。校长也要成为学校教学工作的领导者。在这个高风险测试的时代，校长要确保学生达到预期的能力水平，这个角色给校长的压力是相当大的。

当你与学校协商教学第一年中面临的一些挑战时，你的校长和副校长（如果你有的话）将是你的重要资源。他们可以为你提供指导性和实用性的帮助。然而，要记住，他们也有责任评价你在课堂上的表现。

● 系主任。如果你在高中阶段任教，你可能会处于一个学术部门，也会有一个系主任。当你有任何问题或担忧时，系主任将是你第一个接触的人。他或她可以告诉你有关学校的政策和实践，以及为处理问题学生给你提供有价值的见解。他或她可能是最直接负责监督你的人，并有可能按要求在你执教第一年里来听你的课。（参见第二十单元“专业绩效评估”，了解有关听课的更多信息。）

● 初中和小学通常没有系主任这个职位，因为它们的组织不同于高中常见的系部。初中也许会由不同的小组构成，每个小组有四或五个不同学科的教师，他们教授同一组学生。根据初中的规模大小，可能有小组协调员或课程协调员，他们的职责包括对组内教师的监督和评价。这些个体的职责也可能与高中系主任的职责类似。

● 小学的权力等级通常相对平等，教师和体系管理员之间很少有正式的行政关系。在这些学校里，可能有一个你熟悉的、非正式的权力等级。了解哪些教师是老教师——校长经常咨询的教师，向他们咨询信息和建议。一些小学一直在尝试增加一个更正式的**领导教师**等级。这些教师经常承担教学角色，而不是行政或监督角色。

图 19－1 显示了州、地方和学校体系等级中所有的重要个人和实体。

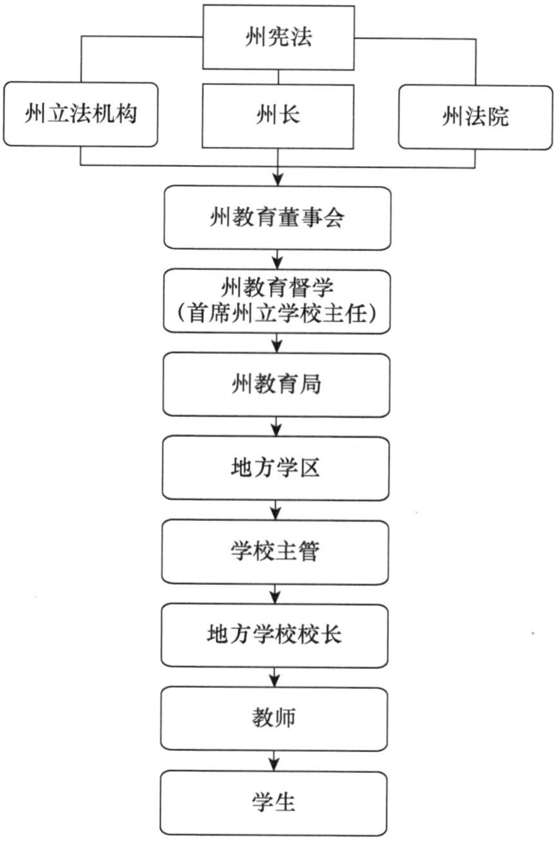

图 19－1　典型州立学校体系的组织结构

因为每个学区都可以决定其监管结构，所以没有一种适用于所有学校的监督模式。我们提供了你的学校可能有也可能没有的、普遍常见的监管结构。你需要了解你所在学校的权力等级。

行动起来

参考本单元开篇情景中描述的塔拉的情况，运用你掌握的学校管理知识来回答以下问题。

问题

1. 塔拉如何忘记遵循学校的权力等级？她忽视了什么导致现在面临的情况？
2. 塔拉如何应对这种情况？她应该先跟谁谈一谈这个情况？
3. 她应该跟罗默博士——她的系主任——谈什么？跟校长谈什么？
4. 她应该和学校督学谈一谈吗？如果应该，她应该说什么？如果不应该，原因是什么？

学校经费来源

一些国家实行公立学校集中管理制度，学校的经费一般来自这些国家的中央政府。教育部招聘学校人员、分配工作并支付学校人员的工资。教育部也为公立学校提供大多数的材料资源，如课文和技术。

在美国，正如我们之前提到的，联邦政府的作用要小得多。公立学校教育主要由所在州负责。联邦政府仅提供一小部分公共教育经费。尽管《不让一个孩子掉队法案》大大强化了联邦政府的教育义务，但联邦政府的拨款仍然只占基础教育阶段公立学校预算的8%到10%。这意味着大约90%的公立学校的资金来自州和地方[1]。

学校经费——州和地方两级来源

州政府支付大约46%的公立学校教育费用，地方财政支付大约44%的费用。然而，州与州之间的经费来源结构存在显著差异。在一些州，大部分的公共教育经费来自州教育资金。例如，佛蒙特州政府为该州的学校提供约87%的资金。在其他州，如内华达州和伊利诺伊州，超过一半的学校收入来自地方资金。大约一半的州，州和地方对公立学校教育的资助基本相同[2]（见图19-2）。

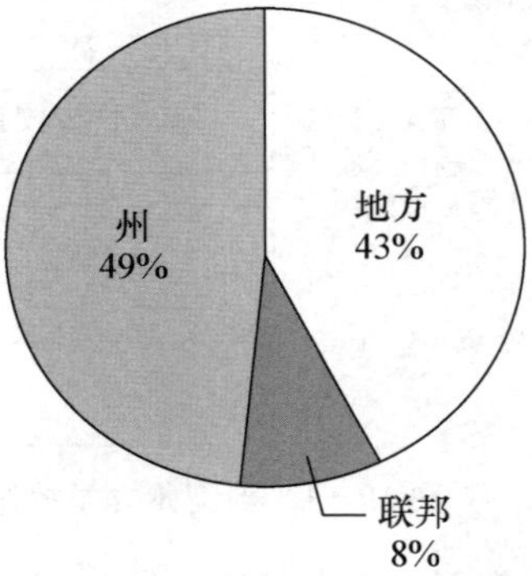

图19-2　学校经费的来源比例

就学校花费而言，州与州之间的差别也很大。2009—2010学年全国学生平均支出约为10 300美元，但这一数字在罗得岛和哥伦比亚特区高至超过18 000美元，而在亚利桑那州和犹他州低至仅6 000美元[3]。

州教育经费通常来自税收收入，大部分是征得的州所得税或州销售税。在一些州，彩票的收入专门用作学校经费。地方资助一般来自地方的**财产税**，即房主每年缴纳的房产税以及公司每年缴纳的营业税。财产价值高的城镇比财产价值低的城镇收取的财产税更多。这些城镇能够给公立学校分配更多的资金。正如本单元开篇情景中描述的，这些资金充裕的地区往往能提供质量更好的建筑及其他设施，支付更高的工资并为师生配备更新的资源。

近年来，地方财力的差异导致了全国各地收费名目繁多，致使较贫困地区学生与富裕地区学生的教育机会不均。在一些州，州和联邦法院都接到代表较贫困地区学生提起的诉讼。很多法院已经做出有利于较贫困地区的裁定并要求各州改变各自的资助结构。一些州试图为财产税收较少的城镇提供更多的资金来解决地方经费不平衡问题。一个共同的资助方案是确定每个学区的每个学生的支出，然后对每个学生的支出低于规定标准的城镇进行补偿。其他州已经试图将富裕城镇的地方财产税重新分配给不太富裕的城镇，然而这一举措经常遭到富裕城镇居民的反对。因为这些变化通常需要通过选举程序获得法律或大众的许可，反对者往往能够有效反对这些提议。因此，在很多地方学区之间的经费不平等现象依然存在。正如我们将要看到的，这些变化会影响到你的教学工作。

学校经费对教师的影响

地方和州在资助能力上的差异影响了地区支付教师的工资水平，以及各区资源分配决策与教师对这些决策的影响程度。

- 教师工资。地方对公立学校的资助差异导致教师收入的差异。州与州之间教龄类似的教师年薪可能相差 30 000 美元。在全国范围内，2009—2010 年教师平均工资约为 55 350 美元[4]。最高平均工资一般出现在生活成本最高的一些州，例如加利福尼亚州、康涅狄格州、纽约州、马萨诸塞州和哥伦比亚特区。相反，一些最低的平均工资则出现在生活成本低的州，包括南部和北达科他州、犹他州和俄克拉何马州。在州内，教师的工资也有所不同，尽管这些差别可能没有州际差别那么明显。你可以通过国家教育协会网站的链接了解最新工资报告（http://www.nea.org/home/30896.htm）。
- 资源分配。经费结构差异也导致资源差异，体现在优先支出项目和可用资金两方面。一些学区利用更多资源更新教科书和印刷材料，而另一些学区则选择升级技术资源。有些地区利用资金增加专业人员配置以降低师-生比，而另一些地区则更强调扩展课程种类。很多地区还必须拨出相当一部分资金来满足学生的教育需要。（参见第四单元“教授特殊学生”。）
- 对教师的投入。在一些地区，教师可以要求购买某些特定的材料，如图书馆资源、软件应用或补充书籍。在其他地区，每年分配给教师一笔钱，用来订购教室用品或补充材料。还有其他一些地区，教师没有购买教室用品的选择权。一定要了解你所在地区的政策。

行动起来

研究一下你感兴趣的两个不同学区的预算。每个学区每个学生的花费是多少？教师的平均工资有多大差异？起薪的差异有多大？从你的研究结果中可以得出什么结论？

总结

如同其他任何职业，身为教师理解工作单位——这里指的是你的学区——的结构和权力等级，对于帮助你在那个环境中取得成功是必不可少的。特别重要的是，你要知道谁负责监督和评估你所在学校的教师。如果你遇到任何问题或不满，你也必须了解并尊重决策层。

学校经费问题在地方和州两级层面都是情感问题。一方面，经常听到有人——尤其是那些参与学校事务最多的人——抱怨学校经费不足。另一方面，很多评论家坚持认为，在公立学校很多钱"花得很浪费"，而且就教师工作的时间而言他们的工资过高，然而学生受教育的程度不高。现实可能处于这两个极端之间，但作为一个新教师，理解此类辩论的参数及其对你工作的影响是很重要的。学校的财力水平不仅影响你的收入水平，而且还影响你为了做好工作可以使用的各种资源（从教科书到纸张）。

行动标准

州际新教师评估与支持联盟　标准9：专业学习和道德实践

教师能够持续不断地进行专业学习，能够使用证据不断地评价他/她的实践行为，尤其是他/她的选择和行动对他人（学习者、学习者家庭、其他专业人员和所在社区）的影响，并且能够调整其实践行为以满足每个学习者的需求。

在本单元开篇的情景中，塔拉决定离开一个资金雄厚的学区，到一个资源相对有限的学区任教。当你考虑在哪个学区任教时，以下都是你要考虑的问题。对你预想的或实际的教学方法来说，各种资源有多大意义？如果你预想的教学方式所需的资源不存在，容易找到替代资源吗？你喜欢在怎样的学区任教？

更多资源

- Michael Berkman and Eric Plutzer, *Ten Thousand Democracies: Politics and Public Opinion in America's School Districts* (Washington, DC: Georgetown University Press, 2005). 伯克曼和普卢策基于数千个学区的实验数据全面考察了地方学校的管理现状。
- Eric A. Hanushek and Alfred A. Lindseth, *Schoolhouses, Courthouses, and Statehouses: Solving the Funding-Achievement Puzzle in America's Public Schools* (Princeton, NJ: Princeton University Press, 2009). 汉努谢克和林塞思在过去的30年中一直积极参与有关学校资金来源的辩论。在这本书中，他们认为学校的改善需要彻底改革公共教育中的融资、激励和问责制的运作机制。
- Jonathan Kozol, *The Shame of a Nation: The Restoration of Apartheid Schooling in America* (Phoenix, AZ: Crown Press, 2005). 科卓尔考察了一些城市地区的教育状况。他认为，经费不平等导致美国教育质量的差距越来越大。
- Deborah Meier and George Wood (Eds.), *Many Children Left Behind: How the No Child Left Behind Act Is Damaging Our Children and Our Schools* (Boston, MA: Beacon Press, 2004). 梅尔和她的同事们评价了《不让一个孩子掉队法案》对美国学校的影响。
- National Center of Educational Statistics. 访问网站 http://www.nces.ed.gov。该网站提供有关美国教育状况的统计数据。
- National Education Association. 访问网站 http://www.nea.org。该网站有美国教育状况的年度报告，并附有全美每个州的教育状况的统计数据。

重要术语及定义

州首席教育官员（chief state school officer） 州级层面上负责教育的主要官员。州首席教育官员（其称谓也可以是教育局局长或州教育总监）监督州立教育机构。

系主任（department chair） 学校里负责内容领域的管理人员。系主任被委以一些校长的职权。系主任除了担任行政职务外，可能承担或可能不承担教学职责。

领导教师（lead teacher） 具有教学领导职责，没有行政或监督职能。

地方教育机构（local education agency，LEA） 地方学校管理小组。地方教育机构可能是一个城镇机构、城市机构或城镇群机构。

校长（principal） 学校体系中级别最高的管理人员。也可被称为院长或学校主任。校长监督全体教师的工作，并负责确保学校的教育质量。校长直接向学校督学负责。

财产税（property tax） 对社区内的财产所有者征收的税项。财产税每年征收一次。在很多州，个体社区设立和征收财产税，并使用征得的税款为社区（其中包括学校）提供服务。各社区的税率不等。

学校董事会（school board） 由社区成员构成的负责监督社区内各所学校的组织。该董事会又被称为学校委员会，负责制定区内学校的教育政策，批准课程内容，聘用和评价学校督学。其成员可以通过选举或任命产生。

州教育董事会（state board of education） 州教育董事会制定并审核州内学校的管理政策。其成员可以通过选举或任命产生。

州教育机构（state educational agency，SEA）或州教育局（state department of education） 一个机构，其负责执行由州教育董事会、立法机构或州长办公室制定的政策。

学校督学（superintendent of schools） 学区负责学术和行政工作的主任，负责学区内学校的教育质量，以及学区所有政策和措施的有效执行。该官员直接监督所有体系管理员，并间接监督区内所有教师。

本书的配套网站提供了很多有用的资源。访问 CengageBrain. com 获取本书各单元词汇表、抽认卡、网页链接和其他学习辅助工具。

注释

[1] National Center for Educational Statistics，2010. Revenues and Expenditures for Public Elementary and Secondary Education：School Year 2007-08（Fiscal Year 2008）.

[2] Op. cit.

[3] NEA Research，2009. Ranking and Estimates. National Education Association. Figures cited are based on enrollment.

[4] Op. cit.

第二十单元

专业绩效评估

州际新教师评估与支持联盟　标准 6，9 和 10 ▶▶▶

情景

玛格丽特·斯佩尔曼是米德尔顿中学的校长，她坐下来阅读今年由各系主任撰写的教师评估报告。最上面的是乔·坎皮恩的评估报告，他是学校里一名资深英语教师，也是一个传奇人物。他为人热情、有点容易冲动，他对教学、谈话、生活都充满热情，因而为人们所熟知。

乔已经在这所学校工作了将近 20 年，对于他教的大多数学生来说，他是一位令人敬畏甚至令人有些害怕的教师。他对文学和学习的热情激励了很多学生进入大学学习英语专业。他对教学、学习和生活有着坚强的信念，也正是这些信念使他曾无数次与同事、学生家长和行政管理人员发生冲突，更不用说与学生了。但是他的学生确实学到了知识，而且他教的学生获得英语专业大学预修学分的人数也相当多，这一结果往往归因于他非常严格的要求。据说，没有一个学生敢不做任何准备就去上乔·坎皮恩的课。

玛格丽特阅读乔的评估报告时，不禁吃了一惊。这份评估报告是新来的部门主任汤姆·詹姆斯撰写的。在过去两年的聘期内，汤姆已经证明自己是一名非常认真的职员、一个非常负责的教师、一名工作效率很高的行政管理人员。去年他写的评估非常详细，体现出一个敏锐的观察者所具有的眼光。令玛格丽特非常吃惊的是，在对乔的教学评价中，汤姆强烈批评了乔的教学风格，甚至还质疑他对英语和文学教学法的认识。乔比较强势且善于与人互动——他的教学特点——被草草概括为对学生的虐待和威胁，因而创造了一种“消极的学习环境”。汤姆也认为乔“没能按照学区的政策来考查出勤情况”，以及在为美国文学课班级选择阅读材料方面“忽略了州立课程大纲”。

在教学方面，汤姆指出乔“打断学生发言”，“主导整个讨论课”，“把某些观点强加给学生，同时贬低或忽视学生的观点或建议”。根据这份评估报告，乔的课堂管理是“需要关注的问题”。根据汤姆的这份报告，学生上课迟到、课堂上随意站起来走出教室。更糟糕的是，他说“很多学生进行的是与讨论无关的其他活动，因此并没有参与课堂学习或没有从教学中受益”。

玛格丽特坐在那里，陷入沉思。她也曾经去听过几次乔的课，汤姆的听课记录与玛格丽特所见到的情况完全一致。但是玛格丽特一直以来都认为乔是一个有激情又能激励学生的教师，他有能力把学生的潜能挖掘出来。然而，汤姆的报告将乔评定为表现一般——甚至是无效的——教师，乔究竟是怎样的教师呢？

预览

与所有的职业人士相同，教师定期接受**绩效考核**来评价他们的工作质量。高水平的教学是至关重要的。教师被赋予的职责是促进年轻人的智力、社交能力的发展以及（在某些情况下）身体健康，而且教师对学生有深远的影响。有关学校教育的增值效益研究也发现，影响学生学习的一个关键因素就是教师[1]。事实上，连续两年拥有一个好或者不好的教师对学生学习有很大的影响。

然而，正如本单元开篇情景中所描述的，与评估某些其他职员的工作表现不同，评估教师的工作表现并不是一成不变的。造成评估工作错综复杂的一个因素就是缺乏评估教学质量的定量标准。教师没有要实现的销售目标，没有要争取的客户数量，没有要打赢的官司或者没有要完成的手术。相反，正如以上情景所表明的，“有效教学”有多种定义。另外一个复杂情况是，教师在很少的情况下是唯一为学生的成绩负责的人：在任何一年内，他们的学生可能会由学校中的其他成年人教授知识，更不用说学生过去的和校外的教师对他们的影响。所有这些教师以及学生自己都不同程度地影响学生的学业成绩。

然而，我们将会看到学校和学区已经制定了一些方法来评估教师，这些方法在不同程度上能够解决这些复杂因素。

单元要点

本单元强调：

◇ 目前人们正在尝试几种不同的方法来定义有效教学。

◇ 教师很长时间以来一直经历着特殊的评价和评估过程。近些年来，《不让一个孩子掉队法案》提出的要求强化了这一过程。

◇ 教师评估可能会要利用几种不同的过程和信息来源。

◇ 有一些方法可以用来为评估做准备并对评估做出回应。

◇ 养成行动后的反思习惯，或成为反思性的实践者，这是改善工作绩效的关键所在。

行动起来

思考如下问题：

问题

1. 想一下你曾经遇到的一些模范教师，他们有哪些品质？对于评判模范教师或有效教师，你会列出哪些评判标准？

2. 根据上述情景提供的有限信息，你赞同还是反对汤姆·詹姆斯对乔·坎皮恩的评价？如果乔恐吓学生，他还是有效教师吗？如果乔不能实施学校的政策，他还是有效教师吗？

3. 在你看来，称职教师和优秀教师必备的知识和技能是否一样？如果答案是否定的，这两者有何区别？

定义有效教学

有些教师性格安静，还有一些教师性格活泼。有些教师严格执行纪律规则，而有些教师对于实施规则不够严格。有些教师有耐心、能滋养他人，而有些教师则很暴躁、要求很高。然而所有这些教师都可能成为模范教师，也都可能成为无效教师。我们如何区分这些教师呢？评价教师工作质量时，合理的评价依据和标准是什么？

教师评估的第一步就是选择一套质量指标，也就是评价教师的依据。有一套评价依据来自联邦政府。《不让一个孩子掉队法案》要求学校所有的课堂都由“高素质教师”授课。这些教师已经达到了获得州立教师资格证的要求，这些要求通常包括他们要教授的学科内容测试。然而，各州可以自行决定获得教师资格证的要求以及教师接受的学科内容知识水平，因此就教师评价依据而言，州与州之间存在差异。正如我们接下来将看到的，教育研究者和职业组织也都努力寻找定义有效教学的方法。

有效教学研究

对于教师应该具备的知识及教师应该能够做的事情，目前教育研究已经得出多种评价依据。研究者兼理论学家夏洛特·丹尼尔森不仅尝试定义成功教师的能力，而且尝试将成功教师的能力进行分类[2]。丹尼尔森的“职业实践框架”阐明了职业教师需要提高专业技能的各种领域。丹尼尔森把复杂的教学活动分为22个组成部分，然后把这些部分合并为四个教学职责范围。

（1）范围1：**计划与准备**。教师如何设计教学活动并合理组织学生需要掌握的内容？要在这个职责范围内成为有效教师，教师需要证明他们了解所教授的学科内容、教授这个内容的教学法、所教学生、如何选定教学目标、有哪些可用资源、如何设计自成一体的教学活动以及如何评估学生学习。

（2）范围2：**课堂环境**。范围2包含教室里的互动——并非特指教学互动。有效教师能够在学生之间营造相互尊重与和谐相处的环境，建立一种学习文化，管理课堂秩序和学生行为，并且有效地利用教室的物理空间。

（3）范围3：**教学**。这个职责范围构成了教学的核心内容——学生进行内容学习。要在这个职责范围内成为有效教师，教师需要能够清晰准确地表达思想，使用恰当的提问和讨论技巧，使学生参与学习过程，给学生提供反馈并且表现出灵活性和敏感性。

（4）范围4：**职业职责**。这个职责范围涉及教师课堂以外的各种职责，包括反思教学、确保做好准确的记录、与学生家庭进行交流、为学校和校区服务、获得职业进步与发展并且体现职业素养。能够展示这些能力的教师被视为真正的专业人员，同时也得到同事和行政管理人员的高度评价。

这一职业实践框架有若干优点。第一，这个框架为教学行业讨论优秀教学提供了共同用语，尤其有助于绩效评估者。第二，这个框架为新教师提供了一张在专业实践道路上通往优秀的规划蓝图，从而为他们提供帮助。第三，这个框架为教师扩展讨论确立了一个结构，使职业发展的重心更加突出。第四，这个框架向更大的社区传递了成为有效教师必须具备的一系列能力。

然而，对于这些条目的具体细节，研究者和评估者并非总是能达成共识。例如，考虑一下其中的一个评价依据：教师需要知道使用哪些恰当的教学方法教授科目内容。一些历史教师认为，最恰当的教学方法是大部分课堂时间由教师讲解内容；有些历史教师相信，最恰当的教学方法是以讨论为基础的；还有一些历史教师则坚持认为，最恰当的教授历史课的方法是让学生“成为”历史学家，独立开展对原始文档的研究与学习。对于丹尼尔森框架中几乎所有的（如果不是所有的）评价依据，人们都有类似宽泛的解读。

一旦确定了评价依据，评估者就应该为所选择的评价依据设定一个标准。例如，所有参与教育过程的人都认同，为了实施有效教学，教师应该掌握所教授的学科内容。但是教师应该掌握多少学科内容呢？初中数学教师需要掌握微分和集成方面的知识吗？高中生物教师需要解释分子运动论的复杂性吗？对于教授入门级西班牙语或法语课程的外语教师来说，其西班牙语或法语需要达到何种程度？在设定小学教师（很少会深入学习基础水平以上的概念）应达到的内容知识标准时，这些问题会引发更多的争议。

学校、学区和州都必须得出自己的结论。尽管有时关于评价依据和标准的决定看似是武断的、令人困惑的，但通常它们是不同理论和哲学阵营的教育工作者、学校董事会和政治家广泛讨论与相互妥协的结果。在某些情况下，这些评价依据和标准是动态的，因为参与评估过程的教育工作者寻求对其进行调整和优化。

教学视频案例

成为一名有效教师意味着什么？在该视频案例“教学作为一个职业：定义有效教学的标准”中，你可以看到多个不同维度的优秀教学实例——从强化教师的学科内容知识，到利用教师的情商，到建立有效的学习环境。在 CengageBrain.com 上访问教育媒体图书馆，可以观看该视频片段并学习该案例的资料。然后思考以下问题。

问题

1. 该视频提及的有效教师的特征在多大程度上与夏洛特·丹尼尔森的教学框架相符？

2. 根据表 20-1 的评价标准对自己进行评估：你最擅长的领域与最不擅长的领域分别是什么？作为一名教师，你如何突出自己的优点？如何改进自己比较薄弱的方面？

全国范围内定义有效教学的各种努力

尽管教师绩效评估仍是一个地方性责任，但是在过去几年中人们做了很多尝试，目的是使定义高效或卓越教师的评判依据和标准得以统一并实现标准化。在使用统一的语言描述高素质教师应该具备的素质和技能方面，有两个团体做出了尤为突出的贡献。这两个团体分别是州际新教师评估与支持联盟和国家教师专业教学标准委员会（NBPTS）。

州际新教师评估与支持联盟 州际新教师评估与支持联盟创办于1987年，主要负责制定做好充分准备的新教师应该具备的技能与能力。这个组织的目的是提供一个全国统一的教师评价体系——教师预备课程和州立教师资格证颁发机构都可以使用的指南。该联盟已经制定了一整套核心标准，用于评定所有教师应该了解的内容和应该具备的能力，以及针对特定学科领域的标准。表20－1列出了州际新教师评估与支持联盟核心标准。每一条标准都有与之相对应的评价知识、性情和工作表现的重要指标。要获得完整的标准列表，可以访问该联盟的网站，网址是：http://www.ccsso.org/Resources/Programs/Interstate_Teacher_Assessment_Consortium_%28InTASC%29.html。

表20－1　　州际新教师评估与支持联盟核心标准

1. **学生发展** 教师了解儿童学习和发展的规律，同时意识到在认知、语言、社交、情感和身体方面儿童的学习和发展模式因人而异，并能够设计与实施适合儿童发展且具有挑战性的学习活动
2. **多样的学习者** 教师利用对于个体差异以及社区多样性的理解确保实现包容性的学习环境，允许每个学习者充分发挥他或她的最大潜能
3. **动机和管理** 教师与学习者合作共同创造支持个人学习与合作学习的环境，鼓励积极的社会交往，积极参与学习和积极进行自我驱动
4. **内容教学法** 教师理解其教授学科的核心概念、学习工具以及知识结构，并且能够创造各种学习体验使上述内容对于学习者来说容易接受且富有意义
5. **沟通** 教师理解如何将概念联系起来，并且使用不同的视角使学习者进行批判性/创造性思维并合作解决真实的地方性或全球性问题
6. **评估** 教师理解并且使用多种评估方法使学习者参与自己的成长过程，记录学习者取得的进步并告知学习者教师正在执行的计划以及正在进行的教学活动
7. **备课** 教师利用学科知识、跨学科技能、学习者、社区和教学法的知识来计划教学活动，以便帮助每一个学生达到严格的学习目标
8. **多种教学策略** 教师理解并使用多种教学策略来鼓励学习者深入理解学习内容以及它们之间的关联性，并且培养获取并恰当应用信息的技能
9. **反思性实践：职业发展** 教师是反思性实践者，能够利用证据不断地评估自己的实践行为，尤其是他和她的选择和行为对于其他人（包括学生、学生家庭以及学习社区中的其他专业人员）产生的影响，并且调整自己的实践行为来满足每一个学习者的需求
10. **学校和社区的参与** 教师与学生、学生家庭、同事、其他的专业人员以及社区成员共同为学生的成长和发展、学习和幸福感承担责任

资料来源：州际新教师评估与支持联盟标准由州首席教育官理事会（Council of Chief State School Officers）和各成员州共同制定。可以在该理事会的网站（http://www.ccsso.org）上下载该标准的内容。

基于这些标准，州际新教师评估与支持联盟经过努力制定了一种绩效评估方法，可以用来衡量教师的能力与技能；现在正在为数不多的学科中进行试点，计划在未来将之推广到其他资格证评定领域。该绩效评估使用的主要工具是申请人在教学中使用的材料档案袋。申请人的材料档案袋包含学生作业的例子、申请人的课堂教学视频、申请人使用的评估工具以及申请人针对教与学的书面反思材料[3]。

国家教师专业教学标准委员会 另一个致力于提高教师职业素养的组织是国

家教师专业教学标准委员会，其主要任务是制定经验丰富的教师的国家级认证标准。(标准参见第二十五单元“教师专业素养”。) 实际上，申请国家级认证的人必须有 3 年以上的教学经验[4]。

该委员会为 27 个不同科目/年级的经验丰富的教师颁发国家级教师资格证，并且计划扩大范围。它为每一个领域都制定了一整套的标准和能力要求。想要获取更多有关具体学科和年级水平标准的信息，可访问该委员会的网站，网址是 http://www.nbpts.org。

正如州际新教师评估与支持联盟，国家教师专业教学标准委员会也使用档案袋作为评估申请人教学有效性的主要工具。档案袋的主要内容也类似于州际新教师评估与支持联盟使用的内容：学生作业的例子、学习活动、教师使用的评估方法、课堂教学视频以及书面反思或自我评估材料。这两个组织都利用经验丰富的教师来评价档案袋的材料。

评估过程

通常教师评估是教师合同的一部分内容，因此要与学校董事会或者董事会代表(通常就是督学) 协商来决定。正如没有一套明确的评价依据或标准一样，同样也没有一个评估教师工作表现的标准化程序。有时即使在同一个学区的不同学校里评估过程都有差异，但是正因为存在这些差异，所以非常关键的一点是你需要非常了解你学校使用的评估过程。确保你在接受第一次绩效评估之前充分了解这个过程。

教师绩效评估可以分为三个阶段：

(1) 评估前。在这个阶段你自己要做好准备，同时也要让评估者做好准备。

(2) 评估中。所有的评估过程都会使用一些方法来收集有关教师工作表现的信息。最普遍的方法是评估者去教师的课堂上听他或她讲课，听课的时间相对较短。我们会详细讨论听课这一信息来源并回顾其他与听课一起使用或用来替代听课的多种信息来源。

(3) 评估后。在这个阶段你能够了解评估者对你的评价，并且有机会对这个评估做出回应。

就如同你对学生的评估一样(参见第十五单元“学习评估”和第十六单元“评估工具”)，对于你作为教师的绩效评估既可以是形成性的，也可以是终结性的。

- **形成性评估**旨在帮助被评估的个体不断提高专业能力。此类评估的目的是起到监督作用：帮助个体不断成长和不断进步。对于教师工作表现的质量做出评判，这些评判被用作提供建设性反馈的依据，反馈的目的是改善表现，在某些情况下是克服缺点。

- **终结性评估**却未必是一种学习工具。此类评估的目的是起到评估的作用：对个体教师的教学质量做出价值判断。参照一整套示范性的评价依据和标准来衡量个人工作表现。

我们讨论教师评估时假设评估是终结性的而非形成性的。然而事实上，有时并不容易区分一个教师的评估是形成性的还是终结性的——是为了帮助你不断进步还是对你的能力做出判断。

另外，还应该注意到，在大多数学区，教龄较短的教师接受的评估比老教师更频繁且更有规律。典型的评估安排可能是，一个新教师一年中被听课次数多达4次，其中一次是正式的年度评估。正如开篇情景中的乔·坎皮恩，老教师的评估周期可能是两年。在没有评估的学期，教师可能需要根据自己制定的成长目标写一份自我评估报告。

评估前：如何为评估做好准备

正如我们已经指出的，评估过程是多样的，但是几乎所有的评估过程都会包含听课——评估者来教室里听你上课。人们通常会认为被听的课体现了教师较高的授课质量。认真选择评估者听课时你要讲的课程内容。它应该能够代表最适合你的、能够使学生取得最佳学习效果的教学风格。评估者来听课的时候不是试验新教学法或新技巧的时候。沿用你得心应手的方法，最重要的是沿用最适合教授这个特定学生群体的方法。

为听课做准备的一个实用的方法是让评估者做好准备。在有些学区，教师需要为被听的课提供一份教案。这是一个很好的想法，即使在你的学区并没有这样的要求，我们建议，你也为听课者提供“在你的课堂上”板块中描述的额外的书面材料。提早为评估者提供这样的信息可以达到以下一些实用目的：

- **让自己做好准备。**在最基本的层面，准备好文档材料有助于你为听课做好准备。例如：梳理先前的、当前的以及接下来的课堂教学内容能够帮助你检查概念和技能的教授顺序，以便确保这些学习主题在逻辑上是连贯的。
- **解释你面临的情况。**准备总结性的文档材料也能使你有机会陈述任何可能会影响课程教学的情有可原的情况和状况，或者有机会解释任何偏离所在年级规定或要求使用的课程大纲的情况。例如：你想指出勒唐和珊特尔一直以来都是好朋友，现在正在闹矛盾，所以影响了整个课堂气氛；或者克拉克正在经历家庭变故，他的课堂表现受到影响，所以你暂时允许他不像往常那么积极参与课堂活动。（顺便说一下，如果确实出现这样的情况，你一定要告知学校的辅导人员。）
- **做事有条理。**整理好所需材料有助于你在上课时很有条理，确保备好必要的材料，并且给评估者传递这样一种感觉，即你做事有条不紊而且准备充分。

在你的课堂上

听课前让评估者做好准备

提供书面材料能够帮助评估者更容易理解你的课堂教学。明确说明你教学的重点内容、你的教学目标以及你对学生的期望。以这种方式让评估者做好准备可以使他或她能够理解你的教学，听课也更有收获。以下是书面材料应该包含的内容：

- 简要概述被听的那节课，描述这节课与整个学习单元的契合关系。简短回顾你在之前的课堂上教授的概念和技能，并且概述接下来的课堂上即将教授的概念与技能。
- 你在这节课上使用的任何材料的复印件。例如，如果这一节课有针对阅读材料进行的小组讨论，那么需要复印一份阅读材料以及学生要思考讨论的问题。

- 如果这节课的内容源自一次家庭作业，一定要给评估者提供一份这次作业的复印件。
- 如果学生有固定座位，你可能也需要提供一份学生名单或座位表。

信息来源

针对教师工作质量的评判都是以各种信息来源为依据的。某些来源（如听课）为评判教学质量提供直接的（如果是有限的）证明，其他来源（如学生评分、教师的档案袋、学生成绩或甚至是自我评估）提供补充性信息，这些信息需要进行仔细的归纳整理，目的是确保人们依据这些信息做出可靠且准确的判断。我们来看看以上提及的一些信息来源。我们首先讨论听课，因为听课始终是评估者考虑的首要信息来源。

听课　听课是教师评估中使用的主要素材。在你整个的教学生涯中，你将无数次被听课。作师范生的时候，或是实习期间，又或是在其他工作经历中，你可能已经习惯了被听课。这些经历能够帮助你在职教学评估中更加放松。

几乎在所有的情况下，这些听课工作都是预先计划好的。评估者会提前通知你听课的日期和时间段，给你足够的准备时间。事实上，一些校区的教师合同要求评估者在通知教师听课事宜时，给教师留出足够的时间。评估者也许会计划在听课前与你见面以便了解你那节课的教学目标，但是此类见面更有可能在监督性或形成性而非终结性评估之前进行。再一次说明，见面也可能在听课后进行，此类见面可能在形成性评估中更为常见。

在中学阶段，听课通常会持续一节课；在小学阶段，听课时间可能是特定内容的教学时长。总的来说，评估者尽量不引起任何注意，目的是使课堂教学进行得越自然越好。一些评估者会在听课过程中做大量的笔记，把整个教学内容记录下来。其他评估者可能会使用标准化的表格，听课时根据不同的评价依据提出评价意见。我们建议你熟悉监管者使用的听课工具，还建议对你不确定的内容进行咨询。充分了解评价你的量尺是非常重要的。

其他信息来源　正如一些教师仅仅依靠考试分数来确定学生的成绩一样，一些学校也仅仅依靠听课来确定教师的工作质量。其他一些学区会考虑几种不同的信息来源。下列信息来源的任何组合都可以使用。我们再次建议你要熟悉你所在学区的政策。

以下是目前最常见的一些信息来源。

- 自我评估报告。正如我们所提到的，经验丰富的教师经常进行自我评估。他们可能也会参与评估新教师。你可能会被要求根据你在上一次评估中制定的短期或长期目标来评价你取得的进步，或者根据地区标准来评价自己的工作表现。

无论是哪一种情形，在自我评估报告中要达到一种平衡，这一点是非常重要的。你应该充满自豪地突出你的强项以及取得的成就。与此同时，也要审慎地指出你在哪些方面应该或需要提高。一定要提供大量具体活动的例子来诠释你取得的成就和需要提高的方面。要小心谨慎，既不要过度批评自己的工作表现，也不要表现出过度的自满。

- 教师访谈。评价者可能会认为，相比于自我评估报告，访谈是一种更好的收集你的信息的方法。或者评估者可能会认为更全面的信息收集方法是根据你的自我评估报告或者他或她的听课结果对你进行访谈。

访谈的缺点在于你可能无法准确预估将会被问到的问题，所以可能会被其中的一个或几个问题弄得措手不及。你的回答可能不像你期望的那么周密或者那么重点突出，或者不像在你有足够的时间思考问题并准备回答的情况下那么流畅。

如果访谈是你所在学区的评估过程的部分内容，我们建议你去咨询经验更丰富的同事，咨询要准备哪些类型的问题。你甚至可以请一个同事在模拟访谈中模仿评估者。

● 教师档案袋。你也许会被要求整理工作资料档案袋，以便评估者审阅。一些学区会给你提供一个清单，上面列出你需要放入档案袋中的资料（一些学区甚至要求或希望你能在档案袋中放入教学录像）。如果没有明确规定档案袋的资料内容，你应该放入一些能够体现你的教学质量的资料，你的教学质量的评价依据是学区制定的教师评价依据。这些材料可能会包括你写的教案、为实施学习活动要求学生完成的工作、考试和测试或任何其他你设计的评估方式，或者你针对特殊学生的需求所做的调整。

对于你考虑放入档案袋中的每一份资料，你都要问自己一个问题，即“这个资料能够体现我教学质量的哪一方面？根据评价依据，这个资料如何体现我已经达到了较高水平？”如果这个资料不能够体现你已经达到了一个较高的水平或在某些方面你已经取得进步或提高，也许你不应该将它放入档案袋中。如果你的学区同时还要求一份自我评估报告，筛选材料可能就是你写报告最实用的第一步。

● 书面材料。在不要求提供教学档案袋的情况下，你可能需要为评估者提供能够代表你工作质量的一些材料：教案样本、学生活动样本以及代表你工作质量的评估样本。

以下的信息来源正在越来越多地被各个学区采用，尤其用于评估新教师。

● 同行评估。到目前为止，在中小学阶段终结性评估过程中**同行评估**还不常见。同行评估往往在监督性、形成性评估中更为常见。例如，在指导教师或同事互助指导项目中，一个教师将会听一个同事讲课，然后针对一个特定技能领域或多个技能提供反馈。

如果同行评估是你所在学区中终结性评估的组成部分，那么在正式评估听课前请一个资深同事模拟评估者，并且听你讲一到两次课，这是一个很实用的办法。这种“实践性评估”会使你对课堂上的听课者感觉不那么紧张。此外，你的同事能够帮助你更深入了解这个学区的评估进程，能够提醒你需要避免的潜在陷阱，也能够使你更重视重要的技能领域。你的指导教师在提供反馈和建议方面可能是非常有用的信息来源。

● 学生的成绩。使用学生的学习成果作为评价教师教学质量的手段在大多数州仍旧处于提议阶段[5]。然而，联邦政府 2010 年实施的“力争上游”教育计划推动了这一趋势。为了取得一定的成果，学生必须承担更大的责任，同时为了确保学生取得这些成果，学校也必须承担更多的责任。鉴于此，很多人建议教师应该更多——以及更直接地——为学生的成绩负责。这样的计划可能会基于以下内容来定义教师的工作质量：通过州立评估测试的学生数量或学生从开始到结束取得的增值成就。在很极端的情况下，如果一个教师的班级中通过州立评估测试的学生比例一直都不高，那么这个教师的教师资格证是无法更新的。

学生的成绩是否可以或应该作为评价教师工作质量的有效指标仍处于争论之中，我们在此不予评论。我们想要指出的是，这个问题现在越来越频繁地被提出，而且在不远的将来学生取得的成果也许会成为评估教师的一个重要依据。

● 学生评分。目前为止，学生对教师的评价主要被用于评估大学教师。在大部分中小学甚至是高中阶段，学生的成熟程度会让人们质疑他们是否有能力客观地评价教师的工作表现。然而，学生对教师的看法——无论是正面的还是负面的——在学校里往往都会为人所知，并且私下里可能会影响监管者对某一个教师的评价。

● 能力测试。在教师资格证评定的初级阶段，为了确保进入这个职业的教师具有成为有效教育工作者的知识储备，**能力测试**是较常用的方法。然而，近年来教师的责任越来越大，这已成为一种趋势，而且《不让一个孩子掉队法案》要求每个教室里有一个高素质教师授课。因此，教师能力测试将来会成为再次申请教师资格证的条件，这也是不难想象的。

评估后

正如我们之前提到的，你可能会与评估者见面讨论听课的内容或评估者收集的其他数据，以及与你的年度绩效评估相关的其他问题。在一些情况下，你只收到一份书面评估报告，并与评估者见面探讨报告的内容。

无论是哪一种情况，这个时候你都会阅读评估者给你的评级。评估者可能会根据每一个评估依据使用1～5级或1～10级对你评级，同时你也会得到一个总体评级。如果教师在第一次评估中的总体评级表明他们不太称职，这样的教师通常会被要求在监管者的帮助下撰写一份改进计划。这个计划包含具体的短期或长期目标，旨在帮助教师达到称职的水平。如果第二次评估发现这个教师仍旧不称职，而且教师职业成长计划中的目标也未实现，那么这个教师可能会面临被解聘的危险，尤其是如果这个教师此时还没有获得终身教职资格。（想了解更多关于终身教职和解聘的内容，参见第二十三单元“聘用、解聘及教育法规”。）在这样的情况下，这个相关个人可能需要考虑其他非教学职业。

在一些学区，所有的教师，无论他们的教学经验如何，都需要设立短期或长期目标作为他们持续的职业进步和发展的组成部分。如果（学区）要求你设立目标，无论是为了改进还是为了职业成长，注意这种目标可能具有合同效力，这也就意味着，为了达到这些目标取得的进步将成为你下次绩效评估的一部分。通常，你一定要注意你同意了哪些内容，还要特别谨慎你签了什么内容。

你能否与评估者持不同意见？

无论你的学区使用何种评价依据和具体标准来评估教师，最终都是由评估者来诠释这些依据和标准。在一个评估者看来非常有经验、有方法的课堂管理，在另一个评估者看来也许是一种过分严格的学习环境。一个评估者眼中的“有意义的课堂活动”在另一个评估者眼中可能是浪费时间。一个评估者眼中有效和可行的评估活动在另一个评估者眼中可能是毫无意义的。如果你认为评估者给你的评级不高仅仅是因为他和你有不同的教学理念，那么你该怎么办？这要取决于你所在学区的政策。

在几乎每一个学区里，都会要求你在你的评估报告上签字，这份报告会保存在你的人事档案中。这份报告可能会有一个类似于以下的声明："我已经阅读了这份评估报告并且同意/不同意此评估内容。我的评语（没）包含（附）在此报告中。"如果你对评估结果并不满意，并且确信评估结果不公正，也是不正确的，那么当评估者要求你签字的时候，你应该怎么办呢？

（1）**暂缓一下。**让评估者知道你对报告的内容感到有些惊讶，并要求一些时间来研究和思考这份报告。

（2）**阅读报告内容并"评价这份评估报告"，尽可能保持平静，不失理性。**在这个阶段，你也许需要与一位比较智慧且经验丰富的同事来讨论这份报告。

（3）**回复报告时要有"长远的考虑"。**不要让当前的情绪影响你。要意识到评估者在写这份报告时可能与你在读这份报告时一样都是不容易的。

（4）**如果你不赞同报告的内容，以尊重的态度表达你的想法。**把重点放在评估内容上，不要对评估者本人做出任何评价。尽量做到简洁明了。

（5）**如果你确信对你的评判或评估是错误的，以尊重的态度把你的个案提交给你的管理者或者教师协会的代表。**在任何情况下，我们都强烈建议你避免类似开篇情景后续内容中乔的行为，配套的"行动起来"板块描述了他的行为。这样的行为不仅无法改善你所处的局面，而且会让你和校长处于对立关系。

以下是你后续可以采纳的一些行动方案。

- 很多学区允许集体商讨，教师评估可能是学区和教师工会签署的协议的部分内容。这些协议往往会明确规定，教师在不同意他们的工作评估时应该遵守的程序和机制。这些协议旨在保护教师，使其不会因为主观的绩效评估而损害他们的职业声望和未来职业生涯。
- 在一些学区，教师有机会针对一个评估结果进行申诉。在这样的学区，教师可以要求另一个评估者使用相同的信息来源对其进行第二次评估。
- 一些学区可能会有投诉评估的流程（填写一份针对评估的投诉表格）。

在一些学区，上述选择均不存在。我们以往的建议同样适用于此：一定要熟悉你自己学区的整个评估流程。

行动起来

阅读如下开篇情景的后续内容，并思考后面提出的问题。

中学校长玛格丽特·斯佩尔曼知道今天将是糟糕的一天，她有些感冒了，整个人无精打采。而且她还在为乔·坎皮恩收到的部门主任的年度评估报告而烦心，她想知道乔对这份评估报告会有什么反应。

当她的车刚刚在学校里停好，问题就有了答案。那边，就在行政楼的外面，乔正在来回踱步。她立刻知道乔一定是在等她。

还没等她走近，乔就开始冲着她喊道："你看了这份垃圾报告了吗？"

"早上好！乔。我想你是指你的评估报告。是的，我昨天已经看到了。我们到办公室里谈一谈好吗？"她一边回答一边走到乔跟前。

“现在不行，我第一节有课。但这是一份垃圾报告，我绝不会在上面签字。这个家伙完全不懂教学。”乔把这份报告扔到玛格丽特的脚边，然后气冲冲地向教室走去。玛格丽特看着乔远去的背影，叹了一口气。然后她弯下腰捡起了那份评估报告。

问题

1. 如果你在乔还没有发火之前给他提建议，你会对他说什么？他有哪些更好的选择？

2. 如果你（一个还没有获得终身教职的教师）收到了你的绩效评估报告，你认为这份报告不公平，而且有可能损害你的职业生涯，那么你会怎么办？

自我评估：成为一名反思性实践者

作为绩效评估流程的一部分，你很可能需要写一份自我评估。也许你申请教师资格证时也要写一份自我评估。在任何情况下我们都强烈建议你定期进行自我评估，这样做有助于你成为一名反思性实践者，在其他很多单元（尤其是第一单元“针对学生学习的反思性教学”）中我们也曾经鼓励你这样做。研究显示，能够反思自己工作的教师能够批判性思考自己的教学工作，并且能够在教学上做出富有成果的改变[6]。

研究者唐纳德·舍恩提出两种反思过程：行动中的反思和行动后的反思[7]。

- **行动中的反思**发生在教师授课过程中，通常会针对行动立刻做出决定。
- **行动后的反思**是一个更加慎重的过程，发生在实际教学活动结束之后。当教师为教学做准备或仔细回想先前教授的一节课时，他们正在进行行动后的反思。

正如我们在本书中一贯强调的，“反思习惯”或舍恩所说的“行动后的反思”是成功教学的一个必不可少的环节。舍恩认为，在行动后的反思中，通过检视自己的教学假设，教师可以获得更深刻的自我认知，并且能够形成新的教学方法。

“行动后的反思”的名字非常正式，这种反思的形式其实很简单，例如下班后一边安静地喝着咖啡一边回顾一天的工作，或者在下班回家开车的路上思考你这一天的教学表现。很多教师也会以下工具，即教学日志、视频录影或与其他教师进行讨论，这些都是他们反思过程的部分内容。（参见第一单元“针对学生学习的反思性教学”中对于反思工具的描述。）

总结

绩效评估是任何职业不可或缺的一部分。对于工作的稳定性而言，你的绩效评估可能比任何其他一件事都重要。在教学领域，对教师（以及学生）进行的形成性和终结性评估是监控学生接受的教育质量的重要过程。年度评估帮助教师意识到他们在哪些方面做得比较好，并且帮助教师辨识他们如何能够（或必须）提高。

与此同时，评估也存在问题，因为迄今为止没有一套人们一致认同的具体标准可以定义高质量教学，而且也没有明确的标准可以衡量教师的教学质量。本单元开篇的情景强调了这种模糊性可能给教师评估带来的困扰。这也是为什么我们强烈建议你要非常熟悉你所在学校或学区的评估流程——无论是关于评估过程的书面的、正式的描述，还是你的同事给你提供的非正式的线索。积极准备你的评估，在评估前尽可能为评估者提供全面的信息，这样你的教学目的和目标对于评估者来说非常清楚，易于理解。作为预防措施，你也要熟悉申诉过程——以防万一。

行动标准

州际新教师评估与支持联盟　标准9：专业学习和道德实践

教师能够持续不断地进行专业学习，能够使用证据不断地评价他/她的实践行为，尤其是他/她的选择和行动对他人（学习者、学习者家庭、其他专业人员和所在社区）的影响，并且能够调整其实践行为以满足每个学习者的需求。

假设你现在拥有一个非常理想的教师职位。你刚刚结束了第一学期的教学任务，而且到目前为止你对自己的工作进展非常满意。几天前你的校长（或部门主任）第一次听了你的课。你认为那节课进展顺利，但她却不这样认为，她对你提出了几点批评意见，赞许的话很少。经过反思，你可能赞同她的一些评价，但是总的来说你认为她的评价并不公平。你将会做些什么？你会找机会再与她讨论一次吗？如果是这样，你会说些什么？你会向别人寻求建议吗？为什么？你想达到什么目的？你怎样才能保住这份工作？

更多资源

● Laura Varlas，“Making Teacher Evaluations Meaningful，” *Education Update*，*ASCD* 51，no. 11（November 2009）. 这篇文章中有一个简短且最新的报告，内容是关于如何把教师评价与学生成绩关联起来。

● Charlotte Danielson and Thomas L. McGreal，*Teacher Evaluation to Enhance Professional Practice*（Princeton，NJ：Educational Testing Service，2000）. 该书非常全面且清晰阐述了作者的教师评价体系，主要关注学生学习。此外，还有一个专门针对新教师的章节。

● Elizabeth McCay，*Teacher Evaluation*，Commonwealth Educational Policy Institute. 作者将教师绩效评估与教育改革运动联系起来，在细致、简短的文章中阐明各种替代性评估方法以及各种复杂情况。访问 http://www.cepionline.org/policy_issues/staffing/p_teacher_eval.html#获得该图书。

● Pamela D. Tucker and James H. Stronge，*Linking Teacher Evaluation and Student Learning*（Alexandria，VA：ASCD，2005）. 这本书不仅描绘了一种可以将教师评价与学生学习联系起来的体系，而且还解释了四个不同的学校如何采用了这个体系。

重要术语及定义

听课（classroom observation）　一种信息收集的过程，在这个进程中评估者倾听教师的课堂教学。

能力测试（competence testing） 一种评估策略，旨在测量对特定技能或知识的掌握程度。

形成性评估（formative evaluation） 一种评估，其目的是辨识特别的难点，并且建议需要继续努力或改进。

州际新教师评估与支持联盟（Interstate Teacher Assessment and Support Consortium） 一个组织，其目的在于提供一套全国统一的新教师评价依据，供教师培训项目以及州立教师资格证颁发机构使用。

国家教师专业教学标准委员会（National Board for Professional Teaching Standards） 一个职业机构，该机构设立推荐性标准，明确规定经验丰富的教师在主要学科领域应具备的知识和能力。

同行评估（peer review） 一个评估体系，教师同行之间的认知和评判对薪资水平产生影响。

绩效评估（performance assessment） 一种评估，基于对已经做好的事情及其结果的实际衡量结果。

行动后的反思（reflection-on-action） 一个心理过程——个人回想过去发生的事件，并努力以一种更客观的方式以及发展的视角审视这些事件。

终结性评估（summative evaluation） 一个评估过程，用于判断个体工作的成果或质量。

本书的配套网站提供了很多有用的资源。访问 CengageBrain. com 获取本书各单元词汇表、抽认卡、网页链接和其他学习辅助工具。

注释

［1］H. Peske and K. Haycock，"Teaching Inequality：How Poor and Minority Students are Shortchanged on Teacher Quality，" *The Education Trust*，June 2006. Available at http：//www. closingtheachievementgap. org/cs/ctag/view/resources/49.

［2］Charlotte Danielson，*Enhancing Professional Practice ：A Framework for Teaching*，2nd ed.（Alexandria，VA：Association for Supervision and Curriculum Development，2007，3-4）.

［3］More information on the InTASC is available at http://www. ccsso. org/Resources/Programs/Interstate_Teacher_Assessment_Consortium_%28InTASC%29. html.

［4］More information on the National Board of Professional Teaching Standards is available at http：//www. nbpts. org/.

［5］Incorporating Student Performance Measures into Teacher Evaluation Systems. Center for American Progress. Available at http://www. americanprogress. org/issues/2010/12/student_teacher_eval. html.

［6］Kenneth Zeichner and Daniel Liston，*Reflective Teaching ：An Introduction*（Mahwah，NJ：Lawrence Erlbaum Associates，1996）.

［7］Donald Schön，*The Reflective Practitioner ：How Professionals Think in Action*（New York：Basic Books，1983）.

第二十一单元

教学伦理

州际新教师评估与支持联盟　标准 3，5，9 和 10 ▶▶▶

情景

海伦·芬恩走进女盥洗室时听到有人说："快，教师来了，把它冲下马桶！赶快！"接着传来一阵冲马桶的哗啦声，几个十年级的女孩走出浴室，一副目中无人的样子。走在最后面的一个女孩是西沃恩，她去年上过海伦的化学课。因为西沃恩是这几个女孩中海伦唯一比较了解的人，所以她决定问问西沃恩发生了什么情况。"等一等，西沃恩，我想和你谈谈。"

"但是现在我要上法语课，我不想迟到。"

"好吧，那么放学后你来找我。"

尽管海伦在接下来的时间里一直都在思考应该对西沃恩说些什么，但她始终不确定之前教过的学生来了她该怎么谈起这个话题。日益严重的毒品问题一直困扰着学校，学校要求所有教师特别警惕盥洗室里和学校操场周围与毒品有关的任何迹象。海伦很怀疑盥洗室里的女孩们当时正在把某种毒品冲进马桶，但她没有办法证明这一点。根据去年她对西沃恩的记忆，她是一个勤奋努力的学生，从不缺课，总是做好充分准备，而且按时完成所有作业。"也许我可以利用她的诚实和荣誉感让她告诉我当时她们在盥洗室里做什么，"海伦这样想着。

"西沃恩，你们几个当时在盥洗室里做什么呢?""我正要去洗手间整理头发，"西沃恩答道，看上去一副无辜的样子。

"那么其他几个女孩呢?""跟我一样吧的，我猜，我没有问她们。"

"为什么我听到有人说'把它冲下马桶，赶快'?"

"我不知道。我没听见这句话。"

海伦曾以为西沃恩会告诉她真相。恰恰相反，西沃恩似乎已经下定决心要保护她的朋友。"西沃恩，我真的很失望。我以为你会告诉我真相。我知道我听到了什么，我清楚地听到有人说：'把它冲下马桶'。我知道你认为不告发你的朋友是在帮助她们，但你并不是在帮助她们。"西沃恩茫然地看着海伦，等待着她的"说教"能停顿片刻。

"我现在可以走了吗?"西沃恩问。海伦意识到从西沃恩那儿不可能得到任何信息，于是就让她走了。

海伦坐了一会儿，内心很矛盾。"我该怎么办? 我是否应该把我的怀疑告诉福斯特女士（该校校长）? 在没有证据的情况下指控这些学生，这样做公平吗?"她知道福斯特女士此前曾因为怀疑（不良行为）采取过行动，给予冒犯者长期停课的处分。海伦确信福斯特女士在类似情况下往往会反应过度，这是海伦强烈反对的做法。但是学校里确实存在毒品问题，而且问题越来越严重，此外海伦还担心这些学生正在危及自己的教育，甚至危及自己的健康。

预览

这个情景展示了你在课堂上和学校里经常面临的诸多伦理困境之一。教学是一项社会工作，你经常要与学生、其他教师、管理人员、家长和其他社区成员进行互动。这意味着你会经常面临这样的情况——你必须根据你对好与坏、对与错的看法做出决定。学习伦理知识可以帮助你澄清这些看法。

伦理学是哲学的一个分支，研究有关对与错的问题。这个术语也用来指基于一系列关于好与坏、对与错的信念的行为准则。虽然一些哲学家坚持认为存在一种所有社会都应该遵守的基本道德规范，但基于特定群体的行为价值观，伦理观往往具有文化特性。然而，总的说来，一个文化群体与另一个文化群体的道德观总体上是相似的，至少核心信念是相似的，比如对诚实、正直、忠诚和仁慈的需求。

在某些情况下，正确的行动方案很容易确定（尽管它可能不那么容易遵循）。当正确的行动或行为并非显而易见时，就会出现**伦理困境**。两个或两个以上不同的道德原则相互对立，难以明确界定一条正确的路径。在本单元中我们建议你识别和权衡相互对立、造成伦理困境的道德原则，这样你就可以更从容地面对教师职业中不可避免的任何伦理困境。同样，正如你将会在这个单元中看到的，对于你和学生培养良好品格的日常习惯来说，实践也是很重要的。

单元要点 ▶▶▶

本单元强调：

◇ 教学中的道德思维有六个特点。

◇ 伦理困境给教师带来的特殊问题。

◇ 在日常的教学工作中，教师总是有机会在道德方面影响学生的生活和品格。

伦理教学的特性

从某种意义上说，人们一结婚就失去了“自由”。同样，人们成为教师也失去了做事的自由。在这两种情况下，人们都做出承诺，伴随承诺而来的是道德约束。受到道德规范的约束，教师并不总是能按照他或她最满意的方式行事。例如，对于学生说的愚蠢或粗鲁的话，教师不应该回以讥讽的话。即使是孩子——有时甚至是非常小的孩子——也会让人怒火中烧，但教师不应该因愤怒而冲动行事。

在另一种更为积极的意义上，道德的原则呼吁教师具有更高的职业行为模式。教师遵循的伦理原则正是教师品格和这个职业社会意义的标志。研究人员肯恩·豪尔建议，在处理涉及伦理判断的问题时，教师需要表现出六种特征：对道德思考的认识、移情、知识、推理、勇气和人际交往技能[1]。

对道德思考的认识

首先，我们需要认识到，一种情况既有正确的一面，也有错误的一面。我们需要看到问题复杂的道德层面，并认识到必须注意保护各方的权利。海伦正在对女生盥洗室进行例行检查，她感觉到正在发生一些违反规则的行为或者可能不道德的事情。

移情

移情是心理上与他人"心心相连"的能力。我们需要感受到身处伦理困境之中人的想法和感受。西沃恩的沉默可能是出于她对朋友的一种忠诚，这是一种重要的道德品质。教师评论说："我知道你认为不告发朋友是在帮助她们。"当她说这句话时她认可西沃恩对朋友的忠诚，但她也表明这种忠诚是错位的。

知识

教师能够有效处理伦理问题的一个工具是对事情的原委进行了解。尽可能收集更多相关信息，尽量避免做出毫无根据的假设。记住，了解事实会使你把问题置于具体情况下加以考虑。在上述情景中，考虑到她认为她听到的那些话，教师很容易认为女孩们在盥洗室里从事非法的活动。然而，考虑一下收集哪些其他信息来帮助澄清事实。例如，除了那几个女孩之外，盥洗室里还有其他人吗？盥洗室里有烟味吗？地板上有灰烬吗？教师也可能需要与当时在盥洗室里的其他几个女孩谈一谈。

推理

推理是系统性地思考一个问题。当我们对一个问题进行推理时，我们逐步推进并得出结论，或者我们可以把一个特定的事件或行为与一些道德原则进行比较，然后得出某种结论。作为一名教师，在做出决定时你需要深思熟虑，认真全面地权衡你所考虑的每一个行动方案的优点及可能的消极后果，问问自己方案的优点是否大于潜在的不良后果。在本单元的情景中，西沃恩断然否认发生了任何不当行为，海伦似乎没有考虑到这一结果。她应该考虑西沃恩可能给出的每一种回答，并且应该做好准备如何对每一种回答做出回应。

每一种情况都会给你带来全新且又独特的情况和挑战，所以很难获得对伦理困境进行推理的硬性规则。教师和其他面临伦理困境的人经常采用的3种推理类型分别是结果思维、规则思维和关怀思维。

- "尽最大努力为最多数人谋求最大利益"这个短语能最有效地表达结果思维。
- 规则思维会问这样的问题："如果世界上所有的人都要做我将要做的事——遵循我要遵循的规则——那是我想要生活的世界吗？"规则思维与结果思维相反。这种思维质疑了这一想法——我们可以真正了解我们的行为会带来哪些后果。相反，持这种思维方式的人说，不管结果如何我们必须始终坚持原则。
- 关怀思维要求我们按照期望他人对待我们的方式对待他人，这个原则常被称为“黄金法则”。

虽然有各种各样的争论支持或反对这些道德推理方法，但是没有适用于任何具体情况的铁定准则。然而，重要的是，首先使用理性而非情感来应对牵涉伦理的情况，其次是了解我们使用的推理方法。

勇气

感受、了解以及推理还不够全面。要合乎伦理，我们必须行动起来，行动有时需要勇气。要合乎伦理规范往往需要意志力——以我们认为正确的而不是以我们感觉舒适的方式行事。通常，当面对一个看似没有赢家的困境时（比如涉及西沃恩的情况），我们往往会忽视它，希望它会自动消失。然而，正如神学家哈维·考克斯对这个问题的看法，“不做决定就是决定”[2]。

人际交往技能

一旦你决定采取一个行动方案，你就必须执行你的决定。依据伦理原则行事既需要敏感也需要勇气。你需要运用沟通技巧谨慎而清晰地陈述你的决定及其推理。你还要使用正确的措辞、感情和语气，并且能够公开、坦诚地解决当下的问题。由于没有充分考虑当时所处的情况，对于西沃恩的请求：“我现在可以走了吗?”海伦没有做出回应。事实上，她可能已经在这个学生面前丢了面子。

行动起来

想象一下你是身处上述情景中的教师。你会如何应对这种情况？你还需要哪些其他信息？你还想对西沃恩说些什么？你会采取哪些行动（如果有的话）？例如，你会向校长汇报你怀疑的情况吗？如果你这样做了，你依据的道德准则是什么？你如何为你的行为进行辩护？你会说些什么？你会如何面对潜在的负面反应？

伦理困境

在某些情况下，合乎伦理的或正确的行动方案很容易确定，尽管执行起来可能并不容易。如果你在停车场里发现一个装满钱的钱包，你知道正确的做法是试图将钱包归还原主。你可能也很清楚，正确的做法既不是私吞钱包，也不是因为发现钱包而给自己一个“小奖励”，尽管这些想法可能很有诱惑力。因此，发现一个丢失的钱包不会给一贯诚实的人带来伦理困境。

通常，确定正确的行动或行为并不那么容易。在日常教学中，大多数涉及伦理的情况是非常简单明了的（如某人欺负别人、散播恶意谣言、iPod被盗、储物柜被破坏），但有时情况会更为复杂。有时候，职业生活会给你带来棘手的困境。

正如我们在本单元前面提到的，当两个或两个以上不同的道德原则相互对立时，会产生伦理困境，使得明确定义一条“正确”的路径变得很有难度。可以举出令人信服的——甚至是无懈可击的——论据来支持两个，或有时是几个不同的选择。然后，两难的抉择是选择相互冲突的两种道德原则中的哪一个以及采取哪种行动方案。

伦理困境迫使你做出艰难的决定。这些决定会挑战你的信仰体系和道德准则，有时会要求你按照优先顺序排列你赖以生存的道德准则，这可能是一项非常有难度的任务。同时，这些困境可以帮助你澄清信念以及你认为最重要的行为和行动。然而，与任何有难度的任务一样，实践和准备可以使伦理决策变得不那么可怕。尽管你遇到的情况是独一无二的，但下面的案例分析可以帮助你做好准备面对伦理困境。思考其中涉及的问题将使你有机会提前识别你的主要道德原则和思维方式。

西沃恩的教师面对的是相互对立的原则，一方面是公平地处理学生行为，另一方面是遵守法律和学校的规章制度以及对社区福祉负责。如果公平是更令人信服的道德原则，那么这位教师就不会（向上级）汇报这件事，因为她已经有证据表明校长曾经有过不公平对待学生的历史。如果遵守规则和履行社会责任是更令人信服的原则，那么这位教师会（向上级）汇报这件事。即使没有掌握确凿的不良行为的证据，非法活动的可能性和这位教师对这些学生以及更大的学生群体福祉的关心也会驱使她（向上级汇报这件事）。

同时，任何一个行动方案都有潜在的不良后果——也就是诱发其他道德原则的反应。如果教师以社会责任的名义向校长举报这些学生，她冒的风险是失去学生尊重并与学生关系疏远，因为她们很可能感觉教师的指控不公平，甚至感觉教师的行动背叛了她们。如果她不举报这事件，她可能会损害自己在学校社区内的声誉。她还会冒失去更多学生尊敬的风险，因为学生可能会认为是她使一些有非法行为的学生逃脱惩罚。她对社区福祉的担当可能会遭到质疑。

这样的冲突——个人或小团体的需要和更大的社区的需求之间的冲突——是伦理困境的一个常见来源。能够将你置于两难境地的其他道德冲突包括：

- 真实与忠诚。个人的诚实或正直与对他人的责任和做出的承诺相悖。
- 短期考虑与长期考虑。现实情况下真实和重要的要求与远见、管理和延迟满足是相互矛盾的。
- 正义与仁慈。公平、一致的期望及规则的平等应用与移情、同情和对例外的渴望是相对立的。

在认真思考伦理困境时，试图把注意力放在哪一个行动方案会带来更大的好处上，这种做法可能会很有帮助。这个问题常常使短期考虑与长期考虑对立起来。例如，西沃恩的教师可能会认为，不向校长举报女孩们并每天更密切地关注盥洗室里的情况，这种做法益处会更多。这样做了之后，教师可能会说："我可以向学生展示我是公平的，但我也在努力执行规则。我对学生的态度是坦诚的，这一点没有受影响，因此我可以帮助他们认识到尊重学校规则的重要性。"或者，这位教师可能会认为向校长汇报这件事益处更大，她说："学生需要看到校方积极致力于解决学校的毒品问题。我们需要让学生了解，对于任何违规行为甚至是可疑的违规行为我们的态度是多么严肃。"

下面的案例分析提供了几个你熟悉的、可能面临（或者可能已经面临过）的伦理困境。仔细思考不同的行动方案，权衡每个选择的益处和潜在影响。与其他人讨论你选择的行动方案。

案例分析

是名声不好还是行为不当？

空闲的时候你在批改作文，这时你听到门外有叫喊声。你打开门，看见一群八年级的学生正在激烈地争论着什么，其中一个学生伸手要打另一个学生。你抓住了他的胳膊。

“罗杰，你在干什么？你知道学校有关打架的规定！”

“是马克挑起的这件事！”罗杰坚称，“他在我的柜子那儿，我抓到他了。他当时想偷我柜子里的东西！”

“我没有偷东西！”马克坚称。

“你在偷东西！我看见你了！”罗杰反驳道。

你很快意识到你的作业不会很快批改好。你可以把两个孩子都送到办公室，但是你知道校长和副校长今天早上都外出了，所以这两个孩子只能坐在办公室里等，或者更糟的情况是被送回班级。“你们两个，待在这儿别动，”你命令道，仍然希望很快处理好这件事。“其余的人——该去哪儿就去哪儿。”

你让马克和罗杰在教室里坐下来，为了安全起见你很小心，没让他们坐在一起。他们就座时，你脑海里回顾了一下你对整个情况和对这两个学生的了解。你看到罗杰要打马克，这是明显违反校规的行为。你听到有人指责马克试图偷东西，偷东西也是违反校规的行为。两个学生似乎都错了。或者他们两个都错了吗？

至于参与这件事的学生，你去年教过罗杰，知道他是一个诚实、是非观念强的学生。你也认识他的父母，你确信罗杰在没有受到强烈挑衅的情况下不会试图揍马克。你从来没有教过马克，因此与他没有过任何直接的互动。教师和行政管理人员都很熟悉他，认为他经常惹麻烦。你在教师休息室听到过教师们谈论他。你怀疑他确实是想从罗杰的柜子里偷东西，尽管你没有任何证据。你决定在得出结论前再了解更多的信息。

“好吧，我们听听都发生了什么事情，一次只能一个人说。一个人说话时另一个人不允许打断他。明白吗？马克，你先来。”

马克给出了一个你认为似是而非的解释：他注意到一个纸片从罗杰的储物柜里伸出来，于是他试图把纸片塞回柜里。他没有打开储物柜。他怎么可能打开储物柜呢？他又不知道罗杰的密码。当他试图把纸片塞进柜里时，罗杰和他的朋友们走了过去，开始大喊，还推他。

“罗杰，轮到你了。”罗杰坚持认为他看到马克在扭他柜子上的密码锁，还认为马克试图打开他的储物柜偷里面的东西。“他总偷东西！大家都知道！”这个非理性的个人攻击虽然令你有些难过，但你并不感到惊讶。你想起来曾经听说过马克在学校里没有多少朋友，正在努力适应这里的环境。

案例分析

做个告密者还是做个不忠诚的同事？

在你教的英语 3 级班里，约翰娜不是实力最强的学生，但她可能是你班里最刻苦的学生。她正努力成为家里第一个上大学的人。除美国历史（她的历史教师是克罗宁先生）之外，她其他科目的成绩都是中等或偏上。克罗宁是这所高中比较古怪的一个教师。在乳树高中教学的五年里，你经常听到学生们抱怨他的教学和评分方法。几周前，约翰娜说出了内心深处的怨言。

“伍德沃思女士，我永远都没法上大学了！你看看这篇论文！我写得非常认真，却只得到一个D！我真的不明白为什么。无论我多努力，在他那儿我永远无法取得好成绩。他就是为难我！”约翰娜走进教室时，泪流满面，瘫倒在书桌上，把她的论文扔在地上。

你读了论文，注意到一些语法错误以及一些很好的论点。“嗯，这篇论文得不了A，”你心里想，“但也不至于得D。”看着坐在教室里的这个沮丧的、伤心的学生，你想知道如果有可能的话，你该如何帮助她。

“你还有论文要交给克罗宁先生吗？”你问约翰娜。

“有的，还有一篇，占我们成绩的25%。”

“好吧，”你主动说，“也许我可以给你一些建议来帮你写最后这篇论文。你得完成所有内容，但我可以帮你组织，然后给你提一些反馈意见。”

“哦，是吗？真的？非常非常感谢您！”

在接下来的3个星期里，在完成论文的不同阶段，约翰娜每周都来找你一次或两次。她的第一稿结构有点乱，但是讨论过后她能够修改论文并且最终使行文更流畅。当她向你展示第二稿时，你圈了一些她需要纠正的语法错误，同时你发现她的观点很好，论述也很到位。“她的这篇论文应该能得到一个不错的分数，”你心里想。

然而，几天后，约翰娜又来找你，这一次又是泪流满面。“我告诉过你，伍德沃思女士。他就是不喜欢我。我甚至不知道我为什么还要努力取得好成绩。我可以随便交一篇论文，也能得到同样的成绩。”

你从约翰娜手里拿过论文，仔细看了一遍。除了最后一页上有一个“D”外，论文中没有任何标记或评论。你惊呆了。他怎么能给这篇论文一个D呢？基于什么标准？作为一名英语教师，你知道这篇论文没几个（如果有的话）语法错误。也许历史不是你的学科领域，但你知道一个充分论述的论点是什么样子的，约翰娜的论文中有充分论述的论点。

“也许约翰娜有关克罗宁先生的话是对的。”你心里想，“但我能做些什么呢？不能到校长那里抱怨一个同事，即使这个同事看起来完全不专业！我可以去找克罗宁先生，但我能说什么呢？指责他有偏见还是懒惰？我！一个新教师！他会把我当早餐吃了！但这对约翰娜来说是不公平的，我想知道还有多少其他学生遭遇同样不公平的待遇。”

案例分析

做出微小调整还是与你的校长对抗？

“玛瑟斯先生，我们可以谈谈吗？”你转过身，看见一对夫妇站在教室门前。

你想：“在这个我恰巧想要外出的时候。”但是你回应道：“当然能。我能为你们做些什么？”

“我们是得文的父母，我们想和你谈谈他第一学期的数学成绩。”得文·麦克普拉特是你十一年级计算预科课程班里一个比较难教的学生，不是因为他学数学吃力，而是因为他好像不怎么花时间学习。他上课迟到，偶尔注意力集中而且很少（如果有的话）交作业。他测验和考试的成绩很一般。通常他只完成一半的测验，还没做完似乎就没兴趣了。

你之前从未见过得文的父母，但你曾多次与得文谈过他做功课的不良习惯。你试图向他表明你对他的能力有信心，同时感叹他浪费的才能，但无济于事。他得了一个C-——第一季度，但是你有些怀疑他——和一个C。第二季度，他家庭作业的成绩是F，出勤率是D，因此他的数学成绩是D+。他期中考试的成绩是70%。

“我们不能接受得文的数学成绩。”麦克普拉特先生上来就说。

“到目前为止，一切还好，”你想，“这是无法接受的，尤其是像他这样聪明的孩子。”

“我同意，”你很快插了一句话，“得文是个非常聪明的年轻人，有能力表现得更好。但正如我在季度中期成绩报告中所解释的，得文很少交家庭作业或完成课堂作业。他的测验成绩通常在C等级内，因为他总是完不成测验卷子。”

“是的，我们想谈谈这件事。我们希望你能给得文一个完成这些测试、补交家庭作业的机会。得文需要更多的时间完成测验，所以测验的时候应该给他一些额外时间。”

“哦，对不起。我并没有意识到得文考试时需要额外的时间。有关这件事我从未收到任何特殊教育部门或指导顾问的通知。”

“得文没有任何学习问题。只要他有更多的时间，他的成绩就会比现在好。”

“我们不都是这样吗?”你心里想。然而，你大声回答：“麦克普拉特先生和夫人，我很感激你们对得文的关心，但我不认为我可以给一个学生特殊照顾而不给其他学生同样的机会。这种做法对其他学生不公平。”

“我们对公平与否不感兴趣。你正在阻碍得文进入哈佛，麦克普拉特家三代都是哈佛学子。这是‘反向歧视’的一个例子。我们不会容忍任何阻碍他申请哈佛的事情发生。如果你不允许得文重新参加测验，我们会把这件事交给校长，如果必要的话，会交给督学来处理。”

“我看看得文的作业，一两天后我再联系你们。”你意识到，这时候没完没了的谈话不会有什么结果，你需要时间去思考事件难以预料的结果。

第二天，你在信箱里见到来自校长的一张纸条，内容是要求你去和她谈谈。你走进（她的办公室），她开门见山直接说“麦克普拉特夫妇怎么了?”你描述了前一天下午和他们见面的情况。

“他们已经给我和督学打了电话，坚持他们的要求。除了你的课外，得文其他的成绩都是A和B。他们说低分是针对得文个人的，得文不应该遭受这种待遇。我强烈建议你考虑答应他们的要求。”

“您让我怎么做？我要改动他的成绩?”

“完全不是。但你可能要满足麦克普拉特夫妇提出的要求。”

“但那种做法对班里其他学生不公平。”

“他们不会知道这件事。”

“他们怎么可能不知道呢?”你想知道。你也想知道你应该怎么办。

日常教学伦理

正如我们希望前面的案例分析阐明的，严重的伦理问题深刻影响着教师的生活。很少有教师的职业发展是一帆风顺不需要处理类似情况的。但是这些案例并没有穷尽教师所有的道德责任。课堂上和学校生活中的日常事件对学生的道德观产生深远的影响。

家长和监护人对子女的德育教育负有首要责任，虽然这一点确定无疑，但学校确实对学生的品格和道德生活有明显的影响。教室里和校园里充斥着各种对与错的问题：一个学生提交了一份从互联网上下载的报告，一群女孩造谣说另一个女孩怀孕了，一个公交车司机一直允许几个年长的学生欺负其他学生，一位教师经常严厉地责骂同一个学生。类似事件给学生们传递了强烈的伦理信息。教师和学校里的其他人如何回应学校教育的这些伦理维度——这就是我们所指的日常教学伦理。尤其在道德方面，教师以下面三种方式影响学生：以身作则、营造课堂氛围以及进行伦理对话。

（1）以身作则。教师以身作则包括他们对工作的关心和态度、他们对待学生和他人的方式以及为加深学生对道德的理解他们使用的历史和文学作品中的例子。记住“事实胜于雄辩”这句古老的谚语。影响学生最有力的一个方式就是你身体力行。如果你想让学生公平相待，你就必须公平对待他们。如果你想让学生诚实守信，你就必须成为诚实守信的典范。如果你想让学生尊重你，你就必须尊重他们。

（2）营造课堂氛围。教师可以通过创建安全、充满信任的环境来营造良好的课堂氛围，在这样的氛围中学生没有恐惧、不被他人嘲笑、被合作精神和友好的竞争气氛包围，学生刻苦努力并能感受学习知识的满足感。对很多学生来说，生活中他们往往缺乏安全感。创建一个“安全地带”——一个充满信任和安全的环境——是他们认真学习的首要步骤。

（3）进行伦理对话。教师可以在课堂上与学生进行道德对话，方法是与学生讨论核心伦理价值观（如诚实、尊重他人和责任感），这些价值观不仅影响他们学习文学和历史知识，尤其影响他们校内和校外的真实生活事件。那么，日常教学伦理就意味着做应该做的工作。它意味着意识到你和学生相处的每分每秒都是宝贵的，并且确保他们不会浪费和你相处的时间。

总结

每一天，你和你的学生都会经历一些事件，这些事件对他们的影响是难以估量的。你要确保这些影响是积极的，还要确保学生在形成自己的道德原则体系时得到有益的指导。因为一个行动或行为的影响可能不是立竿见影的，因此很难知道你对特定学生的影响有多大。但是“安全总比后悔好”可能是一句有用的箴言：我们鼓励你假设你所有的行动和行为会影响一些学生。这意味着你所做或所说的一切都有助于塑造学生的道德观和品格。

教学视频案例

该视频案例“教学的法律和伦理维度：当今教育工作者的思考”展示了一组

来自各领域的教育工作者进行的圆桌讨论，他们描述了在各自学校里遇到的一些伦理和法律困境。在 CengageBrain. com 上访问教育媒体图书馆，可以观看该视频片段并学习该案例的资料。然后思考以下问题。

问题

1. 你如何应用这个单元中描述的原则来解决这些教师所描述的困境？

2. 在针对个人道德问题做出决策时，你的首要原则是什么？这与你在职业道德选择中应用的原则一致吗？为什么一致或为什么不一致？

3. 视频中的副校长建议教师积极主动去寻求有关伦理和法律问题的帮助和建议。你知道你在哪里可以得到这样的帮助吗？你会如何寻求建议从而不会危及已经有些微妙的道德状况？

行动标准

州际新教师评估与支持联盟　标准 9：专业学习和道德实践

教师能够持续不断地进行专业学习，能够使用证据不断地评价他/她的实践行为，尤其是他/她的选择和行动对他人（学习者、学习者家庭、其他专业人员和所在社区）的影响，并且能够调整其实践行为以满足每个学习者的需求。

你喜欢你的学生，但你担心他们没有为即将到来的州学业测试做好准备。你确信你一直以来教学有方，给学生布置的家庭作业恰当合理。你刚刚批改了模拟测验试卷，你觉得他们考得很糟糕。你和班级同学交谈，督促他们还要再努力一些，他们似乎很真诚地回应说他们从来没有比在你的班里更努力。你相信他们，但仍然担心他们在州测试中的表现。下星期就开始放春假了。你认为，他们应该利用大量春假的时间来做作业，以便能够“为州立测试做好准备”。但你知道，很多学生会和家人一起外出旅行，一些父母和大部分学生会强烈反对你的做法。你应该怎么办？这是一个进退两难的情况吗？如果是的话，你要采取哪些行动方案？每一个行动方案有哪些结果？

更多资源

● Character Education Partnership（CEP）. 参见网站 http://www. character. org。这个总部设在华盛顿的组织是一个倡导团体，也是对品格形成和教育伦理感兴趣的教育工作者的交流中心。

● Thomas Lickona, *Character Matters: How to Help Our Children Develop Good Judgment, Integrity, and Other Essential Virtues* (New York: Touchstone, 2004). 这本书包含 14 种策略，用以帮助学生在塑造品格的同时学有所成。这本书提供了宝贵的课堂教学资源。

● Kenneth Strike and Jonas Soltis, *The Ethics of Teaching*, 5th ed. (New York: Teachers College Press, 2009). 这本书为在教学领域探讨伦理问题提供了一个非常有价值的资源，书中还有很多实践案例。

● Hal Urban, *Positive Words Powerful Results: Simple Ways to Honor,*

Affirm, and Celebrate Life（New York：Fireside，2004）. 这本书是由一位曾经做过班主任的教师编写的，内容鼓舞人心，还提供了大量经过测试的想法和策略。

重要术语及定义

伦理学（ethics） 心理学的一个分支，研究对与错的问题。

伦理困境（ethical dilemma） 两种或两种以上不同道德原则相互冲突，难以明确界定一条“正确的”路径。

本书的配套网站提供了很多有用的资源。访问 CengageBrain. com 获取本书各单元词汇表、抽认卡、网页链接和其他学习辅助工具。

注释

［1］ From Kenneth R. Howe，“A Conceptual Basis for Ethics in Teacher Education，” *Journal of Teacher Education* 37（May/June 1996）：6.

［2］ Harvey G. Cox，*On Not Leaving It to the Snake*（New York：Macmillan，1967），viii.

第二十二单元

教育法规

州际新教师评估与支持联盟　标准 3，6，7，8，9 和 10

情景

说实话，希斯有点害怕这些初中生，她喜欢那些年龄比较小的学生，觉得自己完全可以管理好五六岁孩子的班级。但是那些年龄大点的学生——六年级、七年级和八年级的学生——真的让她有些紧张。当她接受这个幼儿园-初中（K－8）学校的教学职位时，她就对此有顾虑。但是她说服了自己，幼儿园-小学二年级的学生都是在教学楼的另一侧，因此她不太可能（或完全不可能）经常遇到那些年龄较大的学生。后来她发现，如果她到学校足够早而且直接去幼儿园-小学二年级所在的教学区，她通常可以避开令人生畏的高年级学生。

这个方法似乎行之有效，直到 11 月的一个早晨。当时她差一点迟到，刚从停车场出来走进教学楼，她一转弯就看到两个六年级的男同学正在相互拉扯，就要打起来了。希斯犹豫了片刻，然后立刻提醒自己这些不是她的学生。她转过身去，从刚才进来的门走了出去，然后从前门进入教学楼。

大概在上午课间休息时她收到了一个消息，要求她午饭前去见校长。校长很愤怒。很显然，那两个男孩子真的打了起来，其中一个孩子的鼻子被打出了血，而且两个人的衣服全都被撕烂了。其中一个孩子的妈妈威胁说要起诉学校，更糟糕的是其中一个男孩告诉校长，“那个新来的教师看见我们打架，然后就走了另一条路”。校长对困惑的希斯说：“难道你对这种情况下自己应有的法律责任一无所知吗!?”事实上，希斯真的是一无所知!

预览

学校是社会机构，创办学校的目的是为社会需求服务。具体说来，学校被赋予的责任是教育社会中的年轻人，将他们培养成有成就、有责任感的社会成员。这种责任被视为一种非常重要的责任，因此学校被赋予权利来监督和管教学生以确保他们的智力发展和道德进步。学校代替父母教育孩子，也就是拉丁文法律术语**替代父母**所表达的概念。替代父母意味着教师拥有与学生家长类似的责任，并且必须总是为学生的最大利益行事。

过去人们很少质疑教师的行为或动机，也很少考虑学生的权利。然而自 20 世纪 60 年代以来，随着人们越来越多地关注学生的权利，人们开始质疑教师和学校的权威。联邦立法机构以及几个意义重大的联邦和州立法庭裁决的案例都强化了学生的权利，制约了教师和学校管理人员的权力，并限定了教育工作者的额外责任。

这个单元主要考察上述责任。我们将讨论以下内容：一些意义重大的联邦法律和州法律，以及影响你作为教师的权利和责任的法庭裁决。

单元要点

本单元强调：

◇ 教师的法律责任，尤其是他们的法律行为的责任。

◇ 无论在校内还是在校外，教师承担培养学生的智力、情感以及社交能力的责任。

◇ 学生和教师享有的法律权利。

◇ 教师的学术自由和生活方式自由的含义以及这些自由所受的限制。

◇ 涉及版权材料及公平使用原则的法律。

行动起来

在你准备学习这个单元的时候，思考一下你已经了解的有关教育法的内容。另外，如下是关于开篇情景的几个问题，花些时间考虑一下你如何回答这些问题。

1. 在你的求学经历中你有没有遇到过这样的教师，他们不自觉地“流露出信号”——他们害怕学生？这种行为会如何影响他们作为教师的有效性？

2. 如果你身处类似于希斯所处的情况，你会采取什么行动？你对面对充满压力的事件时这种可能的反应有何看法？

3. 从法律的角度看，你认为希斯当时应该怎么办？从伦理的角度看，你认为她当时应该怎么做？这两种做法有何区别？

教师的法律责任

教师具有代替父母教育学生的权利，尽管这种观点已经不像几十年前那么普遍，但作为教师你仍然要为学生承担很多责任，就像他们的父母在家庭中承担的责任一样。我们将会探讨无论在校内还是在校外，教师承担的保护学生身体健康的责任，促进学生情感健康与社会幸福的责任，提高学生学业成绩的责任，保守学生学业成绩秘密的责任，以及保护学生法律权利的责任。我们还将探讨教师自我保护的责任，而且我们将会揭示这种责任如何影响开篇情景中的教师希斯。

保护学生身体健康的责任

学校作为一个社会机构，其目的是将社会中的年轻人培养成有成就的、有责任感的公民。无论在学校内还是在任何学校举办的活动（从体育活动到实地考察）中，学校同样被赋予确保这些年轻人身体健康和情感健康的责任。学校和教师都有责任保护学生不受伤害，有责任在与学生互动以及监管学生时给予他们应有的关心，并且有责任排除任何可预见的危险。教师必须创造一种课堂和学校环境，使所有学生在身体上、智力上和情感上感到安全。他们必须快速行动，及时阻止任何可能带来身体或情感伤害的行动和言语。用法庭术语来说，教师应该“在监管学生的过程中做到合理谨慎并能预见危险”[1]。“在你的课堂上”板块列出了一些做到合理谨慎的方法。

在你的课堂上

你应该承担的确保学生安全的义务

作为一名教师，你不仅负责教授学生某一个特定学科明确规定的主题内容，而且也负责确保学生的身体和心理健康，这也就意味着你需要做到以下几方面：

- 提供合理且适当的监督。
- 制定并实施规则来界定可接受的行为，并明确违反这些规则的后果。
- 当学生违反规则时，给予适当的警告。
- 采取合理的预防措施防止学生受到伤害。

尽管如此，在生活中事故的发生是不可避免的，在学校里和课堂上同样也会发生事故。作为教师你要清楚，在你的课堂上或在你负责监管的时段，例如，休息时间内、午饭时间或者一次实地考察中，一名学生受了伤，你应该承担多少责任，或者用法律术语来说要承担多少法律责任。

一般来说，如果以下所有条件都符合的话，法庭会判决教师对学生受伤承担法律责任：

（1）教师有义务保护这个或这些学生。

（2）教师未能做到合理监护。

（3）教师的马虎大意导致了这个或这些学生受伤。

（4）这个或这些学生的受伤情况可以被证实[2]。

法庭也认可教师**合理监护**的程度取决于某一情况的具体情形：学生的年龄、成熟程度和经验，以及活动所涉及的潜在危险的级别。在学校的一些活动中，学生受伤或发生危险的可能性更大（包括体育课、工业艺术课或家庭科学课以及午饭时间、休息时间或者实地考察期间）。因此，监管这些活动的教师必须特别警惕，以防止发生受伤情况。如果其他情况表现出的危险程度不高，警惕程度可适当降低。各种法庭案件和裁决结果都能有助于界定上述这些变量。

在“希恩诉圣彼得天主学校”（Sheehan v. St. Peter's Catholic School）一案中，玛格丽特·希恩的教师——圣彼得天主学校的一名教师——在休息时间把她班里的学生带到室外观看其他学生打棒球。一到了室外，她就让学生坐下来看球赛，然后她自己返回了学校。在她缺席期间，一些学生开始扔石子儿玩，其中一块石子打中了八年级学生玛格丽特的眼睛。玛格丽特的父母上诉法庭，声称玛格丽特的教师和学校都未能对学生实施足够的监管，因此应该为他们的女儿受伤承担法律责任。

陪审团同意这个诉求，判定当教师把学生单独留在校外时，没有履行合理监护的义务。该教师本应该预见到在毫无监管的情况下将学生留在一个运动场地可能会造成的潜在伤害。

在大多数情形下，学校或教师的责任范围仅限于上学期间进行的活动以及由学校组织的或与学校相关的活动。一个12岁的男孩放学后在学校操场上严重受伤，危及生命，他的家人控告学校失职——放学后操场仍旧开放。加州法庭做出了有利于学校的裁决，声明学校并没有全天候监管学校操场的义务，他们只在上学期间与学校相关的活动中负责监管操场。正如我们接下来将讨论的，在校外进行的活动的裁决与此案相比有些含糊不清。

发生在1971年的"曼查诉菲尔德国家历史博物馆"（Mancha v. Field Museum of National History）一案起因于一群芝加哥初中学生在当地一个博物馆进行实地考察时发生的一起事件。一进入博物馆后，教师就让学生独自参观博物馆的各个展厅。罗伯特·曼查在观看展品的时候遭到另一所学校的一群男孩的攻击。他的父母提出诉讼，认为教师和学校让学生在没有直接监管的情况下独自参观博物馆是失职行为，因此应该对孩子受伤一事承担法律责任。

但伊利诺伊法庭驳回了上诉，认为参观博物馆时遇到危险的程度以及受伤的可能性是很小的，因而教师不可能合理预见该学生可能受到的伤害。

尽管罗伯特·曼查的教师和学校没有被判决要为他受伤一事承担法律责任，但不能认为这个判决适用于所有的案件。取决于具体情况，一些实地考察活动可能需要更多直接的甚至是持续的监管。在使用大型或危险设备的工厂进行实地考察时必须对学生进行比参观博物馆时更密切的监管。

教师如果布置或鼓励学生完成具有潜在危险的活动，也可能会被判决承担法律责任。路易斯安那州的一个法庭判决一名科学教师为一个13岁的学生受伤负法律责任，这个学生因为在家中搭建火山模型而受伤。这名教师在课堂中演示了搭建火山模型，然后允许这名学生把他的火山模型带回家自行实验。这位教师本应该预见潜在的危险，尤其是他并不知道这名学生将会使用哪种化学物质来进行实验。

自我保护的责任　尽管你有责任为学生提供安全的环境并保护他们的利益，你也一直有保证自己免受伤害的责任。有时，你可能会发现自己面临潜在危险，你希望能够保护自己或进行自我防卫。想象一下两个学生正在吵架，或者一个愤怒的学生朝你走过来，一副恐吓的架势。此时何种反应才是恰当的？

对于有潜在危险的情况，法庭制定的指导原则是"合理使用武力"。在危险或面临威胁的情况下，教师可以合理使用武力来保护自己或他人。如同合理监护，合理使用武力并没有一套固定的标准，而是要视具体情形而定，尤其要视牵涉其中的当事人而定。一个体重220磅的高中教师可能不会用同样的力气来对付一个120磅重的新生和一个190磅重的老生。同样，一个身材娇小的女性教师（比如我们开篇情景中的希斯）在试图阻止两个高大健硕的高中橄榄球队员之间的争执时，必须要谨慎行事。理性或者大嗓门可能会帮助你处理很多将要失控的形势，而不需要任何身体的干预（因为正如我们所看到的，从法律的角度而言你必须实施干预措施）。及时采取行动可能有助于所有各方避免严重受伤。有时，如果感觉你个人安危也受到威胁，这种及时采取的行动也可以是寻求帮助。

行动起来

阅读下面的情景，然后应用你所了解的关于教师法律责任的知识思考后面的问题。

桑德拉·布兰切特教的四年级学生今天午饭后好像特别活跃，“午饭时一定发生了什么事情，”桑德拉暗想，“最好能让他们想点别的事情。”

桑德拉严肃地告诫全班同学继续进行他们的小组项目，之后他们都很不情愿地回到座位上开始学习。桑德拉从一个小组走到另一个小组，检查他们的工作进展情况并在必要时提出建议，给予指导。

“嘿，什么鬼——”

桑德拉迅速转身，随即听出这是罗杰的声音。她斥责道，“注意一下！课堂语言的使用规则是什么？”

“但是亚历山大刚才咬了我！你看！都咬出血了！”桑德拉的大脑飞速运转。停了一会儿后，在全班学生震惊的沉默和注视下，她把罗杰送到校医务室。

“亚历山大，你直接去校长办公室，”她命令道，“告诉校长，下课的时候我也会过去。其他人都继续做你们的功课。看热闹的时间结束了。”

这一切都处理完毕后，桑德拉的心不再跳得那么快了，她开始反思今天发生的这件事。“学生咬人，应该受到什么惩罚？我简直不敢相信她居然在课堂上咬了他……而且我竟然没看见！天哪，我是不是该承担什么责任？”

问题

1. 桑德拉采取的行动恰当吗？为什么恰当或为什么不恰当？
2. 考虑到你在这个单元中学到的内容，你是否认为桑德拉应该承担责任？

促进学生情感健康与社会幸福的责任

作为一名教师，你将如何应对如下情景中的学生？

案例分析

教室里的性骚扰行为

“约翰森先生，那些男孩总是取笑我，骂我！还有乔治，他还总是想碰我！”

约翰森先生立刻认出这是海迪的声音，一个五年级的学生，她的身体发育比大多数同龄人早很多。

“你得告诉他们不能这么做！”她恳求道。

“海迪，别理睬他们，他们就不这样了。他们这样做就是因为他们知道你会不开心，别因为他们的无理取闹而难过。另外，这对你也没有什么伤害。”

“不，这对我有伤害！这真的让我很难受！”她大声喊道，都快要哭了。“你根本不知道这是什么感受！”

过去人们说“男孩终究是男孩”，然后又建议说“别理睬他们”，现在这样的日子早已一去不复返了，也应该一去不复返。今天的教师必须要营造一种课堂环境，使学生免受任何身体上的危险或伤害，以及任何形式的骚扰、性骚扰或其他类型的骚扰。根据美国教育部 1997 年颁布的指南，如果一个学校或一个学区意识到有骚扰行为存在而没有采取行动加以制止，学校或学区要承担法律责任[3]。在

上述情景中，约翰森先生被告知几个男孩子有冒犯他人的行为，但却没有采取任何行动。根据《初等与中等教育法案》的第六款，海迪和她的父母可依法提起诉讼。

在一些不幸的情况下，教师自己就是性骚扰行为的源头，更糟糕的是，他们与同性或异性的学生之间有不恰当的举止。这种令人愤怒的行为的后果是，现在所有的教师在与学生互动时都接受越来越多的审查。我们强烈建议，在与学生尤其是与更倾向于与教师保持友好关系的初中生和高中生互动时，一定谨慎行事，避免任何可能引起质疑的行为。

同样不言而喻的是，教师不能对学生做出任何贬损性的评论，或者使用任何污秽的或带有暗示性的语言与学生交流，即使教师只是想开个玩笑。在场的学生或其他成年人可能没有意识到教师的这些话是无心之语，如果他们意识到，他们可能会生气。

我们强烈建议你要认识到教师这个角色的责任范围，建议遇到困难的学生去找咨询师或心理健康专家寻求帮助。从本质上讲，教师想要帮助学生，尤其是家庭不幸或有情感问题的学生。有些教师试着去充当这些学生能够吐露心声的咨询师，他们心怀同情，想要帮助学生度过困难时期。遗憾的是，有些人（比如学生自己、遇到困难的学生的家长以及/或者学校的管理人员）可能并不会以同样的眼光看待教师的这种行为。这些误解可能会给教师带来严重的后果。

在校外保护学生的身心健康　法律和法庭都要求教师在某些方面成为整个社会的耳目。教师必须努力依靠自己的能力排除危险或者向有关权威部门报告存在的危险。有两种情况是特别重要的。

- **忽视或虐待儿童。**美国所有的州和所有的地区法律上都要求教师汇报任何已知或疑似忽视或虐待儿童的情况。为了保证教师在汇报可疑情况时没有顾虑，汇报者的名字会被保密。此外，在全国范围，即使最后证实并没有发生虐待情况，汇报情况的教师仍会受到法律保护。另外，如果一个教师未能汇报忽视或虐待儿童的可疑情况，这个教师有可能会被依法起诉。
- **来自学生的威胁。**如果教师或学区的任何职员了解到学生想要伤害自己或他人，那么他或她有义务向有关部门汇报这个信息。如果确实发生了受伤或死亡的情况，未能汇报上述信息的教师可能要承担法律责任。对于这样的信息，教师和指导顾问是不能保密的，即使已经向对他们吐露真情的学生保证要“履行承诺”。因为人们愈发意识到，一个自身遭受痛苦的孩子可能会给其他人带来伤害，目前已经实施了很多重大举措来减少身体欺凌以及网络欺凌。

提高学生学业成绩的责任

近些年来，在教师责任领域中呈上升态势的情况是**教育失职**，或未能给学生提供足够的教育。教育失职的案例往往有两种类型：（1）教学失败和（2）错误分类及不合理安置学生。第二类案例主要来自一些指责，即学校未能为未确诊的特殊学生提供所需的服务，或者学校将（特殊或非特殊）学生安置在不适合他或她的课堂环境中。因为针对特殊教育的案例法太过广泛和复杂，我们关注的重点放在教师为个体学生的学业成绩承担的责任上。换句话说，如果一个学生“未能学到知识”，那么教师是否应该为“未能有效教学”承担责任？

迄今为止有两起法庭案例明确了在法律上如何回应有关教育失职的申诉。在这两起案例中，学生及其家庭起诉各自学区教学失败，法庭均否决了他们的诉讼请求。

在发生于1976年的“彼得诉圣弗朗西斯科学区”（Peter W. v. San Francisco School District）一案中，彼得·W. 高中毕业时只有五年级的阅读水平，然而加利福尼亚州有明文规定，要求毕业生应该达到八年级的阅读水平。彼得和他的家庭提起诉讼，声称学校和彼得的任课教师都存在过失行为。他们还声称学校允许彼得在只达到了五年级阅读水平的情况下毕业，这违反了该州的相关规定。

然而，法庭判决学区胜诉，理由是“在对学生的监护、事件起因或者学生伤害方面，课堂教学方法无法提供易于人们接受的标准。”[4]没有一个切实可行及普遍认同的监护标准，法庭无法判定教师或学校在教育学生方面是否做到合理监控。法庭进一步说明，学习阅读与写作受到很多因素的影响，教学只是其中一个因素。法庭认为，如果判决学校为在校的每一个学生的学业成绩负责，那么所有的学生都可以起诉学校，而且那“将会给他们（学校）——和社会——带来难以预计的负担”[5]。

在发生于1977年的“多诺霍诉科皮亚格联合学区”（Donohue v. Copiague Union School District）一案中，爱德华·多诺霍从一所公立高中毕业，并获得了毕业证书，但是他的读写能力甚至达不到填写求职申请表的要求。该学生和家长起诉了学区，认为他们存在过失以及教育失职行为。法庭驳回了上诉，理由类似于彼得案中提出的理由：缺乏统一的监护标准。法庭发现多诺霍的同班同学接受了同样的教学，却习得了应有的读写能力。基于这一发现，法庭推断原告未能习得应有的读写能力不一定是由无效教学造成的。法庭认为（正如裁决彼得案的法官一样），学习受到很多变量的影响，除了天生的智力和能力外，还包括社交、情感和经济因素，因此法庭认为把责任全都归于学区几乎是不可能的。

目前，教育失职还没有对教师们构成威胁，但在不远的将来可能会成为现实。法律界的学者预计很快就会制定一个可行的关于监护的标准。由于《不让一个孩子掉队法案》的出台，越来越多的州正在明确规定合格教师在自己教授的学科方面应该掌握的知识，并且要求教师必须通过标准化测试才能获得教师资格证。与此同时，这些州也在规定高中毕业生必须掌握哪些知识才能获取毕业证，并且要求学生必须通过标准化测试才能获得毕业证。在采取这些措施的同时，这些州越来越接近一个可行的关于监护的标准。最近有40多个州采纳了英语语言艺术和数学的《共同核心州立标准》。人们预计未来会推出共同评估标准来确定学生对这些标准的掌握情况，这些评估标准也会为今后制定教育中的监护标准打下基础。

保守学生学业成绩秘密的责任

考虑下面的情景。

案例分析

课堂上的秘密

“大家都做完了吗？还需要更多的时间吗？”你在教室里四处巡视，看看是不是还有学生没有完成每周的小测验。你最近决定每周对八年级数学三班的学生进行数学测验，希望能够更好地了解学生内化重要概念的情况。

你又等了几分钟还未做完的学生。"如果所有人都做完了，与你邻座同学交换测验卷，拿一支不同颜色的笔在测验卷的下面写上你名字的首字母。准备好了之后我们就开始核对答案。记住要标记卷子上不正确的答案。"你开始逐题讲解测验，每次让一个学生朗读题目，然后给出正确答案。

"现在数一下正确答案的数量，这个数量就是分子，所有题目的总数是分母，现在你们应该得到一个以 25 为分母的分数，把它写在你正在批改的试卷上。"

突然有一个学生大喊："快看啊，这个笨蛋这次只做对了五道题。嘿，休伊！你这次只做对了五道题。真没出息！我的狗可能都比你做得好！"

"鲁道夫，关于这样的话，我跟你们说过什么？你不可以谈论正在批改的试卷。"尽管你发出警告，但还是听见学生们咯咯偷笑，还交头接耳地议论着班里一些同学的表现。

"好了，够了。我们收试卷吧。"你很快把试卷收齐，然后继续今天的教学内容。

同伴互评试卷是一种非常普遍的做法，这种做法可以为学生提供快速反馈，把教师从大量需要批改的试卷中解脱出来。然而这一做法成了联邦法庭一次案件审判的焦点，最终美国最高法庭对该案进行听证。在发生于 2002 年的"奥沃索独立学区诉法尔沃"（Owasso Independent School District No. I-001 v. Falvo）一案中，人们提出的问题就是同伴互评试卷的做法是否违反了 1974 年通过的《家庭教育权利与隐私法案》(The Family Education Rights and Privacy Act，FERPA)。

该法案也被称为《巴克利修正案》，是保护学生教育成绩隐私的联邦法律。该法案允许学生和家长在获取学校保存的所有正式教育记录时不受任何限制。你可能会回忆起在求学的各个时期你曾在弃权声明上签字（例如，在你曾经请求教师为你申请大学写推荐信时）。根据你打钩的格子，你决定了是否放弃查看人们以你的名义寄出的推荐信的权利。

该法案也规定，在未经相关当事学生家长书面许可的情况下，学校以外任何人不得获取成绩记录册。（一旦学生年满 18 岁，这个隐私权就归属学生个人。）学校工作人员出于教育目的可以查看这些记录，但不能与学校以外的人或其他学生分享这些记录。

在发生于 2002 年的"奥沃索独立学区诉法尔沃"一案中，美国最高法庭判决该学区胜诉，理由是同伴互评并不违反美国《家庭教育权利与隐私法案》，因为试卷上的成绩并不记录在学生的正式教育记录册中。在这个判决中，法官澄清了教育记录的范围，将其定义为保存于永久性文档中的信息。记录在成绩卡片上的成绩也属于学生正式教育记录册中的内容，考试卷和测验卷上的成绩则不属于正式教育记录册中的内容。教师记录在学生成绩卡片上的评语属于学生正式教育记录册中的内容，但是教师用以判定学生一个打分周期的成绩时所记的笔记则不属于正式教育记录册中的内容。

在你的课堂上

保守学生的秘密

美国《家庭教育权利与隐私法案》在很多重要方面会影响你的课堂教学。以下是需要牢记的几点内容：

- 法律要求你必须为学生的成绩保守秘密。
- 学生和家长都不可以看你的成绩册。如果你的成绩册是纸质版的，你应该把它放在一个安全的地方；如果成绩册是电子版的，确保这个电子文档有密码保护，或者保存在一个安全的、学生接触不到的电脑上。
- 在家长会上，如果有家长向你询问另外一个学生和他或她的孩子的成绩相差多少时，不要做出任何回应。你应该很婉转地指出，在法律上你无权讨论其他学生的成绩，只能讨论他或她的孩子的学习情况。
- 不要当众宣读每个学生的成绩，也不要把学生的成绩张贴在任何公共场所。
- 最后，不要在教师办公室或其他公开场所谈论某个特定的学生。你不知道谁会在听，什么话会被传出去，更糟糕的是，不知道什么话会被故意曲解。

保护学生法律权利的责任

20世纪60年代之前，学校的日常运行很少需要法庭介入其中，人们很少或者根本不考虑学生的权利问题。然而在过去的50年中，学生校内的权利问题越来越频繁地需要法庭做出判决。从自由表达到搜查与扣押的正当程序，学生的宪法权利的广度和深度成为人们讨论的话题，相关决定权在州和联邦司法体系的各个层面有所体现。尽管我们无法对学生在校内的权利做穷尽性的解释，但我们将讨论教师需要谨记于心的一些主要内容。

正当程序　美国宪法第十四修正案规定，公民在没有正当法律程序的前提下不应被剥夺“生命权、自由权和财产所有权”。美国没有与教育相关的宪法权利，法庭裁决学生拥有上学和受教育的财产权，正如一个人对于他或她的其他财产的所有权一样。据此，学生不可以在没有**正当程序**的前提下被剥夺教育权[6]。

正当程序意味着在采取任何行动将一名学生从学校排除——如休学或者开除——之前，学校必须保证尊重学生的权利，而且已经履行法律要求的所有程序。具体说来，学校必须告知学生和学生家长（对于那些未成年学生来说）对学生的指控，并且提供一次听证会。在听证会中学校必须出示指控该学生的证据，而且学生也有辩护指控的机会。

即使你可能不从事行政管理职务，你也需要以某种方式管理学生的纪律，在任何情况下一定要注意学生的正当程序权利，这样会省去法律官司可能带来的不必要的麻烦。

自由表达权　1969年美国最高法庭判决了关于学生言论自由的决定性案件。在“廷克诉得梅因独立学区”（Tinker v. Des Moines Independent School District）一案中，法庭判决无论是教师还是学生都不应该由于进入学校就被剥夺宪法所赋予的自由言论和表达权[7]。法庭还提道，因为学校有责任培养年轻人的公民意识[8]，所以学校应该教育学生尊重与认可他们的宪法权利。

然而学生的自由表达权并非是绝对的。如何确定学生的言论或表达是否应该受限制？其依据是这种表达是否会“在实质上破坏班级活动或侵犯和破坏其他人的权利”。在接下来的案件中，法庭裁决校方不一定要等到破坏发生时再采取行动，如果有证据表明这样的破坏行为即将发生，学校可以禁止这种自由表达。

个体学生的自由表达权是受保护的，但是由学校出版的出版物却是另一回事了。在非常具有标志性的案件——“黑兹尔伍德学区诉库尔迈耶”（Hazelwood School District v. Kuhlmeier）一案中，美国最高法庭裁决学校发起的活动——比如出版或者演出——教育工作者可以有相当大的控制权，只要他们的审查有“合理的教育目的”[9] 或是合理的。需要指出的是，黑兹尔伍德案的这一裁决并没有要求教育工作者审查学校的出版活动，但是允许他们这样做。如何引导自由表达的方向从来都不是泾渭分明的。如果你是学校刊物的教师顾问，那么明智的做法是宁愿谨慎行事，对有问题的材料提出质疑。

教师的合法权利

尽管教师是学校体制的成员并且有责任为社区中的年轻人提供适当的教育，但教师也是同一个社区的成员，在影响社区的决策中也有相应的利益。作为个体公民，教师也受益于赋予他们的权利，以及享受所有符合美国宪法居住在美国的公民的权利。这也就意味着，教师像其他任何人一样可以公开支持，甚至为他们的政治候选人进行宣传活动，也可以公开评论社区或国家事务。

然而，宪法所保护的权利并不是绝对的，这一点是很重要的。例如最高法庭裁决，一个人不能（无缘无故）在人潮拥挤的剧院中大喊“着火了”，因为这种做法会对其他人构成严重的威胁。法庭在裁决是否对宪法构成威胁时会衡量个体的利益、权利和幸福以及更大群体的利益、权利和幸福。在考虑教师在校内或者作为学校的代理人的行为受宪法保护的程度时，法庭也会做同样的衡量。

自由表达权

美国宪法第一修正案规定，“国会不应该制定任何法律来削弱公民的言论自由……”。言论自由包括符号、话语和书面表达的自由。符号的自由，意味着一个人可以穿戴象征某种想法或观点的符号。一个黑色的臂章、一条黄色的丝带，或者在某些情况下面部的毛发都可以构成被保护的言论的符号。然而，法庭也裁决自由表达权并非是没有限制的。

对公众关心的事务表达意见的权利　社区成员有权对公共事务发表观点，我们可以在我们的草坪上放置政治候选人的海报，我们可以赞同或者反对一个提议中的法案，我们可以在身上佩戴别针或徽章来宣传一个想法。教师作为社区成员同样有权表达自己的观点。然而他们不能代表学校——在课堂上——表达这些政治的、宗教的或者有争议的社会观点。

在教师自由表达权方面，具有决定意义的案例是1968年美国最高法庭开庭审判的“皮克林诉教育委员会”（Pickering v. Board of Education）一案。马文·皮克林是美国一家公立高中的英文教师。他给当地报纸写了一封信，信中严厉批评了学校督学使用学校资金的方式。学校委员会对此非常生气，声称这封信破坏了学校的有效运作[10]。委员会倾向于在学年结束的时候不再聘用皮克林。皮克林坚持认为他写的这封信是受保护的言论，因此起诉了学校。

法庭判决皮克林信中讨论的事宜的确属于公共事务，因此作为公民皮克林有权对这个事务发表评论。法庭需要应对的问题就是这些评论是否给学校的有效运作带来了消极的影响，法庭需要在教师评论公众关心的事务的利益和学校董事会有效运行学校的利益之间寻求平衡。法庭判定皮克林的评论并没有危害到他的工作关系或他作为教师的有效性，因此法庭裁决这封信受宪法第一修正案所保护，皮克林可以回到原工作岗位。

在你的课堂上

教师自由言论的注意事项

如下的指导原则是基于皮克林案及后来发生的一些案件。

教师可以：

- 评论与学校或学区有关的、“公众关心的”事务。
- 在非工作时间内在校外公开为政治候选人做宣传工作。

教师不可以：

- 将学校或学区的保密信息公之于众。
- 公开诽谤或诋毁校方领导。
- 在工作时间内或在校内公开为政治候选人或政治活动做宣传。

教学自由或学术自由　学术自由被法庭描述为民主社会的基石，法庭认可教师可以自由尝试新的教学法，选择合适的教学材料并以最有效果的、最有效率的方式教授学生学科知识。同时法庭也判决，与其他权利一样，学术自由并非绝对的，而是受限制的。教师的学术自由权需要与其他具有潜在竞争性的教育优先权达成平衡，其中一个优先权就是学区有效教育他们管辖范围内的学生的能力。我们看一下历史上一些重要的法庭案例，这些案例有助于我们认清学术自由的这些局限性。

在1969年“基夫诉吉纳柯斯”（Keefe v. Geanakas）一案中，来自马萨诸塞州的英文教师罗伯特·基夫从《大西洋月刊》当中选了一篇言辞激烈的文章发给他班上的一个同学。一些学生家长对这篇文章中的语言感到不满，他们认为这些语言攻击性太强。校长也让他不要再分发这样的文章。他拒绝了，认为自己应该拥有学术自由。学区不同意他的观点，在学年结束的时候将他开除。

法庭判决基夫胜诉，因此他被复职。法庭认为，学校委员会反对的攻击性语言实际上在学校里早就存在，因为在学校图书馆的很多图书中能找到类似的言语。此外，学校委员会也并没有事先通知过教职员工，这样的语言是被禁止的。最后，法庭认为所谓“有问题的语言”也并不是特别具有攻击性。

在发生于1970年的“帕杜齐诉让特兰德”（Parducci v. Rutland）一案中，玛丽莲·帕杜齐是亚拉巴马州的一名高中英语教师。她让自己十一年级班级的学生阅读作家库尔特·冯内古特的作品《欢迎来到猴子屋》。高中校长和副督学都认为这本书是“文学垃圾”，不让帕杜齐女士再使用这本书。帕杜齐女士不同意他们对这本书的看法，继续让学生阅读这本书。帕杜齐女士因此被解聘，后来她起诉学校，认为学校侵犯了她的学术自由权。

法庭判决帕杜齐女士胜诉，认为学校并没有证据表明高中低年级学生阅读这本书是不恰当的，或者这样的阅读任务明显破坏了学校的教育进程，帕杜齐女士被命令恢复教职。

在发生于1998年的“博林诉本库姆县教育委员会”（Boring v. Burncombe County Board of Education）一案中，一名高中戏剧教师玛格丽特·博林起诉她的学校，原因是学校在学年结束时调动了她的工作。她声称学区是在报复她，因为她在全州戏剧竞赛表演中为学生选择了一部戏剧，学校认为戏剧中的语言存在问题，而且该戏剧在学校社区引发了一些争议。在这起案件中，法庭判博林女士败诉，因为法庭认为这次工作调动和选择这个戏剧之间没有明显的关联性，并且法庭并不认为这次工作调动具有惩罚性质。

当裁决是否对教师的学术自由构成挑战时，法庭一般会考虑以下因素：

（1）教师布置这项任务时的目的。

（2）布置这个任务的教育相关性。

（3）学生的年龄。

（4）学习材料的质量及其对学生的影响。

一直以来，法庭都认为学校董事会或学校委员会有权决定课程大纲，并有权要求教师教授课程大纲的内容。同样，学校委员会也有权指定哪些教学材料可以使用、哪些教学材料不可以使用，他们还可以具体规定在课堂上哪些语言和话题是不恰当的。需要提醒的是，如果学校委员会并没有明确指明什么是允许的、什么是不允许的，他们就没有权力以使用有问题的材料为由开除教师。

另一方面，教师有权决定教学方法，有权展示与所选课程大纲相关的话题和学习材料。他们也有权使用相关材料或话题来补充课程大纲。他们无权教授违背所选课程大纲或学校委员会禁止的内容。此外，适合高中生的教学材料可能会被判定为不合适小学生或初中生。

使用版权材料

教师通常会寻找补充教学材料来补充或丰富学区购买的教材。他们选材的来源可能是多种多样的，包括其他教科书、书中的部分章节、报纸和杂志的文章、电视或广播节目或者网上的文章。随着复印机、电脑打印机、可刻录DVD光盘机的大量出现以及无处不在的网络，寻找和重新分发这些材料变得非常容易。

可是问题在于，很多在课堂上免费分发和使用的材料属于一些个体，这些个体在制作这些内容时花费了大量的时间、思考与金钱。为了保护这些作者、艺术家、软件设计师，美国国会实施了若干有关版权的法规。出台这些法规的目的不是禁止使用这些材料，而是确保这些知识产权的使用是经过所有者授权的。

在使用版权材料方面，相比普通大众来说，对于教师的要求更为宽松。通常教师可以合法重新分发纸质材料或录制的材料，只要他们获得所有者的许可（通常需要支付一笔费用）。另外，有关合理使用的条文也允许在未经许可的情况下出于教育目的有限使用版权材料[1]。

教师在备课的时候往往可以复印一份纸质材料——无论是来自某本书中的一

个章节、一首诗还是一篇报纸或杂志的文章。教师可以多次复印版权材料，只要这个材料达到了“简洁性、即时性和累积效应”的测试要求，并且包含了关于版权的告知。表 22-1 提供了一些达到这样标准的纸质材料的例子。有一些做法，如复制不同来源的材料做成班级文选，复印多份周报或杂志供班级使用，复印消耗材料（例如工作手册页），都是明确侵犯版权法规的行为。

表 22-1　　对于是否有权合理使用版权材料的测试

测试	通过测试的内容实例
简洁性：材料必须简短	● 一首 250 个字或更短的诗，打印在一到两页纸上 ● 一首长诗的节选，如果不超过 250 个字 ● 一篇完整的文章、杂文或短篇小说，不超过 2 500 个字 ● 一篇文章、杂文或短篇小说的节选，如果不超过 1 000 个字或者字数不到全部作品的 10% ● 每本书或每本期刊中的一个图表、图形、卡通漫画或图片
即时性：决定使用某一个材料与使用这个材料之间的时间过于短暂，以至于无法获得请求回复	● 刚刚出版的、与班级讨论话题有关的新闻文章
累积效应：材料使用频率过低，以至于剥夺了版权所有者应有的合法利益	● 复印的材料只供学校的一名教师在教授一门课程时使用 ● 使用隶属同一作者的版权材料不得超过一份 ● 在一个学期内，来自同一文选、文本或杂志的节选或片段的复印数不得超过 3 份 ● 在一个学期内一门课程的多次复印不得超过 9 次

类似的合理使用指南同样适用于使用广播电视节目，因为几乎所有这些节目都是有版权的。在未经许可的情况下，录制的电视节目的使用期限不得超过 45 天。45 天之后，这个或这些节目必须被清除或重新录制。在节目录制后的最初 10 天内，教师播放这个视频不得超过两次。复制商业制作的录像带、DVD、视频游戏或软件应用仅用作备份原版材料。即使是在教育环境下也不得分发此类复制品。

关于互联网（包括网站和网站构件）上的材料的版权问题，相关条例指南正在制定中。然而需要记住的是，报纸、杂志和其他书面材料的网络版本同样受版权法规保护，与传统材料一样，在使用时需要经过同样的程序。

教师在学校的仪表

想象一下你身处如下的情景中。你会给同事提出怎样的建议？

案例分析

什么时候规则成为规则？

这是新学期开学的第一天。你的同事结束了两个半月的阿巴拉契亚山远足，终于回来了。当他走进部门办公室的时候，你一下子就注意到了他满脸的山羊胡子。“嗨，保罗。这是你的新形象吗？”你问道。

“哦，你是说我的胡子吗？你知道远足的时候我没办法刮胡子，所以我已经习惯了不刮胡子。”

“你的这次远足怎么样？”你很有礼貌地问，但眼睛还盯着保罗的胡子。

“非常棒！”保罗说道，“我简直等不及明年夏天再去那里继续走完这条步道。”第一节课的上课铃声打断了你们的对话。“我午饭时再给你讲，”保罗边喊边朝着他教室走去。

到了午饭时间，你开始进餐了，同时也等着保罗来跟你一起吃午饭。午饭时间过半，保罗来了，一副垂头丧气的样子。“这一学年我居然是这么开始的！”他说着一屁股坐在椅子上。

“今天课上得很糟糕吗？”你问道，语气里充满同情。

“没有，是校长的问题，他不太喜欢我的新胡子。他告诉我，在明天之前，胡子必须消失，否则我就会被开除。”

“校长可以这样做吗？”你问道，“这样好像不合理。”

“我也这么觉得，可他不这么认为，我并不是有多爱这个胡子，我只是不喜欢别人命令我可以穿什么或者我看起来应该是什么样子。”

校长可以要求保罗刮掉他的胡子吗？如果保罗拒绝并且被解聘，那么解聘他合法吗？这两个问题的答案都可以是肯定的，也可以是否定的，就像在不同领域挑战学校权威的大多数案例中，法庭都尽量平衡个体教师的利益与权利和学校教育使命。

法庭通常判定学校和学校机构可以针对着装仪容制定规范，只要这些规范是合理的。这些规范必须是清晰的、以书面呈现的，并且对于所有的员工来说是平等的。法庭在大多数案例中还没有判定教师可以在宪法保护下随意穿着。事实上，不同的法庭案例都裁决教师有义务保证自己的着装方式不损害教育进程，而且这种着装方式有助于获得学生应有的尊重。

与此同时，法庭也裁决如果教师的仪容喜好反映的是种族或民族的价值观，那么这种仪容喜好应该受宪法保护。在发生于1969年的“布拉克斯顿诉佛罗里达杜瓦尔县公共教育委员会”（Braxton v. Board of Public Instruction of Duval County, Florida）一案中，佛罗里达法庭裁决布克·皮克胜诉，皮克是一位非裔美国教师，留着山羊胡子。皮克先生因为没有遵照学校督学的要求剃掉山羊胡子而被解聘。皮克坚持认为，他的山羊胡子是种族自豪感的体现，因此也具有言论自由的意义，是受宪法第一修正案保护的。法庭同意了他的看法，判决皮克先生的山羊胡是受宪法第一修正案保护的，并判定学校决定不再聘用皮克似乎是由种族因素驱动的。

教学视频案例

哪些法律与作为教师的你是相关的？在该教学视频案例“教学的法律和伦理维度：来自当今教育工作者的反思”中，你有机会聆听一个对话，对话的参与者是一个多样化的教师群体、一名由律师转型的教师，还有一名小学的行政管理人员。他们会讨论经历的日常事务，包括伦理困境、对于儿童虐待行为的关注以及法律如何影响他们的行动方案。在 CengageBrain.com 上访问教育媒体图书馆，可以观看该视频片段并学习该案例的资料。然后思考以下问题。

问题

1. 这些教师关心的问题如何体现本单元中提到的法律条文和法庭裁决？
2. 你认为给这些教师提出的建议实用吗？如果可以有所补充，你会补充哪些建议？
3. 你会向学区律师提出哪些类型的问题？在你的学校中，你认为还有哪些人能够帮助你解决法律问题？

教师的生活方式

在 20 世纪上半期，人们要求教师成为学生的道德典范。一个多世纪以前，即使在校外也不允许教师做出任何存在道德疑问的行为。女教师在公开场合不得与非亲属关系的男性在一起，除非有年长的女性陪同。在稍近的一些年代，甚至到了 20 世纪 50 年代和 60 年代，有些地方的女性教师如果结婚或者怀孕，就会被要求离职。

幸运的是，教师生活方式的这些限制，至少是对他们私人生活的限制，现在已经彻底消失了。然而，当教师在学校内或参加学校组织的活动时，他们的行为仍旧被看作教育家的道德标准，是学生的行为楷模。然而法庭往往并不会赞同学校限制教师的私人行为的主张。与其他情形一样，法庭的目的是平衡教师个人的权益与学校更有效率、更有效果地履行其教育责任的需求之间的关系。

我们来看一下 1969 年“莫里森诉州教育委员会”（Morrison v. State Board of Education）一案，马克·莫里森是一所高中学校的教师，他和学校聘用的另外一名男教师有过一段短暂的关系。一年之后，另外一个男教师把这段关系反映给了学校督学，校方随后解聘了莫里森，依据是他有“不道德、有悖职业的行为”。

法庭判定莫里森胜诉，他们判定学区关于不道德、不职业的行为的条款过于模糊。法庭还判定，学区并没有证据表明莫里森先生的生活方式在任何程度上有损于学校的教育进程。

总的说来，这次法庭的裁决以及随后其他一些案件的裁决通常被理解为教师的私生活和生活方式不能够成为被解聘的理由，除非学校管理方有证据表明这种生活方式对学校的教育进程存在破坏性影响。

总结

法律和法规是概括性的、宽泛的指导原则，不能涵盖所有情况的所有细节。对于一种给定的情况，可能会有几种不同的法律和法规适用。当这种情况发生时，法庭需要仔细查明特定情形，并且决定如何应用法律和法规。在关于教师、学生和学校体系的法庭案例中，法庭努力平衡个体的利益和机构的利益，同时遵守相关的法律。不同的法庭案例可以向我们揭示出这些案件的复杂性，以及想要达到平衡的难度。然而法律也是动态的，教师一定要及时了解法庭裁决和法律的变化。我们建议你定期阅读有法律栏目的教学期刊，或者定期阅读行业协会的新闻信件和其他有关学校法律的栏目。当然，重大案件一般会在网络上和有线新闻网上播出，所以也要及时了解新闻。

行动标准

州际新教师评估与支持联盟　标准10：领导力与合作

教师寻求适当的领导角色和机会为学生学习承担责任，并与学习者、学习者家庭、同事、学校其他专业人员及社区成员合作，确保学习者的不断成长并促进教师职业发展。

除了偶尔的纪律问题和课堂管理问题，你的教学一直都进展得很顺利。然而，最近你意识到班里有一股暗流。这周女孩子们已经有两次情不自禁地在你的课上哭了起来。课后当你询问她们“为什么”时，她们却都刻意不回答你的问题。你怀疑这些女孩受到了一伙（三个）男孩子的骚扰，你应该怎么办？

你是否应该直接去质问这些男孩子？一起质问他们，还是一个一个地质问？你是否应该向教学楼里的其他人寻求建议？向谁寻求建议？或者你是否应该对这件事情置之不理，寄望于它会自行解决？

更多资源

● The Code of Best Practices in Fair Use for Media Literacy Education. 可在 http://www. centerforsocialmedia. org/fair-use/related-materials/codes/code-best-practices-fair-use-media-literacy-ecductaion 获得该准则。该准则由美国大学社交媒体中心（Social Media at the American University）起草，内容是关于在课堂上使用的各种书面与电子媒介的一个丰富的信息来源。

● Nathan L. Essex，*Teacher's Pocket Guide to School Law*，2nd ed.（Upper Saddle River，NJ：Pearson，2011）. 这个价格实惠的文本（同样有电子版）针对课堂上教师面临的各种主要的法律问题提供了详尽的对策。

● David Schimmel，Louis Fischer，and Leslie R. Stellman，*School Law：What Every Educator Should Know，A User-Friendly Guide*（Boston：Allyn & Bacon，2008）. 这本书由律师和教育学界的教授所撰写，清晰详尽地为我们描绘了法庭上和课堂上的情形。

● Perry Zirkel，“De Jure” column in *Phi Delta Kappan*（Bloomington，IN：Phi Beta Kappa International）. 这个专栏定期发布有关学校法规的重要问题，并提供了很便捷的方式跟近最新发展。

重要术语及定义

学术自由（academic freedom）　教师能够教授一个事物或者使用某种教学资源而不用担心遭到惩罚、报复或骚扰的自由。

正当程序（due process）　依法保护公民享有的公正、平等的宪法权利的审议程序。

教育失职（educational malpractice）　未能适当教育学生。

合理使用（fair use）　一个法律原则，界定了未经作者许可可以使用版权材料的具体、有限的途径。

替代父母（in loco parentis） 当学生在学校时，教师履行的代替父母的责任。

法律责任（liability） 由个人行为引发的个人的法律义务。

合理监护（reasonable care） 一个法律术语，指教师必须对学生行使的监管和注意的程度。

本书的配套网站提供了很多有用的资源。访问 CengageBrain. com 获取本书各单元词汇表、抽认卡、网页链接和其他学习辅助工具。

注释

[1] Louis Fischer, David Schimmel, and Cynthia Kelly, *Teachers and the Law*, 6th ed. (New York: Addison-Wesley Longman, 2002).

[2] Op. cit.

[3] U. S. Department of Education, Office of Civil Rights, *Revised Sexual Harassment Guidance*, Title IX, January 19, 2001. Available at http://www. ed. gov/about/offices/list/ocr/docs/shguide. html.

[4] Peter W. Airasian and George F. Madaus, "Linking Testing and Instruction: Policy Issues," *Journal of Educational Measurement* 20, no. 2 [Linking Achie vement Testing] (Summer 1983): 103-118.

[5] Op. cit.

[6] Kern Alexander and M. David Alexander, "Due Process Rights of Teachers," in *American Public School Law*, 7th ed. (Belmont, CA: Wadsworth Cengage Learning, 2009): 887-919.

[7] *Tinker v. Des Moines Independent Community School District*, 393 U. S. 503 (1969).

[8] Op. cit.

[9] *Hazelwood School District v. Kuhlmeier* 56 U. S. L. W. 4079, 4082 (12 January 1988).

[10] *Pickering v. Board of Education*, N. E. 2d 1 (1967); 391 U. S. 563 (1968).

[11] The Code of Best Practices in Fair Use for Media Literacy Education, American University Center for Social Media. Available at http://www. centerforsocialmendia. org/fair-use/related-materials/codes/code-best-practices-fair-use-media-literacy-education.

第二十三单元

聘用、解聘及教育法规

州际新教师评估与支持联盟　标准 9 和 10 ►►►

情景一

对于玛丽莎·博登来说，这个星期五过得有些慢。今天就开始放春假了，但她教的三年级学生好像从星期一就开始放假了。她花了好大的精力试图使学生专心学习她精心准备的课程内容。玛丽莎从来没有想到过第一年的教学工作会如此让人筋疲力尽，或者她得花如此多的时间让学生开始——并坚持完成——任务。她一直以为，到了三年级，学生集中注意力的时间会超过七或八分钟。

玛丽莎摆正书桌，整理了一大摞课间要批改的作文。离开前她来到办公室查看邮箱，看看有没有晚交的作文。在邮箱里，她发现了一个密封的信封，信封上印着她的名字。

“这是什么?”她有点纳闷。学校内部交流很少使用密封的信封，事实上，学校内部交流很少使用信封。她打开信，开始浏览信件的内容：“信……合同……不再续签……”

“什么？这不可能，”她心里想，很震惊。她把信又读了一遍，仔细看了每一个字，但信息仍旧是相同的：“这封信是通知你，你的合同本学年末不再续签。”

玛丽莎冲进校长办公室，希望能在那里找到她。“温赖特女士，你现在有空吗?”

“哦，你好，博登女士。在等待假期吗?”

“是的，直到我拿到这个。”她在空中挥了挥那封信。

“是的，今天不是发出这封信最合适的一天。但是必须得把它发出去。”

“我不明白为什么。我所有的评估结果都很好，是吗？至少我认为是的。”

“对不起，玛丽莎。我现在没有时间谈论这件事。我也不能谈论这件事。你需要与督学办公室的人谈谈。”

情景二

“基弗，校长想见你。你能来一下他的办公室吗?”校长的秘书听上去没有她一贯那么友好。

“我正在批改一批作文。能等一下吗?”德莱恩·基弗回答。

“不行，他想立刻见你，课前就去。”校长哈利德是新来的，很快就因为不太容易接近而闻名。事实上，德莱恩与校长见面不多，但每次见面都不太愉快。他是一个严格刻板的管理者，在学校任何政策方面很少（如果有的话）允许学生或教师有任何偏差。德莱恩现在很高兴，因为他去年获得了终身教职，而不用拖到今年。

“我现在就过去，”德莱恩答道。他朝办公室走去，心里琢磨着校长为什么这么急着要见他。“是学生投诉了什么吗？或者可能是学生家长？”他心里纳闷。

“进来，基弗先生。请坐。我直接进入主题了。上星期四你缺席了强制性职业发展培训。”

“是的，我告诉过你我家里出了紧急情况，我必须得去处理。需要给您一张请假条吗？”德莱恩半开玩笑地问道。

“是的，你是这么说的。但我从一个可靠的消息来源得知，事实上你家里并没有紧急情况，只是你决定去做比参加职业发展培训更想做的事情。你没有参加强制性培训，不仅违反了合同义务，还编造谎言。我已经和督学谈过了，本学年结束时你的合同不会续签。”

“什么？我不知道您所谓的‘可靠的消息来源’是谁，但我家里确实出了紧急情况。”

“那是你说的。但恐怕你不是很可信。你应该开始为明年寻找其他教师职位了。就这些。”

德莱恩离开校长的办公室，他完全不相信这一切。在回办公室的路上，他遇到了学校的老教师爱丽丝·赫尔利。回应她日常的问候，德莱恩说出了半小时之前发生的事情。

“你对他说了什么？”爱丽丝问。

“什么也没说。我很震惊。我无法相信我刚才听到的话。”

“你必须马上去见我们的工会代表艾伦。如果他在上课你就打断他。哈利德不可以这样做。”

预览

这两个情景中的事件有点非同寻常，但在今天的学校里确实会发生这样的事情。与大多数组织一样，学校也要聘用和解聘人员，裁员，解聘工作表现不尽如人意的员工。与大多数组织一样，学校必须遵守法律规定并且尊重教职人员受宪法保护的权利。

在这个单元中，我们想让你了解一下有关公立学校聘用和解聘工作人员的现实情况和法律规定。

单元要点

本单元强调：

◇ 对招聘过程——从面试到签订合同——的描述。
◇ 教学合同的条款以及违反教学合同的含义。
◇ 教师终身教职的性质及其法律依据。
◇ 教师被解聘的条件。

行动起来

在开始这个单元之前，想一下你了解的有关聘用和解聘的知识，并考虑你对单元开篇的两个情景的看法。

问题

1. 你能回忆起学生时代听说某位教师被解聘吗？当时是什么情况？你相信你听到了一个“完整的故事”吗？

2. 如果你是情景一中的玛丽莎·博登，你会怎么做？

3. 如果你是情景二中的德莱恩·基弗，你会怎么做？

招聘实践

要被聘为教师，你不仅需要与任教的学校权力部门打交道，也需要与当地学区和你所在州的权力部门打交道。（参见第十九单元“学校管理与经费来源”，详细了解各级权力机构的职能。）

州政府颁发教师资格证

如果你打算教书或者目前正在一所公立学校教书，你必须获得所在州的教育机构颁发的教师资格证。一些州确实允许要求较高的学科（如数学、科学、外语和特殊教育）提供短期豁免书，但是拥有有效的教师资格证通常是在全国范围内公立学校从事教学工作的先决条件。

各州对获得资格证的要求不尽相同。州教育机构——通常被称为教育部——决定从事教学工作的人应该具备的技能和知识，并提出资格证管理规定，之后由州立法机关通过该规定。

然而，每个州都要确保学生接受长久的优质教育。联邦政府颁布的《不让一个孩子掉队法案》也要求所有教师都必须是“高素质”的教师，这意味着教师已经获得了资格证，并且已经通过了他或她所教科目的能力测试。为此，很多州要求准教师通过教师能力和技能的测试。一套常规测试是由教育考试机构（ETS）开发的Praxi系列。Praxis I和II是书面测试，用以测试申请人的总体读写能力（Praxi I）和在39个州获得资格证所需的学科主题知识和技能（Praxis II）。Praxis III是以现场听课、档案袋和教师访谈为信息来源的绩效评估。老教师就以下4个领域的19个标准对申请人进行评估：计划教学（备课的质量）、课堂环境、教学过程和职业责任[1]。

学区的招聘流程

学校和大多数雇主一样。在聘用新教师时，他们依据估量寻找的人是最有资格的，而且其教学理念和教学方法最适合本学校。在大多数学校中，申请人的数量远远超过空缺职位的数量，因此学校管理人员在招聘过程中通常是有所选择的。当然，从教师的角度来看，某些学科（如英语、历史和社会科学）往往比其他学科（如数学、科学和外语）更具竞争力。

通常，当学区通过分析有关招生、预算和教学职位空缺等信息来确定下一学年的教学需求时，学区的招聘程序就开始了。在学校预算紧张期间，各区会寻找能够在多个岗位上为学校服务的人员。因此，持有多种资格证书和具有多种技能（比如，辅导和组织课外活动）的申请人往往很有吸引力。

学区在评估自身需求后会向公众发布预计的空缺职位，并敦促感兴趣的申请人申请职位。申请人通常需要递交求职信和简历。一些学区会要求提供大学成绩单和推荐信，其他学区不要求申请者在初期提供这些材料。即使学区不要求提供推荐信，提供几个推荐人的名字和联系信息总是一个不错的主意。

之后学区人事部门会选择申请人参加面试。对于某些特定的工作，你可能需要参加1～3次面试。面试你的可能是一个人或一组人，你可能需要给一个班级授课或者解释你将如何给一个班级授课。面试形式和学区一样复杂多样，所以接到面试通知时，尽量多了解该学区的招聘程序。“在你的课堂上”板块提供了一些面试建议。

招聘过程可能持续几周或几个月，这取决于每年的招聘时间。很多学区喜欢在四月或五月（学年末前）开始招聘工作，这样返校教师就可以参与招聘过程。一些学区发现，如果大部分的招聘工作集中在六月中后期（学年刚结束的时候），返校教师通常更容易参加招聘工作。为了填补意料之外的职位空缺，七月或八月较晚的招聘期也是很常见的。

在你的课堂上

为求职面试做好准备

低估面试的重要性是一个很严重的错误。即使你确信你是某一个特定教学职位的理想人选，招聘人员的意见才是重要的。考虑一下下面这些面试要点：

● 不要只去面试“完美的工作”。在面试环境中，最好能广撒网，获得经验，体验舒心。

● 与同学或朋友模拟面试中的角色。准备以下可能被问及的问题，例如：作为教师你的优势是什么？你的教学理念是什么？你的纪律和课堂管理理念是什么？关于我们的学区（或者我们的学校），你希望了解什么？

● 在面试前尽量多了解实际的职位、学校和学区。使用网络。向知识渊博的熟人询问他们对这个工作的了解情况，不要害羞[2]。

● 衣着得体。如果你不确定什么是“得体”，想尽一切办法寻求建议！

● 提出问题。不仅要做好准备回答面试官的问题，还要做好准备提出自己的问题。记住，你并不只是为了得到工作，而是想找到一份与你的技能与才能“匹配”的工作。好问题会给面试官留下好印象。

合同

一旦你和校区都确定了彼此适合，校区的代表会给你一份合同。在这个时候，法律权利和法律责任开始起作用。

教学合同条款

教学合同因学区而异，也因州而异。你的合同明确规定你的教学任务，包括最大班级规模以及你将要履行的任何其他职责。合同也应该说明你的年薪和支付时间；你的福利待遇，如健康保险和病假；与合同有关的冲突发生时你应该遵循的申诉程序。如果合同是通过集体谈判达成的，作为认可的和唯一的谈判工会通常会被提及。在一些“有工作权利的”州（主要是在南部和西部），由公共雇员组织的集体谈判是非法行为。这些州都有教师工会，但是教师工会并不能在谈判桌上代表教师。

你的合同中可能还有有关其他聘用条件的内容。在一些州，某些条件（如定期更新你的教学资格证）是由州法律规定的。在一些学区，教师政策手册可能被认为具有合同约束力。因此，教师必须了解手册中的条款，而且条款内容必须清晰明确。在其他学区，教师政策手册附带一项免责声明：手册政策不具有合同约束力。请务必仔细阅读此合同，并确保在了解了合同所有条款之后再签署。

违反合同

从严格的法律角度讲，一旦制定和接受了有明确条款（如工资和教学任务的）的协议，合同就生成了。然而，获得学校董事会批准之前该合同可能不具有约束力。在合同具有约束力之前，教师或学区都可以撤回合同。出于这个原因，在签署合同之前应该询问学校董事会是否已经批准了该合同。一些学校董事会可能完全同意他们的代理人（校长或督学）提供合同。其他学校董事会可能通过召开董事会会议来批准合同。

如果你有一份有效的、有约束力的合同，双方都有义务履行其条款。如果学区或你违背了合同，则被认为是**违反合同**，侵权方要承担赔偿责任。如果雇主违反合同条款或者在合同生效后试图变更合同条款，那么雇主违反了合同。例如，如果你的合同明确指定了你的任务是教授社会学，而在开学前一周要求你教两个班的科学课，这可能就构成了违约行为。如果你不想教授专业范围以外的科目，就要确保合同明确阐述了你的教学任务。

如果教师在签订合同后拒绝接受合同中约定的职位，那么教师违反了合同。如果你已经与一个学区签订了合同，在法律上你就有义务履行这份合同。你不能突然决定回到学校，接受一份不同的工作，或者干脆休息一年。如果你这样做，你就违反了合同，可能会被学区起诉。

合同期限

你的合同的固定期限可能是一年。如果你签了这样一份固定期限合同，那么你每年都需要收到一份新合同。在一些学区，所有的合同每年必须续签一次。在其他学区，一些教师可以获得“续聘”资格。如果你获得续聘资格，在接下来的一年你将自动被重新聘用，除非学区在指定日期前通知不再与你续签就业合同。

终身教职是保障教师永久就业的法律权利，其目的是保护教师不会因为校长、督学或学校董事会随意的行动而受到伤害。美国大多数公立学校仍然实施这一惯例——在固定的试用服务期（通常是三年，但并不总是如此）结束之后授予教师终身教职。事实上，在很多州终身教职是州教育管理制度的部分内容，学区必须在教师顺利度过试用期后授予教师终身教职。

在试用期内，教师聘用工作每年进行一次，学校可以选择不与新教师续签合同。尽管在很多情况下合同是续签的，但是对于是否续签教师的合同，学校不受任何约束。学区也不需要解释试用期内拒绝续签合同的理由。事实上，由于存在不同的法院裁决，学区一般避免解释任何不续签合同的理由。这就是玛丽莎·博登——本单元开篇情景一中任教一年的新教师——遭遇的情况。当她向校长询问她的合同不能续签的原因时，她没有得到任何解释。

一旦教师的试用期结束，学校必须决定是否授予教师终身教职。这一决定对教师和学区都很重要，因为一旦教师被授予终身教职，教师很有可能在该学区任教直到退休，或者直到教师决定接受另一个教学岗位或从事教学以外的工作。终身教职也是教师的一个重要心理里程碑。很多人认为他们可以全身心地设计能够激励和启发学生的课程，而不是过分追求迎合他们的上司。然而，终身教职提供的工作保护也是有限制的。记住这两个重要的限制：

（1）终身教职只授予为特定学区提供服务的教师。如果有终身教职的教师离开那个学区去另一个学区任教，教师将不再享受终身教职的待遇。

（2）终身教职不能保证你的具体工作。终身教职只保障在学区内受聘。它不能保证教师在相同的条件下在同一所学校的同一个教室里总是完成相同的教学任务。教师可以被调到区内的另一所学校，或者可以被要求教授其他课程，只要他们有相应的资格而且不需要额外的培训。

行动起来

阅读以下情景并运用你在这个单元中所学的内容思考后面的问题。

情景一

想象一下，你得到一个职位——在一所高中教授两个班的生物课和三个班的化学课，这所高中位于社会经济地位较低的学区。你接受了这个职位，主要是因为你急于在秋天找到工作，而不是因为你认为这所学校特别适合你。

数月后，你突然接到另一个学校打来的电话，电话的内容是关于一个职位——你曾经申请过并在五月份接受过面试。当时他们没有给你这个职位，但是他们聘用的人出人意料地改变了计划，准备离开这个州。你被告知，你是校长的第二人选，因为他的第一人选退出了，现在他把这个职位提供给你。

你很喜欢在那个学区教书！那所高中正是你憧憬的学校，在那教书你感觉身心愉悦。这个职位教授的都是生物学，这正是你真正想要教的，而且在那里你会多挣大约 3 000 美元。

问题

1. 你会怎么做？为什么？
2. 你的选择合法吗？为什么合法或为什么不合法？
3. 你的选择符合道德规范吗？为什么符合或为什么不符合？

情景二

“格雷先生，谢谢你这么快就来见我。你知道，我们一直想办法重建和重组小学和中学的配置。经过多次辩论和讨论，学校董事会和学校管理部门决定将你调到中学，而且……”

“什么？调到中学？但我是个小学教师！我不同意。我并没有申请调到中学。五年级我已经教了六年了，我已经有终身教职了。你们无权违背我的意愿调动我的工作。”

“实际上，我们有权利这样做，”校长答道，“如果你拒绝工作调动，恐怕明年你不会在这个学区任教了。”

问题

1. 终身教职是否可以使格雷先生有权拒绝被调到中学去任教？
2. 在这种情况下你会怎么做？你的决定合法吗？

服务期终止

正如我们所指出的，无终身教职教师通常没有继续就业的权利。对于终身教职教师而言，情况有所不同。他们受到美国宪法（保护公民的生命权、自由权和财产权）第五和第十四修正案的正当程序条款的保护。有了终身教职就可以继续就业，法院已将其界定为财产权。终身教职教师在社区内拥有很高的地位，法院将其定义为自由权。任何威胁个人自由权或财产权的行为都必须遵循**正当程序**[3]。

有两种正当程序：

- 程序性正当程序与法律如何应用。广义上讲，程序性正当程序保证所有个人享有公正和公开的审判权。在审判过程中，有公正的陪审团出席、有出席审判的权利以及有为自己辩护的权利。
- 实体性正当程序着眼于法律的实质，考察法律是否以任何方式限制个人的宪法权利。实体性正当程序确保法律条文清晰明确，说明哪些行为是允许的，哪些行为是不允许的，以及违反法律的后果。

在劳动法中，当公平问题或一个组织的聘用和解聘政策及程序的公平执行遭到质疑时，通常引发正当程序。在任何可能导致失业或被解聘的行为中，学校需要保护终身教职教师的正当程序权利。因此，终身教职教师只能在以下特定情况下被解聘：违反合同、不称职或者给学区带来财政压力。

因故解聘

如果终身教职教师因故被解聘，那么必须是他们违反了与教学职责有关的合同义务。

解聘的实际原因因学区而异，也因州而异，但通常必须与工作有关，而且必须是州法律、学区政策或教职工政策文件明文规定的。解聘的常见原因包括（但不限于）不服从分配、不称职、缺乏道德、能力低下、低效以及行为不符合教师身份。法院通常认为，因故解聘不能基于教师的私生活。近年来，基于教师私生活的解聘原因已被法院推翻，除非教师在公共场合参与的行动和行为不符合教师身份，损害了个人或学区的形象。

正如我们所看到的，因故解聘终身教职教师的程序通常在州法律中有明确规定且必须尊重正当程序。这意味着，除其他要求外，雇主必须有明确的指控陈述以及支持这些指控的证据。反过来，雇员必须有机会在不公正的权威面前提供证据为自己辩护。本单元开篇的情景二展现了一个雇员的程序性正当程序权利被侵犯的情况。德莱恩·基弗被指控违反合同义务，但却没有机会针对这些指控为自己辩护。作为学校的代理人，校长有责任向德莱恩出示对他的指控，召开有公正的仲裁者出席的听证会，并允许德莱恩为自己辩护。赫尔利的建议——德莱恩应该与工会代表谈谈——在这个情况下是再正当不过的。

因能力欠缺被解聘

教师的首要职责是尽其所能教育学生。在教师试用期内，学校管理者通常设法确定教师是否具备这一能力。学校是繁忙的环境，通常（对教师的）评估次数不多且敷衍了事。因此，有时学校会发现终身教职教师不能胜任他们的职责。

不称职的教师缺乏充分履行职业职责所需的知识或技能。证明教师不称职的证据必须具有说服力。教师仅仅一两天在课堂上表现不佳并不足以证明其不称职。无法维持好课堂纪律常常被认为是教师不称职的证据，因为法院认为教师在混乱的课堂上无法进行有效教学。然而，仅仅是失控的课堂也不足以证明教师不称职。管理者必须提供充分的证据来证明教师没有履行他或她的职业责任，而且学生没有学到知识。

法院一贯倾向于认为不称职是一个可以补救的问题——一个可以解决的问题。他们要求学校管理人员设计并实施一项行动计划，来帮助教师掌握必要的教学知识或技能。如果在尽了最大努力帮助终身教职教师之后（这个过程可能需要一到两年的时间），仍然有证据显示其不称职，那么学区就可以解聘该教师。然而，该教师很可能会质疑被解聘的原因。

裁员

在经济放缓期间，即当学区的预算不能完全覆盖所有开支的时候，就会出现**削减劳动力**（或现在人们已熟知的说法——“裁员”）。在这些情况下，学区必须找到创新性方式利用有限资源为所有学生提供适当的教育。学校可决定取消整个课程——如某些体育课程、艺术课程、体育教育或外语——以便将必要的资源重新分配到核心内容领域。[如果你曾经看过这部电影——《生命因你而动听（霍兰先生的乐章）》，你可能记得“裁减”艺术课程是电影的中心主题。] 有些学校可能会决定扩大班级规模，合并班级，从而取消部分教学岗位。

当职位被取消时，那个职位上的教师不一定会失去工作。相反，教师队伍的削减往往受资历的影响，确保最有资历的教师能在学区内继续工作。最先被解聘的教师是资历最浅、服务年数最少的教师。留下来的教师可能会从一所学校调到另一所学校，或者重新分配到不同的年级或不同的学科领域。

行动起来

针对每个情景，判断解聘是否会得到州或联邦法院的支持，以及为什么会得到支持或为什么不会得到支持。

情景一

“墨菲女士，我们需要谈谈。今年是你教的大多数学生连续第三年未能通过州立标准评估测试。学生的表现影响了学校的评级。去年，我们谈论过你要改变方法帮助更多的学生通过这个测试。”

“是的，我们谈论过，我一字不差地落实了计划。我们每天花 60 分钟准备考试。学生几乎每天都写文章。但是，正如你来听课时我告诉你的，这个班是我教过的最弱的一个班。学生已经取得了进步，但仍旧落后于其他班级。”

“嗯，我们都面临这种挑战。遗憾的是，你的学生是所有班级中表现最差的。督学很担心，除非分数提高，否则这个学区将被州教育部门接管。他期望能够切实改善师资力量，从引进部分新鲜血液开始。恐怕学年结束时你得走人。”

“但是我有终身教职！你们不能让我走！”

“督学好像并不这么认为。”

问题

墨菲女士的学生在州指定测试中成绩很差，她会因此被解聘吗？

情景二

“史迈士女士，我注意到你有第二份工作。”校长芬克尔斯坦说。

“是的，我是有第二份工作。但我不明白这跟别人有什么关系。”

“通常情况下，我同意你的说法。但是遗憾的是，一个学生家长看到你在做另一份工作，并向督学汇报了这件事。她认为在脱衣舞俱乐部工作不适合……”

“那不是脱衣舞俱乐部，而是一家（有舞蹈、音乐等表演的）餐馆。”

“这并不重要。督学让我告诉你，如果你想继续在这个学区工作，你就必须辞掉另一份工作。”

“你们没有权力干涉。我有终身教职。我所有的评估都很优秀。你曾多次表扬过我的教学能力，你不能因为我做服务员就辞掉我。”

“你在餐馆里（给客人）端饮料，还穿一件小而暴露的衣服，对吗？”

“这跟我的教学有什么关系？”

问题

如果史迈士女士拒绝辞掉餐馆服务员的工作，她会被解聘吗？

情景三

一个拥有四所中学和两所高中的大型学区面临着严重的预算困难。经过多次漫长而艰难的商讨，督学和学校委员会最终决定扩大班级规模，合并一些班级。高中阶段将取消两个英语教学职位。由于初中入学人数不断增加，初中年级没有取消教学职位。

这是你在中学教授英语的第四个年头，最近被授予终身教职。虽然你为这些高中教师感到难过，因为他们大多数是在这个学区任教至少10年的老教师，但听说不会削减初中年级的教学职位，你感觉如释重负。

几天以后你在邮箱里发现一封信。让你非常吃惊和懊恼的是，你被告知作为“最晚被聘用的”英语教师已经被“裁员”了。午餐时，你去见工会代表，想弄清楚你为什么会收到这封信。

“哦，你收到信了。我本想提前通知你，但是我一直忙于‘裁员’工作。而且，我以为你已经预料到这个情况，因为你是这个学区最晚被聘用的英语教师。”

“但是我在初中年级教学。裁员的情况都在高中年级！为什么要让我离开？”

“三个高中英语教师也可以在初中年级教学。他们在这个学区教学时间比你长。你和南高中学的一位教师（倒数第二个被聘用的教师）将被辞退。对此我们很抱歉，但我们别无选择。”

问题

选择你作为必须被辞退的英语教师，这个学区的做法对吗？

总结

我们强烈建议，在你开始找工作的时候，调查一下你正在考虑的学区。一旦你得到了一份合同，你需要确定这是否是你想要的职位。不要立即跳槽，尝试和该学区的其他教师谈一谈——最好是你所在学校的教师。尽量多了解你的工作环境、你的教学理念和学校之间的契合度、可以享受的福利以及该学区的教师长久任期的情况。教师长久任期可能意味着教师发现该学区是一个不错的雇主，因此没有寻找其他教学岗位。

此外，尽量充分理解合同义务和专业岗位职责。一旦你接受了一个职位，跟你的新同事、直接上司和导师谈一谈，以便了解所有的工作要求，尤其是非课堂义务方面的期望。在最初几年的教学中，你要特别小心，确保理解并达到该学区所有的要求。

行动标准

州际新教师评估与支持联盟　标准9：专业学习和道德实践

教师能够持续不断地进行专业学习，能够使用证据不断地评估他/她的实践行为，尤其是他/她的选择和行动对他人（学习者、学习者家庭、其他专业人员和所在社区）的影响，并且能够调整其实践行为以满足每个学习者的需求。

想象一下，你正在参加一个招聘面试，面试你的人事总监来自你真正想任教的学区。你认为你很适合这个职位，而人事总监似乎也喜欢你的答案，流露出鼓励的态度。然后，他转而问了很多有关你的婚姻状况、政治倾向和对教师工会的态度等问题。你会怎样回答这些问题？如果你得到这个职位，你会接受吗？你会忽视、会当面质问他，还是会向他的上司举报他的行为？

更多资源

● Nathan L. Essex，*Teacher's Pocket Guide to School Law* 2nd ed.（Upper Saddle River，NJ：Pearson，2011）. 这个价格实惠的文本（同样有电子版）全面梳理了课堂教师面临的主要法律问题。

● David Schimmel，Louis Fischer，and Leslie R. Stellman. *School Law：What Every Educator Should Know，A User-Friendly Guide*（Boston：Allyn & Bacon，2008）. 这本书是由律师和教育学界的教授所撰写的，清晰地将法庭和教室这两个不同的世界联结起来。

● Perry Zirkel，"De Jure" column in *Phi Delta Kappan*（Bloomington，IN：Phi Beta Kappa International）. 这个专栏定期发布有关学校法规的重要问题，并提供了很便捷的方式跟近最新发展。

● Teachers-Teachers. com. 参见 http://www. teachers-teachers. com。这是一个提供免费服务的网站，旨在帮助教育工作者找到全新的、多样化的教学工作。通过该网站你可以查看全国 2 100 所学校和私立学校的招聘广告。

重要术语及定义

违反合同（breach of contract） 未能履行法律协议的要求。

合同（contract） 对双方有约束力的协议。

因故解聘（cismissal for cause） 因个人违反合同义务或未能履行承诺而将其从有偿职位上开除。

正当程序（due process） 依法保护公民享有公正、平等的宪法权利的审议程序。

削减劳动力/裁员（reduction in force，RIF） 由于学生人数减少或资金减少而削减学校中的教学职位。

终身教职（tenure） 终身聘用为教师的合法权益，保护教师使其不会在没有正当理由的情况下被解聘。

本书的配套网站提供了很多有用的资源。访问 CengageBrain. com 获取本书各单元词汇表、抽认卡、网页链接和其他学习辅助工具。

注释

［1］ The Praxis Series. Educational Testing Service. Available at http：//www. ets. org/Media/Campaign/11119/index. html? WT. mc _ id＝px _ g _ em _ ets _ praxisi&gclid＝CNq _ n7GPvKUCFcbc4AodiH6pYw.

［2］ 例如，詹姆斯·麦迪逊大学赞助了一个网站，该网站提供优质信息和建议：《基础教育工作者求职手册》。Available at http://www. jmu. edu/cap/education/js-handbook. pdf.

［3］ Kern Alexander and M. David Alexander，"Due Process Rights of Teachers，" in *American Public School Law*，7th ed.（Belmont，CA：Wadsworth Cengage Learning，2009）：887－919.

第二十四单元

教学第一年

州际新教师评估与支持联盟　标准 1，2，3，5，6，7，8，9 和 10 ▶▶▶

情景

9 月 1 号：哎呀，上周大部分时间都在布置教室。现在我已经准备好了明天与学生和他们的家长见面，现在我很激动！也很紧张！

9 月 22 号：哇哦，暑假里所有花在备课上的时间看来是值得的，我觉得我应该会成为一个很棒的教师！

10 月 11 号：今天的课上得真无聊！好吧，也许每个人都有上得不满意的课，这个周末我要计划下周要教的一些新内容。

10 月 27 号：我以后还能睡一晚上好觉吗？第一学期批改作业的工作真令人担心。大楼管理人达雷尔今天要锁大楼又把我赶了出来，仅仅是今天的作业我就能批改到半夜，然后还要准备下周的课。真希望我能叫一个会魔法的“额外时间”仙女来帮帮我！

11 月 19 号：好吧，我想我与学生的“蜜月期”已经结束了，班级规则似乎已经完全被抛到脑后了，纪律也全都没有了！也许像我的表兄戴尔一样，做一名股票经纪人还不算太晚吧。或者——等等——像我的朋友塔米一样做一名旅行社代理人。对的，就那样，到洒满阳光的海岛进行“深度游”，与其他成年人进行文明的对话……

11 月 20 号：我真是害怕明天早晨去学校。谢天谢地，离感恩节周末长假期只有最后两天了！

11 月 27 号：哇哦，这个休假真的很有帮助。希望我在家庭聚会上硬挤出来的笑容看上去不那么假。每次只要有人问我过得怎么样时，我说：“还不错，正在一点点适应。”说话时感觉自己简直就是一个彻头彻尾的骗子。但是看到一些很友好的面孔还是很开心的。至少他们都觉得我是一个好教师。睡了个好觉也很有用！现在我想接下来我有办法让学生回到学习的轨道上——我确信之前我就是太疲倦了没能想出一个办法。

12 月 2 号：再次见到这些孩子我是那么开心，我感觉有些奇怪，尽管他们有一半人都感冒了，都在擤鼻涕。但新的管理策略似乎奏效了。

12 月 9 号：哦，这些可恶的细菌喷怪！现在我也生病了！更糟糕的是，他们又开始不听话了，又开始了！

12 月 17 号：12 月的假期为什么还没到!!! 这些孩子已经变异了，变成了无法无天的小野兽，对什么都毫无反应——纪律、威胁、惩罚都没用。要么是我变异了，我怎么能威胁和惩罚这些可怜的孩子呢！谁会让我这样的人来教书？？我感觉太累了，甚至情绪也不稳定——忘记了要时刻保持警惕，要胜任本职工作。午饭前我没哭起来真的是太幸运了!!

12 月 20 号：我们所有的人一定都非常需要这个假期。今天孩子们好像又有了人样——也许是因为想到有一段时间可以离开我、可以与家人在一起，很有安全感。但是今天他们真的好贴心，给我带来了卡片，还对我说“节日快乐!”。艾琳和哈里还带来了令人惊喜的礼物。艾琳和哈里，所有学生中最让我头疼的两个小家伙——哇哦！没错，节日快乐，的确，这意味着两个星期的休假!! 嗯，相对的休假——后面还有六个月的课要备。

1 月 4 号：睡觉真的是太美妙了!!! 我觉得我已经休息好了，足以面对接下来的六个月了。这六个月过后，我一定要找一份新工作，也许我会去问问汤姆，怎么样才能成为一名旅行社代理人？

1 月 8 日：我的学生（没错，我的学生——我听到自己说出这几个字仍然觉得有点奇怪）兴奋无比地分享了他们的假期生活，我都感觉很惊讶：居然这么容易就能让他们回到学习状态中。他们还是放假前我教的那些孩子吗？

1 月 24 号：学生还没有进入“12 月份无精打采的状态”，管理起来比以前容易多了，也更专心了。他们听话的时候，上课比以前顺利很多！现在，我真希望我能知道：是我学会如何与他们打交道了还是他们真的长大了还是有其他原因？

2 月 20 号：终于，我想出了一个记录家庭作业的方法。

3 月 9 号：今天真是太顺利了!! 我想我终于找到了一些能真正让学生感兴趣的活动。今天几乎没有任何人来打扰我。

4 月 12 号：我开始能在天黑前回到家了!! 当然，现在白天时间也长了一些。今晚批改完作业还有一个小时才到睡觉时间。哇，能观看晚间新闻让我感觉很兴奋。

4 月 29 号：春假真的是一场狂欢！与大学同学尼尔、玛丽亚和莉莉的聚会真的太棒了。我当教师的这些糟糕的经历与他们的经历比起来不值一提。但是，令人奇怪的是大家第一年的工作经历都相差不多。也许我不应该把这一切看得过于个人化了。

5 月 17 日：今天校长非常漫不经心地问我是否愿意做学生感恩节慈善动员大会的负责教师，感恩节慈善动员大会可是这个社区里的一件大事。我有一点震惊，倒不是因为这个动员大会。最后，我含糊其词地说道：“那么这意味着明年我还可以继续在这里工作？”

“哦，当然啦！”她愉快地说，好像我根本就不该有疑问。“很快合同就会从学区办公室寄过来了。”

但是我还想回来继续工作吗？

5 月 20 号：我还在认真考虑着是否要继续做这份工作。我想得越多，越发意识到我学到了很多知识。而且我确实做了大量的工作！所有其他的教师都说过了第一年工作就会容易多了。还有汤姆也抱怨在旅行社遇到的那些孩子气十足的客户——听上去他们甚至比这些真正的孩子还要糟糕。

5 月 27 号：今天合同寄过来了。我很快就签名了，来不及想太多，然后直接把它寄走了。我想我还是会回来工作的。

6 月 12 号：哦，确实感觉很快就到这学年末了！当我们把所有的课桌、衣柜和公告板清理干净之后，房间显得空荡荡的。我都不记得去年夏天这个房间看上去有这么空。啊！暑假……我都迫不及待与另外两个教师一起去湖边度假屋度假了——相处之后发现他们都是很棒的朋友！我只需要把九月份要用的所有东西收好就行了。

预览

本书的作者之一写了一本书，名为《过山车般的一年》，讲述新教师第一年的工作经历[1]。这个书名恰如其分。对于大多数的新教师（正如上述这个虚构日志的作者）而言，第一年的教学工作如同坐过山车一般——既有高潮，也有低谷。有时新教师的高潮和低谷的过渡期会出现在这一年的不同时间，而且持续的时间有长有短，但是我们几乎可以保证的是，每个新教师都会有这样的体验。一些新教师认为，这一年中经历的高潮不足以弥补那些低谷，所以最终选择了其他职业。其他教师甚至也许比从前更加确信他们非常适合教师这个职业。还有一些教师对于他们在课堂上的未来不是很确定，但是决定再继续任教一或两年（再做决定）。

无论你在第一个学年结束时做出怎样的决定，我们都建议你记住这样一个事实——第一年的教学工作的确是非常特殊的。大多数教师说第一年是他们教学生涯中最考验人，也是最艰难的一年。因此，当你衡量这些高潮和低谷来决定今后的打算时，记住第一年的经历并非是判断职业选择的可靠依据。

单元要点 ▶▶▶

本单元强调：

◇ 第一年任教的教师往往会经历一些意想不到的情感和反应。

◇ 教师工作的第一年中有一些相同的“阶段”，因此存在大量的实用且具体的建议和意见，可以指导新教师顺利度过教学第一年。

◇ 有很多具体的资源，新教师可以从中获得支持与帮助。

行动起来

思考本单元开篇的日记内容，然后思考以下问题的答案。

1. 你能回想起曾经教过你的新教师吗？你如何判断一个教师是不是新教师？有哪些因素使你确定他或她的新教师身份？你和你的同学们在这个新教师面前会有不同的表现吗？

2. 在思考你第一年的教学经历时，你预计会经历怎样的高潮和低谷？你现在能做些什么来预防潜在的“低谷”给你带来的真正的麻烦？

克服最初的错位感

几乎每一个人都在小学和中学阶段度过平均 13 年的时光，在这 13 年中我们的身份都是学生。将你的视角从学生转变为教师可能是一个复杂的过程，这个转变过程中最主要的一个绊脚石可能就是你的学生视角本身。作为学生，你可能非常了解学校以至于你无法意识到当你承担起教师这一角色的时候，学校会有什么不同。很多教师以为，他们的教师经历可能就是学生经历的一种延伸或延续，而大多数教师的学生经历是非常正面的。结果就是，很多新教师在第一年工作之初都非常兴奋且精力充沛，而在职业生涯开始之后却经历了很多出乎意料甚至不愉快的感受，这种情况非常常见。其中，三个最令人不安的感受是文化冲击、身体疲惫和社交隔离感。

文化冲击

新教师最意想不到的，也是最不愉快的感受就是文化冲击。正如旅行者来到异国他乡时感受到的文化冲击一样，新教师来到一个既熟悉又“陌生的”文化中时，经常会经历同样令人不安的感觉。你曾经到过这里，事实上你曾一度是这里的“本地人”，对这里的文化了如指掌。但是现在你发现自己是一个局外人，看不见的壁垒使你无法完全参与到这个看似熟悉的文化，而你却无法攻破这个壁垒。你觉得你在“说本地话”，但你很快就会发现，这些“本地人”似乎无法以你所期望的方式理解你说的话。尽管你了解这种文化的主要活动，你却无法完全参与其中，至少无法像本地人那样参与活动。你可能感觉非常受挫，也非常困惑。如果你所在学校的规模、学生群体构成及其他特征都与你之前就读的学校存在差异，那么所有这些感受会尤为明显。

然而，并非一切都是无所适从的。听从经验丰富的旅行者的指引，克服文化冲击的第一步就是意识到你身处于一个不同的文化中，这个文化有着不同的规范、价值观和信念。你现在正式归属于教师文化，而你从前了解的学校的“文化”知识体系归属于学生文化。想象一下，你在西班牙生活了多年之后移居意大利，你发现当地的语言与西班牙语听上去很相似，你觉得有些奇怪，然而当你试图使用你认为当地人能理解的语言说话时，你得到的回应是人们瞪着眼睛看着你，毫无反应。你已经不再属于学生文化，但你也没有完全融入教师文化当中。

一旦你区分了这两种文化，你就开始辨识两种文化（学生文化和教师文化）之间的差别，并且充分利用这样的信息。继续我们刚才举的例子，在意大利你将要学习意大利语，你的方法是尽快学习一些重要的词汇和短语，尽管你可能还在“用西班牙语”思维。在学校环境中，这也就意味着你像学生一样思考问题，但是像教师一样做事。利用你丰富的有关旧文化的知识来帮助你在新文化中、在以下方面中成为更加有效的教师。

- **备课。**在设计或计划一个给定的课程内容时，思考一下你当学生的时候你觉得哪类课程很有趣或者觉得哪类课程很乏味。然后回到教师角色，再思考一下如何设计课程内容才能使学生感兴趣。还要思考一下哪些课程内容或活动可能会带来极其混乱的场面，并努力避免这些课程内容或活动。
- **管理。**应对爱搞破坏的学生时，参考一下你当学生时的文化知识，回忆一下哪种处理方式对你或你的朋友最有效果或最没效果。下课后将学生留下来或者将学生送到校长或副校长那里会有助于根除不良行为吗？如果没有，那么哪些方式是有帮助的？把这些信息用于你的教师角色，以便帮助你选择恰当的处理方式。
- **名望。**尽管你觉得以学生的视角思考问题在很多方面是很有帮助的，但你一定要避免说话时像学生一样！新教师面临的最大挑战就是在其与学生之间保持合适的**社交距离**。你使用的语言对于建立权威人物的身份至关重要，而在这方面你不能在学生文化和教师文化之间来回切换。

教学视频案例

第一年的教师会经历哪些挑战，又有哪些收获？新教师如何能利用他们的满腔热情和充沛的精力，同时又能利用老教师的智慧？在该视频案例“教学第一年：一个同事的故事”中，你将会看到四年级学生教师威尔·斯塔纳坦诚地谈论了他对自己的认识、他如何应对复杂形势以及他赋予教师同事的价值。在 CengageBrain. com 上访问教育媒体图书馆，可以观看该视频片段并学习该案例的资料。然后思考以下问题。

问题

观看补充视频“斯塔纳先生回顾他教学的第一年”，他所观察到的情况与本单元描述的情况有何异同？

- 关于第一年教学，这位教师是否提供了任何新信息？
- 你认为这位教师向你传递的最重要的建议或信息是什么？

身体疲惫

教学是一项高耗能活动，这里我们特别强调“高”这个字。上课时，教师忙于保持课程教学进度。当学生离开教室时，教师忙于为下一节课做准备，同时还要忙于处理琐碎的行政工作，还要努力与学生家长、学校管理人员和同事保持联系。这些工作对你的体能（身体上和智力上的）要求非常高。

在你刚工作最初的几周或几个月中，做好你一定会感到非常疲惫的准备。身体的疲惫对于小学教师来说尤为明显，尽管初中和高中阶段的教师同样也会经历强烈的疲惫感。我们听过很多关于实习教师或第一年任教教师的故事，他们傍晚下班回到家，决定只是躺下来休息“一分钟”，结果醒来时已经是第二天早晨了。

正如职业运动员，教师在开始工作的时候也需要一个培训期，以便在接下来的工作中能够“保持良好状态”。为了帮助自己应对这种疲惫状态，你要对自己好一些。早点上床睡觉、服用维生素，并且留出时间有规律地锻炼身体。这些习惯都可以让你拥有更多的精力和更好的体力，而且我们保证这些都是你需要的。在工作的最初几个月里，你周五晚上最喜欢的活动就是“像植物人”一样躺在沙发上。

社交隔离感

新教师普遍经历的第三种感受是社交隔离感。在工作日，正常的社交互动对于教师而言是一种奢侈，没几个人可以享受到。在大部分时间里他们不与同龄人在一起，而是与未成年的学生打交道。此外，正如我们在第十三单元“课堂交流”中提到的，课堂中的言语互动并不遵循典型的对话模式。课堂互动常见的特点是信息流是单向的——从教师流向学生，或者是教师提问/学生回答的模式，在这个模式中，教师已经事先知道了问题的答案。

正如我们在第十八单元“与同事合作”中提到的，大多数教师与同事进行谈话的机会也很有限，同事之间的闲聊（如关于周末活动、流行电影或最新的电视真人秀节目）也往往会被这样一些话题取代——课堂上发生的事件、有问题的学生或富有挑战性的家长会。即使在有限的场合，教师们也能找到时间与其他成年人交谈（比如在教师休息室吃午饭的时候），交谈的话题也往往会围绕着课堂上发生的事件，或者行政管理人员与家长身上存在的问题。为了帮助你减轻（即使不能彻底克服）困扰新教师的社交隔离感，“在你的课堂上”板块提供了一些方法。

在你的课堂上

减少社交隔离感

在了解课堂交流的局限性之后，为了帮助你在细微的方面降低可能感觉到的社交隔离感，我们提出两条建议。

1. **花一些时间与学生闲聊。**年纪轻的孩子也能够参与社交对话，这些小插曲可以让你感觉到在教室里你没有那么孤单。可以跟学生聊聊社区活动，他们的课外活动或兴趣，以及周末他们做了什么或打算做什么？有选择地（我们强调有选择地）与他们分享你的兴趣爱好和你曾经历的事件，这样能够与学生进行一些正常的交谈。

2. **抓住每一个机会，享受与成年人共处的时光。**与同事谈一些和学校不相关的话题，了解他们的家庭和他们的周末活动，讨论时事——无论是体育赛事、政治事件，还是最新的电影或者小说。当然，你也可以利用资深同事的丰富经验。可以向他们征询建议，学习教学方法，不要对此感到害羞。记住，他们是“教师”，在你第一年或第二年的工作中他们会为你提供建议和支持，这是非常宝贵的资源。尤其是如果你已成为一个教师团队的一员，每天你都会与团队其他成员进行互动，社交隔离感给你带来的困扰可能会大大减少。我们强烈建议你有意识地想办法与同事进行交谈，谈一些与工作不相关的内容，以此来缓解社交隔离感。

如何为你的第一年教学做好准备？

要想使第一年的教学工作富有成果，周密的计划和组织工作是至关重要的。为了帮助你起步，下面我们为你提供了一系列的清单。每一个清单都提出一些重要问题，都是你应该问自己的问题。

开学前

表24-1列出了开学前你应做的一些决策以及应该完成的一些任务。一定要根据自己的具体情况增加任何适合的内容。

表 24-1 学年开始前应该做的事情

布置教室

确保有足够的课桌供所有学生使用 ● 如果你是中学阶段的教师，最大的班级会有多少学生 ● 如果你是小学阶段的教师，在学期中是否会有更多学生转来你的班级
排列教室里的课桌 ● 你会把课桌成排摆放、按小组摆放，还是呈半圆形摆放
决定你将如何使用教室的可用空间 ● 你会设立一个教室图书角吗 ● 如果你是小学阶段的教师，你会设立一个会议区吗？或者设立一个中心区 ● 如果你是中学阶段的教师，你会为不同的活动分区吗 ● 你会把班级的电脑放在什么位置？你会制定哪些电脑使用规则
装饰教室 ● 你将如何使用公告板？在开学的前几天你会在公告板上张贴哪些内容 ● 你会利用教室内外的墙面吗？如果会，你将如何利用这些墙面
在教室里张贴重要信息 ● 你会把你的名字张贴在教室的什么位置 ● 学生将如何知道他们的座位在哪里 ● 你会张贴班规吗？如果会，你会把班规张贴在什么位置 ● 你会把火警信息张贴在什么位置 ● 你会张贴每日日程安排吗？如果会，你会把日程安排张贴在什么位置 ● 你会在教室的显著位置张贴哪些其他信息？你会把这些信息张贴在什么位置

课堂教学用品

放置消耗品（如书写纸张、彩色美术纸、铅笔、面巾纸） ● 你会在教室里放置哪些消耗品？你会把它们放置在什么位置 ● 学生可以随便使用，还是要得到你的许可才能使用 ● 学生将如何处置消耗品，尤其是多余的纸张（教室里会有一个回收垃圾箱吗？是为哪一种纸张准备的回收垃圾箱？）
放置非消耗品（如剪刀、订书机、三孔打眼机、纸张切割机、计算器、记号笔） ● 你会在教室里放置哪些非消耗品 ● 你会把非消耗品放置在什么位置 ● 学生可以随便使用，还是必须先得到你的许可才能使用 ● 你会标记非消耗品所在的位置吗
决定使用和放置教学材料（教科书和课程补充材料、班级图书角图书） ● 学校或者部门对于教学材料的分配有哪些规定 ● 教科书是发给学生由他们负责保管，还是一直放在教室里，等需要的时候发给学生，用完之后再收回来 ● 如果让学生使用教室里成套的阅读书籍，那么由学生负责保管这些图书还是把这些图书放在教室里 ● 学生可以使用补充材料吗 ● 如果你有教室图书角，学生可以把图书角的书带回家吗？如果可以，你将如何跟踪记录这些图书

教室流程

参见第八单元“培育课堂环境”和第九单元“维护课堂环境”
确定布置家庭作业的流程 ● 如何给学生布置家庭作业？是每天将作业写在黑板上或作业通知板上让学生抄写？是每天、每周或每月给学生发家庭作业单？还是将作业发布在班级网站上 ● 是否应该让学生家长知晓布置的家庭作业 ● 如何收家庭作业？由你还是由学生负责收作业 ● 在哪里收家庭作业？你是否会设置一个位置让学生集中交作业？还是每天你亲自收作业 ● 多长时间收一次家庭作业？每天一次？每周一次？还是每次布置时再具体说明 ● 家庭作业如何发还给学生？由你还是由学生负责 ● 多长时间发还一次作业？每天一次？每周一次？还是批改完作业就发还 ● 缺勤的学生如何了解布置的家庭作业 ● 给缺勤的学生多长时间补交错过的家庭作业 ● 如何批改家庭作业？家庭作业在评分周期学生的成绩中会占多大比重
决定课堂作业的流程 ● 如何收课堂作业？由你还是由学生负责 ● 在哪里收课堂作业？你是否会设置一个位置让学生集中交已完成的课堂作业？还是每天你来收作业？如果你教的班级不止一个（在小学高年级或初中阶段），你会给每个班级都设置一个交课堂作业的位置吗 ● 如何处理未完成的作业？由学生负责保管未完成的作业吗？每个学生使用一个文件夹？还是你设置一个位置让所有学生放置未完成的作业 ● 课堂作业如何发还给学生？由你还是由学生负责 ● 多长时间发还一次课堂作业？每天一次？每周一次？在一个评分周期结束的时候？还是批改完作业分就发还 ● 是否会给课堂作业评分？课堂作业在一个评分周期学生的成绩中会占多大比重 ● 如果你没有属于自己的固定教室，你将如何管理课堂作业
考虑班级规则 ● 谁来决定班级规则的制定？由你自己决定、由学生决定，还是由你和学生一起来决定 ● 什么时候制定班级规则 ● 你会把班级规则放置在教室的什么位置 ● 学生是否人手一份班级规则
确定教室中的工作 ● 是你分配教室中的工作，还是让学生自愿报名 ● 你会如何分配这些工作，或者如何从志愿者中挑选人员 ● 每隔多久你会变动工作分配 ● 这些工作会被视为一种特权还是一种责任 ● 没有完成工作的学生要承担什么后果吗
确定班级的日程安排（针对小学阶段）* ● 你每日的日程安排是什么样子的？你会把学习核心课程内容安排在什么时间 ● 每周你会安排多少时间用于学习核心课程内容？每周你会安排多少时间用于学习其他课程内容 ● 你会在每周日程安排中包含哪些其他教学活动
确定家校沟通流程（参见第十七单元“与学生家庭合作”。）

* 在决定每日或每周日程安排方面，你可能没有多少灵活性。对于核心课程科目（尤其是数学和阅读），一些学校或学区会规定共同的授课时间。

教学计划

（参见第十一单元“课程设计”和第十二单元“教学方法”。）
熟悉学校或学区的课程大纲，以及你所教授的学科领域的州立课程标准
明确学校和部门对于分享可用资源（包括班级使用的成套书籍、视频录像）的政策规定，或对于测验、考试和论文的时间安排
获取你将要使用的教学材料，尤其是教师版本的材料
为至少开学第一个月以及（如果有可能的话）前两个月的教学做周密详尽的计划（有清晰的细节，包括大概用时） ● 你会开展哪些教学活动 ● 在这些教学活动中你会使用哪些教学辅助材料（讲义、网站等）
备足第一个月内将要使用的讲义份数
为你教的每一个班级（中学阶段）或学科（小学阶段）制定评分规则（参见第十六单元“评估工具”。） ● 测验和小测验各占多大比重 ● 在一个评分周期内，你会要求学生完成多少篇论文或多少个项目？这些论文或项目会占多大比重 ● 家庭作业和课堂作业各占多大比重

了解你所在的学校

向学校的教职员工、行政助理和保管人员介绍自己
了解学校的物品供应 ● 哪些物品是你可以使用的？数量有多少 ● 你如何申请使用这些物品？应该向谁提出申请 ● 教师是否有预算可以购买物品？如果有的话，每个教师有多少预算？必须在什么时间之前购买物品
了解教室的维护情况及使用情况 ● 谁负责清洁你的教室 ● 每隔多久清洁一次教室？这个教室中具体哪些东西需要清洁以及哪些东西不需要清洁 ● 如果在非工作时间内使用你的教室，要遵循哪些使用流程（如果有） ● 仔细阅读学校手册，熟悉学校的规则及政策 ● 仔细阅读员工手册，了解你的权利和责任 ● 阅读当地报纸、校报（如果有）以及学校年鉴了解当地的传统、活动以及体育团队 ● 向教授同一学科或同一年级的同事做自我介绍。安排时间与他们见面，以便了解学校在教学和行为方面对你的期望 ● 了解教师办公室中的惯例 ● 有咖啡机吗？如果有，咖啡机是如何操作的 ● 有教师公用冰箱存放午饭吗？如果有的话，这个冰箱足够“安全”吗（放在里面的午饭是否会神秘消失？） ● 有用于购买零食、咖啡、生日卡片等的公用基金吗

了解你的学生

（复习第二到第五单元。）
记住学生的名字，包括姓和名。记住学生的名字可以使你在初次见面之后更容易把他们的名字和面孔对应起来。此外，从一开始就知道学生的名字也是维护良好课堂纪律的一个重要策略

了解学生的重要信息 ● 哪些学生（如果有的话）持个别教育计划书？向学生要个别教育计划书的复印件，并仔细阅读计划书。与特殊教育部门取得联系，以便了解将为这些学生提供哪些服务 ● 哪些学生（如果有的话）过去的家庭情况值得关注 ● 哪些学生（如果有的话）的其他情况值得关注
为学生制定座位表。如果有可能的话，把这个座位表给以前教过这些学生的同事看一下
给学生（和他们的家长）发一封问候函或介绍信

个人准备

自己照照镜子，并称呼自己为某某女士或某某先生，开始适应自己的新角色
规划上班的驾车路线。计算一下上班路上需要多少时间，然后把这个时间翻倍（一旦开学以后，交通会比暑假期间繁忙得多。）
准备一些职业装，要比较实用，不要过于昂贵。粉笔、钢笔和学生的手（尤其是如果你教的是低年级的学生）也许每天都会使你的衣服很遭罪
进行嗓音练习。练习使用严肃且温和的方式发出指令。确保你的声音在句子结尾处降调（参考第十三单元“课堂交流”。）
学着不需要大声喊叫把声音发出来。20个或更多的学生需要听到你的声音，但你也不想弄哑嗓子或听起来不开心（参见第十三单元“课堂交流”。）

开学第一天或最初的几天

我们再怎么强调开学最初几天的重要性都不为过。第一印象也许不会永远存在，但会存在很长一段时间，也会为一学年定下基调。我们能提出的最实用的建议就是做好严密的组织工作。宁愿准备过度，也不要准备不足。很重要的一点是向学生传递这样的信息：尽管他们知道你是新教师，至少对于这个学校而言，但是你知道你在做什么以及你是管理学生的人。我们曾经见证过一些不太幸运的教师，他们开学第一天没有做好充分的准备，那么接下来的形势也就不那么美妙了。表24-2是另外一份对你有帮助的清单。一定要添加对你的具体情况有用的内容，从而自定义这份清单。

开学最初的几个月

对于你和你的课堂惯例和流程，学生有很多需要了解的内容。同样，对于学校的常规和流程，你也有很多要了解的内容。做好准备，你和学生都需要一些时间来适应这个新环境。鼓励学生对于不确定的事情大胆提问，正如当你对学校的某一常规操作不太确定时，你应该询问同事或学校其他工作人员。

表24-2　　开学第一天或最初几天应该做的事情

要早到!

确保你的教室都已经布置完毕
在学生进入教室时，至少应该向他们清楚地展示以下信息： ● 你的姓名 ● 学生的姓名、他们的课桌以及衣柜或置物架（小学阶段） ● 学生的座位表（中学阶段）

站在教室门口迎接学生，向他们做自我介绍，然后让他们向你做自我介绍
上课铃声一响就开始教学活动（初中阶段）
学生一进入教室，就要求他们开始一项学习任务（小学高年级和初中阶段）或安静下来（小学低年级阶段）
计划用一段时间来认识学生。（也许你想在第一周而非第一天做这件事。）首先给学生讲讲你自己的情况，然后让学生来讲讲他们的情况——他们的兴趣爱好和家庭（如果合适的话）。你或许会让学生问问关于你的情况。如果这样做的话，要小心尽量避开任何关于私生活的问题（要小心规避有关个人关系或社交生活的问题。）
让学生在上课期间或者一整天处于忙碌状态。记住，开学第一天会为接下来的整个学年定下基调
向学生介绍教室的情况。告诉他们不同的物品放在什么位置。让他们了解教室里哪些区域不可以接近或哪些物品不可以使用
向学生解释课堂惯例和流程。（这些是开学前你已经决定好的事情，还记得吗?）按优先次序排列这些内容，循序渐进地介绍给学生，每天介绍一两个内容，这样学生不会因为内容太多而感到不知所措
循序渐进地向学生介绍你会在课堂上使用的非言语性暗示。确保学生了解每一种暗示的意思以及他们应该做出怎样的回应

表 24－3 列出了几周或几个月过去之后你想要了解的一些事情。正如本单元提供的其他清单一样，我们建议你添加特别适合自己的话题。

表 24－3　　在教学的第一年中你需要了解的重要话题

实地考察 ● 如果你想带学生去实地考察，你需要做些什么？需要得到谁的批准？你将如何告知同事？如果学生要错过同事的课程，你是否需要事先得到同事的许可？你将如何安排交通出行？你需要几个监护人陪同？你如何安排这些陪同的监护人
体育赛事（中学阶段） ● 由于体育比赛而提早放学，针对这一情况学校的政策是什么？如何为学生补课？如果那天你已经安排了测验，你该怎么办
测验和评分（复习第十六单元“评估工具”。） ● 关于学生在特定一天中参加测验的次数，学校有哪些规定 ● 关于补考学校有哪些规定 ● 学校使用哪些评分标准 ● 关于考试作弊学校有哪些规定
学生成绩记录卡，向学生家长汇报学生的学习进展（参见第十六单元“评估工具”。） ● 学校使用哪些评分标准 ● 在评分周期结束时，如何汇报学生成绩 ● 如果通常需要写评语的话，评语有哪些类型？包括哪些内容
家长会（参见第十七单元“与学生家庭合作”。） ● 是否定期开家长会 ● 正常情况下有多少家长参加家长会 ● 通常如何确定开家长会的时间（家长设定一个时间，教师安排一个时间等方式） ● 你希望从家长会上得到哪些信息 ● 家长会应该如何进行 ● 学生是通常、有时或是从不参加家长会吗 ● 家长会上哪些话题是合适的，哪些话题是不合适的

返校夜活动（复习第十七单元“与学生家庭合作”。） ● 如何组织返校夜活动？是学生和家长都参加还是仅仅是家长参加 ● 返校夜活动持续多长时间 ● 通常与家长分享哪些信息 ● 通常不与家长分享哪些信息 ● 家长的出席率通常是多少
纪律问题 ● 有没有全校统一的惩戒制度？如果有的话，这个制度包含哪些内容 ● 你应该如何处理学术不端行为（考试作弊、抄袭论文） ● 你应该如何处理违反班级规则或学校规则的行为，尤其是屡次违反者（你可以从行政管理部门得到哪些帮助？）

你会获得哪些帮助？

教学是为数不多的新成员承担全部责任的一个职业。（想象一下，一个刚入职的销售代表要与一名资深销售代表取得一样的销售业绩。）很少有学区会给予新教师较轻的工作负担、较低的工作要求或者较少的责任。（想象一下，一个刚毕业的外科住院医师做一个心脏搭桥手术。）虽然情况绝非理想，但这就是教师职业的真实写照——新教师被赋予的责任和工作标准与已有 20 年，甚至是 30 年工作经验的同事完全一样！

然而，这方面已经取得一些进步。不久前，大多数新教师处于“自生自灭”的状态。学校发给他们学区的课程指南，拿给他们教学必备的教科书，递给他们教室的钥匙，然后指派他们去上课，接下来学校的管理人员上门来正式听课并评估他们的工作表现。一些比较幸运的新教师会遇到富有同情心的同事——他们一边绘声绘色地回忆他们第一年教学的悲惨经历，一边同情经验不足的同行并且给他们提供支持、提出建议。

幸运的是，人们已经很大程度上意识到新教师的需求，而且大部分（但不是全部！）学校已经开展了**入职培训项目**来消除第一年教学带来的“战火洗礼”，还帮助新教师更顺利地完成过渡阶段。这些入职培训项目在范围和广度上有所不同，但是通常都包含新教师群体项目、**指导教师**项目或者两者兼而有之。

在你的课堂上

顺利度过教学第一年

以下一些建议能够帮助你顺利度过第一年：

● **有预警，有准备。**对于第一年的教师生涯来说，你与其他第一年任教的教师无差别可言，换句话说，为最坏的情况做好准备，做最好的打算。预料将会面对的困难和挑战能够使你在面对它们时更加轻松。

● **寻找一位指导教师。**正如我们前面曾提到过的，教学可能是一种被隔离的体验。为了减轻这种隔离感，我们强烈建议你利用任何获得指导教师来帮助你度过教学生涯的第一年或第二年的机会。如果你的学校没有指导教师项目，你需要主动寻找一名经验比较丰富的教师。我们在第十八单元“与同事合作”中描述了你应该如何寻找自己的指导教师。在学年最初的几天和几周，你的指导教师可以帮助你熟悉学校的常规惯例、组织结构、人事、行政和物流要求以及可使用的资源。新学年最初的繁忙过后，指导教师可以给你提供有关教学法、课堂管理及行政事务的宝贵建议以及有关课程内容的想法。自始至终，你都可以寻求指导教师的帮助，以避免工作中可能会出现的政治陷阱。

● **人多力量大。**我们建议你不仅要寻找一位指导教师，还要与学区的新教师一起分享所取得的成功和所面临的困扰。无论你感觉有多么迷茫，都要找时间与其他新教师交谈。与他们的对话会帮助你意识到你面临的困扰并非是独一无二的，同时也会缓解困扰很多新教师的社交隔离感。如果你的学区没有新教师群体，那就请求你的管理人员帮忙组织一个这样的群体。如果这些方法都不奏效，那么周五下午邀请几位新同事在当地一家饮品店或咖啡店聚一聚。有些大学为第一年的新教师提供基于电脑的系统让他们建立联系，以便相互分享、相互支持。

● **建立自己的声誉。**第一年你的大部分时间会用来确立在学区中的地位。在一些学区中，家长对于新教师总是心存怀疑和猜测。一些新教师感觉他们正在接受考验。还有一些新教师把第一年描述为新入职或被捉弄的感觉。体育赛事中有一种策略是以攻为守，这对于与家长打交道的新教师来说尤其实用。一定要与家长保持联系，让他们及时了解你正在教授的内容，邀请他们在约定的时间与你见面，尝试以共进早餐的方式向学生家长介绍自己。在第一次家校夜活动中努力“显露你的本领”。你越早获得家长群体的“许可章”，你的生活也就越简单。

● **让自己为人所知。**尽管工作可能使你喘不过气来，你也应该努力走出教室，去了解与你共事的人。这并不意味着仅仅了解教学的同事，还要了解行政管理人员和学校的后勤人员。千万不要忘记，秘书和保管人也是学校里最重要的人员，你花时间了解他们是非常值得的。

● 新教师群体项目。新教师群体常见的活动包括所有新教师都应该或必须参加的定期见面会。在这些见面会中，你会了解学校的方方面面（学校的行政管理、学区的课程设置、可获得的特殊服务、学校和学区的程序和惯例），接受全学区或全校范围的特定的培训项目（如阅读课、科技课或教学技术）或接受有效教学方法方面的指导。

● 指导教师项目。在指导教师项目中，一名新教师会与一名经验更丰富的同事组对，后者是指导教师，指导时间通常为一学年。在有些学校中，所有新教师都会被指派一名指导教师。在其他学校中，新教师需要申请指导教师。新教师和指导教师的组对通常是基于他们教授的年级或学科，但是其他类型的组对也同样让新教师受益。无论是哪一种情况，指导教师都应该为新教师提供后者所需的任何支持和指导。总的说来，指导教师和新教师之间的对话应该是保密的，这样新教师可以无所顾虑地分享他或她的担忧或正在面临的挑战，同时不必担心其他人知道他或她面临的任何暂时的挑战。指导教师不是学校正式评估体系的组成部分——校长或部门主任通常负责教师的评估工作。

● 组合项目。一些学校的新教师指导项目既包括指导教师项目，也包括新教师群体项目。这种组合项目可以结合两种方式的优点：指导教师可以帮助新教师更轻松、更快速地完成过渡期，新教师群体使新教师彼此之间可以分享他们共同面对的挑战和取得的成绩。在一些情况下，指导教师也参加这样的见会面，事实上这使所有新教师都有机会接触到多个指导教师。

当你在寻求工作机会或者已经收到录用通知时，一定要询问一下这个学区或学校的新教师指导项目。了解是否有指导教师项目或新教师群体项目。这样的询问并不会使你看上去缺乏自信，而是会被理解为你对入职的预期很现实，并且决心尽你所能成为一名最好的教师。

总结

对有些人来说，本单元我们展示的内容可能是对第一年教学的负面描述。正如我们所提到的，对于第一年教学中可能发生的情况，我们想为你展示一幅更清晰的画面。我们希望，了解自己将要面临的挑战能给你一种安全感，或至少当你遇到相似的困难时，你会感觉到一种同志情谊。了解这些情形也能够使你在面对压力的时候更加从容，而且能够让你以正确的态度来看待这一年。

我们深信教学是一种回馈颇丰的职业。当学生对自己的科学实验结果感到惊叹时眼中闪烁的火花以及他们经过努力获得好成绩时脸上闪耀的自豪的光芒，都是其他行业无法实现的。我们在本单元提供这些信息就是希望帮助你有机会经历这样的时刻。

行动标准

州际新教师评估与支持联盟　标准1：学习者成长

教师理解儿童学习和成长的规律，同时也认识到在认知、语言学、社交、情感和身体方面学习和成长的模式因人而异，因此设计并实施适合儿童成长又具有挑战性的学习经历。

你的教学总的来说进展顺利。学生似乎都能够参与教学活动，并从中学到知识。然而，学生中弥漫着浓重的竞争气氛，每一次你想让学生两人一组完成任务或进行小组合作时，他们都表现得很不理想。你意识到团队合作在如今的商业和工业领域中的重要性，因此你决定把团队合作能力融入教学之中。想象一个你将要教授的年级或学科，然后设计一系列能够增强学生团队合作能力的活动。你会如何让他们做准备？你将如何评估他们团队工作的结果？回答问题时要具体详尽。

更多资源

- *EZ School*. 可访问 http://www.EZSchool.com。这个与亚马逊合作打造的网站是新教师的一个资源宝库，网站里有各种好的创意、各个学科的教案以及工作表。

- Erma S. Hershman and Dyan M. McDonald, *The Survival Kit for New Teachers: A User-Friendly Handbook*, 3rd ed. (Garland, TX: ITPA, 2003). 标题就已说明了一切，尽管这本书主要聚焦于小学课堂，作者（在2004年出版）的另一本书有类似的标题，那本书主要针对“新入职的中学教师”。可访问 http://www.teachersfirst.com 阅读这本书。这个网址是另一个宝贵的资料库，里面

有教学材料、网址、活动和教学技巧、教案，甚至有幽默故事。这个网站结构清晰，主题或需要的内容都易于查找。

● Harry K. Wong and Rosemary T. Wong，*The First Days of School：How to Be an Effective Teacher*（Sunview，CA：Harry Wong Publishing，2009）. 这本广受好评的手册为新教师顺利开启教学生涯提供了各种小窍门和策略。书中有关学习动机和如何化解困扰新教师的纪律问题和其他问题的讨论尤其有效。

重要术语及定义

文化冲击（culture shock） 一个人进入一个价值观、风俗和惯例不同的社会最开始体验到的错位感。

入职培训项目（induction program） 一系列组织有序的项目与活动，其目的是帮助新入职者能够更顺利过渡到新工作中。

指导教师（mentor） 一个能够为新入职者提供个人和职业指导的人。

社交距离（social distance） 个体之间的心理学关系，从熟悉到拘谨不等。

本书的配套网站提供了很多有用的资源。访问 CengageBrain. com 获取本书各单元词汇表、抽认卡、网页链接和其他学习辅助工具。

注释

[1] Kevin Ryan（Ed.），*The Roller Coaster Year：Tales by and for Beginning Teachers*（New York：Harper Collins，1991）.

第二十五单元

教师专业素养

州际新教师评估与支持联盟　标准 6，9 和 10 ▶▶▶

情景

汉克·泰勒一直不太肯定自己喜欢教六年级的学生，但他收获了意外的惊喜。虽然他曾希望教授八年级学生，但他的校长——韦弗夫人——在最后一分钟改变了他的任务。一个夏天的计划破灭了。对此他的同事们都翻白眼并对他表示同情，而且他们告诉汉克类似的事情以后会更多，因为“这就是韦弗夫人对待新教师的方式”。不过，他很快就适应了，而且找到了得心应手的教学材料，现在他真的很喜欢他的学生。

他也喜欢韦弗夫人，但最近韦弗夫人让他难以忍受。无论谁在场，韦弗夫人都微笑着称呼汉克和另外两个新同事为“乳臭未干的新手”，把他们当作她的私人助理。但还不止这些，她经常要求他们“自愿奉献”闲暇时间——星期六来学校整理并重新包装罐装食品和其他食品，为“战胜饥饿”活动做准备工作或者辅导落后生，有些成绩落后的学生甚至不是他班级里的学生。

今天，她走进午餐室，说秘书生病了，她现在有紧急情况要处理，需要“几个新手下午帮她工作几个小时”。原来，她需要他们帮忙复印材料，还要布置会议室，准备晚上开家长会。除了这件事让人很气愤之外，汉克感觉校长在对待他和其他新教师的方式上存在严重问题。

预览

我们生活在一个到处都是专家的世界里。医生引领我们来到这个世界。牙医负责护理我们的牙齿。农民和杂货店满足我们对食物的需求。牧师和神父关心我们的精神需要。在生命的尽头掘墓人会随时到场。当然，教师的专业是满足社会的教育需求。

这些专家中的一部分人受过更高级的训练，因而被公认为专业人员，这意味着他们有资格从事一个**职业**，他们是一个有特殊性质的群体。尽管近年来专业这个名称有所“延伸”（如“专业调酒师”和“专业地毯清洁师”），但它仍然是一个意义独特的称呼，反映出社会应该认可并重视特定的专家群体。在上述情景中，真正困扰汉克的是他并没有被当作专业人员对待。正如此情景所表明的，做一名专业教师不只是一个抽象概念，与现实的日常生活是分不开的。在这个单元中，我们深入探讨成为一名专业教师的准确含义。

我们首先考虑的是教学在多大程度上具有专业性行业的常规特征。我们还考虑了“普通大众”对于教师作为专业人员的看法。长期困扰教师职业地位的是公众对这个领域的认知——教师经常被看作兼职工作者，因为他们有几个月的假期，而且他们做的工作“任何人都能做”。古老的格言——“有本事的人，做事；没本事的人，教书”——在很多人的心中根深蒂固。媒体对表现不佳的学校和美国学生在国际测试中的欠佳表现的相关报道促进了这种负面认知的形成。

另一方面，大多数人认可这个事实——儿童教育的质量与美国师资力量的质量密切相关，因此赞成提高教师的专业化水平。我们回顾了人们为实现教学专业化做出的一些尝试。最后，我们考虑了作为一名教师的你如何促进自己的**职业发展**。

单元要点 ▶▶▶

本单元强调：

- ◇ 区分专业性行业群体与任何其他行业群体的素质。
- ◇ 公众对教师的地位及其对社会的贡献的认知。
- ◇ 目前教育界为提高教师专业技能水平而做出的努力。
- ◇ 致力于维护教师利益与改善教师地位的主要协会。
- ◇ 目前教师在职业发展中可供使用的各种工具。
- ◇ 反思你的教学理念和教学能力可以促进你的教师职业发展。

全能专业人员的素质、属性和活动

在开始讨论教师的职业地位之前，我们应该注意不要混淆“专业人员”与用来描述获得报酬的运动员或演员的词语。此外，我们需要明确定义真正的专业人员的属性和专业人员的活动特征。然后，我们才可以考察教师是否符合这些属性和特征。

以下是人们普遍认同的专业人员具有的一些属性[1]：

（1）专业人员为社会提供独特且必需的服务。这种服务非常重要，所有的社会成员都需要这种服务。

（2）专业人员通过正规教育和实践经历掌握复杂的知识体系和专业技能。

（3）成为专业人员通常需要接受长期的教育和培训。在很多情况下，掌握某一知识体系需要接受正规本科以上的教育和培训。

（4）专业人员依靠智力而非身体技能提供服务。因此，职业摔跤运动员不符合真正的专业人员的标准。

（5）专业人员享有一定的自主权和决策权。

（6）专业人员往往进行自我规范。专业成员通常制定专业准入标准，并确定在业内保持良好信誉。专业成员负责取消不符合标准的成员的资格。

（7）专业人员应遵循专业成员制定的职业伦理准则。专业成员负责惩戒不遵守职业伦理准则的成员。

（8）专业人员对自己的行为和行动承担责任。因为他们提供的服务通常与人类福祉有关，所以他们的行为和行动会产生深远的影响。

（9）专业人员通常在没有监督的情况下工作。他们可以独立开展工作，即使是小组合作，他们通常有自主权并向其他专业人员（主要是同事）报告工作。

（10）相对于获得的报酬而言，专业人员更关心他们所提供的服务。

就素质和属性而言，我们看看教师是否符合专业人员的标准。

（1）教师是否为社会提供独特且必需的服务？很少有人会反对教育社会的年轻人是为社会提供的一项重要服务这一观点。任何文化的延续都取决于年轻人的社会化和年轻人接受的教育。然而，教师不是唯一的教育年轻人的社会群体，因此他们的服务不是唯一的。社会中很多其他人帮助年轻人做好准备承担他们的成年社会角色。父母是孩子的主要教育者（而且，对于在家中接受教育的孩子来说，父母是唯一的教育者）。其他社区成员（如神职人员和体育教练）也参与年轻人的教育工作。其他“教育工作者”包括媒体——书面的、视觉的和数字的媒体。

（2）教师是否通过长期的正规教育和实践经历掌握了复杂的知识体系和专业技能？长期存在的一种教学观是，教学是一种技术性的工作。这一观点的前提是教师的具体行为会导致理想的学生行为和学习结果，这是可以预测的。然而，过去30年的研究结果表明，教学是一项极为复杂且不可预测的行为，需要教师（通常很快）做出大量决策。为了做出这些决策，教师应该利用已知的教学内容的性质、教育学、儿童心理学和学习理论以及先前的经验[2]。研究结果已经证实，通过经验、培训和反思行为，老教师掌握了复杂的知识体系和专业技能[3]。

为了做出这些决策，专业教学人员掌握和使用的复杂知识体系是什么？借鉴教育研究人员李·舒尔曼等的研究，我们认为以下5个方面的知识是至关重要的：

- 所教授的学科知识
- 有关教学与学习的理论知识
- 个人实践知识
- 有效的教学技巧和教学方法的实践知识
- 促进学习的态度和心智结构[4]

正如我们在第一单元“针对学生学习的反思性教学”中所强调的，有效教师不仅利用这些技能每时每刻做出决策，还要反思他们的决策。当他们考虑选择的适当性和可能的替代方案时，这些专业教学人员利用他们的知识、技能和经验不断学习并改进教学方法[5]。

（3）教师是否接受长期的正规教育和实践培训？在大多数州，学士学位是获得教师资格证的最低要求。然而，四年制的本科教育并不是长期的正规教育。

与很多其他专业人员不同（如一些医学从业者长期实习和住院学习），教师不需要接受长期的实践培训。然而，一些教师教育课程除了正规教育课程外还需要一年的实习期，但是全国范围内在教师教育课程中占主导地位的实践培训模式是实习教师参加一个学期的实践学习。

对教师接受长期教育和培训的要求越来越普遍，但一个制约因素是教师可能面临的经济负担。一些教师教育工作者预测，与其他职业相比，教师的平均起薪和未来的收入无法承担长期培训产生的经济负担。

（4）教师是否依靠智力而不是身体技能提供服务？这显然是教学的一个属性。究其本质，教学是一种智力劳动。教师主要负责帮助学生促进其智力发展。

（5）教师是否拥有自主权和决策权？教师在课堂上拥有自主权和决策权。如果无法决定话题，他们通常可以决定教授话题的顺序。他们决定学生要参与的学习活动。他们决定大多数课堂实践和政策，并决定对违反规则的行为给予适当的纪律处分。此外，正如每个学生都知道的，他们决定学生的成绩！

在课堂以外，教师的决策权日益削弱。在制定全校范围的政策和实践方面，他们可能有一些决策权，尽管教师的声音通常只是很多声音中的一个。在学区层面，教师只有很少的（如果有的话）决策权，除非他们所在的专业组织施加压力。地方的学校董事会和学校督学负责做出学区层面的决策。

(6) 教师是否进行自我规范和自我管理？教师在自我管理方面几乎没有投入或不受影响。正如我们在第十九单元"学校管理与经费来源"中指出的，美国的学校教育由州政府和地方学校董事会控制。通过制定有关教师资格证要求、职业发展期望和解聘政策，这些政府机构管理教育行业的准入和退出机制。

正如我们本单元后面描述的，在谈判桌上代表教师的通常是来自两个全国教师职业团体之一的地方分会，这两个团体分别是全美教育协会（National Education Association，NEA）和美国教师联盟（American Federation of Teachers，AFT)。然而，这两个团体都不是教师监管或管理机构。

(7) 教师是否遵守专业成员制定的伦理准则？是否有一个团体负责惩戒违反伦理准则的人？全美教育协会已经制定并完善了教师伦理准则。该伦理准则强调两个重要原则——对学生的奉献和对职业的奉献，并提出了一系列违反该伦理准则的行为。美国教师联盟没有制定职业伦理准则。很多州已经制定了各自的教师伦理准则。有些教育科学学院专门制定了毕业生应遵循的伦理准则，并鼓励教师也遵循其中的原则。

然而，与其他专业成员不同，不是所有的教师都有义务遵守伦理准则。此外，当教师违反任何伦理准则时，任何组织不得施加任何影响。相反，如果教师面临未能履行专业职责的指控，全美教育协会或美国教师联盟的地方分会应该为教师进行辩护。

(8) 教师是否对自己的行为和行动承担个人责任？到目前为止，教师对学生的学业成绩承担很少的责任。帮助所有学生在高风险测试和日常学习中取得好成绩，个别教师可能感觉责任重大。现在教育界内外的很多人在讨论把学生的学业成绩纳入全面评价教师的体系。然而，对于未能达到特定年级或年龄组最低要求的个体学生，教师尚未对其承担法律责任（参见第二十二单元"教育法规"。）大多数教师的专业评估目前也不以学生的成绩为依据。另一方面，类似于医生和其他专业人员，教师必须遵循"最佳实践"程序。

然而，近年来几乎每个州都进行州年度测试，在这种情况下对教师是否应该对学生的成绩负责的**教师责任制**的讨论越来越普遍。如上所述，教师的绩效评估可能很快就会包括州年度评估各等级测试的学生人数信息，而且正如我们将在本单元后面看到的，一些地区也正在提议根据学生成绩来确定教师薪资。

(9) 教师是否在没有监督的情况下工作？教师很少在没有监督的情况下工作，至少在理论上是这样的。在大多数学区，接受监督和评估是与学区商定的合同内容。在小学阶段，教师通常受校长或副校长监督。在中学阶段，教师可能接受系主任或学校管理人员监督。

在过去几十年中，在教育领域中同行监督越来越普遍。全国各地的很多学区已经组织了**指导教师项目**或同事互助指导项目。（参见第十八单元"与同事合作”。）这些项目旨在使教师能够获得同行的支持和指导，并且使他们对课堂教学质量有更强的责任感。然而，非教学管理人员对教师进行监督是较为熟悉的模式。

（10）相对于获得的报酬，教师是否更关心他们提供的服务？考虑到平均起薪在39 000美元左右（2008—2009年，全国初任教师的平均起薪是38 900美元），教学能够吸引很多人并不是因为能够带来丰厚的经济收益。大多数教师之所以成为教师是想为学生提供服务并且为社区和整个社会做出积极的贡献，这种说法可能更为公平。

因此，对于教学是否具有以上十个专业特性，我们的评价结果既有肯定的一面也有否定的一面。教师确实为社会提供了重要的服务，尽管这种服务不是独特的。他们更关心所提供的服务而不是个人得失。他们的工作主要依靠智力技能。越来越多的研究表明他们确实拥有复杂的知识体系。

另一方面，这个知识体系并不是通过长期的教育和培训获得的，更多是在个人的“实际教学工作中”获得的。教师没有太多的自主权或决策权，他们不进行自我规范或自我惩戒，他们也没有法律义务必须按照管理机构制定的伦理准则来生活。

我们从上述分析中得出结论，教学介于专业和职业或行业之间。有些人认为教学是“半专业性的”，而另一些人则认为教学是逐步趋向专业化的或者是不断发展的专业。正如我们将看到的，教学介于两者（专业和职业）之间的观点似乎也反映了公众中很多人对教学的看法。

行动起来

1. 根据你的经验和观察，在这十个专业标准中，哪些标准“符合”教学工作，哪些标准不“符合”教学工作？

2. 现在，根据你对这些标准的仔细判断，教学工作实际上是否符合专业标准？为什么符合或为什么不符合？

社会对于教学和教师的看法

当你加入教学队伍时，在听到朋友或熟人贬低你的职业选择时不要惊讶（或沮丧）。你甚至可能已经听到了类似于“如果你做其他工作，可能会更出色”的评论。在这些人心中，教学工作带来的回报（尤其是经济上的回报）不足以弥补其弊端。然而，因为已经认识到管理和教授20个或更多学生的巨大挑战，另一种重要的美国公众舆论是非常尊重并高度赞赏教师的工作。从他们那里你可能会听到截然不同的话：“教学是非常重要的职业。我一直在考虑从事教学工作，但是……”或是“等我退休了，我再考虑教学工作”。对于这些人来说，回报不一定与任何金钱标准有关，而是与其他不太有形的东西有关。

历史观点

美国教师职业发展史可以揭示出人们对教师社会地位相互矛盾的观点。在早期的学校教育中，从16世纪后期到美国独立战争结束期间，教师队伍由学习职事的年轻人组成。那时，尽管是临时的职业——成为成功牧师的一条路径，但教学被看作一种值得尊敬的职业。

革命战争结束之后，为了使青年人了解新政府，培养他们的归属感和爱国主义精神，作为一种手段的学校教育得以普及。实现这些目标需要增加公立学校以及教师的数量。对教师的迫切需求使新国家的领导人转而把年轻女性作为教育工作者的来源。因为当时女性在社会中的从属地位（美国女性直到1920年才获得选举权），女性教师的工作报酬低于男性教师，这也使她们成为一个更经济实惠的选择。随着越来越多的女性走入课堂成为教师，加入教学队伍的男性越来越少，哪怕是临时性的。在美国社会，女性最终构成90%的教学人口，因此教师的地位逐渐等同于女性较低的地位。

美国教学人口的结构直到20世纪60年代和70年代才有所改变。导致这一变化的是发生于这些年代的两起重要事件：妇女运动和越南战争。妇女运动促使很多妇女加入全国劳动大军，向女性开放了很多以前专属于男性的职业。对女性来说，教学成了不太有吸引力的选择，而且受过教育的、追求教学事业的女性比例也降低了。与此同时，越南战争向男性打开了教室的大门——如果男性正在从事教学工作，他们可以延期（参战）。女性逐渐退出教师行业以及男性逐渐进入教师行业，这一状况导致教师的社会地位出现了一些微小的改变。

如今，76%的美国公立学校的教师和85%的美国公立小学教师仍然是女性[6]。也许女性在课堂上持续占据优势促成了这样的现实——相比于其他很多需要类似教育水平的职业，教师的收入较低。尽管有一些州已经设法提高了教师的工资水平，但大多数教师仍然出于金钱以外的原因选择了教学工作。低工资反过来促使很多人认为教学不是享有较高社会地位的职业。

当代观点

很多人认为教师的社会地位很低，但与此同时，调查显示大多数公众——纳税来支付公立学校教师工资的人——高度认可并支持教师。在一项重要的全国性调查中，在选择哪一个群体对“社会的贡献最大”时，62%的被调查者选择了教师，而只有17%的被调查者选择了医生（第二多的选择）。只有5%的被调查者选择了商界人士，3%的被调查者选择了律师，选择记者和政客的被调查者各仅有1%[7]。

公众也意识到教师对学生学习具有直接重要影响。在评估影响学生学习的因素时，44%的被调查者选择了教师的资质，这一比例高于其他因素（如班级规模、家庭的社会经济地位和家庭的参与和支持）[8]。

最后，公众对教师有很高的信任度。根据国民信用指数，在关于哪类人是“当谈及公共事务时最可信的人”，被调查者认为教师是最可信的人，其可信度高于军人、国家级专家和社区积极分子[9]。

很多公民持有矛盾的观点，这似乎反映了我们最初对教学的评价——一个不断发展的专业。接下来我们将讨论为进一步深化教学专业化而付出的努力。

推动教学专业升级

如今，教育界内外的很多组织致力于提升美国教师的技能和知识储备。其中两个重要举措包括认证模范教师和奖励表现优异的教师。

教师资格证

在第二十单元“专业绩效评估”中，我们讨论了州际新教师评估与支持联盟和**全国教学专业标准委员会**做出的努力。在过去至少25年以来，全国教学专业标准委员会一直在积极制定标准，目的是衡量和证明经验丰富的教师具有卓越的教学能力。主要由任课教师组成的全国教学专业标准委员会编制了界定卓越教学能力的5个核心主张。表25-1列出了这5个主张以及每个主张的描述。评价经验丰富的教师是否达到全国教学专业标准委员会的认证标准时，这5个核心标准被用作基础标准。很多学区认可全国教学专业标准委员会的认证标准，将其作为经验丰富的教师具有卓越的教学能力的佐证，获取认证的教师经常获得学区或州的经济奖励。

表25-1　　全国教学专业标准委员会的核心主张

主张1：教师致力于为学生和学生的学习服务 ● 教师致力于使所有学生都获得知识。他们相信所有学生都能学习 ● 他们公平公正地对待学生。他们识别学生的个体差异，并在实践中考虑这些差异 ● 教师理解学生成长和学习的特点 ● 他们尊重学生的文化和家庭差异 ● 他们关心学生的自我认知、学习动机以及学习对同伴关系产生的影响 ● 教师也关心学生品格和公民责任的培养
主张2：教师熟知他们所教的学科以及如何教授这些科目 ● 教师谙熟他们所教的学科。他们深刻理解该学科的发展史、结构及其在现实世界中的应用 ● 他们在教学中有技能、有经验，而且他们非常熟悉学生在学习该学科时可能存在的技能差距和先入之见 ● 为了确保学生理解所学内容，他们能够运用多种教学策略
主张3：教师负责管理和监督学生学习 ● 教师提供有效教学。他们娴熟地运用一系列的教学技巧来调动学生的积极性，使学生参与活动并保持专注 ● 他们知道如何使学生参与活动并确保纪律严明的学习环境，他们还知道如何组织教学以达到教学目标 ● 教师知道如何评估学生个体和整个班级取得的进步 ● 他们使用多种方法来测量学生的成长和理解能力，而且能够清楚无误地向学生父母解释学生的表现
主张4：教师系统性地思考自己的实践并从经验中学习 ● 教师示范一个受过教育的人的含义——他们能阅读，能提出问题，能创造而且愿意尝试新事物 ● 他们熟悉学习理论和教学策略，还及时了解当前美国的教育问题 ● 他们定期辩证性地审视自己的实践以加深对知识的理解，扩大技能储备并将新发现整合到自己的实践中
主张5：教师是学习社区的成员 ● 教师与他人合作促进学生学习 ● 他们是领导者，积极了解如何寻求并与社区团体和商业机构建立伙伴关系 ● 他们与其他专业人员合作，一起制定教学政策，开发课程，促进教职人员的发展 ● 他们可以评价学校的发展和资源的分配，以实现州和地方的教育目标 ● 他们知道如何与学生父母合作，使父母参与学校的工作，并取得一定的效果

为了能够申请全国教学专业标准委员会认证的资格，教师必须具有至少 3 年的教龄。申请人需要完成一系列内容广泛的、基于表现的评估——提交学生作业的样本、自己的教学录像带和档案袋。此外，申请人还需要提交教学实践的详细分析，并完成有关学科知识的书面测试。

截至 2010 年底，全国有近 82 000 名教师获得了该委员会的认证，每年约有 8 000 名教师获得认证[10]。目前，该委员会的认证涉及 27 个不同的教学领域，正在计划增加更多的领域。对于帮助教师成为专业人员，全国教学专业标准委员会所做的工作非常重要，但并非没有人对该委员会提出批评。一些人认为该委员会的标准过于模糊和肤浅。也有人质疑评估过程的客观性。还有其他批评者认为认证只是巩固了现状，并没有以任何有意义的方式改革教学。然而，尽管全国教学专业标准委员会可能还没有为卓越教学能力找到一个无懈可击的定义，但是在确定成为有效教师必备的知识和能力方面，核心主张充当了一个可行的起点。

绩效薪酬方案

自 20 世纪 50 年代以来，教育界**绩效薪酬方案**或绩效工资方案一直是一个有争议的内容。从私营企业的成功实践可知，绩效薪酬方案旨在奖励工作中有突出表现的教师。采用绩效薪酬方案的学区根据预定标准计算教师的工资增长幅度，而不是仅使用一个工资方案——所有教师每年都能获得相同比例的加薪。达到较高标准的教师比仅仅被评为称职的教师获得更高的薪水。没有达到最低标准的教师根本不会获得加薪。

一些绩效工资提案是基于已经在用的、评价该地区教师的相同标准，因此绩效评定仅仅是基于教师所展现出来的素质。（参见第二十单元“专业绩效评估”中对共同标准的描述。）绩效薪酬方案的支持者坚持认为，作为教师统一薪酬的一种替代性方案，绩效薪酬对于提升教师素质具有举足轻重的意义。反对者认为，偏袒和任意授予绩效工资的可能性太大，而这很大程度上是因为教师素质评估中存在主观因素。

为了解决绩效薪酬方案中存在的一些问题和潜在不足，一些学区一直在尝试多层面的方案，目的是为加薪提供更客观的标准。职业阶梯计划为在学校里承担额外责任（如担任课程内容或年级的领导教师，或者担任经验不足的同事的指导教师）的教师提供薪水或加薪。

正如本单元前面所讨论的，其他的绩效薪酬提案强调教师问责制，教师报酬的计算部分是基于学生在诸如州成就测试等方面的成绩。使用学生的标准化测试成绩通常被认为是提供绩效工资更为客观的依据。反对者认为教师不是影响学生成绩的唯一因素。他们还担心这样的安排可能会促使能力极强的教师避免教授成绩较差的学生，因为这些学生不太可能达到规定的及格分数。他们认为，这样的绩效工资方案有损于成绩较差的学生或他们的教师或两者兼而有之。

最近，绩效薪酬激励方案的使用显著增加。目前，42 个州有这种方案——或处于规划阶段，或处于实施阶段。这种变化主要是由于教育部提出的项目——“力争上游”竞赛，该竞赛使基于绩效提高教学有效性成为提交方案的一个标准[11]。通过评估，这些方案不仅奖励教师素质，还奖励教师可能承担的额外责任。将这些成功的项目扩展到州甚至是国家层面可能是有难度的，但是你将会看到更多实施绩效工资的尝试，这是为不断激励和奖励优秀教学而做出的部分努力。

行动起来

访问全国教学专业标准委员会的网站（http://www.nbpts.org）并了解你的学科领域和/或教学年级的认证要求。

专业协会

与其他专业团体一样，教师也有很多协会，其宗旨各不相同——保护协会成员的利益、促进成员的职业成长和发展、与成员交流其感兴趣的领域的最新研究成果。两个规模较大的专业机构——全美教育协会和美国教师联盟——都声称代表所有的教师，而其他几个协会旨在吸引较小的教师群体。

全美教育协会

最大的代表教育工作者利益的团体是全美教育协会。该协会成立于1857年，其宗旨是“提升教学专业品质，更好地保障教学专业的利益，促进美国普及教育事业的发展”。该协会目前拥有约3 200万名教育工作者，包括任课教师、助教、管理人员和大学教授。该协会在每个州都有分支机构，其地方分支机构总数超过14 000个[12]。该协会声称“致力于为优质公共教育提供广泛的支持，搭建促进公立学校取得卓越成就的商业和社区伙伴关系，并支持专注于为所有学生提供优质教学和学习的创新举措”。该协会为其成员提供多种服务，从出版物到全国教师工作条件和福利待遇的比较分析到教育领域新动态研究。该协会还为其成员提供很多特殊服务，如旅游项目、保险政策和读书俱乐部项目。

也许该协会提供的最重要的，也是最有争议的一项服务是保护和维护其成员的利益和权利。该协会为与所在学区洽谈合同的地方分支机构提供法律咨询服务和支持。该协会也为申诉学区的教师或因任何违规行为被指控的教师提供辩护。虽然该协会认为这些行为是更好地保障教育行业的利益不可缺少的部分，但其他人认为这些行为是工会活动，与专业性不符。

该协会的另一个有争议的活动是就全国教育议程上的问题进行政治游说。该协会在一些诸如（给贫困线以下的家庭发放的）教育补助券（持反对立场）、教师能力测试（持反对立场）和国家认证（持支持立场）等问题上表达立场。1976年，该协会首次正式支持总统候选人吉米·卡特。自那以后，在每次总统选举中该组织正式支持民主党候选人。声称这些立场有助于“更好地保障教育行业的利益”，该协会坚称在关乎国家发展的问题上提高自己的声音，才有助于形成符合美国公立学校教育目的的教育环境。

然而，批评者指责该协会对其成员的福利过于政治化，过于关注成员利益，而不关心责任范围内的年轻人的教育。他们坚称该协会的政治立场和对候选人的支持代表的是一小部分国家事务决策者的观点，而不是3 200万成员的观点，这些成员的观点内容广泛。

美国教师联盟

美国第二大的教育工作者协会是美国教师联盟，其宣称有约 1 500 万名教育工作者。其前身是成立于 1916 年的教师工会。该联盟自从成立以来一直与劳工运动有关联，如今是美国教师联盟-产业工会联合会的附属国际联盟。虽然该联盟拥有 43 个州分支机构和 3 000 个地方分支机构，但其成员往往集中在大城市地区，如纽约、芝加哥、波士顿、费城和华盛顿特区[13]。

该联盟宣称它是代表教师成员利益的联盟。该联盟经常在城市中心的合同谈判中为教师争取利益。同时，在长期任职的阿尔伯特·尚克主席的领导下，该联盟倡导进行一些教育改革，包括通过全国教学专业标准委员会的国家认证、教师绩效工资、更严格的教师资格证颁发标准以及改革教师教育课程。尚克直到去世前一直致力于教育改革。

其他专业协会

还有很多其他教师和教育工作者的专业组织或协会。我们已经在表 25－2 中列出了你可能感兴趣的一些协会。一些协会（如美国数学教师协会、国际阅读协会和国家科学教师协会）致力于帮助教师及时了解学科领域的发展趋势。这些协会有地方和州分会，定期召开会议。其他协会，如美国学校管理者协会和州首席教育官理事会，都是会员基础更为广泛的组织，其宗旨是使教育工作者及时了解教育领域的研究和趋势。

一些专业协会是荣誉协会，面向未来及目前的教师。这些协会包括美国大学优等生协会、美国大学音乐专业荣誉协会和教育荣誉学会。这些团体往往针对教育问题提出更具学术性的观点。还有其他协会（如监督与课程开发协会）定位更倾向于实践，力求直接面向课堂上发生的情况。

表 25－2　　国家组织或协会

国家科学教师协会	http://www.nsta.org
英语教师全国委员会	http://www.ncte.org
全美社会科协会	http://www.ncss.org
美国数学教师协会	http://www.nctm.org
美国音乐教育协会	http://www.menc.org
美国幼儿教育协会	http://www.naeyc.org
国际阅读协会	http://www.reading.org
全美外语教学学会	http://www.actfl.org
美国国家艺术教育协会	http://www.naea-reston.org
美国体育健康休闲舞蹈协会	http://www.aahperd.org
美国教育传播与技术协会	http://www.aect.org
特殊教育学会	http://www.cec.sped.org
美国资优儿童学会	http://www.nagc.org
全美小学校长协会	http://www.naesp.org
全美中学校长协会	http://www.nassp.org
美国学校管理者协会	http://www.aasa.org
美国教育研究会	http://www.aera.net
监督与课程开发协会	http://www.ascd.org
州首席教育官理事会	http://www.ccsso.org

教师教育工作者协会	http://www.ate1.org
美国教师教育院校协会	http://www.aacte.org
美国教育工作者协会	http://www.aaeteachers.org
幼年教育国际协会	http://www.acei.org
美国州教育议会协会	http://www.nasbe.org
美国学区董事会协会	http://www.nsba.org
美国家长与教师委员会	http://pta.org
美国学校公共关系协会	http://nspra.org
美国中学教育协会	http://nmsa.org

个人的职业发展

专业人员的一个素质是了解有效工作所需的知识的动态性质。专业人员往往致力于不断更新和提升自身的技能和智力。与其他专业人员一样，很多教师致力于个人的职业发展，并寻求任何一个能够丰富知识储备的机会。很多州也认识到职业发展的重要性，要求教师在更新州级教师资格证时提交继续学习的证明材料。教师可以学习由所在学校或学区，或专业团体或组织开设的课程或参加上述组织举办的工作坊。高等院校经常为教师提供职业发展工作坊或研究生课程。作为一名教师，你也会发现有很多非正式的继续学习的机会。

学区或学校开展的项目

挖掘职业发展机会的首要场所是你所在的学区。很多学区很早就认识到促进教师职业发展的重要性。了解你能参加的研讨会、工作坊或其他活动。下面是你可能会发现的样本：

- 入职培训项目。这些通常在放学后定期举办的研讨会为新教师提供技术性建议和情感支持。
- 指导教师项目。一些学校已经开展了指导教师项目——资深教师与新教师组对，提供一对一的、不对外公开的建议、专业帮助和情感支持。如果你的学校没有此类项目，我们强烈建议你仔细寻找一个成熟且经验丰富的教师在教学的最初阶段给你提供指导。
- 全校规模的研讨会。一些学区可能会举办研讨会或工作坊，专题讨论很多主题。一些研讨会（如使用新的数学或阅读系列教材的培训）针对的是特定学科或年级范围内的所有教师。其他研讨会可能要求所有教师参加，而一些课程面向较小的教师群体开设。查看你所在学区的网站或纸质日历，详细了解你可以参加的或必须参加的研讨会。

专业协会

专业团体或组织召开会议、举办工作坊和研讨会，这些可能是专业发展的一个主要来源。这些课程可能与特定学科相关或与学校、教学和学习普遍相关。一些协会（如全美教育协会、美国教师联盟和监督与课程开发协会）解决各学科和各年级教师感兴趣的问题和话题。我们鼓励你加入至少一个这样的专业机构，特别是本地的分支机构，并鼓励你利用这些机构提供的专业发展机会。参加这些工作坊也是与其他教师建立联系并分享经验和想法的一个好方法。这些非正式谈话常常也是内容丰富的学习资源。

行动起来

访问全美教育协会的网站（http://www.nea.org）或美国教师联盟的网站（http://www.aft.org）以及你感兴趣的其他职业协会的网站。了解加入这个组织需要哪些条件，以及会员资格能给你带来哪些益处。

高等院校

地方高等院校经常为教师提供暑期工作坊。有些工作坊是捐赠款资助的，因此参与者可能交纳很少的费用或不交费用。此外，参加者通常可以报名参加研究生课程工作坊，使参加者有机会加薪。在大多数学区，获得研究生学位可以使教师提升工资级别。

学年内进修高级课程是众多教师的一个专业发展选择。教育学研究生课程基本上每周上一次课，为了方便在职教师，上课时间通常安排在傍晚或晚上。有些学区为达到修满研究生课程特定标准的教师报销部分或全部学费。

非正式的职业发展机会

其他职业发展机会可能没那么正式，但却使教师受益很多。教师可以组织读书俱乐部或学习小组来更多地了解一个新实践或新趋势。一些教师从事**行动研究**，针对自己的课堂或学校开展研究项目。

在寻求职业发展机会的时候，你必须要积极主动。我们鼓励你提出问题、加入组织并寻找专业发展机会。与同事建立联系、相互交谈，加入专业邮件讨论组或在线公告栏讨论，这些都是弄清楚付出哪些努力才能获得哪些机会的好方法。如果你感兴趣的一个研讨会需要很高的注册费，联系学校的管理人员了解一下学校是否有资金可以支付这个费用。

专业素养与你的教学理念

作为一个专业教育工作者，你工作的本质就是在课堂上帮助促进学生在智力、身体、社交和情感方面的发展。由于学习存在特殊性和个体性，仅仅定义一种有效途径几乎是不可能实现这一目标的。作为一名专业人员，你需要利用自己的知识和经验制定最有效果也是最有效率的方法使学生学到知识。这些想法将成为你教学和学习思想的基石——换句话说，就是你的教育理念。

虽然我们不想把一套特定的思想强加给你，但当你渐渐形成自己的教学理念时，我们强烈建议认真思考并反思你在课堂上的成功和失败。当一节课上得很顺利时，你要问自己“为什么?”“就教学的组织、内容和/或结构而言，哪些因素使这节课上得很成功?”同样，当一节课上得不顺利时，你要问自己同样的问题。通过这些内心对话，你将拓展自己的实践知识，同时为你的思想提供理论说明和解释。你也将表达一种属于个人的理念，它可以为你提供指导，也可以作为今后反思活动的话题。

总结

当你准备成为一名教师时，教学是否是一个真正的专业可能不是你考虑的问题。毋庸置疑，很多优秀教师从未过多关注这个问题。虽然这些教师可能不会花时间考虑他们是否属于专业人员，但他们仍然以专业教师的身份开展工作，把专业素养的精华融入与学生、同事及社区互动的方式中。

那么关键问题不是抽象的专业素养，而是你是否能够提供高标准的专业服务、是否达到高标准的专业道德以及是否能够为所有儿童提供高标准的教育服务。当你开启职业生涯时，最重要的问题是“我能成为一名专业教师吗?”这是一个只有你自己才能回答的问题。

行动标准

州际新教师评估与支持联盟　标准9：专业学习和道德实践

教师能够持续不断地进行专业学习，能够使用证据不断地评价他/她的实践行为，尤其是他/她的选择和行动对他人（学习者、学习者家庭、其他专业人员和所在社区）的影响，并且能够调整其实践行为以满足每个学习者的需求。

作为刚刚入职一年的新教师，你正经历着预料之中的“高潮和低谷”，但总的来说，你对自己的进步感觉很满意。你的校长在过去一年里一直很支持你，现在却不断使你失去平衡。她不断把新来的和难教的学生放到你的班里。首先是两个和她们（之前）的教师发生“性格冲突”的女孩，然后是一个脾气暴躁、总是和其他同学打架的男孩。校长总是恭维你，说她把学生放到你的班里是因为你的“工作表现非常好”，但你认为她是不敢去找更有威望的教师。

你的班里已经比其他教师的班里多了好几个学生。就在今天早上，她把两个来自中美洲的学生带到你班级门口，坚持说既然你精通一些西班牙语，“你是接收他们的最佳人选”。你知道有几位经验丰富的教师也会说西班牙语，他们可能比你更擅长教这些新来的学生。校长和两个学生来的时候正是上午，你不想说“不”或者大吵大闹。相反，你说“好的”，欢迎他们走进你已经很拥挤的教室。但是你一整天都很生气，很烦躁。这不仅仅是额外的工作，你觉得这对你的学生也不公平。

你是否应该去见校长并告诉她她对你一直都不公平，或者见工会代表并申诉校长？还是应该闭上嘴，继续忍受这种情况？你该怎么办？你会向（他人）征求意见吗？你持反对意见吗？你反对谁？你有什么计划？各种行动方案分别会有哪些后果？

更多资源

● American Federation of Teachers. 可访问 http://www. aft. org。美国教师联盟网站提供了有关该组织及其项目的信息、针对当前问题的评论以及与其他有趣网站的链接。联系美国教师联盟，华盛顿特区 20001，西北部，新泽西大街

555 号。

● National Education Association. 可访问 http://www.nea.org。该网站提供大量关于全美教育协会及其项目的信息。可以通过以下方式联系全美教育协会：华盛顿特区 20036，西北部，1201 街十六号，电话（202）822-7200，传真：（202）822-7292。

● National Education Association，*Status of the American Public School Teacher：2005—2006*（Washington，DC：National Education Association，2006）. 这份报告是每四年进行一次的系列研究报告之一。该报告包含大量关于教师是谁、教师在想什么以及教师的工作条件的信息。

● Public Agenda，*A Sense of Calling：Who Teaches and Why，2000*（New York：Public Agenda，2000）. 这份振奋人心的报告是关于新教师对所选职业的态度、新教师的满足感以及新教师关心的事情。该报告还讨论了管理人员对新教师及其表现的看法。

重要术语及定义

行动研究（action research）（教师）在自己的课堂上进行的非正式实验，目的是改进教学。

指导教师项目（mentoring） 一个年龄更大、经验更丰富的人为一个新入行者提供建议和指导的过程与实践。

全国教学专业标准委员会（National Board for Professional Teaching Standards，NBPTS） 一个专业机构，它制定志愿性标准——经验丰富的教师在主要学科教学中应该掌握的知识和应该具备的能力。

绩效薪酬方案（pay-for-performance plans）（绩效工资） 教师工资方案，根据该方案，绩效达到学区设定的较高标准的教师比仅被评为称职的或不符合标准的教师获得更高的加薪比例。

职业（profession） 符合一定标准的行业或职业群体。除此之外，专业需要培训和知识，提供社会服务，有伦理准则并体现出自治精神和个人责任感。

职业发展（professional development） 学校或学区为提高专业人员的专业技能和能力而做出的努力。也被称为员工发展或在职培训。

教师责任制（teacher accountability） 一个相对较新的观点，即教师对学生的学习负责，如果学生没有学到知识，教师应该承担责任。

本书的配套网站提供了很多有用的资源。访问 CengageBrain.com 获取本书各单元词汇表、抽认卡、网页链接和其他学习辅助工具。

注释

[1] Myron Lieberman，*Education as a Profession*（Englewood，NJ：Prentice-Hall，1956）.

[2] Christopher Clark and Penelope Peterson，“Teacher-Stimulated Recall of Interactive Decisions”（paper presented at the annual menting of the American Educational Research Association，San Francisco，1986）；Richard Kindsvatter，Wil-

liam Wilen, and Margaret Ishler, *Dynamics of Effective Teaching* (White Plains, NY: Longman, 1996), 2-3.

[3] Richard J. Shavelson, "What Is the Basic Teaching Skill?" *Journal of Teacher Education* 24 (Summer 1973): 144-149; Richard J. Shavelson, "Review of Research on Teachers' Pedagogical Judgments, Plans, and Decisions," *Elementary School Journal* 83, no. 4 (1983): 392-413.

[4] Lee Shulman, *The Wisdom of Practice: Essays on Teaching, Learning, and Learning to Teach* (San Francisco: Jossey-Bass, 2004).

[5] Walter Doyle, "Themes in Teacher Education Research," in W. R. Houston (Ed.), *Handbook of Research on Teacher Education* (New York: Macmillan, 1990), 6.

[6] C. Emily Feistritzer, *The Context of Teaching in the U. S*, Table 13. Available at http://www. teach-now. org.

[7] David Haselkorn and Louis Harris, *The Essential Profession: A National Survey of Public Attitudes Toward Teaching, Educational Opportunity and School Reform* (Belmont, MA: Recruiting New Teachers, 1998), 2.

[8] Ron Ferguson, "Paying for Public Education: New Evidence of How and Why Money Matters," and "Professional Development IQ Test-Answers," *National Staff Development Council*. Available at http://www. nsdc. org/library/basics/pdiqan. cfm.

[9] Belden, Russonelio, and Stewart, "Teacher Quality: A Review of Existing Data," *Research and Communications* (August 1999).

[10] The website of the National Board for Professional Teaching Standards (NBPTS). Available at http://www. nbpts. org/about_us/2009_national_board_cert/national_board_certifica.

[11] State By State Resources. National Center for Perfornance Incentives, Vanderbilt University. Available at http://www. performanceincentives. org/statebystate_resources/index. aspx.

[12] National Education Association. Available at http://www. nea. org.

[13] American Federation of Teachers. Available at http://www. aft. org.

Teaching for Student Learning：Becoming a Master Teacher，2e
Kevin Ryan；James M. Cooper；Susan Tauer

Cengage Learning Asia Pte. Ltd.
151 Lorong Chuan，#02-08 New Tech Park，Singapore 556741

北京市版权局著作权合同登记号 图字：01-2018-3101

图书在版编目(CIP)数据

成为有效教师：从了解学生如何学习开始：第 2 版/(美）凯文·瑞安（Kevin Ryan)，(美）詹姆斯·M. 库珀（James M. Cooper)，(美）苏珊·陶埃尔（Susan Tauer）著；郭敬维译. —北京：中国人民大学出版社，2020.4

(教育新视野)

ISBN 978-7-300-28025-7

Ⅰ.①成… Ⅱ.①凯… ②詹… ③苏… ④郭… Ⅲ.①教师素质 Ⅳ.①G451.6

中国版本图书馆 CIP 数据核字（2020）第 057037 号

教育新视野

成为有效教师

从了解学生如何学习开始（第 2 版）

凯文·瑞安（Kevin Ryan）

[美] 詹姆斯·M. 库珀（James M. Cooper） 著

苏珊·陶埃尔（Susan Tauer）

郭敬维 译

Chengwei Youxiao Jiaoshi

出版发行	中国人民大学出版社		
社　　址	北京中关村大街 31 号	**邮政编码**	100080
电　　话	010－62511242（总编室）		010－62511770（质管部）
	010－82501766（邮购部）		010－62514148（门市部）
	010－62515195（发行公司）		010－62515275（盗版举报）
网　　址	http://www.crup.com.cn		
经　　销	新华书店		
印　　刷	涿州市星河印刷有限公司		
规　　格	185 mm×260 mm　16 开本	**版　　次**	2020 年 4 月第 1 版
印　　张	21.5 插页 1	**印　　次**	2020 年 4 月第 1 次印刷
字　　数	479 000	**定　　价**	98.00 元

CENGAGE Learning

Supplements Request Form (教辅材料申请表)

Lecturer's Details (教师信息)			
Name: (姓名)		Title: (职务)	
Department: (系科)		School/University: (学院/大学)	
Official E-mail: (学校邮箱)		Lecturer's Address/Post Code: (教师通讯地址/邮编)	
Tel: (电话)			
Mobile: (手机)			

Adoption Details(教材信息)　原版□　翻译版□　影印版 □			
Title:(英文书名) Edition:(版次) Author:(作者)			
Local Publisher: (中国出版社)			
Enrolment: (学生人数)		Semester: (学期起止日期时间)	

Contact Person & Phone/E-Mail/Subject:
(系科/学院教学负责人电话/邮件/研究方向)
(我公司要求在此处标明系科/学院教学负责人电话/传真及电话和传真号码并在此加盖公章.)

教材购买由我□　我作为委员会的一部份□　其他人□[姓名:　　　　]决定。

Please fax or post the complete form to (请将此表格传真至):

CENGAGE LEARNING BEIJING
ATTN : Higher Education Division
TEL: (86) 10—82862096/95/97
FAX: (86) 10 82862089
EMAIL: asia. infochina@cengage. com
www. cengageasia. com
ADD: 北京市海淀区科学院南路 2 号
融科资讯中心 C 座南楼 12 层 1201 室　100190

Note: Thomson Learning has changed its name to CENGAGE Learning

VERIFICATION FORM / CENGAGE LEARNING